원자력의 사회사
일본에서의 전개

원자력의 사회사 일본에서의 전개

新版 原子力の社会史 その日本的展開

지은이	요시오카 히토시
옮긴이	오은정

1판 1쇄 발행   2022년 11월 15일

펴낸곳	두번째테제
펴낸이	장원
등록	2017년 3월 2일 제2017-000034호
주소	(13290) 경기도 성남시 수정구 수정북로 92, 태평동락커뮤니티 301호
전화	031-754-8804
팩스	0303-3441-7392
전자우편	secondthesis@gmail.com
페이스북	facebook.com/thesis2
블로그	blog.naver.com/secondthesis

ISBN   979-11-90186-25-4 93910

책값은 뒤표지에 있습니다. 잘못된 책은 바꾸어 드립니다.

원자력의 사회사

일본에서의 전개

新版
原子力の社会史
その日本的展開

요시오카 히토시 지음
오은정 옮김

차례

일러두기

1. 이 책은 일본 아사히신분슈판에서 출간한 《新版 原子力の社会史 その日本的展開》(朝日新聞出版, 2011)을 완역한 것이다.
2. 도서 및 잡지 이름은 《 》로, 논문 및 신문, 정부 보고서 및 계획 등의 제목은 〈 〉로 묶었다. 또 본문 속의 인용문은 " "로, 단순 강조는 ' '로 표시했다.
3. 인용문의 서지사항 및 인용 쪽수 표기는 원서상 표기를 따랐다.
4. 외국 인명, 지명은 국립국어원의 외래어표기법과 용례를 따랐다. 다만 국내에서 이미 굳어진 인명 과 지명의 경우 통용되는 표기로 옮겼다. 의미 전달을 위해 필요한 경우 원어나 영문을 병기했다.

표 및 그림 목록

서문

　이 책은 일본의 원자력 개발 이용 초창기부터 2011년 7월까지의 큰 흐름에 대해 역사적인 조감도를 그리는 것을 목표로 한다. 필자는 그러한 조감도를 비평적인 역사가의 시점에서 그리고 있다고 생각한다. 여기서 필자가 말하는 '비평적'이라는 태도는 원자력 개발 이용의 추진 당사자들에 대해 '비공감적'인 입장을 취함을 의미한다.

　바로 얼마 전까지도 과학기술사는 시행착오를 거듭해 가며 발견이나 발명을 해내는 과학자·기술자에 대한 공감 충만한 이야기로 그려지는 경우가 많았다. 그러나 현대인의 상식으로도 이미 과학기술 발전에 대해 성선설을 취하기 쉽지 않다. 어떠한 과학기술 사업도 평화, 안전, 환경, 경제 등 공공 이익의 관점에서 엄격하게 검토되어야 할 대상으로 여겨지고 있다. 그런데 무수한 과학기술 분야 중에서도 원자력 개발 이용은 특히 공공 이익 관점에서 엄격한 시선을 받아 온 분야이다. 오늘날 역사가는 상식으로 그러한 현대적인 과학기술관을 가지게 되었다. 따라서 필자가 말하는 비평적인 역사가의 시점이라는 것은 필자에 한정되지 않는, 이 분야의 현대사를 탐구하는 연구자가 당연히 취해야 할 자세이다.

　물론 '비공감적'인 입장이라는 것은 '적대적'인 입장과는 기본적으로 다르다. "우선은 의심해 본다"는 것이 원자력 개발 이용에 대해서 역사 연구자가 취해야 할 기본적 자세지만 천착해 본 결과 의혹이 해소되거나 추진 당사자의 결백함이 증명되는 일도 충분히 있을 수 있다. 미리 연구 대상을 적대적 감정을 가지고 바라보는 일을 역사가는 피해야 한다. 관련해서 필자는 세계와 일본의 원자력 개발 이용에 대해 현시점에서 다음과 같은 견해를 가진 사람이다. 원자력 개발 이용은 군사적 측면에서는 지극히 커다란 영향력을 발휘해 왔다. 핵무기는 세계의 안전보장에 가장 중요한 문제로 자리 잡아 왔다. 오늘날 세계는 다시금 '핵무기 없는 세계'를 향한 길을 모색 중이다. 한편 민간 측면에서 원자력 개발 이용은 그리 혁명적인 존재가 되지는 못했다. 이는 발전용 이외에 이렇다 할 만한 용도를 찾아내지 못하고 만능 에너지인 석유나 그에 이은 천연가스(석유와 비교해 저장·수송이 까다로워 수송 기계의 연료로는 사용하기 어렵다)는 말할 것도 없이 석탄(발전 이외에도 산업용 열원으로 사용할 수 있다)과 비교해도, 훨씬 쓰임이 적은 에너지에 그치고 말았다. 그럼에도 불구하고 관계자 다수가 원자력의 민간 이용이 장래가 밝다고 믿는 듯하다. 핵분열 에너지는 플루토늄 증식 노선을 확립함으로써 사실상 무한해질 것이고, 핵융합 에너지에도 유사한 가능성이 있기 때문이다. 그러나 1980년대 전반에 일어난 핵융합 개발 동력 상실과 다소 뒤늦게 일어난 플루토늄 증식 노선으로부터 각각의 선진국이 철수함에 따라 무한한 핵에너지의 꿈은 사라져 버렸다. 경수로 발전도 세계와 일본에서 일정 정도 보급이 되었지만 그 경쟁 상대인 화석연료와 비교해 종합적으로 보면 열세에 놓인 발전 수단이라는 지위를 벗어나지는 못했다. 따라서 필자는 원자력발전 사업에서 단계적 철수, 즉 탈원전이라는 노선을 세계와 일본의 전력회사가 선택하는 것이 타당하다고 주장한다. 하지만 역사적 분석의 객관적 타당성이 그것에 의해 희생되어서는 안 될 것이다.

한편 필자는 자신의 경력이 '비공감적'인 원자력 개발 이용의 현대사를 쓰는 작업에 적합하다고 믿는다. 원자력 개발 이용 추진의 당사자 혹은 과거 그러한 입장이었던 사람으로서는 '비공감적'인 자세를 견지하는 것이 쉽지 않겠지만 필자는 그러한 추진 당사자로서의 경력을 가지고 있지 않다. 또한 필자는 대학에서는 물리학을 전공했지만 대학원 진학 당시 과학사로 변경해 그 이후 30년 정도에 걸쳐 현대사를 연구해 왔다. 특히 최근 20여 년은 핵융합을 포함한 원자력 개발 이용의 사회사를 가장 중요한 연구 테마로 해 왔다. 이러한 연구 경력을 통해 필자는 원자력 기술이나 원자력 정책에 관한 전문 지식을 몸에 익히는 한편 역사가로서 연구 대상과 거리를 두는 법에 대해 많은 것을 배워 왔다고 생각한다.

그럼 지금부터 책의 구성에 대해 간단히 설명하고자 한다. 본서는 전부

8장으로 구성되었다. 우선 1장에서 일본의 원자력 개발 이용의 사회사에 대해 기본적 견해와 시대 구분을 제시한다. 여기서 필자가 특히 중시한 것은 세계의 원자력 개발 이용 체제의 전개 과정에 대한 체계적인 밑그림을 그리고, 그 속에서 일본의 원자력 체제의 그림을 적확하게 위치 지우는 것이다. 다음으로 2장부터 8장까지의 7개 장에서 일본 원자력 개발 이용 체제의 전개 과정을 시대순으로 제시한다. 시대 구분으로는 다음과 같은 6단계 구분을 채용한다.

제1기 전시戰時 연구에서 금지·휴면의 시대(1939-1953)
제2기 제도화와 시행착오의 시대(1954-1965)
제3기 도약과 다양한 문제 분출의 시대(1966-1979)
제4기 안정 성장과 민영화의 시대(1980-1994)
제5기 사건·사고 연발과 개발 이용 정체의 시대(1995-2010)
제6기 원자력 개발 이용 사양화의 시대(2011-)

각 시대의 개시를 알리는 사건은 원자핵 분열이 발견되었다는 정보가 해외에서 도래한 것(1939년), 원자력 예산의 출현(1954년), 경수로의 대량 발주 시작과 동력로·핵연료개발사업단의 설립(1966-1967년), 경수로 발전설비이용률의 회복과 일본원연서비스 발족(1980년), 고속증식로FBR 원형로 몬주文殊 나트륨 누출 화재 사고(1995년), 중앙 성청 개편(2001년), 후쿠시마 원전사고(2011년)다. 또한 제5기에 대해서는 장의 길이 배분을 위해 2개 장(2000년까지와 2001년 이후)으로 나누었다.

마지막으로 용어 문제를 몇 가지 언급해 두고 싶다. 원자력이라는 용어는 일반적으로 사용되는 단어지만 정확히는 핵에너지(혹은 원자핵에너지)라 표기해야 한다는 것은 과학자들 사이에서는 상식에 속한다. 원자력이라는 단어를 사용하는 것 자체를 싫어하는 연구자도 적지 않다. 또한 원자력이라는 단어에는 또 다른 문제점이 한 가지 있다. 핵에너지라는 단어는 군사적 이용과 민간 이용의 쌍방을 가리키는 것으로 극히 자연스럽게 이해되지만 원자력이라는 단어는 적어도 일본에서는 오직 민간 이용 분야를 가리키는 것으로 이해되는 경우가 많다. 이는 핵에너지 기술이 지닌 본질적인 이중성duality(민군양용성)에 대한 이해를 무디게 할 위험이 있다.

이렇듯 원자력이라는 단어를 사용하는 데 신중을 기해야 하지만, 필자로서는 그러한 위험에도 불구하고 이 용어를 사용하고자 한다. 왜냐하면 그것은 이미 일상어로 널리 보급되어 있고 핵에너지와 동의어라는 점에 대해서도 많은 이들의 양해가 존재하기 때문이다. 물론 핵에너지라고 표기하는 쪽이 적절하다고 생각하는 곳에서는 그렇게 표기했지만, 이 단어를 많이 사용하게 되면 가타카나가 많아져 읽기 어려운 문장이 되기 때문에 되도록 사용을 자제하려고 한다. 또한 원자력발전소 혹은 발전용 원자로의 약어로서 '원전原発'(일본어로는 '겐바츠'라고 읽히지만 번역에서는 한국에서 일상적으로 쓰이는 '원전'으로 번역했다-옮긴이)이라는 용어가 널리 보급되어 있다. 이 용어는 다소 투덜거리는 듯한 울림이 있지만 이미 널리 정착되어 있기 때문에 본서에서도 수시로 사용한다. 하지만 원칙적으로는 원자력발전소 혹은 발전용 원자로라는 신중한 용어를 사용하고 싶다.

본서는 현대사 저작이기 때문에 조직·기관의 각 명칭에 대해서는 언급하는 대상마다 당시의 명칭을 사용하는 것을 원칙으로 하고자 한다. 다만 명칭 변경 시기를 넘나드는 기간에 대해서 기술하는 경우에는 특별히 그것이 필요하다고 생각되는 경우에 한해 주석을 첨부했다. 많은 경우는 상식적으로 판단할 수 있기 때문에 특별한 주석이 필요치 않다고 생각한다. 세밀한 명칭 구분을 하자면 서술이 번잡해져 읽기 어려워지기 때문에 되도록 피하고자 한다.

2001년에 중앙 성청 개편이 실시되어 통산성이 경제산업성으로 개편되었고 과학기술청이 문부과학성 등으로 흡수·병합되는 등 커다란 명칭 변경이 있었다. 이 시기에 통산성 종합에너지조사회가 경제산업성 종합자원에너지조사회로 개편되었다. 또한 전원개발조정심의회는 해당 조사회의 전원개발분과회로 격하되었다.

중앙 성청 개편 이외의 시기에 명칭 변경을 행한 조직·기관도 많다. 예를 들어 동력로·핵연료개발사업단(1967-1998년)은, 1967년까지는 원자연료공사, 1998년부터 2005년까지는 핵연료사이클개발기구, 2005년부터는 일본원자력연구소와 통합되어 일본원자력연구개발기구로 각각 명칭을 변경했다. 그러한 경우에 대해서도 많은 경우 상식선에서 판단할 수 있기 때문에 특별히 설명이 필요치 않다고 생각하지만 명칭 변경에 대해 설명을 단 경우도 있다.

1장
일본 원자력 개발 이용의 사회사를 어떻게 볼 것인가

1. 일본 원자력 개발 이용의 국제적 맥락에 대한 예비 지식

과학기술은 전체적으로 국제적 성격이 짙은 활동으로 어느 과학기술 분야라도 세계의 동향에 관한 정확한 이해 없이는 한 나라 안에서 그 분야의 발전 과정을 이해할 수 없다. 원자력 개발 이용이라는 분야도 물론 예외는 아니다.

원자핵 반응에 의한 대량의 에너지 방출 현상을 군사적·산업적으로 이용하기 위한 활동을 이 책에서는 원자력 개발 이용 활동이라 부른다. 이 활동이 개시된 것은 1930년대 말이다. 오토 한Otto Hahn 등에 의한 우라늄 핵분열 발견(1938년 말)이 그 도화선이었다. 그로부터 70년 남짓이 경과했지만 그 사이에도 항상 원자력 개발 이용 활동은 고도로 국제적인 성격을 유지해 왔다. 물론 사람·물질·정보의 국경 횡단적인 자유로운 이동이 이루어져 왔던 것은 아니다. 오히려 반대로 글로벌 및 로컬 안전보장의 관점에서 사람·물질·정보의 이동은 엄격하게 관리되어 왔다고 말할 수 있다. 그런 의미에서 원자력은 학계의 과학이 갖는 국제성을 강하게 제약해 온 형태를 가질 수밖에 없었다. 거기에서 비밀주의와 의심하기가 만연했다고 해도 좋을 것이다. 하지만 관점을 달리해 보면 사람·물질·정보가 엄격하게 관리되어 왔다는 것 자체가 원자력 개발 이용 활동이 가진 고도의 국제성을 드러낸다. 글로벌한 규모에서 국제관계의 정밀한 감독과 조정의 기초 위에서 개별 국가의 원자력 개발 이용 활동이 하루하루 운영되어 오고 있는 것이다.

이렇게 세계의 원자력 개발 이용 체제는 본질적으로는 글로벌한 성격을 지닌다. 즉 그것은 단순히 개별 국가라는 로컬 체제의 총화가 아니라 전체로서 고도로 유기적으로 통합된 국제 체계인 것이다. 그 구조는 세계 각국의 로컬 원자력 체제와 그것을 연결하는 2국 간 관계 및 다국 간 관계의 네트워크 전체 위에서 원자력 관리 체제가 이를 내리누르는 형태로 파악할 수 있다.

여기서 원자력 국제 관리 체제는 핵무기 군비 관리에 관한 국제 조약 및 협정과 핵무기 비확산에 관한 국제 조약 및 협정이라는 두 기둥으로 이루어져 있는데, 이는 핵전력에 관한 질서 유지를 기본 목적으로 하는 체제다. 즉 핵 보유국(핵 그룹) 내의 서열 구조를 유지하면서 핵 보유국과 비핵 보유국의 차별 구조를 유지하는 것이 목적이다. 그리하여 군사 이용에 관한 질서 유지라는 기본 목적을 침해하지 않는 범위 내에서 민간 이용 활동이 허용되어 왔다. 물론 대부분의 국가는 어느 정도 다소간 핵무장에 대한 생각을 가지고 민간 이용 활동을 이어 오고 있으며, 그 나라들의 기득권을 박탈하는 것은 국제사회에서는 어려운 문제다. 그런 의미에서 원자력 국제 관리 체제는 불완전한 것이라 말할 수 있다.

이처럼 세계 원자력 개발 이용 체제의 역사는 다음의 세 가지 흐름이 서로 중첩되어 있는 것으로 이해할 수 있다. 첫째, 세계 각국의 로컬 개발 이용 체제의 전개, 둘째, 2개국 혹은 다국 간 네트워크의 전개, 셋째, 원자력 국제 관리 체제의 전개. 우선 그 역사의 큰 흐름을 군사 이용과 민간 이용이라는 양 측면을 고려하면서 다음의 시대 구분을 기초로 역사를 정리해 보자.

제1기 전시 계획 시대(1938-1945)
제2기 군사 이용 확대와 민간 이용 준비 시대(1945-1952)
제3기 핵 군사 이용 확대 경쟁 과열과 민간 이용의 제도화 시대(1953-1964)
제4기 핵 군비 관리 제도화와 민간 이용의 비약 시대(1965-1974)
제5기 핵 군비 관리의 격동과 민간 이용의 기반 동요 시대(1975-1986)
제6기 동서 냉전 종결과 민간 이용 정체 시대(1987-1997)
제7기 핵 비확산 문제 과열과 원자력발전 부활의 시대(1998-2010)
제8기 핵무기와 원자력발전 후퇴의 시대(2011-)

각 시대의 경계가 되는 사건은 다음과 같다. 먼저 제1기의 출발점을 만든 사건은 오토 한과 프리츠 슈트라스만Fritz Strassmann에 의한 우라늄 핵분열 발견 뉴스가 세계에 눈 깜짝할 사이 전해진 것이다. 이 정보에 많은 나라의 과학자나 군부가 주목하였고 그것의 군사적 이용 가능성에 관한 검토가 각국에서 개시되었다. 그 가운데서 미국의 맨해튼 프로젝트Manhattan Project(이는 영국·프랑스·캐나다 과학자의 협력을 얻은 국제 프로젝트였다)가 성공을 거두고 1945년 8월에 히로시마와 나가사키에 원폭이 투하된 것은 주지의 사실이다.

제1기와 제2기의 경계를 이루는 것은 제2차 세계대전의 종결이다. 이에 의해 추축국의 원폭 개발계획은 종결되었지만, 미국의 원폭 개발계획은 계속되었고 냉전 시대가 본격화하면서부터 가속되었다. 또한 미국을 추격하는 형태로 소련이나 영국의 원폭 개발계획이 본격적으로 진행되게 되었다. 그 일환으로 원폭용 플루토늄을 생산하기 위한 군용 원자로 개발도 진행됐다. 그 결과 소련(1949년)과 영국(1952년)이 원폭 실험에 성공했다. 또한 민간 이용을 위한 개발은 장래의 과제로 간주되어 뒤로 미뤄졌다.

제2기와 제3기의 경계가 된 것은 미국과 소련의 수소폭탄 개발 성공과 아이젠하워 미국 대통령의 〈평화를 위한 원자력Atom for Peace〉 연설이다. 1950년대에 들어서면서 미국과 소련의 핵 군비 확충 경쟁이 핵탄두와 운반 수단 양면에서 격렬히 전개되었다. 그 결과로 수소폭탄이 개발되었고, 핵무기의 파괴력이 제한 없이 증대되어 갔다. 또한 대륙간탄도미사일ICBM, Inter-Continental Ballistic Missile, 잠수함발사탄도미사일SLBM, Submarine-Launched Ballistic Missile, 장거리전략폭격기라는 핵 전력의 세 기둥이 확립되었다.

그런 한편 민간 이용에 대해서도 실용화를 향한 개발이 차차 본격화했다. 우선은 영국에서, 뒤를 이어 미국에서 군용로를 발전용 원자로로 전환해 이용하는 방식이 시도되었다. 여기에 1953년 12월 아이젠하워 연설을 계기로 원자로나 핵물질의 국제 이동에 관한 제도가 정비되기 시작했다. 그러한 제도에 편승하는 형태로 일본을 포함한 여러 나라가 원자력 개발 이용에 참여했다. 다만 원자력발전의 개발 속도는 지지부진했다. 이는 원자력발전의 경제성 향상이 애초 기대했던 만큼의 기세로 진전되지 못한 것

1 일본 원자력 개발 이용의 사회사를 어떻게 볼 것인가

과 중동 지역에서 대유전이 연이어 발견됨에 따라 대항마로서 석유가 너무나 강력해졌기 때문이다.

제3기와 제4기의 경계가 된 것은 프랑스(1960년) 및 중국(1964년)의 핵무장과 경수로 발전의 붐이 도래한 것이다. 핵 무장국의 한없는 증가를 억제하기 위해 미국과 소련을 중심으로 하는 핵무기 대국은 핵비확산조약NPT, Treaty on the Non-Proliferation of Nuclear Weapons, 약칭 Non-Proliferation Treaty을 추진했다. 이와 거의 동시에 미소 간의 군비 관리 교섭이 시작됐다. 이는 상호 확증 파괴MAD, Mutual Assured Destruction라는 상황이 성립되면서, 핵전력 균형의 안정화를 도모하는 움직임이었다. 이후에는 핵전력의 양적 확대가 아니라 질적 개량을 중심으로 초점이 이동했다.

한편 민간 이용 부분에서는 1963년부터 1964년에 이르기까지 경수로 발전 붐이 일어났다. 미국의 비등수형경수로BWR, Boiling Water Reactor 제조업자 제너럴렉일트릭GE, General Electric(이하 GE로 표기)이 전력회사에 판매 전략을 세워 성공을 거두었다. 곧 경쟁 업체인 웨스팅하우스WH, Westinghouse(이하 WH로 표기)—가압수형경수로PWA, Pressurized Water Reactor 시장에서 대부분의 점유율을 독점한 제조업체—도 그 움직임에 뛰어들었다. GE가 시작한 판매 전략은 제조업자가 건설에 완전 책임을 지는 '턴키 방식'과 화석연료에 필적하는 가격에 의한 '고정가격제'를 조합한 형태였다. 이러한 판매 전략은 적중하여 1960년대 중반에 발전용 경수로 발주의 세계적인 붐이 일어났다. 이를 기폭제로 하여 원자력발전 산업의 도약이 실현되었다. 그리고 원자로와 핵연료 개발 두 분야에서 여러 종류의 프로젝트 시도들이 이루어지게 되었다. 민간 이용의 밝은 미래는 약속된 듯 보였다. 20세기 말까지는 고속증식로FBR, Fast Breeder Reactor 중심의 원자력발전시스템이 선진국에서 확립되어 전력 공급의 중심적 역할을 맡게 되리라고 많은 관계자가 기대했다.

제4기와 제5기의 경계를 이루는 것은 인도 핵실험(1974년)과 탈원전 여론의 대두다. 인도 핵실험에 의해 국제 핵 비확산 체제가 대폭 강화되고, 이와 관련하여 원자력 무역이나 기술 이전에 대한 강한 제동이 걸리게 되었다. 그것은 또한 핵연료사이클 관련 기술을 중심으로 한 민감핵기술SNT, Sensitive Nuclear Technology 전반에서 개발 이용 억제를 초래했다. 특히 미국은 세계에 모범을 보이기 위해 자국의 고속증식로FBR 원형로 건설계획과 상업용 재처리공장 건설계획을 중지하고 유럽의 여러 나라와 일본에 대해서도 핵연료사이클 계획을 재검토하라고 요구해 왔다. 이러한 미국의 움직임은 세계의 원자력 민간 이용 분야 발전에 찬물을 끼었었다.

하지만 그러한 핵 비확산 관점에서의 규제 강화를 차치하더라도 이 시대에는 이미 원자력발전의 개발 기반이 흔들리기 시작했다. 가장 큰 요인은 원자력발전시스템의 안전성에 관한 세계적으로 높아진 불안이다. 환경보호운동이 고양되던 1960년대 말경부터 원자력발전이 생명·건강에 위험한 것으로 간주됨에 따라 방사선 피폭의 리스크 평가 재검토나 중대 사고 발생 리스크에 관한 재검토가 이루어지게 되었다. 원자력발전은 갑자기 가장 긴요한 환경 문제가 되어 버렸다. 원자력발전의 안전성 논쟁은 먼저 미국에서 활발히 전개되었지만 곧이어 유럽 여러 나라나 일본 등에서도 확산됐다. 원자력발전 비판 운동이 거세지면서 그에 따른 안전기준 강화나 건설 비용 급등이 발생하면서 원자력발전 사업에 찬물을 끼었었다. 그 외에도 각종 요인이 중첩되어 원자력발전 사업의 성장 속도는 당초 기대한 것보다 훨씬 느려지게 되었다. 특히 그때까지 선두를 달렸던 영미 양국이 심각한 정체 상태에 빠져들었다.

또한 제5기는 1980년 즈음을 경계로 두 시기로 구분할 수 있다. 제5기의 전반기(1975-1979년)에는 미소 간 데탕트의 여운이 남아 있었지만 1980년대 소련이 아프가니스탄을 침공한 것을 계기로 '신냉전시대'가 도래하여 핵군비 경쟁이 재연됐다. 그 여파로 제5기의 후반기(1980-1985년)에는 핵 비확산에 관한 외교 활동은 부차적인 것으로 뒤로 밀려났다. 핵 군비 경쟁과 핵 비확산을 동시에 추진하는 모순된 상황으로 국제사회의 합의를 얻는 것이 어려웠기 때문이다. 그러나 민간 이용 방면에서의 개발 기반의 동요가 미국의 스리마일섬 원전사고 등에 의해 더욱 격화되는 한편 스웨덴을 비롯한 유럽의 중소국이 차차 원전 의존으로부터 탈각을 도모하기 시작했다.

제5기와 제6기의 경계가 되는 것은 중거리 핵전력INF, Intermediate-range Nuclear Forces 조약 체결과 체르노빌 원전사고다. 1987년의 INF 조약 체결은 냉전 종결을 향한 커다란 진전이 되었다. 그리고 미소의 핵전력은 대폭 감소하기 시작했다. 군사 이용 분야의 사양화 시대가 드디어 도래한 것이다. 한편 포스트 냉전 시대로의 이행과 함께 국제 핵 비확산 체제가 대폭 강화되어 북한이나 이란에 대한 강경한 외교적 이니셔티브도 발동되었다.

다음으로 민간 이용 부문에서는 1986년 체르노빌 원전사고의 영향 등으로 서구 여러 나라에서 전반적인 정체 상황이 나타났다. 첫째, 발전용 원자로의 신규 건설이 거의 없어지는 한편 수명이 다한 원자로나 안전상 문제가 있는 원자로의 폐로가 시작되었다. 둘째, 1970년대의 미국에 이어 유럽의 모든 주요국이 1990년대 중반까지 플루토늄 경제의 실현이라는 꿈을 폐기하기에 이르게 된다. 독일은 고속증식로FBR 개발을 중지하고 재처리공장 건설도 중도에 그만두고 말았다. 영국과 프랑스도 고속증식로FBR 실용화 프로그램을 단념했다. 영국과 프랑스 양국에서는 현재 다시 상업용 재처리공장이 운전 중이기는 하지만 그것이 미래의 플루토늄 경제의 실현을 목표로 하는 프로젝트로는 간주되지 않는다.

제6기와 제7기의 경계를 이루는 것은 군사 면에서는 1998년 5월 인도와 파키스탄의 핵실험이다. 그에 의해 핵 확산을 둘러싼 국제정세는 불안정해졌다. 2001년에 미국에서 부시 정권이 탄생한 것은 국제적인 핵 정세를 더욱 불안정한 것으로 만들었다. 부시 정권은 이라크와 북한의 핵 의혹을 역설하고 2003년에 이라크전쟁을 일으켜 사담 후세인 정권을 타도하고 그 후 장기간에 걸쳐 이라크를 점령했다. 또한 북한에 대해서는 우라늄 농축 의혹을 지적했다. 하지만 이에 북한이 반발하고 핵무기 개발을 공공연히 추진하게 되어 결국 2006년 핵실험에 이르렀다. 2009년에 북한은 두 차례 핵실험을 실시했다.

한편 부시 정권은 2008년 인도와 원자력 협정을 체결했다. 이렇게 해서 미국은 국제 핵 비확산 체제에 공공연히 이의를 제기해 온 인도를 사실상 핵무기 보유국으로 인정하고 핵기술을 공여할 태세를 정비했는데 러시아와 프랑스 등도 곧바로 거기에 따랐다. 이는 국제 핵 비확산 체제의 신뢰성을 크게 손상시켜, 인도와 같이 비밀리에 핵무기 개발을 하더라도 허용될 수 있다는 전례를 만들어 버리고 말았다.

더욱이 부시 정권은 2001년에 원자력발전에 우호적인 에너지 정책을 만들고 관계자들에게 원자력발전 부활의 희망을 안겼다. 관계자들은 원자력 르네상스라는 표어를 만들어 냈다. 이를 계기로 미국 내에서 원전을 새로이 증설하려는 움직임이 커져 갔다(다만 건설 자금 확보에 난항을 겪어 2011년에도 여전히 계획에 머물러 있다). 이와 별도로 2000년대 말부터 중국에서도 원자력발전소 건설 붐이 시작되었다. 인도도 미국·러시아·프랑스로부터 대형 원자로를 도입하려는 구상을 추진하고 있다. 아시아를 중심으로 한 개발도상국들도 원전 도입에 관심을 표명하기 시작했다. 이렇게 원자력발전 부활이 궤도에 오른 듯 보였다.

하지만 이러한 핵 비확산 문제의 재연과 원자력발전 부활의 시대는 2010년경 전환점을 맞이하게 된다. 즉 2010년경에 제7기부터 제8기로의 이행이 일어났다고 볼 수 있다. 다만 여기에 대해서는 확정적인 판단을 내리는 데 수년 더 기다려야 할 것이다. 군사 이용 방면을 보자면 미국에서 2009년에 오바마 정권이 탄생한 것이 크다. 그것을 계기로 국제사회는 핵 군축·핵 비확산 방향을 강화했다. 민간 이용 면에서는 2011년 후쿠시마 원전사고의 영향이 크다. 이에 의해 세계 각국이 원자력발전에 대해 신중한 방향으로 크게 전환할 것으로 예상된다. 후쿠시마 원전사고는 세계의 표준로인 경수로에서 발생한 체르노빌급 사고였기 때문에 글로벌 수준의 심각한 영향을 줄 수밖에 없었다.

2. 일본 원자력 개발 이용의 구조적 특질

이상 세계의 원자력 개발 이용의 역사와 구조에 대해 대략적인 구도를 제시했다. 말할 필요도 없이 본서는 일본의 원자력 개발 이용을 주제로 하고 있기 때문에 이후의 서술에서는 세계의 동향에 대해서 필요에 따라 수시 언급하는 데 그치고자 한다. 이 절에서는 우선 일본의 원자력 개발 이용의 구조적 특질에 대해 총괄적으로 검토하고 다음 절에서 시대 구분과 각 시대의 특징을 제시하고자 한다. 이 장에서 제시한 기본적인 역사적 견해는 2장부터 8장까지의 통사적인 역사 서술을 이해하기 위한 토대가 된다.

1

일본 원자력 개발 이용의 사회사를 어떻게 볼 것인가

전후 전체를 통틀어 일본의 원자력 정책은 국제관계 면에서 다음과 같은 특징을 가지고 있다. 우선 군사 이용 영역에 관해서 일본은 미국의 충실한 동맹국으로서의 행동을 일관되게 취해 왔다. 즉 일본은 독자적인 핵무장을 도모한 '드골식 선택'(프랑스 드골 대통령이 국제 정치에서 미국 종속성을 끊고 외교상의 자주성 확립을 도모한 것과 같은 핵무장 선택)을 억제하고 그와 함께 미국의 글로벌한 핵 정책의 원활한 수행에 전면적으로 협력하는 자세를 지속적으로 취해 왔다. 그 일환으로 미국이 일본으로 핵무기를 반입하는 것을 용인하고 자위대의 항공 전력을 소련의 핵전력에 대항하기 위한 부대로서 충실히 했다. 이른바 비핵 3원칙이 미일 관계에서 실효력을 가지지 못했다는 것은 말할 것도 없다. 전후 전체를 통해 그것이 군사 목적이라는 것을 공언하는 형태로, 일본이 독자적인 원자력 개발 이용 활동을 전개한 것이 아니다. 그런 의미에서 일본 고유의 원자력 개발 이용 활동은 적어도 공식적으로는 민간 이용 분야에 한정해 왔다고 말할 수 있다.

다음으로 민간 이용 영역에 관해서 일본은 서구에서 건설된 다양한 종류의 원자력시설 개발 프로젝트를 '일국적' 계획으로 정력적으로 추진해 왔다. 그것은 국제 핵 비확산 체제(국제 원자력 관리 체제 중 국제 핵 군비 관리 체제와 쌍벽을 이루는 것)의 규칙을 저촉하는 것은 아니었지만 다양한 종류의 민감핵기술SNT을 포함하는 것이었다. 그러한 정력적 개발의 결과로 일본은 자국의 핵무장의 기술적 잠재력을 상당히 높은 수준까지 고도화시켜 왔다. 또한 민간 이용 영역에서 미일 관계는 전체적으로 상당히 긴밀한 것이었지만, 군사 이용의 경우와는 달리 전면적으로 미국 정부의 말을 그대로 따른 것은 아니었다. 미국 정부의 간섭이 자국 원자력산업의 확대라는 기본 노선을 추진하는 데 장애가 되는 경우에는 거기에 완강히 저항해 왔다. 그런 의미에서는 전면적인 종속 노선이 아니라 한정적 종속 노선을 걸어왔다고 할 수 있다. 일본인이 직접 추진한 사업에 대해서는 미국으로부터의 감독이 미치는 정도를 한정하고자 해 온 것이다.

한편 국내 체제로서 일본의 원자력 개발 이용 체제의 구조적 특질은 '이원체제적 국책 공동체'라는 키워드로 표현할 수 있다. 여기서 이원체제라고 하는 것은 원자력 개발 이용의 추진 세력이 두 개의 하위 그룹으로 나뉘어 각각이 서로 이해 대립을 조정하며 사업 확대를 도모해 왔다는 점을 의미한다. 또한 국책 공동체라는 것은 두 개의 하위 그룹으로 이루어진 원자력 공동체가 원자력 정책에 관한 의사결정권을 사실상 독점하고 그 결정이 사실상 정부 결정으로 실효력을 가져, 원자력 공동체 바깥에 있는 사람들의 영향력은 극히 한정되었던 점을 가리킨다.

먼저 첫 번째 이원체제라는 특징에 대해 기본적으로 설명하고자 한다. 이원체제라는 것은 전술한 것처럼 원자로 및 핵연료의 개발 이용의 제도적인 메커니즘이 두 세력에 의해 분할되어 온 것을 가리킨다. 즉 전력·통산연합과 과학기술청 그룹이 서로의 세력 범위를 가늠하여 각각의 사업을 추진해 온 것이다. 또한 이원체제라는 것은 사업 성격의 세력 범위와 관련된 개념으로 사업 내용의 세력 범위에 관한 것은 아니다. 즉 한쪽에서 전력·통산연합은 상업 단계의 사업을 담당하고 다른 한쪽인 과학기술청 그룹은 상업화 도상 단계의 사업을 담당해 왔다(그런데 학계의 연구자는 기본적으로 두 그룹을 보좌하는 역할을 담당해 왔다. 독자적인 제3세력을 형성하지는 않았다).

전력·통산연합의 주요 구성 멤버는 다음과 같다.

(1) 통산성(및 그 외청인 자원에너지청). 2001년부터 경제산업성(경산성).
(2) 통산성(경산성)계 국책회사(전원개발주식회사電発).
(3) 전력회사 및 산하 회사(구 전력, 일본원자력발전, 일본전연).
(4) 원자력산업 제조회사.
(5) 정부계 금융기관(일본개발은행, 일본수출입은행. 나중에 국제협력은행, 일본정책투자은행에 통합됨).

논자들 중에는 전력업계와 통산성의 대립관계를 강조하는 이들도 적지 않다. 그것은 일면 진실이다. 하지만 보다 큰 시야에서 보면 양자의 관계는 대립을 내포하면서도 기본적으로는 협력관계다. 따라서 전력·통산연합이라는 호칭은 양자의 이해 대립을 주제로 한 분석을 행하는 이외의 장면에서는 타당하다.

전력·통산연합의 사업 분야는 원자로에 관해서는 발전용 원자로(1호기

에 한해 영국제 흑연감속가스냉각로, 2호기 이후에는 모두 미국제 경수로) 도입·
개량·이용이며, 거기에는 외국 기술의 도입·습득 노선이 채택되어 왔다. 그
리고 오늘날까지 일본의 원자로 제조업체의 국산화율은 많은 경우 99% 이상
에 달하지만, 미국의 비위를 손상하지 않도록 라이선스 생산 계약을 파기
하지 않고 제3국으로의 수출에 관해 미국 정부 및 제조업체와 공동으로 관
리하고 있다. 또한 핵연료에 관해서는 해외로부터 우라늄 구입, 우라늄 농
축 서비스 위탁 및 사용후핵연료 재처리 서비스 위탁, 삼자를 중심으로 하
는 구입 위탁 노선이 채택되어 왔다. 이 두 노선의 조합에 의해 전력·통산
연합이 착실히 원자력발전 사업을 확대하는 것이 가능했다. 일본의 원자력
공동체 중에서 '주역' 자리를 점해 온 것은 이 전력·통산연합이다. 발전용
원자로 도입·습득 노선은 충분한 성공을 거두었고 또한 핵연료 입수나 재처
리 위탁에 관해서도 지금까지 지장을 초래한 적은 없었기 때문이다.

　　한편 과학기술청 그룹은 과학기술청(2001년에 문부성에 병합되어 문부
과학성으로 됨) 본청과 그 소관인 두 특수법인(일본원자력연구소, 동력로·핵연
료개발사업단) 및 국립연구소(이화학연구소, 방사선의학종합연구소 등)를 주요
한 구성원으로 하고 있다. 이 그룹은 실용화 도상 단계에 있다고 간주되는
기술을 일본 국내에 상업 기술로서 확립하는 것을 최종 목표로 해서 개발
활동을 지속해 왔다. 과학기술청 그룹은 1960년대 후반에 본격적인 원자
로 및 핵연료 개발 체제(국가 프로젝트 방식, 타임테이블 방식, 체크앤리뷰 제도
삼자를 골자로 한다)를 확립했다. 이 개발 체제 중에서 중심적 역할을 부여받
은 것이 1967년 10월에 발족한 동력로·핵연료개발사업단(동연)이다(1998년
10월에 핵연료사이클개발기구로 개편. 2005년 10월에 일본원자력연구소와 통합
되어 일본원자력연구개발기구로 개편). 또한 1960년대 전반까지의 원자력 개발
에서 중심적 역할을 담당해 온 일본원자력연구소(원연)은 국가 기간基幹 프로
젝트로부터 제외되어 주변적인 프로젝트를 담당하게 되었다.

　　동연은 국가 기간 프로젝트 4개를 추진해 왔다. 먼저 원자로에 관해서
는 경수로보다도 선진적이라 일컬어지는 원자로의 국내 개발을 진행해 왔
다. 그 대상이 된 노형은 신형전환로ATR, Advanced Thermal Reactor와 고속증식로
FBR, Fast Breeder Reactor 두 종류다. 다음으로 연료에 관해서는 재처리와 우라늄

농축 이 두 가지가 중요하다. 재처리에 관해서는 프랑스로부터의 전면적인 기술 도입에 기반한 도카이 재처리공장을 건설해 운전해 왔다. 또한 우라늄 농축에서는 원심분리법을 이용한 국내 공장의 건설을 목표로 파일럿 플랜트와 원형 플랜트를 오카야마현 닝교토게人形峠에 연이어 건설해 운전을 해 왔다. 이 네 종류가 과학기술청 그룹의 주요 프로젝트이며 그 중심 기둥이 되는 것이 고속증식로FBR 개발계획이었다. 그 외에도 과학기술청 그룹은 원자력선이나 핵융합 등 많은 프로젝트 연구를 추진해 왔다. 그러나 이들 프로젝트는 대체로 지연에 지연을 거듭해, 하나라도 진정한 의미에서의 실용 단계(즉 전력 공급 등의 실용 목적에 부합하는 사업으로서 각각의 대항마에 대한 경제적 경쟁력을 가진 단계)에 이르지 못했다. 이렇게 과학기술청 그룹의 성과는 전력·통산연합과 비교해 현저히 빈약했다. 그 때문에 이들은 일본의 원자력 공동체 속에서 조연에 만족해 왔다.

여기서 독자들이 주목했으면 하는 바는 과학기술청 그룹이 자신들의 손으로 개발 도상 단계 기술을 상업화한다는 최종 목표를 완수하는 것이 결코 가능하지 않은 조직이었다는 점이다. 왜냐하면 상업 단계에서 사업 실시는 전력·통산연합이 그것을 수취하기를 거부한다면, 그때까지의 과학기술청 그룹의 노력은 수포로 돌아가게 되어 버리기 때문이다. 이렇게 과학기술청 그룹은 최종 목표의 달성에 관해 외부 기관에 의존해야만 하는 입장에 서 있을 수밖에 없었다. 더욱이 1980년대 이래 그때까지 과학기술청 그룹이 실시해 왔던 사업을 '연구개발 단계'(원형로 혹은 원형 플랜트까지 상당한다)를 마치고 '실용 단계'에 도달했다는 이유로 전력·통산연합에 이관하도록 하자는 움직임이 나타나기 시작했다. 그것이 원활하게 성취될 것인가 여부는 과학기술청 그룹에게 그 역사적인 존재 이유를 묻는 중대사였다.

또한 역사적으로 보면 이 '이원체제'가 확립된 것은 1950년대 후반으로 과학기술청 발족(1956년 5월)부터 일본원자력발전주식회사 설립(1957년 11월)까지가 이원체제 확립으로의 과도기에 해당한다. 원자력발전위원회 발족(1956년 1월) 즈음의 시기는 일본의 원자력 체제 그 자체가 형성 도상 단계여서 제도적으로 명확한 윤곽은 드러나지 않았지만, 1956년 5월 과학기술청 발족에 의해 하나의 세력이 명확하게 모습을 드러냈고 더욱이 일본원

1 일본 원자력 개발 이용의 사회사를 어떻게 볼 것인가

자력발전을 설립하면서 과학기술청 그룹의 대항 세력으로서 전력·통산연합이 명확하게 모습을 드러낸 것이다. 이 이원체제 모델은 2000년 말까지 일본의 원자력 체제의 추이 과정에 관한 큰 밑그림을 그리는 데 유효하다.

다음으로 일본의 원자력 개발 이용 체제의 두 번째 구조적 특질인 '국책 공동체'에 대해 기본적으로 설명해 둘 필요가 있다. 그것은 어느 특정한 공공정책 분야에서 정치가·관료·업계 관계자로 구성된 일군의 집단이 고도의 자율성을 가지고 국가 정책의 결정권을 사실상 독점하는 것과 같은 상태를 가리킨다. 예를 들어 안전보장 정책 분야에서는 미국의 많은 정치학자가 그러한 치외법권적인 공동체가 실재한다고 보고 이를 '군산복합체'military-industrial complex 혹은 '철의 삼각형'iron triangle 등으로 명명했다. 원자력 정책에 대해서도 원자력위원회AEC, Atomic Energy Commission, 양원합동원자력위원회JCAE, Joint Committee on Atomic Energy, GE나 WH 등의 유력 제조업체, 벡텔Bechtel을 비롯한 유력 엔지니어링 기업 등이 강력한 치외법권적 공동체를 형성했다고 많은 정치학자들이 생각했다. 다만 미국에서는 그러한 공동체는 주로 원자력 개발 이용을 포함하는 안전보장 관련 분야에서 눈에 띄는 형태로 군림했고 또한 그러한 이유로 정치적 비판의 대상이 되어 왔다.

그에 비해 일본은 거의 모든 정책 분야에서 이 공동체 시스템이 지배해 왔다. 즉 '관산복합체'government-industrial complex가 모든 정책 분야에서 형성되어 의사결정 과정을 사실상 점유해 온 것이다. 그것이 일본과 미국의 큰 차이점이다. 즉 일본에서는 행정기관이 사실상 정책 결정을 지배하고 국회는 행정 당국의 결정을 뒤집는다거나 독자적인 결정을 행한다거나 하는 능력을 결여하고 있다. 또한 정권 교체가 행정에 영향을 미치는 경우도 많지 않으며 좀처럼 정치가들의 이니셔티브가 발휘되는 경우에도 그 영향력은 관료 기구에 의해 옅어지는 경우가 많았다. 한편으로 정치가는 유사시에 정책 전환을 저지하고 행정을 지원사격하는 역할을 해 왔다. 또한 주정부에 많은 권한이 부여되는 경우가 많은 서구 여러 나라와 달리 일본에서는 지방자치단체의 권한은 일반적으로 말해 한정적인 것이었다. 또한 비판적 입장의 전문가나 지식인 혹은 국민 일반이 정책 결정에 참여한다거나 영향을 미치기는 극히 어려웠다. 비판적 입장의 사람들은 정부 심의회와 같은 정책에 영향을 미칠 만한 기구에서 배제되어 국민 일반이 정책 형성에 영향을 주기 위한 제도도 부재했던 것이다.

　더구나 행정 당국 자체가 총리대신의 리더십에 따라 여러 관청이 협력해 정책을 추진하는 조직이 아니라 개별 청마다 세력 범위가 있어 그 세력 범위 속에서 개별 청이 자율적으로 정책을 결정하고 그것을 내각이 통째로 승인해 왔다. 복수의 성청이 관여하는 정책 분야(예를 들어 환경 정책 등)에서 성청 간의 이해가 대립하는 경우에도 상위 기구의 리더십이 행사되어 결의가 이루어지는 것이 아니라 관계 성청 간에 각각의 역학관계를 배경으로 한 협의에 의해 타협이 이뤄져 왔다. 그러한 국책 공동체 시스템하에서의 의사결정은 순항 시기에는 관청과 업계라는 공동체의 구성원의 권익을 확대하고, 역풍 시기에도 그것을 크게 손상시키지 않는다는 원칙에 부합하는 형태로 행해져 왔다. 그런 의미에서 정책 결정은 사실상 이익 본위의 내부자 담합의 성격을 가지고 있다. 그리고 그런 담합 결과가 그대로 국책으로 권위를 가지고 군림해 온 것이다.

　원자력 정책에서도 2000년까지 전력·통산연합과 과학기술청, 두 그룹의 세력 연합체로서 국책 공동체가 운영해 왔다. 양자의 합의에 기초한 원자력 개발 이용의 방침을 국책으로서 승인한 가운데 중심적 역할을 맡아 온 것이 1956년 1월 1일에 발족한 총리부(2001년부터 내각부) 원자력위원회다. 원자력위원회는 법률상으로는 일본의 원자력 정책의 최고 의사결정기구이며, 그 결정을 내각총리대신은 충분히 존중해야 한다고 법률에 명기하고 있다. 또한 원자력위원회는 소장所掌 사무에 대해 필요한 경우에는 내각총리대신을 통해 관계 행정기구의 장에게 권고하는 권한을 가지고 있다. 그러나 원자력위원회가 직접 정책 형성상의 이니셔티브를 발휘한 경우는 거의 없었다. 그것은 사실상 원자력 공동체를 구성하는 관계 여러 관청 및 관계 업계의 이해 조정의 장으로 기능해 온 것이다. 원자력위원회는 과학기술청 장관을 위원장으로 과학기술청을 사무국으로 하는 기관이기 때문에 과학기술청의 영향력이 강하게 반영되는 것을 피할 수 없지만, 원자력 공동체의 또 다른 구성원인 전력업계와 통산성의 의사를 존중하지 않으면 정책 결정을 행하는 것이 사실상 가능하지 않다.

그런데 원자력위원회와 병존하는 형태로 통산대신의 자문기구인 종합에너지조사회(2001년부터 종합자원에너지조사회)도 원자력 정책에 관한 심의를 행해 왔다. 이 조사회는 1965년 6월 공포된 종합에너지조사회설치법에 근거해 만들어진 것이지만 법률상으로는 '종합에너지정책'에 대해서 통산대신에게 의견을 내는 기관에 지나지 않으며, 그 권한은 원자력위원회의 그것과 비견할 수도 없었다. 실질적으로는 수년마다 개정되는 장기 에너지 수급 예측 등을 통해 통산성 측으로부터 (종합에너지정책의 일환으로) 원자력발전 사업에 대해서 정책적인 방향의 길잡이를 보여주는 권한을 가진 것도 아니었다. 그리고 그러한 보고가 각의 결정되면 그것은 국책으로서 지위를 획득하고 법령 제정에 직결되는 것도 아니었다.

또한 원자력발전 정책에 발언권이 있는 정부 자문위원회로는 원자력위원회와 종합에너지조사회 이외에 전원개발조정심의회(1952년 7월 발족, 2001년부터 종합자원에너지조사회전원개발분과회)가 있다. 그것은 개별 원자력발전소의 설치 계획을 국가계획으로 승인하는 기관이며, 정책적인 수비守備 범위가 극히 한정적이었다. 단 전원개발조정심의회는 내각총리대신을 의장으로 하고 있어 정부 자문위원회로서 2000년까지는 법률적으로는 삼자 중에서 최고의 지위를 가지고 있었다. 원자력위원회(국무대신을 위원장으로 하며 그 결정은 내각총리대신을 구속한다)가 그다음이고, 종합에너지조사회의 지위가 가장 낮았다. 이 서열은 역사상의 설립순이기도 하다.

국제적인 시점에서 본 일본의 원자력 정책의 특징은 민간 기업을 좀 더 구속하는 원자력 계획이 국책으로서 책정되어 왔다는 점이다. 거기에 관여해 온 것이 원자력위원회, 전원개발조정심의회, 종합에너지조사회 삼자다. 원자력 개발 이용의 프로젝트는 모두 원자력위원회의 〈원자력개발이용장기계획〉이나 전원개발조정심의회의 전원개발기본계획 등 상위 레벨의 국가계획에 기반해 추진되어 왔다. 이를 근거로 과학기술청이나 통산성은 강력한 행정적 지도를 해 왔다. 이러한 얼개는 국가 총동원 시대부터 패전 후의 통제 경제 시대에 이르기까지 이어진 것으로 선진국에서는 일본만이 그러한 '사회주의적' 체제를 현재에도 여전히 지속하고 있는 것이다. 한 전력회사의 발전소 1기 건설계획조차 그것이 국책에 의해 승인되어야 하고, 국가계획의 일부로 민관일체가 되어 추진해야만 하는 사업이 되어 온 것이다. 그리고 국민이나 지방 주민에 대해서는 국책이라는 '이해'(찬성을 표현하는 일본의 행정용어)나 '합의'(수락을 나타내는 일본의 행정용어)가 일방적으로 요청되어 온 것이다.

원자력 개발 이용에 관한 국가계획의 중심을 이뤄 온 것은 원자력위원회가 수년마다 개정하는 〈원자력개발이용장기계획〉(약칭 '장계')이다(개정 연도에 따라서는 또 다른 유사한 정식 명칭이 사용되는 경우도 있다). 1956년 9월에 최초로 장기계획이 책정된 이래 2000년까지 8회에 걸쳐 장기계획이 개정되어 왔다. 1961년, 1967년, 1972년, 1978년, 1982년, 1987년, 1994년, 2000년이 개정 연차다. 이 책정 혹은 개정 연차에 기초해 각각의 장기계획은 1967년 장계, 1994년 장계 등으로 통칭된다. 장기계획 개정 시에는 원자력위원회에 장기계획전문회(또 다른 유사한 명칭이 사용되는 경우도 있다)가 설치되어 왔다. 장기계획전문회가 심의를 개시해 보고서를 낼 때까지는 1-2년 정도의 기간을 요한다. 여기서는 원자력 개발의 모든 측면에 관해 다음 개정까지의 기본 방침이 국책으로 제시되어 왔다. 개별 프로젝트의 추진 당사자로서는 직접 프로젝트를 장기계획 내에 정식으로 위치 지우는 것이 가장 중요한 관심사이다. 그것이 실현되면 그 프로젝트가 국책으로 승인되기 때문이다. 원자력장기계획은 21세기에 들어 〈원자력정책대강大綱〉으로 명칭을 바꾸었다. 그 최초의 것이 2005년에 책정됐다. 또한 2001년부터 총리부 원자력위원회는 내각부 원자력위원회가 되어 자동적으로 지위가 격하되었다. 즉 2000년까지는 국무대신이 원자력위원장을 겸해 왔으나 2001년부터는 누구라도 국회의 승인을 얻으면 원자력위원장이 될 수 있게 되었다. 원자력 개발 이용에 관한 다른 중요한 국가계획으로는 경제산업성의 종합에너지조사회(2001년부터 종합자원에너지조사회)가 '장기에너지수요예측'의 책정·개정을 1970년대부터 이어 왔다. 그러나 2002년에 에너지정책기본법이 제정된 것과 함께 경제산업성은 2003년 에너지기본계획을 책정했다(그 후 2007년, 2010년에 개정). 에너지기본계획은 전문이 각의 결정된 것이기 때문에 〈원자력정책대강〉과 동급 이상의 권위를 부여받게 되었다. 이상이 일본의 원자력 개발 이용에서 국가계획 책정 메커니즘의 개요다.

일본의 원자력 개발 이용 메커니즘의 구조적인 특질에 대한 일반적 기술은 이 정도에서 그치고 다음 절에서는 구체적인 시대 구분을 제시하려고 한다.

3. 일본 원자력 개발 이용의 사회사 시대 구분

본서에서는 일본 원자력 개발 이용의 사회사 시대 구분으로 다음과 같이 여섯 시기를 채택한다.

제1기 전시 연구에서 금지·휴면의 시대(1939-1953)
제2기 제도화와 시행착오의 시대(1954-1965)
제3기 도약과 여러 문제 분출의 시대(1966-1979)
제4기 안정 성장과 민영화의 시대(1980-1994)
제5기 사건 사고 연발과 개발 이용 침체 시대(1995-2010)
제6기 원자력 개발 이용 사양화 시대(2011-)

각각의 시대 개시를 알리는 사건은 '서문'에서 기술한 바와 같이 원자핵분열 발견 뉴스가 일본에 전달된 것(1939년), 원자력 예산의 가결 성립(1954년), 전력 각 사에 의한 상업 발전용 경수로 대량 발주의 시작과 동력로·핵연료개발사업단(동연)의 설립(1966-1967년), 경수로 발전설비이용률의 회복과 일본원연서비스 발족(1980년), 고속증식로FBR 원형로 몬주의 나트륨 누출 화재 사고(1995년), 후쿠시마 원전사고(2011년)다.

각 시대의 상세한 움직임에 대해서는 2장 이하에서 순차적으로 기술하기로 하고, 여기서는 다시금 전체의 흐름을 전망하고 필요한 최소한의 설명을 하고자 한다. 먼저 제1기(1939-1953년)에는 두 가지 원폭 연구 프로젝트, 즉 육군의 '2호 연구'와 해군의 'F 연구'가 병행 추진되었다. 전자는 우라늄 분리동(열확산법을 사용한 우라늄농축장치)이라는 실험 장치의 건설계획을 포함하고 있다는 점에서 계획 단계의 작업에 그친 후자와는 다른 프로젝트였다. 그러나 일본의 전시 원폭 연구는 전체로 보면 연합국에 의한 맨해튼 계획은 물론 독일의 원폭 연구와 비교해도 크게 열악한 것이었다. 그것은 원폭 재료 생산에 관해서 우라늄 농축 노선만을 추진하고 다른 노선인 플루토늄(94번 원소) 추출 노선에 관해서는 전혀 작업을 진행하지 않았기 때문이다. 우라늄 농축에 관해서도 실험적 성과는 전무했다.

패전 후, 극동위원회FEC, Far Eastern Commission 및 연합군최고사령관총사령관부GHQ/SCAP가 발표한 원자력원연구금지령에 의해 원자력 연구는 전면적으로 금지되었다. 다만 미군 주도로 추진된 원폭 피해조사에는 다수의 일본인 의학자가 동원됐다. 그것은 광의의 원자력 연구라고 볼 수도 있지만, 원자력연구금지령에는 저촉되지 않았다. 샌프란시스코강화조약(1952년 4월 발효) 중에는 원자력 연구 금지까지는 규제에 관한 조문이 포함되어 있지 않았기 때문에, 일본의 독립 회복과 동시에 원자력 연구는 해제되었지만, 과학계에서 우세했던 신중론에 따라 연구 활동은 사실상 휴면 상태에 놓이게 되어 그 본격적인 재개까지 약 2년이 걸렸다.

제2기(1954-1965년)의 개시를 알리는 것은 1954년 3월 나카소네 야스히로中曽根康弘 등에 의한 원자력 예산안 제출과 그 직후의 가결 성립이다. 원자력 예산 성립을 계기로 정부와 산업계는 학계의 협력을 얻어 원자력연구추진체제(의사결정 체제와 연구실시 체제 양면에 걸쳐 있다)를 정비하기 시작했다. 이 제2기는 원자력연구추진체제가 확립된 1956년까지(이를 초창기라 부른다)와 구체적인 사업이 본격화하기 시작한 1957년 이후(이를 전개기라 부른다)의 두 시기로 세분화하는 것이 적당하다.

우선 1956년까지의 시기(제2기의 초창기)에는 해외 원자력 연구 동향에 관한 조사 연구가 진행됨과 함께 원자력연구추진체제 정비가 진행되었다. 전자에 관해서는 미국이나 영국 등의 원자력 선진국으로 해외 조사단을 파견하는 것과 그에 따른 현지에서의 정보 수집에 기반하여 일본의 방침을 결정한다는 개발도상국 스타일을 정착시켰고 이는 그 후에도 오랜 기간에 걸쳐 계속되었다. 후자에 관해서는 1955년 9월부터 12월까지 약 4개월 동안 정치권의 주도하에 단숨에 일본의 원자력 체제의 주요한 골격이 만들어졌다. 거기에서 리더십을 장악한 것은 나카소네 민주당 중의원 의원(1955년 11월부터 자민당 중의원 의원)을 위원장으로 하는 중참 합동의 초당파적 '원자력합동위원회'였다. 이 위원회의 활동에 의해 원자력기본법안이 마련되고 가결되었다. 또한 원자력위원회, 과학기술청, 일본원자력연구소, 원자연료공사(후에 동력로·핵연료개발사업단으로 발전적 개편) 등의 설립에 관한 법안이 정비되어 가결됐다.

이어 1957년부터의 시기(제2기의 전개기)에는 1957년 말까지 전력·통산연합과 과학기술청 그룹, 이 두 세력을 나란히 세운 '이원체제'가 형성되어 각각의 그룹에서 본격적으로 사업이 개시되었다. 그 이후의 원자력 개발 이용은 각 그룹 내부에서 사업 방침 수정이 있었다고는 해도 그 제도적 틀 속에서 추진되도록 했다. 우선 전력·통산연합은 상업용 발전로인 영국의 콜더홀Calder-Hall개량형로GCR(흑연감속가스냉각로) 도입 준비를 시작했다. 한편 과학기술청 그룹은 일본원자력연구소(원연)를 중심적인 연구 실행 기관으로 증식로 자주 개발을 최종 목표로 하는 연구를 착수했고 또한 원자연료공사에게 국내 우라늄광 개발을 맡도록 했다. 그러나 양 그룹 모두 성과는 좋지 않았다. 전력·통산연합이 최초 도입으로 선택한 원자로인 콜더홀개량형로GCR는 경제적으로 보면 실패작이었다. 또한 과학기술청 그룹에서도 일본원자력연구소의 동력로 자주 개발계획은 혼선을 거듭했고 원자연료공사의 국내 우라늄광 개발도 실망스러운 결과로 끝났다.

제3기(1966-1979년)의 시작을 예고하는 사건은 1963년부터 1964년에 걸쳐 미국에서 경수로 붐이 일어난 것이다. 이 붐을 받아들여 일본의 전력 각 사는 경수로 도입에 적극적 자세를 보이고 전기 제조업체 또한 미국과의 기술 도입 계약 등 경수로 도입을 위한 체제를 정비했다. 또한 통산성도 전력회사와 제조업체를 지원했다. 이렇게 전력·통산연합은 미국제 경수로의 도입 습득 노선을 정력적으로 추진해 나아가게 된 것이다. 거기에는 비등수형경수로BWR를 채택한 도쿄전력東京電力/히타치日立·도시바東芝/GE 계열과 가압수형경수로PWR를 채용한 간사이전력關西電力/미쓰비시三菱/WH 계열이 양립하게 되었다. 도쿄전력과 간사이전력 이외에 전력회사 7개 중 도호쿠東北/츄부中部/호쿠리쿠北陸/주고쿠中国의 4개 회사가 비등수형경수로

BWR 계열에, 나머지 규슈/홋카이도/시코쿠의 3개 회사가 가압수형경수로 PWR 계열에 들어가게 된다. 또한 핵연료 사업에서도 핵물질 민간 소유화에 의해 구입 위탁 노선을 취한 전력·통산연합이 직접 해외와 계약을 체결하게 된다.

한편 과학기술청 그룹도 1960년대 중반 본격적인 원자로·핵연료 기술 개발 체제를 다졌다. 그 중추적인 실시 기관이 된 것은 1967년 10월 발족한 동력로·핵연료개발사업단(동연)이었다. 동연은 발족과 함께 3개 국가 기간 프로젝트(신형전환로ATR, 고속증식로FBR, 핵연료 재처리)를 추진하는 데 심혈을 기울이게 되었다. 더욱이 1970년대 초부터는 대형 프로젝트 4개로 우라늄 농축 개발에 뛰어들게 되었다. 이렇듯 제3기에는 과학기술청 그룹의 대형 프로젝트 4개가 다 모이게 되었다. 그러한 기간 프로젝트 이외에도 핵융합이나 원자력선 등 많은 개발 프로젝트가 추진되게 되어, 단숨에 원자력 개발 사업의 다각화가 진행됐다.

그러나 전술한 바와 같이 세계적으로 보면 1970년대 중반까지 원자력 개발 이용의 '황금시대'는 종언을 맞이하고 영국이나 미국처럼 심각한 정체 상황에 빠진 주요국이 출현하기 시작했다. 이러한 세계적인 원자력발전 사업에 대한 역풍은 일본에 더욱 강하게 불어닥쳤다. 우선 전력·통산연합에 대해서 보자면 경수로 발전 시스템은 세 개의 큰 난제에 직면했는데, 그 것을 넘어서지 않으면 1980년대에 대한 전망은 보이지 않는 위기적인 상황을 맞이했다. 첫 번째 난제는 원자력발전소의 사건 사고 연발과 그에 따른 설비이용율의 정체였다. 두 번째 난제는 원자력 개발에 대한 반대 여론이 전국에서 높아진 점이다. 세 번째 난제는 지역 주민의 부동의에 따른 원전 입지 지점의 확보가 극히 어려워졌다는 것이다. 하지만 그러한 삼중고는 극복 불가능한 것은 아니었다. 정치·경제 양면에서의 극진한 국가적 보호 아래 원자력발전소는 매년 2기씩 증가했다.

다음으로 과학기술청 그룹에도 1970년대 후반 이후는 두 가지 의미에서 위기의 시대였다. 첫 번째 어려움은 인도 핵실험의 충격에 의해 핵연료 사이클 개발계획에 대한 국제적인 경계감이 높아지고, 미국으로부터 외교적 압력이 노골적인 형태로 가해지게 된 것이다. 상징적인 사건이 1977년 동연 도카이 재처리공장에서의 플루토늄 추출 방식을 둘러싸고 미국과 일본 사이에 전개된 교섭이다. 두 번째 어려움은 원형로나 파일럿 플랜트의 다음 개발 시스템에서 건설된 실증로나 상업 플랜트의 사업 실시 주체가 좀처럼 결정되지 못했다는 점이다. 그러한 대형 원자력시설의 건설·조업은 정부 예산에서 지출 가능한 한도를 대폭 상회하는 거금을 필요로 하는 사업이었고 전력업계를 끌어들이지 않으면 살아남을 수 없는 상황이었지만, 전력업계는 경제적인 전망이 없다는 이유로 어정쩡한 자세를 취할 뿐이었다. 그러나 역시 전력업계도 1970년대 말이 되어 국가 프로젝트를 이어받는 데 동의하고 위기는 일단 피하게 되었다.

제4기(1980-1994년)에 들어서면 일본의 원자력 공동체는 1970년대까지 분출한 각종 어려움을 벗어나 안정기를 맞이하는 것처럼 보였다. 먼저 전력·통산연합은 경수로의 설비이용율 정체를 극복하고 반대운동의 영향력이 미치기 어려운 일본적 의사결정 시스템을 활용해 매년 1-5기 정도라는 원전 건설 속도를 유지하는 것이 가능했다. 이에 의해 경수로를 전력 공급의 하나의 기축으로 하는 시대가 도래했다. 그것을 받아들여 원자로의 설계·운전의 합리화, 폐기물 처분 등 백엔드back-end(핵연료사이클) 대책을 위한 착수, 국제적인 사업 전개로의 모색 등 경수로 발전 시스템의 포괄적인 정비가 추진되게 되었다. 1986년 체르노빌 원자력발전소 4호로 폭주·노심 용융 사고를 계기로 유럽 여러 나라에서 원전 사업이 정체기로 들어갔지만, 일본의 원자력발전의 확대 속도는 그 영향을 거의 받지 않았다. 그 결과 1980년대에 운전을 개시한 발전용 원자로는 16기를 헤아렸다. 더욱이 1990년대에 들어서면서도 1997년까지 15기가 새로이 운전을 개시해 1997년 말 일본의 발전용 원자로 총 수는 52기, 총 발전설비용량은 45,082MW에 달했다.

또한 과학기술청 그룹도 국가 기간 프로젝트의 '민영화'로 생존할 수 있었다. 그와 함께 이전부터 4대 프로젝트의 관할권은 고속증식로FBR를 제외하고 실용화 단계에 도달해 과학기술청 그룹으로부터 전력·통산연합으로 이관하게 되었다. 재처리와 우라늄 농축의 상업 시설은 일본원연, 신형전환로ATR 실증로는 전원개발, 고속증식로FBR 실증로는 일본원자력발전이 각각 담당하게 된 것이다. 하지만 그러한 이전의 4대 프로젝트는 실제로는 기술·경제 면에서 혼미를 거듭했다. 그러한 경제적 채산 전망이 낮은 사업을 정부가 국책으로 추진하려 하고 거기에 대해 전력업계가 국책 협력을 강화하는 형태가 된 것이다. 또한 세계적으로는 1980년대 후반까지, 급속히 사업을 확대해 온 프랑스를 포함해 서구 여러 나라의 원자력발전 사업은 점차 정체 상태에 빠졌다. 또한 플루토늄 증식 노선에 대해서도 1970년대 중반에 미국이 그것을 단념하고, 1990년대를 지나서는 모든 유럽 국가가 같은 결단을 내리게 되었다. 그에 따라 일본은 원자력발전 사업에서 '국제적 고고함'이라는 지위를 점하게 되었다.

그런데 제5기(1995-2010년)를 맞이하자마자, 일본도 또한 서구 여러 나라의 움직임을 쫓는 듯이 발전용 원자로의 신설·증설 속도를 크게 늦추었다. 더욱이 거기에 더해 플루토늄 증식 시스템의 실현이라는 종래의 꿈의 실현 가능성에 대해서도 적신호가 점멸하는 듯했다. 이 시기는 15년에 걸치기 때문에 전반과 후반으로 나누어 생각해 보는 쪽이 정리하기 쉽다. 전반은 1995년경부터 2000년경까지이며 이 시기에는 사건·사고·화재가 연발해 원자력 개발 이용에 대한 국민의 신뢰가 실추되었다는 것이 주요 흐름이다. 그리고 신뢰 회복을 위해 행정 개혁도 일정 정도 이뤄졌다. 또한 후술할 전력 자유화의 움직임도 시작되었다. 후반은 2001년경부터 2010년경까지이다. 이 시기에도 사건·사고·화재 연발을 수습하지 못했다. 거기에 더해 전력 자유화 문제가 정점을 맞이했다. 전력 자유화는 원자력발전에 대한 커다란 억제 요인이 되기 때문에 이 문제의 행방은 원자력 개발 이용의 장래에 결정적으로 중요하다. 이 두 가지 문제가 중첩되었기 때문에 2000년대 전반은 원자력 개발 이용에는 위기의 시대였다고 말할 수 있다.

결국은 전력 자유화가 중단되면서 원자력 개발 이용은 핵연료사이클도 포함해 잇달아 추진되었다. 원자력 개발 이용의 앙시앵레짐이 재건된 것이다. 하지만 원자력 개발 이용의 실적은 극히 저조했다. 원자력발전의 설비이용률은 평균 60%대를 벗어나지 못했고 핵연료사이클 개발 이용도 부진을 면치 못했다. 그러한 저조한 실적과는 모순되게도 2000년대 후반에는 원자력 르네상스가 세계적으로 도래했다는 선언이 반복적으로 확산

1 일본 원자력 개발 이용의 사회사를 어떻게 볼 것인가

되어 원자력 입국이 창도되고 올 재팬All Japan 방식의 인프라 수출의 가장 유효한 분야로 원전 수출이 주목받았다.

먼저 전기(1995-2000년)를 일별해 보자.

전력·통산연합의 움직임을 보면, 그때까지 연평균 1.5기 정도씩 진행해 오던 발전용 원자로 건설이 1997년에 일단 단절되고 다음 발전용 원자로 완성 예정 시기(2002년)까지 5년간의 공백이 생기게 되었다. 그것은 버블경제 붕괴 후의 장기 불황으로 에너지 수요가 한계에 달한 것과 전력 자유화 움직임이 강해지며 잉여 시설 건설을 억제할 필요가 생겨났기 때문이다. 결국 원자력발전의 안정 성장 시대는 종언을 고했다.

한편 경수로 원전 시스템의 인프라 구조물(특히 백엔드 관련 시설) 정비가 심하게 지연되면서 이를 방치하면 원자력발전 사업을 지속하는 데도 지장을 초래할 가능성이 높아질 것이라는 우려가 관계자들 사이에 퍼져 갔다. 이러한 상황에서 전력·통산연합의 가장 중요한 과제는 경수로 발전의 확대 노선을 지속하는 것이 아니었다. 가장 중요한 새로운 과제는 기존 원자력발전소의 수명 연장을 도모하면서 잉여 플루토늄을 처분하고 방사성폐기물이나 사용후핵연료의 저장·처분에 파탄을 초래하지 않는 것이었다.

한편 과학기술청 그룹은 더욱 엄중한 상황에 휘말리게 되었다. 그것은 자신들이 육성해 온 4대 기간 프로젝트 모두가 존망의 위기에 처했기 때문이다. 먼저 신형전환로ATR에 대해서는 1995년 8월 전원개발주식회사에 의한 실증로 건설계획이 정식으로 중지되었다. 이와 함께 동연의 신형전환로ATR 원형로 후겐普賢도 2001년 폐쇄되었다. 다음으로 1995년 12월, 동연의 고속증식로FBR 원형로 몬주가 나트륨 누출 화재 사고를 일으키고 무기한 정지 상태에 돌입했다. 그다음 단계로 구상되었던 고속증식로FBR 실증로 건설계획도 보류 상태가 되었다. 더욱이 1997년 3월 동연의 도카이 재처리공장에서 화재·폭발 사고가 일어났다. 또한 과학기술청에서 인수하는 형식으로 일본원연이 1990년대부터 아오키현 롯카쇼무라에 우라늄농축공장과 핵연료재처리공장 건설을 개시했지만 그 속도는 완만했다. 이렇게 4대 기관 프로젝트의 실용화 계획에는 모두 적신호 혹은 황신호가 켜지게 되었다.

더욱이 중요한 것은 과학기술청 그 자체의 해체였다. 종래의 '이원체제'에서는 과학기술청이 원자력발전 정책 전체를 통괄하고 그와 함께 연구개발 단계의 사업을 관할하고 한편에서는 통산성이 상업 단계의 사업을 관할해 왔다. 그러나 시간이 경과하면서 과학기술청의 존재감이 떨어졌다. 그 배경에는 일본의 원자력발전 사업이 꾸준하게 확대를 지속하는 한편 과학기술청이 소관하는 연구개발 사업은 전반적으로 부진을 거듭하고 있었다는 사정이 있다. 그리고 부진을 거듭하면서도 핵연료사이클 사업이 상업 단계로 도약해 전력업계의 자회사에 해당하는 일본원연에 이관되어 과학기술청 그룹에서 이탈했다는 사정이 있다.

더욱이 2000년경에 커다란 전기가 찾아왔다. 과학기술청이 해체된 것이다. 1995년 12월 고속증식로FBR 원형로 몬주의 나트륨 누출 화재 사고나 1997년 도카이 재처리공장 화재·폭발 사고 등에서 국민의 신뢰를 잃게 된 것에 책임을 지는 형태로 과학기술청이 해체되었다. 그것은 하시모토 행정 개혁으로 1997년 12월에 행정개혁회의가 마련한 최종 보고서에 명기되었다. 이에 근거하여 1998년 6월에 중앙성청등개혁기본법이 제정되어 공포와 동시에 실행되었다. 그로 인해 '이원체제'가 완전히 붕괴한 것은 아니었지만 커다란 구조 변화를 겪었다. 경제산업성은 어부지리 격으로 원자력 행정 전체를 실권 장악할 수 있게 되었다.

2001년 1월의 중앙 성청 개편으로 탄생한 경제산업성은 이전의 통상산업성보다도 원자력 행정에 대해 대폭 강화된 권한을 획득했다. 반면 과학기술청의 후신인 문부과학성의 원자력에 관한 주요한 사무는 일본원자력연구개발기구(핵연료사이클개발기구 및 일본원자력연구소를 통합해 2005년 10월에 발족)의 연구개발 사업에만 한정되게 되었다. 그리고 원자력위원회와 원자력안전위원회는 과학기술청이라는 행동 부대를 갖지 않는 내각 직속(내각부 관할) 심의회가 되었다. 그리고 안전규제 행정의 실무를 일원화해 담당하는 조직으로 경제산업성의 외청인 원자력안전·보안원이 2001년 1월에 발족했다. 즉 경제산업성이 상업 원자력발전의 추진과 규제 쌍방을 담당하게 되었다.

이렇게 해서 두 성청의 역학관계는 크게 변모하였다. 종래의 '이원체제'에서 양자의 권한은 길항했지만 2001년 이후는 경제산업성의 힘이 압도적으로 우위를 점하게 되었다. 이에 따라 새로 만들어진 원자력 체제를 '경제산업성을 맹주로 하는 국책 공동체'라 칭할 수 있을 것이다.

다음으로 후기(2001-2010년)의 움직임에 대해서도 간단히 정리해 두고자 한다. 이 시기의 가장 중요한 정책 선택 과제는 물론 전력 자유화 문제였다. 시대를 조금 올라가면 1990년대에는 구조개혁을 추구하는 미국의 압력이나 버블 붕괴 후의 경제·재정 재건을 목표로 한 역대 정권의 의사 등을 배경으로 자유주의 개혁의 파도가 밀어닥쳤다. 이 자유주의 개혁의 움직임은 전기사업을 관할하는 통산성의 입장에서 통제할 수 없는 외압이며 그것을 거부할 수 있는 선택지는 없었다. 때문에 통산성은 지금까지의 밀도 높은 업계 지도·지원 정책을 유동화시키는 조짐을 보이며 전력 자유화 정책을 추진한다는 방침을 내세웠다.

그러나 그것은 전력 소비의 한계에 직면한 전력업계에 엄청난 불안을 안겼다. 가장 큰 우려 가운데 하나가 된 것이 원자력발전의 높은 경영 리스크였으며, 이를 저감하기 위해 원자력발전 사업의 구조조정을 추진하려는 움직임이 시작되었다. 구체적인 구조조정의 대상이 된 사업은 다음과 같은 것들이었다.

(1) 상업 발전용 원자로의 신규 증설 중지 또는 동결 : 기설 원자로의 연료비는 화력발전보다도 훨씬 저렴하기 때문에 거액의 초기 투자를 들여 건설한 이상 가능한 한 장기간 운전을 지속하는 편이 유리하지만, 신규 증설의 경영 리스크는 극히 높다. 기설 원자로를 교체할 경우 원자력발전에서 화력발전으로 전환하는 것이 합리적이다. 또한 계획 중·건설 준비 중인 원자로의 건설 중지·동결을 추진하는 것도 합리적이다. 특히 장기간에 걸쳐 지역의 반대에 의해 교착 상태에 있는 계획에 대해서는 백지 철회하는 것이 타당하다.

(2) 핵연료재처리공장 건설 중지 또는 동결 : 핵연료사이클의 백엔드(사용후핵연료의 저장 보관이나 폐기물 처리 등)를 정비하는 것은 어떠한 노선을 택하더라도 피할 수 없는 과제이지만, 재처리 노선을 포기한다면 전력업계는 재처리공장의 막대한 건설비·운전비를 치르지 않고 백엔드 비용을 크게 감액할 수 있게 된다. 더욱이 재처리사업의 부진에 따른 대규모의 추

가 비용 발생 리스크를 피할 수 있다.

(3) 국책 협력으로 진행되어 온 여러 사업들의 중지 또는 동결: 신형전환로ATR, 우라늄 농축, 고속증식로FBR 등의 개발 프로젝트는 원래는 과학기술청 계통의 개발 프로젝트에 대한 국책 협력으로 진행되어 온 것으로 전력업계에는 교제비에 해당한다. 재무상의 여유가 없어지면 줄여야 할 성질의 비용이다(이것들 중 신형전환로ATR 개발은 실제로 전력업계의 철수 표명으로 1995년에 중지되었다).

만약 전력업계가 이들 구조조정책을 모두 실행에 옮기면, 일본의 원자력발전 사업은 '주요 세 사업' 모두를 재검토할 수 있게 되어 기설 원자력발전소의 유지 관리를 중심으로 한 것이 된다. 수명을 다한 원자로는 화력발전이나 자연 에너지로 대체하거나 수요의 자연 감소나 에너지 절약을 통해 무용해진다. 그리고 수년 후에는 탈원전을 실현하게 된다. 핵연료 재처리는 중지되어 직접 처분을 전제로 한 핵폐기물 최종 처분을 위한 대응이 진행되게 된다. 이것은 분명 탈원전 정책을 선택한 독일과 실질적으로 동형의 상황이다.

무엇보다 전력업계에게 불안의 원천은 전력 자유화 그 자체였다. 전력업계가 미래에도 지속적으로 평안하게 지낼 수 있는 생명선은 지역 독점회사에 허용되어 온 수직 통합 체제(발전, 송전, 매전을 일체 담당하는 체제)를 견지하는 것이었다. 그 때문에 전력업계가 취한 전술이 원자력발전 사업을 인질로 삼아 전력 자유화 정책의 적당한 처리를 요청하는 것이었다. 전력업계는 원자력발전 추진 정책과 전력 자유화 정책과의 정합성을 확보하도록 하는 메시지를 경제산업성을 향해 집요하게 내보냈다.

그것이 큰 영향력을 발휘해 전력 자유화에 강하게 제동을 걸었다. 에너지족族 의원들의 이니셔티브에 의해 에너지정책기본법이 제정되고(2002년), 그 가운데 시장 원리 활용으로 틀이 박히게 된 것이다. 이렇게 전력업계의 주장이 전면적으로 받아들여져 '국책 민영'의 오래된 질서가 간신히 유지되게 되었다. 원자력 공동체는 일체성을 회복했다. 그것이 정책 문서의 표현상의 변화로 나타난 것은 내각부 원자력위원회의 새로운 〈원자력정책대강〉(2005년 10월)에서였다.

1년 후에는 경제산업성 종합자원에너지조사회 전기사업분과회 원자력부회의 〈원자력입국계획〉(2006년 8월)이 책정되었다. 거기에는 원자력 개발 이용을 종래보다 늘려서 정부 주도로 강력히 추진하는 방침이 가득 실려 있다. 그러나 원자력 개발 이용은 2000년대 후반에는 일단 침체가 깊어지게 되었다. 2007년의 니가타현 주에쓰오키中越沖 지진에 의한 도쿄전력 가시와사키카리와柏崎刈羽 원자력발전소의 피해는 심대했고, 원자력발전 설비이용률의 정체를 단계적으로 확대시켰다. 또한 핵연료사이클 관련 사업에서도 고속증식로FBR 원형로 몬주, 롯카쇼 재처리공장, 롯카쇼 우라늄 농축공장 등에서 트러블이 빈발해, 이들 시설은 거의 정지 상태를 이어 가게 된 것이다.

그러한 실적 면에서의 정체에도 불구하고 일본 정부는 원자력발전을 경제성이 우수하고 에너지 안전보장에 공헌하며 지구온난화 대책에 도움이 되는 청정 에너지로 찬양해 왔다. 2009년에 탄생한 민주당 정권하에서 그러한 자민당 정권 시대의 원자력 정책이 적지 않게 변화할 것이라고 생각되었지만, 실제로는 자민당에 못지않은 원자력 추진 정책이 전개되었다. 특히 사회민주당 연립정권에서 이탈한 2010년 5월 이후는 원전 추진론에 대한 정권 내의 이론은 눈에 띄지 않게 되었다. 그리고 2010년 6월에 각의 결정한 '신성장 전략'에서 풀패키지형 인프라 수출 전략의 특가품으로 원자력발전이 위치를 잡게 된다. 그러한 강한 기세의 원전추진론과 원자력발전·핵연료사이클의 실적의 정체와의 대비는 현저한 것이었다.

그러나 2011년 3월 11일 후쿠시마 원전사고에 의해 종래 정책은 커다란 재검토에 직면하게 된다. 필자는 이를 제6기의 시작으로 생각하고 있다. 적어도 발전용 원자로 10여 기가 폐지될 전망이며 일본 전국의 발전소 총 기수·총 설비용량이 대폭 줄었다. 또한 후쿠시마 원전사고를 계기로 원자력 개발 이용에 편중했던 종래의 원자력·에너지 정책이 전환될 가능성이 높으며, 그렇게 되면 원자력발전은 급속히 쇠퇴하게 될 것이다. 특히 핵연료사이클 사업은 가장 먼저 구조조정의 도마 위에 놓여 사업 지속이 극히 어려워질 것이다.

이상 일본의 원자력 개발 이용의 역사에 대해 통사적인 동향을 정리했다. 이 장을 마치면서 세계와 일본의 민간 이용 분야에서의 원자력 개발 이용 역사의 시대 구분의 비교대조표(다음 쪽 표 1)을 게재했다. 이 표에서는 연대를 10년씩 잘라 보았지만, 이는 대략의 시대를 나타내기 위한 것이며 2-3년 정도의 오차를 포함했다는 점을 알아 주었으면 한다.

표 1. 세계와 일본의 원자력 민간 이용의 시대 구분 비교

연도	세계의 동향	일본의 동향
1939	핵분열 발견 원폭 연구 개시	원폭 연구 개시
1945	군사 목적 중심의 연구개발 민간 목적의 연구개발 본격화	연구 금지 연구 해금(그러나 휴면)
1955	국제 협력 체제 정비와 핵물질· 시설·정보의 국제 이전 활발화 상업화의 난항	연구개발 체제 제도화 해외 지식 흡수와 시행착오
1965	경수로 발전의 상업적 도약과 핵연료사이클개발계획 본격화 안전 논쟁 본격화	경수로 붐으로의 추격과 국가 프로젝트 체제의 구축 사고·고장 연발과 안전 논쟁 고양
1975	최선진국(영미)의 정체와 발전 규모·장래 전망 대폭 하향 수정 핵연료사이클계획 재검토 개시	핵 비확산 문제와 민영화 문제 대응 경수로 발전의 안정 성장 체제 확립 상업화 단계를 향한 핵연료사이클계획 (민영화의 진전)
1985	구미 여러 나라에서 신설 모라토리엄과 탈원전 움직임 고양 탈플루토늄 노선의 진전	
1995	부시 정권의 원자력 우대 정책	몬주 사고를 비롯한 사건·사고 연발 신설 속도의 저하 전력 자유화 진전
2005	미국·중국·인도·개발도상국에서 원전 건설 계획·구상 대두	〈원자력정책대강〉 및 〈원자력입국계획〉 원자력발전설비이용률 저하와 핵연료사이클계획의 혼돈
2011		후쿠시마 원전사고

2장
전시戰時 연구에서 금지·휴면의 시대로(1939-1953)

1. 일본의 원폭 연구

이 장에서는 일본의 핵분열 연구의 태동기(원문은 유년기-옮긴이)의 동향을 다룬다. 국제적 관점에서 봤을 때 일본의 특징은 태동기가 극히 오랜 기간에 걸쳐 있었다는 점이다. 이 분야에서 가장 선진국인 미국은 재빠르게 제2차 세계대전 중에 태동기를 졸업하고 맨해튼 프로젝트라는 대형 프로젝트를 조직했다. 제2차 세계대전 종결 후 다소간 핵개발 속도를 늦추었으나 냉전 시대의 본격적인 도래를 맞아 강력한 개발 체제를 재구축하고 군사 이용 분야를 중심으로 정력적인 연구개발을 추진했다. 미국과는 대조적으로 일본에서 전시 연구는 초보적인 수준에 그쳤다. 게다가 일본에서는 연합군에 의한 점령 기간 중 실험적 연구를 금지한 상태가 계속됐다. 1952년 4월 샌프란시스코강화조약 발효 후에도 당분간은 원자력 연구를 본격적으로 재개하려는 움직임이 구체화되지는 않았다. 이렇게 상당히 긴 태동기야말로 후의 일본의 원자력 개발 이용의 성격을 상당 정도 결정해 왔다고 할 수 있다.

먼저 패전까지 일본 원자력 연구의 동향을 개괄해 보고자 한다. 핵분열 발견에 관한 소식이 세계로 타전된 것은 1939년 초 즈음이었지만 이미 《네이처Nature》나 《피지컬 리뷰Physical Review》 등의 학술지에 핵분열에 관한 논문이 봇물 터지듯 발표되고 있었다. 보어Bohr·휠러Wheeler의 핵분열 이론에 의해 핵분열 현상의 기본적인 묘사가 확립되었다. 또한 핵분열 1회당 평균 2개 이상의 중성자가 방출되는 것도 곧 실험적으로 확인되었다. 이는 핵분열 연쇄 반응을 기하급수적으로 증가시키는 장치, 즉 핵분열 폭탄의 제조가 이론적으로 가능하다는 것을 의미했다. 일본인 과학자가 그 핵분열 연구의 아주 초기 단계에서 세계적으로 중요한 업적을 남기는 것은 가능하지 않았지만, 세계 핵분열 연구의 진전 상황에 대해서는 거의 실시간으로 이해할 수 있었다. 여기서 '거의 실시간'이라는 것은 신착 잡지를 배로 운송하는 데 필요한 정도의 시차는 존재했다는 의미다. 다만 1939년 9월에 제2차 세계대전이 촉발되어 국제적인 긴장이 단숨에 높아지면서 핵분열에 관한 과학적·기술적 정보는 1940년 이래 급속히 비밀의 베일에 가려지기 시작했다. 예를 들어 1940년 3월, 93번 원소 넵투늄neptunium, Np의 발견(E. McMillan, P. Abelson 등의 논문)은 《피지컬 리뷰》에 발표되었으나 1941년 1월 94번 원소 플루토늄Pu의 발견(G. Seaborg 등의 논문)은 원폭 투하 때까지 관계자 이외에는 공표되지 않았다.

핵분열 폭탄에 관한 연구는 1939년부터 미국, 영국, 독일 등에서 개시되었다. 시작에서는 일본도 크게 뒤처지지 않았다. 일본의 원폭 개발에 대한 관계자의 증언을 기록한 몇 가지 문헌 중 하나로 요미우리신문사 편 《쇼와사의 천황昭和史の天皇》(1980년)이 있다. 이 문헌과 관계자에 의한 몇 개의 에세이를 준거로 이야기하자면, 일본의 원폭 연구의 발단이 된 것은 1940년 4월, 육군항공기술연구소장이었던 야스다 다케오安田武雄, 1889-1964 중장이 부하 스즈키 다쓰자부로鈴木辰三郎 중좌에게 원폭의 실현 가능성에 대해 조사를 명한 것이다. 스즈키 중좌는 동경제국대학의 사가네 료키치嵯峨根遼吉, 1905-1969 조교수의 자문을 받고 검토를 진행, 1940년 10월에 원폭의 실현 가능성에 대해 긍정적인 보고서를 제출했다. 그 보고를 받은 야스다 중장은 당시의 육군대신 도조 히데키東条英機, 1884-1948에게 상담하고 그의 동의를 얻은 뒤, 1941년 4월에 이화학연구소(이연理研)의 오오코치 마사토시大河内正敏, 1878-1952(이연 3대 소장) 소장에게 원폭 제조에 관한 연구를 의뢰했다.

이화학연구소는 당시 일본 원자핵물리학 실험실 연구의 중심지로 니시나 요시오仁科芳雄, 1890-1951 연구실과 니시카와 쇼우지西川正治, 1884-1952 연구실이 공동으로 원자핵 실험실을 운영하고 있었다. 그 리더였던 니시나 교수는 1920년대에 8년간을 유럽에서 보내고 그곳에서 현대 물리학의 초창기를 접했다. 니시나는 귀국 후 현대 물리학을 일본으로 이식 및 정착시키는 데 지도적 역할을 담당하고 도모나가 신이치로朝永振一郎, 1906-1979를 비롯해 많은 제자들을 길러냈다. 니시나는 이화학연구소에서 1939년, 일본 최초의 사이클로트론(자극 직경 26인치)을 완성시키고 1941년에 대형 사이클로트론(자극 직경 60인치)의 건설을 조직했다. 오오코치 이화학연구소 소장은 즉시 니시나에게 원폭 제조에 관한 연구를 지시했다.

하지만 니시나가 연구에 대해 보고한 것은 그로부터 약 2년 후인 1943년 1월이었다. 그 사이 맨해튼 계획은 대규모 (비밀) 프로젝트로 발족해 있었고 미국과 일본의 격차는 결정적인 것이 되었다. 니시나 그룹의 보고서는 원폭 제조는 가능하며 그 방법으로는 우라늄235를 열확산법에 의해 농축하는 것이 최고라고 결론 내렸다. 이를 받아든 야스다 중장은 즉시 육군항공본부의 가와시마 도라노스케川島虎之補, 1897-1984 대위에게 항공본부의 직할 연구로 프로젝트를 추진하도록 명령했다. 이렇게 해서 1943년 5월부터 '니고겐큐二号研究, (2호 연구)'가 개시되었다. 암호명의 '니'는 니시나의 성에서 따온 것이라 이야기되고 있다.

한편 '니고겐큐'는 본질적으로 이론 계산과 기초 실험을 위한 프로젝트였고 원폭을 실용화하려는 지향은 빠져 있는 것이었다. 거기에는 전시 연구라는 절박감이 없었다. 이 프로젝트에 이화학연구소의 원자핵 관계 직원 일동이 이름을 걸고는 있었으나 그 연구 내용의 대부분은 원폭 개발과 직접적으로 관계되지 않는 것이었다. 그 예산의 대부분은 대형 사이클로트론을 사용한 중성자빔 발사 실험 등의 기초 연구에 투입된 것으로 보인다(사이클로트론은 양자 내지 중성자를 전기적으로 가속하는 장치인데, 양자 내지 중성자빔을 베릴륨 등에 쪼임으로써 중성자빔을 발생시키는 것이 가능하다).

원폭 개발과 직접 관계된 유일한 실험적 연구는 우라늄 분리동 건설과 그것을 이용한 우라늄 농축 실험이었다. 하지만 그 당사자가 된 이는 겨우 우주선宇宙線(우주에서 지구로 날아오는 높은 에너지의 방사선) 실험을 전공한 중견 연구자였던 다케우치 마사竹內柾, 1911-2001와 대학을 졸업하고 얼마 되지 않은 신진 화학자였던 기고시 구니히코木越邦彦, 1919-2014 두 명밖에 되지 않았다. 이 실험 연구에는 젊은 기술장교도 몇 명 참가했으나 그들에게 보조자 이상의 공헌은 기대할 수 없었다. 우라늄 분열동(높이 5미터, 직경 50센티미터)은 1944년 3월에 완성되었고, 1944년 7월부터 육플루오르화우라늄 UF_6(우라늄 화합물 중에서는 상온에서 기본이 되는 유일한 물질로 대개의 우라늄 농축에 사용됨)을 이용한 우라늄 농축 실험이 시작되었다.

육플루오르화우라늄 수백 그램을 분리동에 넣어 운전을 실행한 후, 다케우치 마사 등은 1945년 3월에 분리동에서 샘플을 추출하고 같은 이화학연구소의 야마사키 후미오山﨑文男, 1907-1981 연구원에게 분석을 의뢰했다. 그 분석 방법은 분리동에 넣기 전의 샘플과 분리동에서 추출한 샘플 모두를 사이클로트론을 이용해 중성자를 쪼여 둘 모두의 방사선 레벨을 비교하는 것이었다. 만약 우라늄 농축이 조금이라도 일어났다면 후자 샘플의 방사선 레벨이 높을 것이나 두 샘플의 차이는 확인되지 않았다. 즉 실험은 실패였다. 그 다음 날 도쿄 공습으로 이화학연구소의 우라늄 분리동 자체가 소실되어 실험은 중지되었다. 이렇게 해서 '니고겐큐'는 원폭 개발에 별다른 기여 없이 종결되었다.

이와 같이 '니고겐큐'가 내놓은 성과는 극히 빈약했지만, 성과에 대해 운운하기 전에 '니고겐큐'가 구상한 내용 자체가 국제적으로 보아도 매우 수준 낮은 것이었음을 지적하지 않을 수 없다. 첫째, 그것은 원폭 재료 제조의 두 가지 노선 중 하나를 완전히 간과한 것이었다. 둘째, 그것은 우라늄농축법으로 열확산법이라는 극히 서툰 방법을 채택했고, 분리동의 설계도 주도면밀한 검토에 기초한 것이 아니었다.

우선 첫 번째 사항에 대해 설명하자면, 원폭 재료 제조에서 두 가지 노선이라 함은 우라늄 농축에 의해 고농축우라늄을 얻는 노선과 원자로 노심에 끼워 넣은 중성자 조사제의 천연우라늄에서 재처리로 플루토늄을 추출하는 노선을 말한다. 농축우라늄 노선을 추진하기 위해서는 고성능 우라늄 농축장치가 필요하고 플루토늄 노선을 추진하기 위해서는 원자로와 재처리 시설이 모두 필요하다. 맨해튼 프로젝트에서는 알려진 바와 같이 두 노선이 동시에 추진되었다. 그리고 전자에서 히로시마에 투하된 (농축우라늄) 원폭, 후자에서 나가사키에 투하된 (플루토늄) 원폭이 각각 탄생했다. 한편 독일의 원폭 연구는 맨해튼 프로젝트와는 비교할 수 없을 정도의 소규모 프로젝트였지만 그래도 두 가지 노선이 동시병행적으로 추구되었다. 그 초점은 플루토늄 노선에 두었지만 원심분리법을 이용한 농축우라늄 노선에도 일정 정도의 자금과 인재가 투입되었다.

독일인은 자력으로 94번 원소(플루토늄)의 생성과 확인에 성공하지는 못했지만 94번 원소가 핵분열 물질로 우수한 성질을 가지고 있다는 것을 원폭 연구의 초기부터 명확히 이해하고 있었다. 독일에서는 미국의 로렌스 Ernest Lawrence 그룹에 의한 넵투늄 발견 후 크루트 슈타르케 Kurt Starke, 1911-2000 가 93번 원소의 생성과 분리에 성공하고 그것이 베타 붕괴(원자핵이 전자를 방출해 원자 번호가 하나 올라가는 반응)를 일으키는 것도 확인했다. 그 베타 붕괴에 의해 94번 원소가 생성되는 것이다. 하지만 유감스럽게도 독일에는 사이클로트론이라는 강력한 중성자빔을 발생시킬 장치가 없었기 때문에 실험적으로 명확히 확인할 수 있는 만큼의 94번 원소를 만들지 못했다.

하지만 보어·휠러의 핵분열 이론에 근거해 추정해 보면 94번 원소가 우수한 핵분열 물질이라는 것은 그들에게도 명확한 것이었다. 때문에 독일인들은 원자로 개발계획을 추진한 것이다. 왜냐하면 원자로는 사이클로트론과는 현격히 다른 강력한 중성자 발생 장치이고 만약 그것이 성공한다면 원폭 제조가 충분히 가능한 양의 94번 원소를 생성할 수 있기 때문이었다.

독일과는 대조적으로 일본은 94번 원소를 사용한 원폭 개발을 추진하지 않았다. 원자로의 구체적인 설계에도 착수하지 못했던 것이다. 94번 원소가 핵분열성인 것은 핵물리학자라면 당연히 예상 가능한 것이었겠으나 그것을 이용한 원폭의 개발에는 관심을 가지지 않았던 것이다. 더구나 일본은 94번 원소를 생성할 기술적 능력을 보유하고 있었지만 그 기술적 능력도 행사하지 않았다. 일본에는 독일과 달리 우수한 사이클로트론(자극 직경 26인치)이 이화학연구소에 있었다. 대형 사이클로트론(자극 직경 60인치)도 시운전 중이었다. 그것을 이용해 중성자빔을 만들고 그것을 우라늄에 쏘여 화학 분석을 실시했다면 일본에서도 94번 원소의 실험적인 생성과 확인이 가능했을 테지만 니시나 요시오 등은 거기에 파고들지 않았던 것이다. '니고겐큐'가 그 구상 내용에서 국제 수준에 이르지 못했던 또 하나의 점은 열확산법이라는 극히 부적절한 우라늄농축법을 선택했다는 것이다.

확실히 맨해튼 프로젝트에서는 전자분리법 및 가스확산법과 병행해 열확산법의 개발이 추진되었지만 농축우라늄의 생산 능률이 극히 낮았기 때문에 저농축우라늄을 주력 전자분리법 플랜트에 공급하는 보조적 역할을 하는 데 그쳤다. 또한 독일의 원폭 연구에서도 초기에는 이 열확산법의 개발이 시도되었으나 생산능률이 극히 낮았기 때문에 1941년 말까지 독일인들은 이 우라늄농축법을 포기하고 원심분리법 개발로 방침을 전환했다. 이처럼 열확산법은 전망이 없다는 공통 인식이 당시까지 세계적으로 확립되었음에도 불구하고 '니고겐큐'에서는 그 유일한 실험 장치로 우라늄 분리동 건설이 추진되었던 것이다. 하지만 그 내벽은 육플루오르화우라늄 가스에 의해 포식되기 쉬운 구리로 만들어졌다. 미국이나 독일에서는 니켈이 가장 적합하다는 결론이 나왔지만 일본은 재료 선택에서도 주도면밀함을 결여하고 있었다.

여기서 하나 문제가 되는 것은 왜 독일의 핵분열 연구에 관한 정보가 일본에 전혀 전해지지 않았을까 하는 점이다. 역사에 '만약'이라는 가정은 금물이라는 것을 잘 알고 있지만 만약 독일로부터 정보가 있었다면 일본은 플루토늄 추출 노선이라는 또 하나의 노선의 중요성을 알아차리고 사이클로트론을 사용한 실험에 착수했을 것이다. 또한 농축우라늄 노선에 관해서도 열확산법을 고집하는 우를 범하지 않았거나 또는 반대로 우라늄 분리동을 만들었다 하더라도 그 내벽을 니켈제로 했을 것이다.

그런데 핵분열에 관한 정보 제공을 독일에 일체 구하지 않았다는 것의 이면에 일본 정부가 오시마 히로시大島浩, 1886-1975 주 독일대사를 통해 독일에 우라늄 광석의 송부를 요청하고 2톤 송부하겠다는 회답을 얻은 사실이 있다(다만 우라늄을 적재한 독일 잠수함이 침몰하는 등의 이유로 우라늄이 일본에 도착하지는 않았다). 왜 일본 관계자가 우라늄은 얻으려 하면서 정보는 구하지 않았는지 수미일관하지 않은 행동에 대해서는 의문이다. 덧붙여 레이더, 제트전투기, 로켓 전투기 등에 대해 일본은 독일에 열심히 정보 제공을 구했다. 왜 원폭에 관해서만큼은 다른 신무기에 대해 행한 것과 같은 행동을 취하지 않았는가는 밝혀지지 않았다.

한편 전시 일본에서는 육군의 '니고겐큐'와 함께, 해군에서 'F겐큐'라는 원폭 연구도 진행됐다. 이는 교토제국대학에서 원자핵 실험을 행했던 아라카쓰 분사쿠荒勝文策, 1890-1973 교수를 중심으로 하는 그룹에 의한 것으로 중간자론의 제창자로 명성을 날린 이론물리학자 유카와 히데키湯川秀樹, 1907-1981도 참여했다. 'F'라는 암호명은 'fission'(분열)의 앞 글자에서 땄다고 전해진다. 해군이 원폭 연구에 관심을 가진 것은 1941년 11월경이다. 해군기술연구소의 사사키 기요야스佐々木清恭와 이토 요지伊騰庸二가 도쿄제국대학 이학부의 사가네 료키치와 의학부의 히노 주이치日野寿一의 자문을 받고 원폭 연구의 조직화를 시작하자고 결의를 다졌다. 해군은 1942년 7월에 핵물리응용연구위원회(니시나 위원장)를 발족시키고, 1943년 5월까지 10여 차례 간담회를 열었다. 그러나 전시 상황이 악화됨에 따라 레이더 등의 실용적인 무기 개발의 강화를 추구하자는 의견이 강해졌고 위원회는 해산하기에 이른다.

하지만 핵물리응용연구위원회의 활동과는 별도로 해군함정본부가 1942년 가을부터 교토제국대학의 아라카쓰 분사쿠荒勝文策 교수에게 핵분열의 기초 연구를 약간의 예산(연간 3천 엔 정도)으로 위탁해 그럭저럭 연구가 지속되고 있었다. 그것이 1945년이 되어 'F겐큐'로 발전적으로 확충되었던 것이다. 그러나 연구가 궤도에 오르기 전 일본은 연합국에 항복하고 프로젝트는 초기 단계에서 종결되었다. 이 'F겐큐' 또한 원폭 재료 제조에 관해 농축우라늄 노선만을 선택했다. 다만 우라늄농축법으로는 원심분리법을 채택했다. 그런 점에서는 '니고겐큐'보다도 선견지명이 있었다고 하겠지만 원심분리기 개발은 설계 단계에서 패전으로 인해 중지되었기 때문에 실제 장치를 만들어 실험을 행한 것까지 갔던 '니고겐큐'에는 미치지 못한다. 이처럼 육군과 해군의 원폭 연구는 모두 국제적 수준과 비교해 보면 매우 초보적인 수준에 머물렀다고 할 수 있다. 이는 맨해튼 프로젝트는 물론 독일의 원폭 연구와 비교해 봐도 낮은 수준의 것이었다.

존 다우어John Dower는 일본의 원폭 연구 실패의 주요한 원인으로 과학자들 스스로가 원폭 연구에 그다지 흥미를 가지지 않았고, 정부에 그 추진을 추동케 하지도 않았으며, 군에서 요청을 받기는 했어도 진지하게 거기에 파고들지 않았다는 점을 들었다(《昭和-戦争と平和の日本》, 明田川融監訳, みすず書

房, 2010, 3장. *Japan in War and Peace: Selected Essays*, W. W. Norton, 1993). 과학자들이 그렇게 열심히 하지 않은 배경에는 아무래도 전시에 원폭을 만들 수 있을 리 없다고 그들이 확신했기 때문임을 부정할 수 없을 것이다. 하지만 보다 근본적으로는 일본의 과학자가 원폭 연구 이외의 분야에서도 전시 동원에 대해 협력적이지 않았고 자기 자신의 연구 테마를 추구하는 경향을 가지고 있었기 때문인데, 그것이 원폭 연구에서도 나타났다고 보는 것이 타당할 것이다. 요컨대 전시 연구라는 대의명분을 가지고 젊은 연구자를 전장에 보내는 것을 방지하고 또한 군에서 지출되는 윤택한 연구비를 자신들의 아카데믹한 연구를 위해 사용하는 것이 이 시기 일본의 많은 과학자들의 행동 양식이었고 원폭 연구 관계자도 그 예외는 아니었다고 할 수 있다.

2. 연합군의 원자력 연구 금지 정책

일본 정부는 1945년 8월 10일, 어전회의에서 천황 주권의 수호를 조건으로 포츠담선언을 수락한다는 것을 결정하고 그 직후 연합국에 통고했다. 이에 대해 연합국 측은 8월 11일부 회답에서 일본 정부가 취해야 할 조치를 지시함과 동시에 일본의 장래 정치 형태에 대해서는 일본 국민의 자유의사에 의해 결정해야 한다고 지적했다. 거기에는 천황 주권의 보장이 명시적으로 기술되어 있지 않았기 때문에 정치 지도자들 가운데 항복에 대한 이견이 나왔고, 8월 14일에 이루어진 두 번째 어전회의에서 최종적인 포츠담선언 수락이 결정되어 연합국에 통고되었다. 다음 날인 8월 15일에는 천황이 군에 대한 전투 정지 명령을 발표했고 또한 국민들에게는 이른바 종전 조칙이 라디오로 방송되었다. 항복 문서 조인식은 9월 2일, 전함 미주리호 선상에서 이뤄져 태평양전쟁은 종결을 맞이하게 되었다.

또한 이 시기에 더글러스 맥아더가 연합군최고사령관SCAP, Supreme Commander for the Allied Powers으로 임명됐다. 맥아더는 8월 30일 후쓰키厚木 비행장에 도착해 요코하마에 있는 미국 태평양육군총사령부GHQ/AFPAC, Genearal Head Quarter/ Armed Forces in the Pacific에 들어갔다. GHQ/AFPAC은 9월 17일 도쿄

의 다이이치세이메이第一生命 빌딩으로 이전했다. 그리고 10월 11일, 그곳에서 독립한 형태로 연합군최고사령관총사령부GHQ/SCAP가 설치됐다. 이것이 일본인들 사이에서 연합군의 점령 중, 더욱이 그 이후에도 'GHQ'라 통칭되었던 기관이다. GHQ는 영어로 일반명사고, 군이 존재하는 곳이라면 어느 곳에서든 반드시 설치되는 것이라 일본 점령에 직접 책임을 가진 기관은 본래 GHQ/SCAP라고 표기해야만 한다.

연합군 점령하의 일본에서는 원자력 연구는 전면적으로 금지됐다. 연구 금지의 법적 근거가 되었던 것은 연합군최고사령관총사령부 지령 제3호(SCAPIN 3호, 1945년 9월 22일부)였다. 그 제8항에는 "일본제국 정부는 우라늄으로부터 우라늄235를 대량 분리하는 것을 목적으로 하는 또는 다른 모든 불안정 원소에 대해서도 그 대량 분리를 목적으로 하는 일체의 연구 개발 작업을 금지해야만 한다"라는 문장이 포함되어 있었다. 이를 엄밀히 읽어 보면, 명확하게 금지한 것은 방사성 핵종의 분리를 목적으로 하는 연구에만 해당한다. 그 이외의 원자력 연구에 대해서는 이론적으로는 당국의 판단에 따라 허가될 가능성도 있을 법했다. 그 반면 이 문장에 있는 목적이라는 단어를 광의로 해석한다면 기초 연구를 포함해 거의 대부분의 원자력 연구가 금지 대상이 된다고 할 수 있었다.

그러한 금지령이 매우 일찍 나왔음에도 불구하고 일본에서 원자핵 연구를 조기에 재개하는 것을 목표로 하는 이가 있었다. 육군의 원폭연구단 '니고겐큐'의 리더였던 니시나 교수였다. 니시나의 행동은 미국의 콤프턴 조사단Compton's committee과 접촉하면서 시작됐다. 여기서 콤프턴 조사단은 미국 태평양육군AFPAC, Armed Force in the Pacific에 의해 조직된 과학정보조사단(태평양육군과학기술고문국장 에드워드 몰랜드를 단장으로, 칼 콤프턴 과학연구개발국OSRD, Office of Scientific Research & Development 태평양 지국장을 부단장으로 하는 조사단)을 말한다. 콤프턴은 제2차 세계대전 중 미국의 과학자 동원의 최고 지도자 중 1인이었으며 저명한 물리학자였기 때문에, 이 조사단은 단장이 아니라 부단장의 이름을 따 통칭 콤프턴 조사단이라 불리는 경우가 많다. 콤프턴 조사단은 9월 초 일본에 상륙해 두 달 정도에 걸쳐 패전 전 일본의 군사 연구개발의 조직과 활동 내용을 조사했다. 그 사이 300명 이상의

2 전시 연구에서 금지·휴면의 시대로(1939-1953)

군인·과학자·기술자에게 청문회Hearing를 수행했는데, 물론 니시나도 거기에 포함되어 있었다.

니시나는 콤프턴과 몰랜드에게 사이크로트론 사용의 가부에 대해 타진하고 그들로부터 맥아더에게 사이클로트론 사용 허가의 바람을 편지로 쓸 수 있도록 추천받았다. 맥아더에게 보내는 편지는 10월 15일 자로 발송되었는데 그것은 생물학, 의학, 화학, 야금 네 분야에 걸쳐 사이클로트론 사용을 허가해 주기를 바라는 내용이었다. 콤프턴과 몰랜드가 직접 맥아더에게 이야기해 준 덕분이었는지 GHQ/SCAP은 10월 24일, 니시나의 신청을 수락해 사이클로트론 사용을 허가했다. 하지만 그 후 GHQ/SCAP의 과학기술담당부국에 있었던 경제과학국ESS, Economic & Science Section 내부에서 재검토가 실시되어 10월 27일에는 생물학과 의학에서의 이용은 허가했지만 화학과 야금학에서는 이용은 금지하라는 지시 각서가 나왔다. 거기에 담당관인 J. A. 오한 소위는 이 지시에 대해 본국에 조회해 줄 것을 요청했다.

그에 대해 미국 본국으로부터 로버트 패터슨 육군 장관 명으로 11월 7일, 맥아더 측에 명령이 나왔다. 일본의 사이클로트론의 기술 정보를 수집한 후 파괴하라는 명령이었다. 이에 일본의 사이클로트론의 명운은 결정됐다. 연합군최고사령관은 사이클로트론 사용을 허가한다는 각서를 취소하고 11월 19일에는 그것을 파괴할 것을 지시했다. 이렇게 해서 일본에 있던 사이클로트론 4대—이화학연구소(이연) 2대, 오사카제국대학 1대, 교토제국대학 1대—는 11월 20일 미군에 접수되어 24일 4대 모두 파괴되어 바다에 폐기되었다. 더구나 연합군최고사령관 문서에는 파괴한 사이클로트론은 전부 5대였다고 기록되었다. 실은 오사카제국대학의 접수 현장에 있던 일본인 연구자가 거기에 있던 질량분석기를 그것도 사이클로트론이라고 미군 당국자에게 설명했기 때문에 한꺼번에 파괴했던 것이다. 모든 사이클로트론이 파괴된 것에 대해 일본 관계자들은 애석해하며 의기소침해졌다.

이 사이클로트론 파괴 사건을 둘러싼 그 후의 전말에 대해서는 나카야마 시게루中山茂가 쓴 《사이클로트론의 파괴》(中山茂·後藤邦夫·中山茂, 《通史日本科学技術第1卷占領期》, 学陽書房, 1995, 77-84)에 상세히 적혀 있다. 이 사건에 대해 우선 미국 과학자들 사이에서 미군 당국의 야만적인 행위를 비난하는 목소리가 들끓었다. 이렇게 사이클로트론 파괴 사건이 미국 국내에서 정치 문제화되는 양상으로 전개되고, 거기에 더해 국제 과학계에서도 비난을 퍼붓는 가운데 맥아더는 워싱턴에 파괴 명령의 진상을 조사하도록 의뢰했다. 그 결과 패터슨 육군 장관이 부하가 기안한 초안의 파괴 명령을 체크하지 않고 맥아더에게 보낸 것이 판명됐다. 그러나 누가 파괴 명령을 기초했는가는 알 수 없다. 일설에는 맨해튼 프로젝트의 책임자 레슬리 그로브스Leslie Groves 준장의 신임 참모 두 명이 큰 생각 없이 기초한 것이라는 말도 있지만 진상은 규명되지 않았다.

사이클로트론 파괴를 비판하는 국제 과학계의 여론에 힘이 실리자 니시나 요시오는 연합군최고사령관에게 항의문을 발송했다(12월 20일부). 또한 니시나는 국제 과학 잡지에 미군을 탄핵하는 투서를 보내려고 했으나 점령군 담당관이었던 해리 켈리Harry C. Kelly 경제과학국과학기술과ESS/ST, Science and Technology 차장으로부터 그것은 역효과를 낼 거라고 설득당해 생각을 접었다. 해리 켈리는 사이클로트론 문제와 같은 전문적 사항에 대해 자문할 능력을 가진 과학자의 파견을 연합군최고사령관이 본국에 요청한 것에 응하는 형태로 1946년 초두에 방일한 물리학자로, 일본 과학계에 대해 매우 호의적인 정책을 추진한 것 때문에 일본 과학의 전후 부흥에 은인이라고 여겨진다. 니시나는 그 후에도 연구 재개에 대한 희망을 버리지 않고 연합군최고사령관에 사이클로트론 재건과 원자핵 연구 허가 요청을 지속적으로 보냈다.

왜 일본의 사이클로트론은 파괴된 것일까? 사용금지라는 조치로 충분하지 않았을까? 확실히 연합군은 무장해제 조치로 무기나 항공기를 파괴했지만, 과학기술 연구를 위한 장치는 항공 기관계를 제외하고 원칙적으로는 파괴를 피했다. 예를 들어 동일한 원자핵 연구 분야에서도 콕크로프트형이나 밴더그래프형 등의 정전가속기는 파괴를 피했다. 왜 사이클로트론만이 이렇게 철저히 파괴된 것일까. 필시 그 중요한 원인은 니시나가 연합군최고사령관의 점령 정책에 저촉되는 요구를 행한 점, 하지만 그것이 콤프턴이나 몰랜드 같은 미국인 과학자의 지원을 얻어 실현 근처까지 갔다는 점 때문이었을 것이라 생각한다.

2 전시 연구에서 금지·휴면의 시대로(1939-1953)

9월 22일 나온 지령 제3호에서는 방사성동위원소의 분리가 명시적으로 금지되었는데, 사이클로트론이라는 장치는 정확히 그러한 방사성동위원소의 생산을 위한 장치이기 때문에 그 운전이 지령 제3호에 위반되는 것은 명백했다. 따라서 그것이 허가될 수 있는가라는 의문을 가진 군인이 미국 본국에 조회를 했을 것이라는 점은 충분히 예상할 수 있었다. 일본 현지 사령부에서 일이 처리되었다면 사이클로트론 파괴 사건까지는 이르지 않았을 것이다.

미국 본국에서 모든 의사결정의 수순을 밟았는가는 알 수 없지만, 파괴 명령이 내려진 것은 우연의 장난이었을지도 모르고 혹은 의도적인 예방 행위였을지도 모른다. 의도적이라는 것은 이런 점이다. 니시나 요시오는 일본 원폭 연구의 리더였고, 그런 의미에서 말하자면 위험인물로 블랙리스트에 오를 법한 인물이었다. 또한 사이클로트론은 플루토늄의 발견을 가져올 강력한 중성자빔 생성장치이고, 전자분리법 우라늄 농축에도 전용 가능한 장치였다. 로렌스의 사이클로트론이 맨해튼 프로젝트에서 맡은 역할은 절대적인 것이었다. 위험인물 니시나가 위험한 장치 사이클로트론의 사용 허가를 집요하게 요구해 온다는 것은 수상한 사태가 아닐 수 없다고 보통 사람은 생각했을 것이다.

물론 패전 후 일본의 국력을 생각하면 사이클로트론 운전 재개가 일본의 군사적 위협을 증대시킨다고는 도저히 생각할 수 없다. 다만 당시의 일본은 철저하게 비군사화 정책의 대상이었다. 먼 장래의 화근을 미리 끊어 놓는다는 판단이 반드시 불합리한 것이라고 잘라 말할 수는 없다. 혹은 미국 본국의 담당관은 자신들의 눈이 닿지 않는 곳에서 일본 현지 사령부가 함부로 판단을 하려고 한 것에 대해 경고의 의미를 담아 사이클로트론 파괴 명령을 내렸을지도 모른다.

어쨌든 니시나의 이용 허가 신청이 없었다면 육군성이 이 문제를 건드리지 않고 어쩌면 사이클로트론도 파괴되지 않았을 것이다. 그런 의미에서 필자는 "니시나의 긁어 부스럼 설"을 취한다. 만약 그렇다면 사이클로트론 파괴는 니시나 본인에게는 자업자득이라 하더라도 사이클로트론을 1대씩 보유하고 있던 교토제국대학과 오사카제국대학 연구자들에게는 아닌 밤

중에 홍두깨 같은 재난이었을 것이다.

한편 독일에서는 실험물리학자 발터 보데(Walter Bothe)가 하이델베르크 대학에 소형 사이클로트론을 1대 보유하고 있었다. 보데는 니시나보다 3주 늦게 사이클로트론 이용 허가 신청서를 현지를 점령한 미국 군 당국에 제출했다. 보데는 독일의 원폭 연구의 유력자 중 한 명으로 알려져 있었고 위험인물로 여겨졌다. 때문에 점령군 당국은 보데의 신청을 각하했다. 다만 담당관이 미국 본국에 물어보지는 않았기 때문에 일본과 같은 파괴 명령이 내려오지는 않았다. 하이델베르크의 사이클로트론에 대한 미국 점령군의 사용 허가가 내려진 것은 1949년 3월 즈음이었다.

그런데 연합군의 원자력 연구 금지 정책은 1946년 이후에도 견지되었다. 전술한 SCAP의 지령 제3호는 그대로 효력을 유지했으며 더욱이 1947년 1월 30일, 극동위원회의 정책 결정이 내려졌다. 여기에 GHQ/SCAP의 원자력 연구 금지 정책이 연합국 전체의 점령 정책으로 다시금 공식 승인되었다.

여기서 말한 극동위원회는 연합국 전체가 일본 점령 정책을 결정하는 최고 기구로 1945년 말 워싱턴에 설치된 것이다. 이 극동위원회의 결정에 근거해 미국 정부가 연합군최고사령관에게 지령을 내리고 그것을 GHQ/SCAP가 실행한다는 명분이 되었다. 연합국 전체를 대표하는 기관으로는 그 이외에 연합국대일이사회(AJC, Allied Council for Japan)가 도쿄에 설치되어 연합군최고사령관에게 자문을 한다거나 협의를 하는 권한을 가지고 있었다. 다만 전원 일치의 원칙이라는 안전장치를 가지고 있었기 때문에 미국 정부가 GHQ/SCAP이라는 현지 사령부를 통해 일본 통치를 실행한다는 사실상의 틀은 유지되었다. 또한 GHQ/SCAP이 반드시 미국정부의 지령을 충실히 실시하는 기관은 아니었고 상당 정도의 자유 재량의 권한을 행사했다는 것은 잘 알려져 있다.

극동위원회의 결정 요지는 다음과 같다.

현시점에서 일본이 원자력 분야의 연구 실시 및 원자력의 개발 이용을 허가 받아야 하는 것은 아니다. 따라서 극동위원회는 다음과 같은 정책을 정했다.
a. 기초 연구와 응용 연구를 불문하고 일본에서 원자력 분야의 모든 연구를 금

지한다. 거기에는 다음과 같은 것을 포함한다.

　(1) 핵분열성 핵종의 생산을 목적으로 하는 모든 연구개발.

　(2) 천연으로 생산하는 화학원소의 동위체혼합물로부터 핵분열성의 핵종을 분리하거나 혹은 농축하는 것을 목적으로 하는 모든 연구개발.

　b. 원자핵에너지 이용을 목적으로 하는 모든 개발 혹은 건설, 이를 금지한다.

　c. 일본에서 방사성물질의 채광, 채굴, 가공, 정련에 대해 (예를 들어 우라늄의 의학 이용 등) 정당하다고 인정되는 목적을 가진 것에 대해서는 연합군최고사령부의 특별한 허가와 감시를 동반하는 것에 한해 허가된다.

　이를 보면 연합군최고사령관의 지령 제3호보다도 훨씬 주도면밀한 문장 표현이 채택되었다는 것을 알 수 있다. 또한 핵분열성이 아닌 방사성동위원소에 관한 연구에 대해서는 지령 제3호와는 달리 명시적인 금지 대상에서 제외한 것도 주목할 만한 점이다.

　이와 같은 연합군의 원자력 연구 금지 정책은 점령 시대 말까지 유지되었다. 미국으로부터의 방사성동위원소의 기증 및 수입은 1950년 4월부터 시작되었지만, 실험 핵물리 연구는 그 후에도 상당 기간 동안 휴면 상태였다고 할 수 있다. 이윽고 1951년 5월 사이클로트론 발명자이자 맨해튼 프로젝트의 수뇌였던 로렌스가 방일하여 실험핵물리연구소가 재개되는 계기를 만들었다. 로렌스는 SCAP 경제과학국ESS의 담당관에게 사이클로트론 재건을 권고함과 함께 일본 과학자에게도 재건을 권했다. 당시 미국 캘리포니아주 버클리의 로렌스방사선연구소에 체재 중이었던 사가네 료키치 교수가 배후에서 움직이고 있었다고 한다. 또한 로렌스 방일 전인 1951년 1월 10일 니시나 요시오는 60세에 간암으로 사망했다.

　일본학술회의의 원자핵연구연락위원회—1949년 4월 설치, 1952년 6월에 원자핵특별위원회(핵특위)로 발전적 개편—에서는 조속히 사이클로트론 재건을 검토하고 이화학연구소(이연)의 후신에 해당하는 주식회사 과학연구소(과연), 오사카대, 교토대 3개소에 사이클로트론을 재건한다는 방침을 세웠다. 이들은 점령군의 허가를 얻었고 1952년부터 건설 공사가 시작되었다. 최초로 완성한 것은 과연의 직경 26인치짜리 사이클로트론이었으며 시기는 강화조약 발효(1952년 4월 28일) 후인 1952년 말 즈음이었다. 그 3년 후에는 한층 대형인 오사카대학교(자극 직경 45인치) 및 교토대학교(자극 직경 40인치) 사이클로트론도 완성됐다.

이렇게 강화조약 발효 직후, 일본의 실험 핵물리 연구는 새롭게 시작되었다. 하지만 실험 핵물리 연구의 세계적인 프론티어는 소립자 실험으로 옮겨 가고 있었고, 핵분열은 학문적인 견지에서는 저에너지 영역에서 일어나는 하나의 중요한 현상 이상의 것이라고는 여겨지지 않게 되었다. 그것 모두가 공학적인 연구 분야가 되어 있었던 것이다. 일본에서는 원자핵물리 실험 재개 후에도 그러한 공학적 연구는 얼마간 휴면이 지속되었다. 이에 대해서는 다음 절에서 다시 기술한다.

3. 원자력 연구의 해금과 과학계의 동향

1952년 4월에 발효된 강화조약에는 일본의 원자력 연구를 장래에도 금지 혹은 제한하는 조항이 포함되지 않았기 때문에 그 발효로 인해 일본의 원자력 연구는 전면 해금되었다. 현대의 일본인은 그걸 당연하게 생각하는 것 같지만 결코 그렇지 않다. 점령 초기에는 강화조약 속에 여러 가지 영구적이고 엄격한 징벌 조항을 넣어야 한다는 의견도 관계자 사이에서 교환되었다. 그중에서도 특히 만약 일본과 연합국과의 강화가 미국의 대일 정책이 전환하는 1948년보다도 전에 실현되었다면, 원자력 연구 금지까지 포함하는 징벌적 조항이 강화조약에 포함되었을 가능성이 높다.

관련하여 강화조약에 원자력 연구의 금지 혹은 제한 조항 삽입 여부는 일부의 사람들에게 매우 걱정거리였다. 나카소네 야스히로는 미국 특사 존 포스터 덜레스John Foster Dulles의 방일(1951년 1월) 즈음, 항공 및 원자력의 연구의 자유를 요구하는 서한을 보냈다. 또한 후시미 코지伏見康治, 1909-2008는 1951년 4월 제10회 일본학술회의 총회에서 강화조약 중 원자력 연구 금지 조항이 포함되지 않기를 요망한다는 것을 제안했다. 물론 그러한 걱정은 기우였다.

이번 절에서는 원자력 연구 해금 전날 밤부터 원자력 예산의 출현 전날 밤까지의 약 2년에 걸친 과학계의 움직임을 추적한다. 이 시대에 특히 눈에 띄는 활동을 보여준 것은 물리학자들이다. 그들 중에는 소수이긴 해도 원자력 연구 추진의 임무를 띤 청부자仕掛人 내지 대변인으로 활약하고자 하는 강고한 의지를 가진 사람들이 있었고, 이들은 강화조약 발효에 따른 원자력 연구 해금과 함께 적극적 행동을 개시하였다.

언론에 최초로 등장한 사람은 물리학자인 다케타니 미쓰오武谷三男, 1911-2000다. 그는 1952년 2월 1일 〈요미우리신문〉에 에세이를 기고했다. 다케타니는 소립자론 그룹의 고참 멤버 중 한 사람으로 1930년대부터 1940년대에 걸쳐 유카와 히데키가 제창한 중간자론을 정비·발전시키는 임무를 동세대인 사카타 쇼이치坂田昌一, 1911-1970 등과 공동으로 추진했다. 또한 마르크스주의적 교양에 근거한 독자적인 과학기술 사상을 제창하고 전후를 대표하는 사상가 중 하나로 명성을 동시에 확립했다. 다케타니의 주장은 단도직입적 원자력 연구 추진론은 아니었고 같은 수억 엔 정도의 건설비를 사용할 거라면 핵물리 실험용 가속기 싱크로사이클로트론(당시 도쿄 지구의 연구자들 사이에서 이것을 건설하자는 구상이 논의되기 시작했다. 이 움직임은 곧 도쿄대학교 원자핵연구소의 설립 운동으로 전개되어 갔다)보다도 실험용 원자로 쪽이 더 나을 것이라는 주장이었다. 언론에는 그 후에도 수차례, 물리학자들에 의한 원자력 연구 추진의 필요성을 호소하는 에세이를 게재했다.

강화조약 발효와 함께 원자력 연구 재개를 향한 움직임이 일거에 표면화되었다. 일본학술회의 부회장이었던 가야 세이지茅誠司, 1898-1988가 1952년 7월 21일 열린 유카와기념관(후의 교토대학교 기초물리학연구소) 개소식에서 원자력위원회 설치에 대한 아이디어를 공식적으로 표명하고, 또한 7월 25일 열린 학술회의운영심의회 석상에서는 원자력위원회 설치에 대해 학술회의가 정부에 신청할 것을 제안했다. 가야 세이지는 패전 후의 구 학술 체제 붕괴 와중에서 점령군 관계자들과 밀접한 협력관계를 구축하면서 과학행정의 지도적 인물로 부상한 물리학자지만, 강자성체 연구자였지 원자핵물리를 전공한 인물은 아니었다.

가야 세이지의 제안이 운영심의회로부터 승인을 받아 1952년 10월 제

13회 학술회의총회의 의안으로 제출하기로 결정됐다. 운영심의회는 그 원안 작성을 제4부(이학)에 위탁했다. 이를 위탁받은 제4부는 부장(오카다 요우岡田要), 부부장(후지오카 요시오藤岡由夫), 간사(사카타 쇼이치坂田昌一, 하기하라 유스케萩原雄祐) 및 가야 세이지 다섯 명이 협의하고, 후시미 코지伏見康治 위원에게 원안 작성을 재위탁했다. 후시미의 회상록에 의하면 전술한 가야의 제안(7월 25일)의 청부자는 자신이었다고 하였으므로 이상의 학술회의에서 나타난 움직임은 모두 후시미가 사전에 주도면밀하게 작업한 시나리오에 따라 이루어졌다고 봐도 될 것이다(伏見康治, 《時代の證言—一原子科学者の昭和史》, 同文書院, 1989, p. 21.).

한편 후시미 코지는 원안 작성을 위한 조사 활동을 정력적으로 추진했는데, 그 움직임을 알아차린 젊은 물리학자들이 반대운동을 조직했다. 1952년 9월부터 10월에 걸쳐 원자력위원회를 총리부에 설치하고, 국가사업으로 원자력 연구를 추진해야 한다는 후시미의 사안私案을 둘러싸고 물리학자들 사이에 열띤 논쟁이 벌어졌다. 반대론자들의 최대의 우려는 현상황에서 정부 주도로 일본의 원자력 연구가 추진되는 경우 대미 종속 및 연구 통제하에서 군사 관련 개발과 연결된 위험성이 높다는 것이었다.

이 1952년 여름이라는 시기에 반대론자들 사이에서 일본이 만약 원자력 연구에 착수한다면 그것은 미국의 군사 전략에 말려드는 것이라는 우려가 높았던 데에는 충분한 이유가 있었다. 한국전쟁 발발이라는 새로운 상황을 배경으로 경찰예비대 설치라는 형태로 일본의 재군비가 실시되었고, 또한 미일 간의 안보 보장 면에서의 협력도 급속히 밀접해져 가고 있었기 때문이다. 즉 미소 간의 핵 군비 확장 경쟁이 격화되어 가는 가운데 그들의 우려는 당시의 국제정세와 그 상황에서의 핵무기의 역할에 대한 거국적인 판단에 근거한 것이었다. 그들을 더욱 초조하게 한 것은 하필이면 과학자의 양심을 대표해야 할 일본학술회의가 불순한 동기를 가지고 있는 정부에 대해 원자력 연구 추진을 추동한다는 점이었다.

가야 세이지나 후시미 코지가 '원자력위원회'라는 호칭을 사용한 것도 반대론자들에게는 곤혹스러운 것이었다. 이 호칭은 명백히 미국의 원자력위원회AEC, Atomic Energy Commission에서 배워 온 것인데 원자력위원회AEC는 원자력의 군사 이용과 민간 이용을 정책과 실시 두 측면에서 일원적으로 추진하고 일본의 성청省廳급의 행정적 권한을 갖는 정부기관으로, 국가 안전보장이라는 대의명분으로 과학자들을 엄격하게 통제하는 기관으로 알려져 있다. 그와 유사한 '원자력위원회'를 일본이 설치한다면, 그것은 미국 원자력위원회와 동일한 여러 문제, 예를 들어 비밀주의의 만연이나 과학자의 자유 박탈 등의 문제를 일으킬 것이라 생각된 것이다.

그렇다고는 해도 가야와 후시미가 자신들이 직접 제안한 '원자력위원회'를 미국 원자력위원회AEC와 동일한 성격을 갖는 기관으로 하자고 생각했을 리 없다. 그들에게 주요한 관심사는 일본 정부가 거리낌 없이 원자력 연구에 착수할 수 있도록 앞장서서 해 주는 역할을 과학계 대표로서 한 것이며, 원자력위원회의 행정적 성격 등에 대한 명확한 아이디어를 가지고 있지는 않았다. 말하자면 그들은 아주 순수하게 일본의 원자력 연구에 여명을 밝히고자 한 것이다.

드디어 학술회의 제13회(1952년 10월)가 가까워지자 후시미 원안의 채택에 관해 학술회의는 결단을 요구받았다. 그리고 1952년 10월 6일, 가야 세이지, 후시미 코지, 아사나가 신이치로朝永振一郎(원자핵특별위원회위원장), 사카타 쇼이치(제4부 간사) 4인에 의한 사전 작업이 이루어졌고, 당초 구상보다 대폭 논조를 약하게 한 제안을 총회에 제출하는 것으로 의견이 일치했다. 10월 15일에 열린 학술회의운영심의회는 이 방침을 승인했다. 또한 만약 제4분과가 인정하면 그것을 제4부 제안으로 하지만 인정되지 않을 경우에는 가야·후시미 두 사람 명의의 제안으로 하자고 결정되었다. 하지만 10월 23일에 열린 제4부회가 그것을 부회 제안으로 하는 것을 5대 21이라는 큰 차이로 부결시키면서 같은 날 오후 '가야·후시미 제안'으로 총회에 제출되게 되었다.

'가야·후시미 제안'의 내용은 다음의 두 골자로 이루어져 있다.

(1) 1953년 4월 열릴 다음 총회에서 정부에 원자력 문제에 관해 제의할 것인가 여부를 검토한다.

(2) 이를 위해 학술회의 내에 총회에 제출하는 원안을 준비하는 임시위원회를

둔다.

 그러나 학술회의가 대체 무엇을 정부에 제안할 것인가라는 점이 애매했다. 가야 세이지의 1952년 7월 단계의 발언에는 원자력위원회 설치가 제안 내용으로 되어 있었으나 가야·후시미 제안의 취지 설명에서는 추진 기관으로 원자력위원회가 아닌 원자력문제검토위원회를 두자는 것으로 바뀌어 있었다. 하지만 그것이 의안서에 명기되어 있었던 것은 아니고(속지에는 '참고'로 인쇄되어 있었다) 게다가 가야 자신이 이 의안을 둘러싼 질의응답 와중에 어떠한 제안 내용이라도 괜찮다(예를 들어 원자력문제검토위원회를 설치해야만 하는 것은 아니라는 내용이어도 괜찮다)고 명확히 이야기했다.

 이러한 극히 불명확한 의안에 대해 학술회의 총회 객석에서 나온 의견의 대부분을 점한 것은 정부에 제안을 하는 것 자체에 대해 반대하는 의견이었다. 특히 물리학자였던 미무라 요시타카三村剛昻, 1898-1965, 히로시마문리대 물리학 교수는 히로시마에서의 원폭 피폭 체험에 입각해 열변을 토하며 '미소간 긴장'이 해소될 때까지 절대로 일본인은 원자력을 연구해서는 안 되며 그로 인해 일본의 문명이 퇴보하더라도 괜찮다고 역설했다. 이를 이어받아 법학자인 야마노우치 이치로山之內一郎가 이 의안과 같은 방향에 조금이라도 방향을 맞추는 일체의 위원회나 조치에 반대한다고 역설했다. 사면초가 상황을 맞게 된 가야 세이지는 의안을 수정하고 학술회의 내에 원자력 문제를 검토하는 위원회를 둔다는 것만이라도 결의해 주기를 요청했다. 이에 대해 반대론을 펴는 이어진 발언이 있기는 했으나 여기에서 법학자 와가쓰마 사카에我妻榮(학술회의부회장)가 가야의 수정안과 내용 면에서 동일한 제안을 했다. 결국 가야의 수정안은 철회되었으나 혼잡한 의사 진행에 의해 그것과 동일한 내용의 와가쓰마 안이 승인되었다. 그리고 1953년 4월의 다음 회차 총회까지 임시위원회를 설치하여 학술회의의 원자력 연구에 대한 입장을 검토하는 것으로 결정했다.

 이렇게 탄생한 것이 제39위원회第三九委員會이다. 이 위원회는 제14회 총회(1953년 4월)에 보고서를 제출하고 당시의 정세 속에서 정치 세력이 통제하기 쉬운 조사기관—가야·후시미 제안에 있는 것과 같은 원자력문제조사위원회—을 설치하는 것은 적당하지 않지만, 이 문제를 모두 검토하기 위한 본위원회를 상설위원회로 설치하자는 견해를 표명했다. 이는 총회에서 승인되어 제39위원회는 1954년 4월 제17회 총회에서 원자력문제위원회로 개편될 때까지 존속하게 되었다. 그러나 제39위원회의 활동은 겨우 1회 공청회(1954년 2월 27일)를 연 것을 제외하면 문헌 조사 등 지엽적인 것으로 원자력 정책에 관한 제언을 하지 않은 채 1년 반을 허비했다. 이렇게 과학계와 정치권 주도의 원자력 예산의 출현(1954년 3월)까지 원자력 문제에 관한 '동면 상태'가 지속되었다.

---

* 1949년 8월 29일. 소련 카자흐스탄 사막에서 핵실험 성공(원자폭탄).
    (미국 핵기술 스파이 색출, 로젠버그 부부 처형, 1950년 매카시즘 시작, 미국 수소폭탄 실험 개시.)
* 1951년 9월 8일. 샌프란시스코 미일강화조약(1952년 4월 28일 발효).
* 1952년 11월. 미국 첫 수소폭탄 실험 성공.
* 1952년 10월 3일. 영국 첫 원자폭탄 실험 성공. 1957년 수소폭탄 실험 성공.
* 1953년 8월 12일. 소련 첫 수소폭탄 실험 성공.
* 1953년 12월 8일. 미국 아이젠하워 대통령 유엔 총회에서 〈평화를 위한 원자력〉 선언.
* 1954년 3월 1일. 미국의 비키니환초 수소폭탄 실험.
    일본 제5후쿠류마루호 선원 피폭 사망 사건.

3장
제도화와 시행착오의 시대(1954-1965)

1. 원자력 예산의 출현

이 장에서는 원자력 예산의 출현부터 개발 이용 체제(의사결정과 사업 실시 양면에 걸친) 확립을 거쳐 구체적인 연구개발 이용 사업이 본격화하기 시작할 때까지 약 10년간의 시기를 살핀다. 일본의 원자력 개발 이용 체제의 기본 구조가 견고해진 것은 1957년으로 그 이후의 활동에 대해서는 전력·통산연합과 과학기술청 그룹 쌍방이 상호작용하여 활동하는 것으로 이해할 수 있다. 다만 1장에서 본 바와 같이 어떤 그룹에서도 연구개발 이용 활동은 난항일 수밖에 없었다. 여기에 약간의 서광이 비친 것은 1960년대 중반 즈음의 일이다. 이 장에서는 그러한 여명의 역사를 거슬러 올라가 보려고 한다.

1954년 3월 2일, 중의원예산위원회에 1954년도 예산안에 대한 자유당, 개진당, 일본자유당 3당의 공동 수정안이 제안되었다. 총액 50억 엔의 수정안 가운데 3억 엔이 과학기술진흥비로 주어지고, 원자로구축비(2억 3500만 엔), 우라늄자원조사비(1500만 엔), 원자력관계자료구입비(1천만 엔)가 조성되었다. 총액 2억 6천만 엔의 원자력 예산이 출현한 것이다. 이 예산수정안은 개진당의 이니셔티브에 의해 입안되어 자유당 및 일본자유당의 찬성을 얻어 제안된 것이며, 최초로 개진당이 제시한 예산안(총액 90억 엔)에서는 원자력 관계 예산으로 9억 엔이 주어져 있었다. 개진당의 나카소네 야스히로中曾根康弘, 이나바 오사무稲葉修, 1909-1992, 사이토 겐조斉藤憲三, 1898-1970, 가와사키 히데지川崎秀二, 1911-1978 등이 원자력 예산의 작성과 사전 정지 작업에서 중심적 역할을 했다고 한다.

　이들 중 주도자가 누구였는지는 불분명하나 나카소네는 자신이었다고 주장하고 있다. 나카소네는 1951년경부터 원자력에 깊은 관심을 기울이고 특히 1953년 말 미국 체류 중에 물리학자인 사가네 료키치의 안내로 미국 캘리포니아주 버클리에 있는 로렌스방사선연구소를 견학한 바 있다. 이 연구소 자체는 원자핵·소립자물리연구소이고 원자로나 핵연료 시설을 보유하고 있지는 않았지만, 소장 어니스트 로렌스를 필두로 하는 간부들 상당수가 미국 원폭 개발·수폭 개발 프로젝트에서 기술·정책 면 모두에서 중요한 역할을 맡았던 사람들이었다. 어쨌든 원자력 예산을 포함한 예산 수정안은 그날 예산위원회를 통과해, 3월 4일에는 중의원 본회의에서 가결되었다. 그리고 1개월 후인 4월 3일에 발효됐다.

　원자력 예산의 돌연한 출현에 깜짝 놀란 일본학술회의의 가야 세이지 회장과 후지오카 요시오 제39위원회 위원장은 조속히 중의원 및 개진당 본부로 가서 원자력 예산을 반대해 주기를 의원들에게 제안했다. 그러나 의원들은 이를 거절했다. 특히 나카소네는 "학자들이 멍하게 넋 놓고 있으니까 돈다발札束로 학자들의 뺨을 꽉 꼬집어 주었다"고 이야기했다고 한다. 나카소네는 이 '돈다발' 발언을 후에 부정했지만, 나카소네가 정확한 표현은 아니었더라도 적개심을 표현한 것은 가야 세이지와 후지오카 요시오가 학자의 입장을 전면에 내세우며 학계에서는 원자로 건설을 할 수 있는 단계에 이르지도 않았고 학계 내의 합의를 얻어 내는 것도 어렵다고 주장했기 때문이다. 말하자면 서로 말로 되받은 것이다. 나카소네는 뛰어난 정치적 감각으로 미국의 원자력 정책 전환이라는 절호의 타이밍을 완벽하게 잡아 야심찬 정치가로서 원자력 예산을 제출한 것이었고, 국제정세나 전문 지식도 부족한 학술회의의 물리학자들의 의향 따위는 본래 안중에도 없었을 것이다.

　여기서 미국의 원자력 정책 전환의 절호의 타이밍이라고 하는 것은 다음을 가리킨다. 미국 정부는 국내에서 원자력산업 이용 해금解禁을 요구하는 여론이 높아지는 것과 영국의 야심찬 원자력발전계획의 발표(거기에는 플루토늄 생산을 목적으로 하는 군용로인 흑연감속가스냉각로를 개량해 발전에도 사용 가능한 민군 양용 원자로로 보급시킬 계획을 내세웠다)에 떠밀려 1953년 말부터 정책 전환으로 나아갔다. 그것은 원자력의 국제 협력 촉진과 원자력 무역의 해금 및 원자력 개발 이용의 민간 기업 문호 개방이라는 두 가지 골자로 된 것이었다.

미국의 정책 전환의 돌파구가 됐던 것이 1953년 12월의 UN 총회 연설에서 이뤄진 아이젠하워 대통령의 〈평화를 위한 원자력〉 연설이다. 이 역사적 연설에서 아이젠하워가 제안한 것은 국제원자력기구IAEA, International Atomic Energy Agency를 설치하고 거기에 주요한 핵 개발국 정부가 천연우라늄이나 그 이외의 핵물질을 공출하고, 그것을 국제원자력기구IAEA가 직접 책임을 가지고 국제적으로 유통시킨다는 것이었다.

그러나 겨우 2개월이 지난 후인 1954년 2월 17일, 아이젠하워는 핵물질·핵기술의 국제 이전에 관해 유엔총회에서 제안했던 것과는 크게 다른 정책을 특별 교서 내에서 밝혔다. 거기에 나타난 미국 원자력법 개정 방침에는 2개국(양국) 간 관계를 기초로 핵물질·핵기술을 상대국에서 공여한다는 정책이 제창되었다. 이는 1954년 8월 30일에 가결된 새로운 원자력법(1954년 원자력법) 속에서 명문화되었다. 이렇게 해서 미국에서 최초로 제도화된 2개국 간 협정 방식에 영국을 비롯한 각국이 즉시 따랐고, 순식간에 2개국 간 협정의 다양한 네트워크가 전 세계적으로 확산되는 결과를 낳게 되었다. 또한 한편에서는 아이젠하워 대통령의 〈평화를 위한 원자력〉 연설의 목적이었던 국제원자력기구IAEA는 소련의 신중한 대응으로 인해 발족이 크게 늦어졌다. 국제원자력기구IAEA는 1957년 7월에 가까스로 발족했지만, 발족 당시에는 핵물질·핵기술의 국제 이전 실시는 물론 그 감시에서도 거의 실권을 갖지 못했다. 국제원자력기구IAEA가 핵확산감시기구로 큰 역할을 수행하게 된 것은 1970년의 핵무기비확산조약 발효 이후의 일이다.

여기서 일본의 원자력 예산으로 화제를 돌리면, 나카소네가 그것을 구상하고 정치적 컨센서스를 얻어 낸 타이밍이 매우 좋았던 것은 무척 대단한 일이었다. 왜냐하면 그 일이 2개국 간 협정 방식이라는 생각이 미국에서 정식 발표되고 불과 며칠 후에 행해졌기 때문이다. 필시 미국의 원자력 정책이 대전환의 과정 중에 있다는 것을 숙지한 협력자가 있어, 그 개인 혹은 그룹이 나카소네에게 적확한 정보를 전달했을 것이다. 그것을 들은 나카소네는 즉시 보정 예산안 제출이라는 절호의 기회를 이용해 일본의 원자력 개발을 확립하기 위한 결정적인 한 걸음을 내딛는 데 성공했던 것이다.

일본학술회의에서 원자력 논의를 리드해 온 과학자들을 뺀 것은, 그러한 정치적 감각이 좋았던 데다 즉시 그것을 행동에 옮긴 민첩함이 있었기 때문이었다. 미국의 원자력 사정에 정통한 사람들이 본다면, 확실히 1954년 2월부터 3월에 이르는 시기에 원자력 예산 제출의 틀이 무르익고 있었던 것이다. 나카소네는 그러한 큰 시대의 흐름에 따르는 결정을 내렸다. 그와 상반되게 일본학술회의의 과학자들은 좋든 싫든 국제 정치에는 감이 없었다.

또한 이들 과학자들에게는 국내 정치에 대한 감각도 결여되어 있었다. 그들이 염원했던 것은 무엇보다 자신들의 손으로 일본 원자력 연구의 돌파구를 열고 싶다는 것으로, 말하자면 이니시에이터(창시자)로서의 명예였다. 그들이 원했던 것은 그런 정도였지 결코 연구비라는 물질적 이익은 아니었다. 애초에 그들은 물리학의 연구 테마로는 이전부터 줄곧 첨단적이지 않았던 핵분열 연구를 이제 와서 새삼스레 자신의 손으로 추진한다는 의사를 가지고 있지 않았다. 그러나 그들은 과학자가 아닌 사람, 그것도 일개의 젊은 정치가가 이니시에이터로서 명예 획득을 침탈해 간다는 것을 알아차리지 못했다. 그런 의미에서 이들은 국제 정치에도 어두웠지만 국내 정치에도 어두웠다고 할 수 있다.

무엇보다 당시 민족주의적인 핵무장론자라고 여겨졌던 나카소네가 미국의 핵물질·핵기술 이전의 해금이라는 뉴스를 듣고 즉시 미국으로부터 핵물질·핵기술의 도입을 결단했다는 것은 상식적으로는 다소 이해하기 어려운 이야기다. 왜냐하면 미국 의존의 핵개발 노선을 취함으로써 일본의 자주적인 핵무장이 오히려 어려워질 가능성도 있었기 때문이다. 진정한 핵무장론자라면 개발 초기의 엄청난 어려움을 알고 있다는 전제하에 자주 개발을 목표로 하는 것이 이치에 맞기 때문이다. 당시의 나카소네의 진의가 어느 쪽이었는지는 알 수 없다.

2. 과학계의 대응과 원자력 3원칙의 성립

한편 1954년 3월 4일, 원자력 예산이 중의원에서 가결되었다는 소식을 듣고 학술회의는 대응책을 세워야 한다는 압박을 받으며 3월 11일, 제39위원회(후지오카 위원장)를 소집하고 이어 3월 18일, 원자핵특별위원회(아사나가 신이치로 위원장)를 소집했다. 제39위원회는 참의원 측을 통해 학술회의의 의향을 원자력 예산에 반영한다는 방침을 정했지만, 동시에 예산 성립을 전제로 한 전술로 과학계의 이니셔티브를 통한 원자력 헌장을 제정해서 정부의 원자력 정책이 위험한 방향으로 가지 않도록 제동을 건다는 방침이 차선책으로 제시되어, 그러한 입장을 따라 후시미 코지의 초안이 준비되었다. 이 초안에는 원자력 연구개발 이용의 추진, 원자력법의 제정, 원자력위원회의 설치 등 사업 추진을 강하게 지지하는 전문과 함께 다음 7개 항목이 열거됐다.

제1조 원자력의 평화 이용을 목적으로 하며 원자 병기에 대한 연구개발 이용은 일체 행하지 않는다.

제2조 원자력의 연구개발 이용의 정보는 완전히 공개되며 국민은 상시적으로 충분한 정보를 접할 수 있어야 한다.

제3조 여러 외국의 원자력에 관한 비밀정보를 입수·이용하면 안 된다.

제4조 원자력 연구개발 이용의 시설에 참여하는 인원을 선택할 때는 그 연구 기술 능력 이외의 기준에 의해서는 안 된다.

제5조 동 시설에 외국인의 투자를 허락하지 않는다.

제6조 원자력의 연구개발 이용에 필요한 물자·기계 수입에는 통상의 상행위 방침 이외의 길을 사용해서는 안 된다.

제7조 분열성 물질의 국내 반입, 외국 반출에 대해서는 국회의 승인을 필요로 한다.

이 후시미 코지의 원자력 헌장 초안이 그 후의 '원자력 3원칙' 성문화로 연결된 것이다. 후시미의 아이디어의 원형은 1년 반 전인 1952년 10월로 거슬러 올라갈 수 있다. 후시미는 1952년 10월 1일부로 관계자에게 배부되었던 메모에서 원자력위원회를 규제하는 헌장으로 '평화'와 '공개'라는 두 개의 원칙을 세울 것은 제안한 바 있다.

다만 후시미와 비슷한 아이디어를 가지고 왕성한 저술 활동을 통해 후시미보다 일찍 일반 사회에 이를 발표했던 인물이 있다. 물리학자 다케타니 미쓰오다. 다케타니는 〈일본 원자력 연구의 방향〉(1952년 10월 발행된 《가이조改造》 증간호)이라는 표제의 에세이에서 다음과 같이 지적했다.

> 따라서 나는 원자로 건설에 즈음해 엄중히 다음과 같은 조건을 전제해야 하며 이를 세계에 성명을 내고 법률로 확고히 해야 한다고 생각한다. 일본인은 원자폭탄을 자신의 몸에 맞은 세계 유일의 피해자이기 때문에 적어도 원자력에 한해서는 가장 강력한 발언 자격이 있다. 원폭으로 죽음을 맞은 많은 영령을 위해서라도 일본인의 손으로 원자력 연구를 추진하고 더욱이 사람을 죽이는 원자력 연구는 일체 일본인의 손으로는 절대로 행하지 않아야 한다. 그리고 평화적인 원자력 연구는 무엇보다 일본인이 이를 행할 권리를 가지고 있으며 이를 위해 다른 여러 나라에서는 모든 원조를 행해야 할 의무가 있다. 우라늄 또한 다른 나라들은 일본의 평화적 연구를 위해 필요한 양을 무조건 입수할 수 있도록 편의를 도모할 의무가 있다. 일본에서 행하는 원자력 연구 일체는 공표해야만 한다. 또한 일본에서 행하는 원자력 연구에서 외국의 비밀 지식은 일체 가르치지 않는다. 또한 외국과 비밀스러운 관계도 일체 맺지 않는다. 일본원자력연구소의 어떤 곳에서도 어떤 사람이든 간에 출입도 거부하지 않는다. 또한 연구를 위해 어떤 사람이 거기에서 연구를 하고 있는지를 알고자 할 때에도 이에 대해 거부하지 않는다. 이상의 것을 법적으로 확인하고부터 출발해야 한다.

이 인용문에서는 세계 성명에 관한 부분과 일본의 국내법에 관한 부분이 미분화된 상태로 혼재되어 있으나 후자의 부분을 추출한다면 '평화', '공개', '민주'라는 3원칙이 드러났다고 할 수 있다. 다만 여기에서 '민주'라는 개념에 대해서는 약간의 주의가 필요할 것이다. 이는 모든 연구자가 형식상 평등의 권리를 가지고 실질적으로도 연구 능력 이외의 점으로 인해 차별받지 않아야 한다는 의미를 가진 개념으로, 당시 물리학자들 사이에서 광범위하게 사용되었던 것이다. 그것이 사상·신념의 차이로 연구자를 차별하지 말라는 주장의 논거로 채택된 것이다.

다케타니의 아이디어가 지닌 특징은 헌장에서가 아닌 법률에서 '3원칙'을 정하자고 주장하고 있다는 점이다. 또한 '평화 이용'(민간 이용)은 원자력의 '빛', 군사 이용은 원자력의 '그림자'라는 단순 명쾌한 이분법에 기초하여 일본인은 스스로가 입은 '그림자'의 심각함으로 인해 '빛'을 향수할 특별한 권리와 의무를 가지고 있다고 주장한다는 점이다. 이러한 '피폭자'의 존재를 논거로 해서 원자력의 '평화 이용' 추진을 호소하는 다케타니의 주장은 당시의 사람들에게 이단적인 것이 아니라 오히려 귀에 익은 것이었다.

하지만 이런 주장은 여러 지점에서 타당하지 않다. 우선 군사 이용과 민간 이용 대부분이 서로 겹쳐 있었기에 양자를 구별한다는 대전제 자체가 타당하지 않다. 원자력 민간 이용을 위한 연구에 대해 다케타니는 무조건 그것을 추진하는 것이 옳다고 하지만, 이는 당시 이 문제에 관한 언론 전체에 비추어 보아도 다소 비판 정신이 결여된 측면이 있다. 또한 핵 문제라는 것은 인류 사회의 존속과 관련된 커다란 문제이고, 일본이 과거의 피해국이라는 이유만으로 특별한 권리를 가진다는 것도 타당하지 않다. 더욱이 핵기술에 대해 완전한 정보공개와 시설 공개를 인정하자는 것은 핵군사력의 확대나 핵 확산 관점에서 보면 극히 위험한 것이다. 이런 정도를 당시의 다케타니가 인식하지 못했다고 생각하기는 어렵지만 원자력의 미래는 반드시 밝아질 것이다 그렇게 되면 좋겠다라는 바람이 이러한 주장을 만들어 냈을 것이다.

한편 일본학술회의의 동향에 화제를 돌리면, 1954년 3월 11일 열린 제39위원회에 이어 3월 18일 열린 원자핵특별위원회(핵특위)에서는 원자력 예산의 성립은 불가피하다는 점을 전제로 학술회의에 원자력 문제를 제기하는 위원회를 만들 것을 확인하고, 원자력 연구를 일본에서 개시하면서 지켜야 할 여러 조건에 대한 논의를 원자력 헌장 후시미 안을 기반으로 행했다. 여기에서의 논의를 바탕으로 아사나가 핵특위 위원장은 3월 20일 후지오카 제39위원장에게 〈본국의 원자력 연구에 대한 원자핵물리학자의 의견〉이라는 표제의 문서를 제출했다.

여기에 원자력 연구에서 지켜야 할 세 가지 '불가결 원칙'이 나온다. 첫째 '평화' 둘째 '공개' 셋째 '민주'(연구 능력 이외의 이유, 즉 정치적·사상적 이유 등으로 연구자를 차별하지 않아야 하는 것)다. 이 3원칙은 다케타니가 1952년 가을에 제창했던 것과 완전히 동일한 것이며 또한 원자력 헌장 후시미 안의 제1조에서 제4조까지 대응하는 것이었다(제5조 이하는 채택되지 않았다). 또한 추진을 지지하는 제언이 일체 포함되지 않았다는 점이 원자력 헌장 후시미 안과 크게 다르다.

아사나가의 보고를 받고 제39위원회는 성명문 기장 작업을 진행하고, 운영심의회의 양해를 얻어 학술회의 제17회 총회에 '원자력 연구와 이용에 관한 공개, 민주, 자주의 원칙을 요구하는 성명'을 의안으로 제출했다. 이는 4월 23일에 가결되어 '원자력 3원칙' 탄생의 역사적 기념비가 되었다. 다만 여기서 표현된 3원칙은 아사나가 보고서의 그것과 두 가지 점에서 다르다. 첫째, '평화'가 그 자체로는 원칙의 지위에서 제외되고 3원칙의 준수로 유지되어야 할 목적으로 위치를 바꾼 것이다. 둘째, '자주'가 새롭게 추가된 것이다. 학술회의 성명 초안을 준비한 후시미 코지가 아사나가 보고서의 제5조 이하(모두 '자주' 원칙과 관련된다)를 삭제한 것에 대한 불만으로 초안 작성자의 지위를 이용해 '자주' 원칙을 부활시킨 것이라 여겨진다. 그리고 '자주'의 추가와 함께 '평화'가 3원칙으로부터 제외된 결과가 된 것이다. 이는 상당히 큰 수정이라고 할 수 있으나 관계자들로부터는 왜인지 비판이 나오지 않았다.

이 원자력 3원칙은 약간 형태를 바꾸어 원자력기본법(1956년 1월 시행) 제2조에 '원자력의 연구, 개발 및 이용은 평화의 목적에 한해 민주적인 운영하에 자주적으로 이를 행하는 것으로, 그 성과를 공개하고 나아가 국제 협력에 기여하는 것으로 한다'는 조문으로 삽입되었다. 그 후 많은 사람들이 일본의 원자력 개발 이용의 역사를 묘사할 때 '3원칙 유린 사관'을 채택하게 되었다. 거기서는 3원칙이 원자력 정책의 정당함의 거의 유일한 평가 기준이 되었고 또한 3원칙을 제창하고 정착시킨 과학자들이 현자로 묘사되어 왔다. 그리고 정·관·재계는 3원칙을 반복해서 유린하면서 안이하고 졸속적으로 원자력 개발을 추진해 온 것으로 되어 버렸다. 이런 사관이 생기자 원자력 개발의 역사는 3원칙을 둘러싼 정·관·재계와 국민의 이익을 대변하는 양심적인 과학자 집단 간 공방의 역사로 묘사된다.

하지만 이 역사관에는 세 가지 큰 결함이 있다. 첫째, 일본의 원자력 체제의 구조와 그 형성·전개의 역학에 관한 체계적인 분석이 저해되며 '(으레) 그러할 것이라고 여겨지는 모습'과의 차이라는 관점의 분석에서 이야기가 완결되는 것이다. '3원칙'의 제창·정착 과정은 확실히 일본의 원자력 체제 초창기 하나의 중요한 에피소드지만 그 이상은 아니다. 즉 일본의 원자력 체제 형성사에서 미국의 이니셔티브로 형성된 국제 원자력 체제의 틀 내에서 전력·통산연합과 과학기술청 그룹으로 이루어진 '이원체제'의 형성·전개 과정으로 이해되어야 할 것이며 '3원칙'은 주변적인 에피소드 중 하나에 그칠 뿐이다.

둘째, 원자력의 '(으레) 그러할 것이라고 여겨지는 모습'에 관한 '3원칙'적 관념은 아무래도 빈곤한 것으로 정책론의 가이드라인으로 유효하게 기능해 오지 않았다. 예를 들어 그것은 원자력 분야에서의 산업기술 정책의 바람직한 모습에 대해 거의 시사하는 바가 없다. '3원칙'은 본래 국립 연구소의 원자력 연구에 대해 적용해야 하는 것으로 상정되었다. 이는 핵에너지 사업의 상업화라는 사태를 상정하지 않았고 따라서 영리 사업에 3원칙을 그 자체로 밀어 넣기는 어려웠다. 즉 '공개' 원칙은 기업 비밀 보장 원칙에 저촉되며 '민주' 원칙은 기업 연구가 학계의 과학 연구 조직을 취하지 않았던 탓으로 가이드라인으로서의 의미가 없었고 '자주' 원칙은 각각 기업의 자주적 판단에 맡겨야 할 사안이었다. 실제 일본의 기업은 원자력 분야에서 다른 모든 산업 기술 분야와 마찬가지로 '도입 습득 경로'를 채택했는데, 이 노선의 채택은 장기적 관점에서는 결코 기술상의 대외 의존을 심화하기 보다는 오히려 '자주 개발 노선'보다 극히 훨씬 큰 '성공'을 거두었다.

'3원칙 유린 사관'의 세 번째 문제점은 원자력 체제 초창기 과학계의 움직임에 대해 균형감을 가지고 전체상을 그려내는 데 저해가 된다는 점이다. 이 시기 과학계의 움직임은 거국적으로는 정·관·재계의 이니셔티브로 형성된 원자력 체제에 과학계가 협력·편승한 과정으로 이해할 수 있다. 확실히 정·관·재계의 움직임에 제동을 걸고자 했던 과학자들도 존재했으나 그들은 결코 과학자 가운데 대세를 점하지 않았다. 그리고 3원칙은 현자들의 양심적 사상이기보다는 오히려 물리학자들 가운데 적극적 추진론자와 비판론자의 공통의 이해 관심 위에 형성되었던 것이다. 그것은 과학자에게 야말로 원자력 정책의 결정권이 있다고 믿어 왔던 그들이 정치가에게 자존심을 크게 상처 입은 후에 어떻게 해서든지 현자적인 사후 처리로 자신들의 존재 증명을 함과 동시에 원자력 예산 가결이라는 기정사실을 비판론자를 포함한 과학계의 대부분이 만족할 수 있는 선에서 추인하는 대의명분을 획득한다는, 공통의 이해 관심에서 나온 것이었다. 물리학자들은 그러한 공통의 이해 관심을 달성하는 것으로 말하자면 정치가 이상으로 정치적으로 행동했다.

3. 원자력 개발 이용 체제 정비를 향해

원자력 예산 성립 이후, 정부는 황급히 원자력 개발 이용 체제를 정비하기 시작했다. 어쨌든 원자력 예산이 가결·성립되었기 때문에 그 용도를 시급히 생각해야 했기 때문이다. 또 한편에서는 산업계도 해외에서 원자력 붐이 도래했음을 알고 장래 유망한 비즈니스의 하나로 원자력에 주목하기 시작했다. 더욱이 정치인들 중에서도 나카소네를 비롯해 원자력 개발 이용에 강한 관심을 기울인 사람들이 있었다. 그들 중에는 장래 일본의 핵무장을 염원하며 이 분야에 관심을 기울인 거물 정치인도 있었다고 이야기된다. 1954년 4월에 시작해 1955년 말에 일단락된 일본의 원자력 체제 정비 과정에서 주도적 역할을 한 것은 정계·관계·산업계 3자였는데, 이들은 서로 이해 관심을 달랐지만 체제 정비에는 공동 보조를 취했다. 한편 학계도 자문가로서 중요한 역할을 했으나 체제 정비에 관해서는 보조역에 만족했다.

먼저 정부의 움직임부터 보자면 원자력이용준비조사회를 설치한 일(1954년 5월 11일)이 중요하다. 조사회는 내각에 설치된 부총리가 회장, 경제기획청 장관이 부회장을 맡는 고위급 의사결정기구로서 사무국장은 경제

기획청이 담당했다. 이 위원회에는 대장대신, 문부대신, 통산대신, 경제단체연합회(경단련) 회장, 일본학술회의 회장 등이 멤버로 참여했다. 또한 동조사회에서는 총합부회가 설치되어(1954년 9월 15일) 실질적인 심의가 이루어졌다. 원자력이용준비조사회는 1956년 1월에 원자력위원회가 설치될 때까지 2년간에 걸쳐 일본의 원자력 행정의 최고 심의기구가 되었다.

　　원자력이용준비조사회가 했던 가장 중요한 결정은 미일원자력연구협정 체결과 그에 따른 미국에서의 농축우라늄 수입과 관련된 것이다. 미일원자력연구협정 체결의 계기는 1955년 1월 11일 미국 정부가 일본 정부에 의향을 타진한 것이었다. 그것은 농축우라늄 공여 제안을 포함한 것이었다. 하지만 일본 외무성은 이 제안의 타진을 3개월 남짓에 걸쳐 방치해 두고 거기에 대한 대응책을 구체적으로 검토하지도 않았을 뿐만 아니라 그 사실을 국민들에게 알리지도 않았다. 4월 16일 〈아사히신문〉의 보도에 의해 이 건은 차차 일부 정부 관계자 이외의 사람들에게도 알려지게 되었고 찬반양론이 끓어올랐다. 미일 협정이 기밀 유지 조항을 수반하고 학문의 자유를 파괴하는 것은 아닐까 하는 비판이 많은 과학자들 사이에서 공감을 일으켰다.

　　그리하여 원자력이용준비조사회는 이 문제를 시급히 검토해야 했고 5월 19일에는 미일 협정을 체결하자는 제안을 수락해야 한다는 결정을 내리게 되었다. 다음 날 각각의 양해를 통한 승인을 거쳐 동 협정은 1955년 6월 21일, 미일 양국 정부 간에 가서명되었으며, 11월 14일 정식 서명에 이르렀다. 이 협정에 근거해 농축우라늄 수입 기구로 1955년 11월 30일, 재단법인 일본원자력연구소(원연)가 설치되었다. 원연이 재단법인으로 발족된 것은 법률 정비에 필요한 시간을 절약하기 위함이었다. 또한 원연은 1956년 6월, 과학기술청 산하의 특수 법인으로 개편되었다.

　　정부의 원자력 행정에 관한 움직임에서 또 하나 기억해 두어야 할 것은 통산성에 원자력예산타합회가 설치된 것이다(1954년 6월 19일). 이 타합회는 원자력 예산이 통산성 공업기술원에 계상되었기 때문에 그 실시에 관한 중요 사항을 검토하기 위해 통산성이 성의省議 결정에 근거해 설치한 것이다. 타합회가 했던 가장 중요한 결정은 일본 최초로 해외원자력조사단

(후지오카 요시오 단장) 파견(1954년 12월 출발, 1955년 3월 귀국)을 실시한 것과
이어 후지오카 조사단의 보고서를 검토해 1955년 7월 연구로 건설이라는
'중기계획'(복수 연도에 걸친 계획)을 입안한 것이다.

이상 원자력 예산 성립 후 정부의 움직임에 대해 약술했다. 다음으로
산업계의 동향에 대해서 일별해 보면, 전력중앙연구소 산하의 전력경제연
구소가 신에너지위원회를 설치하고 거기에서 1953년부터 원자력공부회를
시작한 것이 가장 빠른 움직임이었다고 이야기된다. 또한 전력중앙연구소
의 전신은 1939년에 국책회사로 창설된 일본발송전주식회사日發가 패전 후
1947년 10월에 설치한 전력기술연구소인데, 그것은 1951년 5월 전기사업
재편성에 따라 전력 9개 사의 기부금을 토대로 재단법인 전력기술연구소
로 새롭게 발족(1951년 11월)하였고, 1952년 7월에 경제 연구 부분을 더해 전
력중앙연구소로 개편되어 오늘에 이르렀다. 전력경제연구소(현재의 회사경
제연구소의 전신)가 창설된 것은 1953년 9월 즈음이었다. 또한 신에너지위
원회는 1955년 6월 원자력평화이용조사회로 개편됐다.

이렇게 일본의 원자력 개발 이용은 1954년 봄 정·관·재계 주도로 시작
했다. 그리고 아래 기술하는 바처럼 이미 2년 후가 되는 1956년까지 확고
하게 추진 체제를 확립하기에 이르렀다. 거기에 가장 큰 역할을 한 사람은
역시 나카소네 야스히로다. 1955년 8월 스위스 제네바에서 UN이 주최하는
원자력평화이용국제회의(제1회 제네바 회의라고 통칭한다)가 열렸다. 이는 원
자력 민간 이용을 향해 나아가려는 기운이 세계적으로 높아진 것을 배경으
로 개최된 것으로 미소 양국 대표가 얼굴을 맞댄 1946년 이래, 오랫동안 원
자력 관련 회의가 되었다.

일본에서는 과학자 이외에 정치인이 옵서버로 참가했다. 원자력조사
국회의원단이 그들로 나카소네 야스히로(민주당), 마에다 마사오前田正男(자
유당), 시무라 시게하루志村茂治(좌파 사회당), 마쓰마에 시게요시松前重義(우파
사회당) 네 의원으로 구성된 초당파 그룹이었다. 원자력조사국회의원단은
제네바 회의 종료 후 구미 각지를 시찰하고 9월 12일 도쿄 하네다 공항으
로 돌아와 그곳에서 공동 성명을 발표했는데, 이것이 원자력 체제 확립의
돌파구가 되었다.

국회의원단은 귀국 후 곧바로 원자력 법안 제정을 위한 작업에 돌입하여 1955년 10월 1일 양원 합동의 원자력합동위원회를 탄생시켰다. 위원회 위원장은 나카소네 야스히로가 맡고 이사에는 국회의원단의 다른 멤버 세 명(마에다 마사오, 시무라 시게하루, 마쓰마에 시게요시)과 민주당의 사이토 겐조를 더해 네 명이 선발되었고 다른 위원 일곱 명이 선발됐다. 합동위원회는 총 12명으로 민주당·자유당·좌파 사회당·우파 사회당 네 당이 평등하게 세 자리씩 의석을 나누어 가졌다. 바야흐로 거국일치 체제였다(당시의 국회 의석은 네 당이 거의 독점하고 있었다. 그 이외에는 공산당과 노농당이 약간의 의석을 가지고 있는 게 고작이었다). 또한 중의원 여덟 명, 참의원 네 명으로 보듯이 양원의 균형도 고려되었다.

원자력합동위원회는 정력적으로 작업을 추진해 1955년 11월 5일 있었던 제9회 회합까지 원자력 관련 여러 법안의 원안 대략을 합동위원회 안으로 결정했다. 그리고 12월 10일에는 원자력 3법, 즉 원자력기본법, 원자력위원회설치법, 총리부설치법의 일부를 개정하는 법률(원자력국 설치에 관한 것)이 국회에 제출되어 같은 달 16일에 가결되었다. 그리고 모두 1956년 1월 1일부터 실행되었다. 또한 원자력 3법 이외의 여러 법안도 1956년에 들어서며 차차 가결 성립되었다(과학기술청설치법(1956년 3월), 일본원자력연구소법(1956년 4월), 원자연료공사법(1956년 4월) 등). 이에 따라 원자력 관련 여러 법안의 제정 작업은 일단락되고, 원자력행정기구와 정부계 연구개발 기관이 일제히 출현하는 단계가 되었다.

1956년 5월 19일 설립된 과학기술청은 총리부에 당초 설치되었던 원자력국을 이관해 수중에 넣고 일본의 원자력 행정의 중추를 짊어진 사무국이 되었다. 일본원자력연구소(원연)와 원자연료공사(원연공사)는 모두 과학기술청 산하 특수 법인으로 발족했는데 전자의 주 업무는 원자력 연구 전반과 원자로의 설계·건설·운전, 후자의 주 업무는 핵연료 사업 전반으로 정해졌다.

또한 원자력 체제의 제도적 확립을 향한 정관계의 움직임에 호응하여 산업계도 원자력에 진출 체제를 마련했다. 그 대표적인 에피소드는 전술한 일본원자력산업회의(원산) 창립(1956년)이지만, 또 하나의 에피소드로 원자력산업그룹의 발족이 있다. 가장 먼저 발족한 것은 미쓰비시원자동력위원회(1955년 10월)이고, 구 미쓰비시 재벌 계열 23개사가 참가했다. 이어 1956년 3월, 히타치제작소日立製作所와 쇼와전공昭和電工을 중심으로 하는 16개사로 이루어진 도쿄원자력산업간담회가 발족했다. 여기에 1956년 4월, 구 스미토모 재벌 계열 14개사로 이루어진 스미토모원자력위원회가 만들어졌다. 1956년 8월, 후지전기, 가와사키川崎중공업, 후루카와전기공업 등 구 후루카와·가와사키 계열 25개사를 결집한 제1원자력산업그룹이 결성되어, 5개 그룹이 고작 1년 동안 다 모인 것이다.

이들 그룹의 중심 기업은 스미토모 그룹을 제외하고 모두 중전기重電機 제조업체들이었으며, 이들 제조업체는 전쟁 전부터 맺어 온 해외 중전기 제조업체들과의 기술 제휴관계에 기초해, 해외에서 원자력 기술 도입을 도모할 수 있게 되었다. 미쓰비시와 WH, 도시바와 GE의 제휴관계가 그런 것이다. 또한 일찍이 국산 기술 중심주의를 취해 온 히타치제작소도 GE와 기술제휴관계를 맺게 되었다. 여기서 흥미로운 것은 미쓰이·미쓰비시·스미토모 삼대 재벌을 포함한 일본의 산업계가 모두 빠짐없이 원자력 분야에 적극적으로 진출했다는 점이다. 그들은 원자력산업의 채산성이 당시 상황에서 부족했고 장래에도 불투명했음에도 원자력 분야에 일제히 진출했다.

4. 이원적 추진 체제의 형성

한편 원자력 3법 성립 당시(1955년 12월)에는 상업용 원자로 건설에 관한 구체적인 구상은 존재하지 않았다. 후술할 원자력이용준비조사회가 1955년 10월에 결정한 '원자력연구개발계획'에는 "이후 10년 내에 원자력 발전을 실용화하는 것을 목표로 한다"고 기술되어 있지만, 거기에는 연구용 원자로와 동력시험용 원자로(전기출력 2만KW급)의 계획만이 제시되어 있다. 그런데 다음 해인 1956년 1월 5일 초대 원자력위원장인 쇼리키 마쓰타로正力松太郎, 1885-1969가 "1956년 이내에 예산을 받아 원자력발전소를 건설하고 싶다"는 담화를 발표해 산업계와 학계에 큰 파문을 일으켰다. 쇼리키

원자력의 사회사 일본에서의 전개

는 그 담화에서 "동력로 시설, 기술 등 일체를 도입하기 위해 동력 협정을 체결할 필요가 있다"고 말하며 해외에서 원자로를 구입하리라는 구상을 밝혔다.

쇼리키의 이러한 구상은 4년 남짓 이전인 1951년 9월에 발표되어 일대 센세이션을 불러일으켰던 일본 텔레비전 방송망 구상(도쿄·오사카·나고야 등 합계 17개 방송국에 의한 전국 텔레비전 방송망을 기구와 자본을 전면적으로 해외에서 도입하는 형태로 1년 이내에 형성된 구상)과 그 사고방식이 매우 상통하는 것이었다. 즉 쇼리키는 첫째로는 매우 빠른 템포로 신기술 상용화를 도모하고자 했다. 두 번째로는 해외 기술 직수입 방식을 선호했다. 세 번째로는 신기술의 실용화를 어떻게 해서든지 민간 주도로 추진하고자 했으며 관청 주도 방식에 강한 혐오감을 보였다. 쇼리키가 적대감을 가지고 있는 측은 텔레비전에 관해서는 일본방송협회NHK, 원자로에 관해서는 통산성과 과학기술청이었다. 쇼리키는 텔레비전에서는 민간 방송사업자, 원자로에서는 민영화된 전기사업자의 입장을 대변한 것이다.

쇼리키의 초대로 1956년 5월 16일 영국원자력공사UKAEA, UK Atomic Energy Authority 이사 크리스토퍼 힌턴Christopher Hinton 경이 방일했다. 힌턴 경은 영국제 콜더홀개량형로GCR(군용 플루토늄 생산로 기술을 베이스로 하는 흑연감속가스냉각로)에 관한 낙관론을 강연회와 좌담회에서 반복적으로 설파했다. 이를 수용한 원자력위원회는 방영訪英 조사단 파견을 결정했다(8월 21일). 방영 조사단(단장 이시카와 이치로石川一郎 원자력위원장)이 출발한 것은 1956년 10월 15일이었고 11월에 귀국했다. 이시카와 조사단은 1957년 1월 17일에 정식 보고서를 원자력위원장 우다 고이치宇田耕一, 1904-1957(1956년 12월 23일부터 1957년 9월까지 재직, 그 전후로는 1956년 1월 1일부터 1958년 6월 11일까지 쇼리키 마쓰타로가 원자력위원장으로 근무했다)에 제출했다. 그 골자는 콜더홀개량형로GCR는 기술·안전·경제면 모두에 관해 과제를 가지고 있으나 그것이 해결될 전망이 있고, 따라서 "금후에 다시 검토를 해서 만족할 만한 결과를 얻는다면, 이 형태의 원자력발전소는 일본에 도입해야 하는 것 중 하나"라고 말했다. 또한 보고서는 미국의 경수로에 대해서 장래 유망하다는 견해를 보이는 한편 지금 곧바로 대형 경수로를 도입하는 것은 시기상 너무 이르다고 기술하고, 영국 원자로가 우선이라는 자세를 명확히 했다. 이 보고서를 받아든 원자력위원회는 1957년 3월 7일, 발전용 원자로 조기 도입 방침을 결정하고 영국 원자로를 도입하는 것을 전제로 한 기술적 검토를 개시했다.

여기서 주목받은 것이 영국 원자로를 수입하는 주체의 문제였다. 최초로 이름을 올린 것은 전액 정부 출자인 통산성 산하 국책회사인 전원개발 주식회사였고, 1957년 2월의 일이다. 또한 1957년 5월에는 일본원자력연구소(원연)가 입후보 의견을 표명했다. 그와 거의 비슷한 시기 전기사업연합회(전사련)가 전력 9개 사 회장 회의에서 '원자력발전진흥회사' 설립 구상을 결정했다. 그것은 전기사업자 및 관련 업계를 출자자로 하고 발생 전력을 전력 9개 사에 도매하는 민간 회사로 구상되었다. 그리하여 삼색의 지명 획득 경쟁이 시작되는 듯했으나 원연은 두 달 후 재빠르게 철회를 선언했다.

그 대신 원연은 미국제 경수로(전기출력 1만KW급)를 "동력시험로"로 도입한다는 계획을 세우고 그 실현을 위해 움직여 나갔다. 이 동력시험로 계획은 원자력위원회가 승인한 일본 최초의 '중기 계획' 속에 노형 지정이 없었기 때문에 이미 일이 진행되고 있었음에도 불구하고, 그 후 돌연 영국제 실용 발전로를 도입한다는 계획이 부상함에 따라 그 필요성을 의문시하는 의견이 관계자들 사이에 표명되었던 것이다. 만약 동력시험로 계획이 백지철회된다면, 그 설치 주체로 여겨졌던 원연의 지위가 대폭 저하되게된다. 그것을 어떻게든 막기 위해 원연은 경수로라는 구체적 노형을 전면에 내세우고, 동력시험로 계획을 방어하고자 했다. 경수로라면 영국제 콜더홀개량형로GCR의 중복투자가 아닌가라는 비판을 피할 수 있다는 기대도 그 배경에 있었다. 이 원연의 동력시험로 계획의 예산안은 산업계·학계 등의 반대에 부딪쳐 성립이 어려워졌지만, 1958년도 예산에서 24억 7천만 엔이 인정되었다.

한편 영국 원자로 수입의 주체 문제로 이야기를 되돌리면, 원연의 철회로 인해 수입 주체 후보가 전연개발과 전력계 민간회사 양자택일 혹은 양자 절충으로 좁혀졌다. 이를 둘러싸고 1957년 7월부터 8월에 걸쳐 정·관·재계의 중추를 휘감은 격렬한 논쟁이 전개되었다. 원자력위원회는 전력 주역·발전電発 조역의 공동사업으로 한다는 선에서 사전 교섭을 개시했으나 국가관리론国管論(국가가 관리해야 한다는 주장)을 내세운 정·관계 일부로부터의 격렬한 저항에 직면하게 되었다. 민영론의 기수는 쇼리키 마쓰타로 과학기술청 장관(원자력위원장), 국관론의 기수는 고노 이치로1898-1965 경제기획청 장관이었다(두 사람 모두 자민당 하토야마파鳩山派에 속해 있었다). 쇼리키·고노 두 사람 사이에서 직접 또는 제3자를 통해 두세 번 교섭이 이루어졌으며 이를 언론은 "쇼리키·고노 논쟁"이라 불렀다. 이 논쟁은 8월말에 조정되어 9월 3일에 "실용 발전로 도입 주체에 대해"에 관한 각의 양해가 성립됐다. 그 골자는 관민 합동의 "원자력발전주식회사"를 성립하고, 정부(전원개발) 20%, 민간 80%(전력 9개 사 40%, 기타 40%)를 출자 비율로 한다는 것이었다. 이에 따라 일본원자력발전주식회사(원전)가 1957년 11월 1일 탄생했다. 출자 비율을 보면 알 수 있듯 민영론이 실질적으로 승리를 거두었다.

여기서 오늘날에 이르기까지 일본의 원자력 개발 이용의 기본적인 추진 구조가 확고해졌다. 일본의 원자력 개발은 과학기술청 산하의 특수 법인을 중심으로 해서 시작했지만, 전력업계가 상업용 원자력발전 사업의 확립 과정에 개입하면서 개발 이용은 급속히 이원화의 길로 나아가게 된 것이다. 이 1957년 말 시점에서 분업 체제는 전력·통산연합이 상업 발전용 원자로에 관한 업무, 과학기술청 그룹이 그 이외의 모든 업무를 관할한다는 형태가 되어 과학기술청 그룹이 압도적으로 우위에 있었으나 전력·통산연합은 그 후 상업용 원자력발전시스템에 관한 업무를 폭넓게 장악하게 된다.

그런데 전술한 1956년 1월 쇼리키 원자력위원장의 상업용 원자로 조기 도입 발언을 계기로 주요 전력회사는 제조업체와 밀접한 관계를 기반으로, 원자력에 관한 조사 연구를 진행했다. 예를 들어 간사이전력은 1956년 4월에 원자력발전연구위원회(약칭 APT)를 조직하고 개념 설계 연습을 개시했다. 그것은 국내외에서 수집된 자료를 이용한 탁상 연습으로, 여기서 채택한 노형의 순서는 제1단계로 콜더홀개량형로GCR(전기출력 15만KW)와 가압수형경수로PWR(전기출력 13만 4천KW), 제2단계로 비등수형경수로BWR(전기출력 18만KW), 제3단계로는 중수로HWR, Heavy Water Reactor(전기출력 20만KW), 제4단계로 유기재감속냉각형로(전기출력 20만KW)다. 또한 간사이전력은 1957년 9월 본점 기구로 원자력부(2과 체제)를 설치했다.

한편 도쿄전력도 1955년 11월, 사장실에 원자력발전과를 설치하고 또한 1956년 6월에 도시바·히타치 두 그룹과 협력해 도쿄전력발전협동연구회(약칭 TAP)를 조직했다. 이는 도쿄전력과 도시바 그룹에 의한 제1부회와 도쿄전력과 히타치 그룹에 의한 제2부회로 나뉘어, 각각 개념 설계 연습을 실시했다. 여기서 채택한 노형의 순서는 제1단계로 비등수형경수로BWR(전기출력 12만 5천KW), 가압수형경수로PWR(전기출력 13만 5천KW), 제2단계로 콜더홀개량형로GCR(전기출력 25만KW)이다. 또한 제3단계에 들어가면서 대규모의 실용 경수로 종합조사에 착수했다.

여기서 주목할 만한 점은 전력회사가 당초부터 기술 도입 노선을 자명한 것으로 생각하고 있었다는 것이다. 또한 개념 설계 연습의 대상 기종을 보면 이미 1950년대 후반의 시점에서 도쿄전력이 경수로를 가장 유력하게 보고 있었고, 간사이전력도 또한 유망하게 보고 있었다는 사실이다. 이미 발전용 경수로 도입의 복선은 깔려 있었던 것이다.

여기에서 과학계의 움직임에 대해서도 일별해 두고자 한다. 일본에서 원자력 체제의 정비는 이미 살펴본 바와 같이 정·관·재계 주도 형태로 추진되었으나 과학자도 또한 자문이나 고문의 형태로 중요한 역할을 하고 있었다. 초기에 과학자로서 중심적 역할을 했던 것은 물리학자였다. 1950년대까지 핵분열 연구는 물리학의 중요 테마로는 보이지 않았으며 공학적 성격을 강하게 가지고 있었으나 일본의 공학 연구자는 원자력 연구에 참여가 늦었기 때문에 초기에 핵분열에 관한 기초 지식을 가진 물리학자가 중시되었던 것이다. 물론 그들이라 해도 원자력공학에 관한 전문지식을 충분히 가지고 있었던 것은 아니며, 사실대로 말하자면 교과서 정도의 지식 정도밖에 가지고 있지 않았지만 달리 그 역할을 맡을 집단이 없었던 것이다.

원자력이용준비조사회(1954년 5월 발족)에는 관계 각료 다섯 명과 경단련 회장에 더해 학술회의의 가야 세이지, 후지오카 유키오 이렇게 두 명이 임명되었는데 두 사람 모두 물리학자였다. 두 사람은 이전에 나카소네 의원이 현찰로 뺨을 때려 정신을 차리게 했다고 한 장본인들인데 그럼에도 기분 나쁘지 않게 진행되어 위원이 되었다. 이렇게 해서 전 위원의 4분의 1을 물리학자가 맡게 되었다. 또한 원자력위원회(1956년 1월 발족) 초대 위원은 네 명(상근 두 명, 비상근 두 명)이었지만 그중 두 명을 과학자(물리학자), 즉 후지오카 유키오(상근)와 유카와 히데키(비상근)가 점했다. 또한 같은 원자력위원회의 초대 참여에는 후시미 코지, 기쿠치 기시菊池吉土, 사가네 료키치 3인(총 15인)이 임명되었고, 반년 후에는 가야 세이지도 참여했다.

물리학자가 일찍부터 정부 위원회의 요직에 취임한 것에 비해 공학자의 진출은 다소 늦어져 유카와 히데키 초대 대위원의 사직에 따른 가네시게 간쿠로兼重寛九郎 위원의 임명(1957년 5월)에 의해 초대 원자력 위원을 내기 시작하였다. 다만 원자력위원회의 참여 및 전문위원 급에는 당초부터 공학자가 자문가로서 물리학자에 준하는 지위를 점했다. 또한 원자력위원회는 1957년도 이래, 많은 특별 전문 부회를 설치했다. 거기에 다수의 공학자가 관여하였고 이윽고 공학자가 주도적 역할을 하게 된 것이다. 확실히 공학자는 원자력 연구 해금 때도 원자력 예산 출현 때도, 거의 눈에 띄는 움직임을 보이지 않았다. 또한 원자력 예산 이전에는 원자력 연구에 개입하는 것에도 거의 관심을 보이지 않았었다. 그러나 원자력 예산이 제출된 1954년경에 원자력 연구는 대체로 물리학자가 감당할 수 있는 범위를 넘어섰다. 그와 달리 공학자가 전문가로서 중심적 역할을 맡게 된 것은 당연한 일이었다.

이렇게 물리학자의 퇴조와 공학자의 대두는 동시 진행되고 있었다. 그러나 공학자라 해도 일본의 원자력 연구를 이끌 기회를 이미 잃어 가고 있었다. 왜냐하면 당시의 원자력 연구는 세계적으로는 이미 거금을 투자해 실용화를 목표로 하는 프로젝트를 중추로 하는 것으로 형태가 바뀌었고, 정부기관이나 대기업을 중심으로 한 사업이 되어 버렸기 때문이다. 학문 분야 연구자는 관·산 섹터가 추진하는 프로젝트의 주변부에서 소소한 테마를 추구할 수밖에 없었던 것이다.

그런데 학문 섹터의 원자력 연구는 원자력 예산의 틀 바깥에서 실시되었다. 원자력기본법이 제정될 당시, 국립대학협회(야나이하라 다다오矢內原忠雄 회장)가 국회에 낸 의견으로 인해 "원자력위원회설치법 제2조 제3항의 관계 행정기관의 원자력 이용에 관한 경비에는 대학의 연구 경비를 포함하지 않는 것으로 한다"는 부대결의가 중참 양원에서 추가되었기 때문이다. 제2조 제3항이라는 것은 "관계 행정기관의 원자력 이용에 관한 경비의 견적 및 배분 계획에 관한 것"을 가리킨다. 이 '야나이하라 원칙'에 의해 원자력 예산이 대학 연구실에 직접 지급될 길이 폐쇄되고, 대학이 관계하는 원자력 연구는 문부성 소관으로 독립 예산 틀에 의해 지원을 받게 되었다. 이렇게 학문 섹터는 중대한 제도적 제약을 안고 문부성 예산의 틀 내에서의 연구를 강화했다. 그렇지만 대학 관계자가 위탁 연구·공동 연구 등의 형태로 관공서 계열 연구소(원연 등)나 민간 기업과의 관계를 갖는 것까지 금지하지는 않았다.

또한 원자력 분야의 학제적인(많은 학문 분야의 연구자를 규합한) 전문 학회인 '일본원자력학회'가 발족한 것은 1959년이었다. 그것은 학술회의의 이니셔티브로 만들어진 것이다. 1955년 8월에 발족했던 원자력특별위원회(약칭 '원자력특위', 후시미 코지 위원장)가 그 기획의 모체가 되었다. 전문 학회는 보통 그 연구 영역에 관심을 가진 연구자들 간의 네트워크에서 자연 발생적으로 만들어지지만, 원자력특위에서는 원자력 연구에 관해 그것을 위한 여러 조건이 준비되어 있지 않았다고 판단하였고 스스로 학회 설립의 추진자로서 역할을 맡은 것이다. 이를 위해 원자력특위는 "대학에서 원자력과 원자력 과학 기술자 양성에 대한 심포지움"을 개최하고(1956년 7월), 또한 3회에 걸쳐 "원자력 심포지엄"(제1회: 1957년 1월, 제2회: 1958년 2월, 제3회: 1959년 2월)을 개최했다. 그리고 제3회 원자력 심포지엄이 성공리에 막을 내린 1959년 2월 14일에는 창립총회를 개최하기에 이르렀다. 초대 회장에 가야 세이지가 취임했다.

한편 인재 양성에 관련해서는 일본 전국 각지에서 원자력 학과가 신설됐다. 그것은 학부 레벨과 대학원 레벨, 양방에서 진행되었다. 원자력 관계 학부·대학원 강좌의 설치는 1956년도(교토대학 및 도쿄공업대학)부터 시작되어, 1959년도까지 국립대학에 새로 증설된 원자력 관계 강좌는 대학원 과정 7강좌, 학부 과정 49강좌에 달했다. 최초로 학부 레벨의 원자력 학과를 개설한 것은 교토대학인데, 1958년도의 일이다(공학부 원자핵공학과). 한편 대학원 레벨의 전공 코스를 개설한 것은 오사카대학, 도쿄공업대학, 교토대학 이렇게 세 기관으로 학부 레벨보다 빠른 1957년도의 일이다.

또한 도쿄대학에서는 1956년 3월에 원자력 교육 연구에 관한 위원회가 야나이하라 다다오 총장의 자문기관으로 발족하고, 이理·공工·농農·의醫의 총력을 결집한 학부 횡단적인 대학원 레벨의 원자력 연구 교육 조직 구상을 세웠다. 그러나 공학부가 독자적으로 원자력공학과 설치를 위해 움직이기 시작해 타 학부 위원들의 반대를 무릅쓰고 1960년도에 학과를 발족시키고 말았다. 이에 의해 도쿄대학 원자력종합대학원 구상은 자연스럽게 소멸하는 형태가 되었다. 또한 도쿄대학에서는 4년 후인 1964년부터 공학계 연구과에 원자력공학 전공의 대학원 코스가 개설되어 여기에 학부 강좌제 본위의 원자력 인재 양성 코스가 완성되었다.

5. 원자로 기술에 관한 최소한의 해설

여기서 약간의 지면을 빌어 경수로나 흑연감속가스냉각로 등 원자로 관련 전문 용어에 대해 최소로 필요한 해설을 덧붙이고자 한다. 불필요하다고 생각하는 독자는 이 절을 건너뛰고 읽어도 무방하다.

원자로는 제어되는 핵반응을 지속할 수 있도록 핵연료와 그 이외의 것들을 배치한 장치이다. 이 정의는 핵분열로와 핵융합로 쌍방에 해당하지만 다음에서는 핵분열로만을 고려하겠다. 원자로의 물리적 기능은 대량의 열에너지와 중성자빔을 발생하는 것이다. 여기에서 원자로의 다양한 실용화 기능이 파생한다. 즉 대량의 열에너지는 전력 등 동력으로 전환할 수 있다. 또한 중성자빔은 핵연료 생산 등에 이용할 수 있다.

핵분열로의 주요한 구성 요소는 ①핵연료 ②감속재 ③냉각재 이렇게 세 가지다. 이 세 가지 요소를 배합하는 방법에 따라 다양한 노형으로 분류할 수 있다. 그 이외의 구성 요소로는 ④제어봉 ⑤반사봉 ⑥차폐재 ⑦블랭킷 등이 있다. ①-③까지가 들어가는 원자로의 중심부를 노심이라고 부른다. 노심은 튼튼한 용기 속에 갇혀 있다.

우선 핵연료는 핵분열성 물질fissionable material과 그 동위체를 주성분으로 한다. 대표적인 핵분열성 물질은 우라늄235(U_{235}), 플루토늄239(Pu_{239}), 우라늄233(U_{233}) 등이다. 핵연료는 이론적으로는 고체든 액체든 상관없으나 발전로나 선박용로 등의 동력로power reactor에 사용되는 핵연료는 실제 고체 연료만이라고 생각해도 충분하다. 액체연료는 지금까지 약간의 연구로에서만 사용된다. 또한 고체연료는 금속·합금 연료와 세라믹 연료로 나뉜다. 동력로에는 일부를 제외하고 세라믹 연료가 사용되고 있다. 세라믹 연료에도 산화물 연료(UO_2 등), 탄화물 연료(UC 등), 질화물 연료(UN 등)가 있지만 산화물 연료 이외에는 연구 단계에 있다. 이러한 세라믹 연료는 보통 직경 1센티미터 정도의 펠릿pellet(경수로용 핵원료, 플라스틱의 입상체)상으로 성형되어 이를 길이 수 미터의 연료봉 속에 담는다. 동력로에서는 보통 연료봉을 수십 수백 개 묶음으로 만들어 연료집합체를 만든다. 보통 연료집합체 수백 개를 노심 속에 담게 된다.

다음으로 감속재는 핵분열에 의해 생겨나는 고속중성자(1MeV, 즉 10-13J 정도의 운동에너지를 갖는다)를 열중성자(상온 기체 분자와 동등한 운동에너지를 갖는다)로까지 감속하기 위한 물질이다. 중성자 감속의 목적은 중성자의 흡수단면적(핵분열성 물질에 흡수되기 쉬움)을 늘리는 것이다. 감속재는 중성자의 속도를 떨어뜨리는 감속 능력이 우수하고, 또한 중성자 흡수가 적은 물질이 바람직하다. 감속재에는 경수H_2O, 중수D_2O, 흑연C 등이 선호되어 사용된다. 이 중 경수는 가장 감속 능력이 높지만 중성자 흡수가 비교적 큰 편이기 때문에 농축우라늄 연료와의 조합이어야만 사용이 가능하다. 중수 및 흑연은 천연우라늄 연료와 조합되어도 좋다.

마지막으로 냉각재는 핵분열에 의해 생겨난 열에너지를 원자로에서 빼내기 위한 물질이다. 냉각재로는 비열이 크고 열전달 능력이 우수하면서 중성자 흡수가 적은 물질이 바람직하다. 또한 중성자의 조사에 따라 강한 유도 방사능을 띠는 성질이 없는 물질이 바람직하다. 흔히 사용되는 냉각재는 경수, 중수, 탄산가스 등이다. 또한 고속증식로에는 나트륨 등의 액체 금속이 이용된다.

대표적인 원자로의 노형과 그 각각에서 사용되는 핵연료, 감속재, 냉각재 이 세 가지의 조합에 대해서는 다음 표 2로 정리해 보았다.

표 2. 원자로의 대표적인 노형

중성자종	노형	감속재	냉각재	연료
열중성자	경수로(LWR)가압수형(가압수형경수로)	H_2O	H_2O	저농축우라늄
	경수로(LWR)비등수형(비등수형경수로)	H_2O	H_2O	저농축우라늄
	흑연감속가스냉각로(GGR)	C	C_2O	천연우라늄
	고속가스로(HTGR)	C	He	저농축우라늄
	흑연감속경수냉각로(RBMK)	C	H_2O	저농축우라늄
	중수로(CANDU)	D_2O	D_2O	천연우라늄
	중수로(ATR)	D_2O	H_2O	저농축우라늄
고속중성자	액체금속고속증식로(LMFBR)	없음	Na	MOX

이 중에서도 두 종류의 경수로가 세계 발전용 원자로 설비용량점유율의 80% 이상을 점하고 있다. 특히 가압수형경수로PWR의 점유율은 경수로 전체의 약 80%에 달한다. 경수로 이외의 노형은 일부 지역에서만 사용되는 데 그친다. 캐나다의 중수로CANDU, 영국의 발전형흑연감속가스냉각로 AGR, 소련의 흑연감속경수냉각로RBMK가 이에 해당한다. 또한 말할 필요도 없이 흑연감속경수냉각로RBMK는 체르노빌 원전사고로 유명하다. 원자력발전 사업 전체에서 어느 노형을 기초로 하고 거기에 어느 노형을 섞을 것인가의 전략을 '노형 전략'이라 부른다. 대부분의 국가가 모든 기를 경수로로 하거나 혹은 경수로를 기초로 하는 노형 전략을 채택하고 있다.

경수로LWR는 감속재와 냉각재 모두에서 경수를 사용하는 원자로다. 경수는 노심을 통과할 때 감속재와 냉각재의 역할을 동시에 맡는다. 경수로의 주요한 특징은 ①농축우라늄을 연료로 하는 것 ②작지만 실속 있고 고출력의 원자로가 되는 것 ③싼 가격에 질이 좋은 경수를 열의 매체로 하는 것 등이 있다. 이 경수로는 가압수형경수로PWR, Rressurized Water Reactor와 비등수형경수로BWR, Boiling Water Reactor 두 가지로 크게 구분된다.

가압수형경수로PWR의 개념도를 그림 1에 나타냈다. 노심을 도는 냉각수(1차 냉각수)를 비등시키지 않도록, 약 150기압의 압력을 건다. 1차 냉각수는 열기 발생기를 매개로 2차 냉각수에 열을 전달하고 그것을 비등시킨다.

이 수증기가 터빈을 돌려 발전한다. 가압수형경수로PWR를 최초로 개발한 것은 미국이지만 당초 용도는 발전용이 아니라 잠수함의 동력용이었다. 작지만 실속 있는 고출력 원자로라는 특성이 잠수함용 엔진으로 높이 평가된 것이다. 그것이 발전용 원자로에도 전용된 것인데 작지만 실속 있고 고출력이라는 성질은 경제적으로도 유리한 특성이어서 그것을 최대의 강점으로 가압수형경수로PWR가 세계 발전용 원자로의 주류가 된 것이다. 다만 고압수를 사용하기 위한 배관이 파열되어 발생하는 냉각재 상실 사고LOCA, Loss of Coolant Accident 등 여러 사고에는 충분한 주의가 필요하다.

또 하나의 타입인 비등수형경수로BWR의 개념도를 그림 1에 표시했다. 비등수형경수로BWR는 노심 내에서 냉각수의 비등이 일어나도록 압력을 낮은 상태(약 70기압)로 억제한다. 원자로 자신이 증기발생기 역할을 맡기 때문에 증기발생기나 2차 냉각수 공급계가 필요치 않다. 이러한 설계상의 간소화로 인해 가압수형과 비교해 컴팩트함이 기대되지만 그 반면 경수의 감속 능률이 낮아지기 때문에 출력밀도를 떨어뜨려야 한다. 또한 압력용기 내 상부에 기수氣水 분리기를 조합해 넣을 필요가 있기 때문에 원자로 압력용기가 거대해지게 된다. 또한 기수 분리기를 통과해 오지 않았던 액체 상태의 물을 재차 노심으로 보내기 위한 재순환 펌프를 설치할 필요가 있다. 그로 인해 가압수형에 대한 경제적 우위는 상쇄된다.

이어 경수로 이외의 노형에 대해서도 아주 간략히 설명하겠다. 흑연감속가스냉각로GGR,Graphite-Gas Reactor—또는 GCRGas Cooling Reactor이라고도 부른다—는 흑연(탄소)을 감속재, 이산화탄소 가스 등을 냉각재로 한다. 이 냉각로는 천연우라늄을 원료로 하는 것이 가능한데, 우라늄 농축이라는 복잡한 공정 없이 쉽게 원폭 재료 플루토늄을 제조할 수 있다. 연료봉을 운전 중에 노심에서 넣고 뺄 수 있다는 것도 군용 플루토늄 생산로로 안성맞춤이다. 이런 타입의 최초 원자로가 건설된 장소의 이름을 따서 콜더홀형이라고도 부른다. 그 후 이 기술의 연장선상에서 영국에서는 농축우라늄을 이용한 발전용가스냉각로AGR, Advanced Gas Reactor가 실용화되었다.

중수로HWR는 감속재에 중수, 냉각재에 중수 또는 경수를 이용하는 원자로다. 흑연감속가스냉각로GGR와 동일하게 천연우라늄을 연료로 사용할

그림 1. 가압수형경수로(상)와 비등수형경수로(하) 개념도

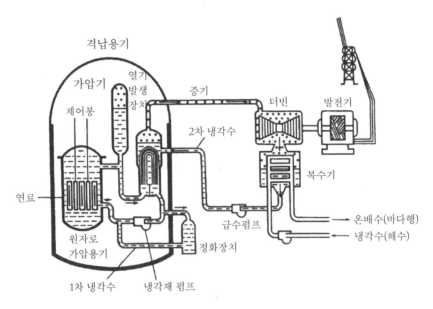

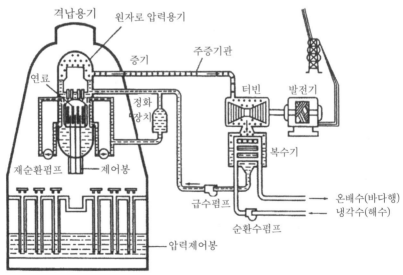

출처.《반원전, 출전하다! 다카기 진자부로 강의록反原発,出前します！－高木仁三郎講義録》(七つ森書館)

수 있기 때문에 군용 플루토늄 생산로로도 적합하다. 중수로의 특징은 중성자의 이용 효율이 높다는 것이다. 다만 경수보다 중수 쪽이 감속 능률이 떨어지기 때문에 원자로가 다소 대형화되는 데다 중수의 제조 비용이 높다는 것이 더해져 경제성이 난제로 꼽힌다. 중수로는 캐나다가 주요 개발 이용국이며 캐나다에서 개발한 중수로를 CANDUCanadian Deuterium Uranium로라고 부른다. 일본의 신형전환로ATR는 저농축우라늄을 연료로 하는 중수감속경수냉각로이다.

고속증식로FBR—고속 중성자를 이용한 증식로를 의미한다—는 연소된 핵분열성 플루토늄의 양을 넘는 핵분열성 플루토늄을 연소 과정에서 생성하는 것, 즉 핵연료를 증식breeding할 수 있는 특수한 원자로다. 고속증식로는 핵분열 단면적이 작은 반면, 1회의 핵분열로 많은 중성자를 발생시킨다. 그것이 플루토늄에 흡수되면 약 3개 또는 그 이상의 중성자를 핵분열 반응 1회로도 발생시키게 된다. 그러한 성질을 이용하여 핵연료 증식이 가능하게 되는 것이다.

통상의 원자로에서는 우라늄 자원의 1% 이하밖에 이용할 수 없지만 고속증식로FBR에서는 이론적으로는 그 반 이상을 이용할 수 있으며 우라늄은 사실상 무진장한 에너지원이 된다. 따라서 고속증식로FBR는 '꿈의 원자로'라 불리고 원자로 개발의 궁극 목표로 여겨져 왔다. 연료에는 통상 우라늄과 플루토늄의 혼합산화연료MOX, Mixed Oxide를 사용하고 냉각재에 액체금속나트륨을 사용한다. 감속재는 사용되지 않는다. 핵연료 증식을 위해서는 블랭킷이라 불리는 천연우라늄 또는 열화 우라늄을 묶은 연료봉 상의 구조물을 가지고 노심 전체를 덮어씌울 필요가 있다. 기술적·경제적 어려움이 큰 탓으로 개발이 시작되고 반세기를 지난 지금도 실용화에 이르지 못한 채 이를 추구했던 국가의 반절 이상이 개발을 단념했다.

어떤 형태의 노형이더라도 상업 발전용 원자로를 개발하는 경우 다음의 네 단계의 개발 단계가 설정되는 것이 보통이다. ①실험로experimental reactor ②원형로prototype reactor ③실증로demonstration reactor ④상용로commercial reactor가 그것이다. '실험로'는 특정 노형의 원자로를 만들고 거기에서 제어된 핵반응을 지속시켜 그 원자로의 성질을 비교하기 위한 소형로를 가리킨다. '원형로'는 실용화를 목표로 하는 상업로와 같은 노형을 가지고 또한 모든 기구·구성 요소를 완비한 중형 원자로(전기출력 20만-40만KW 정도)를 가리킨다. 그 성공에 따라 해당 노형의 '기술적 실증'이 완료되게 된다. '실증로'는 1960년대 말 이래 새롭게 설정되도록 한 단계이다. 이 등장의 배경에는 발전용 원자로의 1960년대의 급격한 대형화가 있다. 종래는 원형로와 상용로의 출력상의 격차는 작았지만 그것이 서너 배로 늘어났다. 때문에 그 사이에 실증로라는 단계가 새롭게 추가된 것이다. 실증로는 상용로와 같은 정도의 전기출력을 가지고 모든 기구·구성 요소를 완비한다. 그것은 단품 생산품이기 때문에 그 자체로는 반드시 충분한 경제 경쟁력을 가진 것은 아니지만 대량 생산에 의한 비용절감 효과를 전망한다면 충분한 경제 경쟁력을 가질 필요가 있다. 즉 '경제적 실증'이 실증로의 목적이다.

6. 노형 전략에서의 시행착오

원자로 기술 해설은 이 정도에서 마치고, 역사 이야기를 계속하겠다. 제도적인 정비 프로세스에 대해서는 이미 기술했기 때문에 다음으로 구체적인 원자력 개발 이용 전략의 추이에 대해 원자로와 핵연료로 구분해 이 절과 다음 절에서 각각 개관하려고 한다.

나카소네의 원자력 예산이 미국의 원자력 정책 전환의 타이밍을 절묘하게 잡아낸 것이라는 점은 앞서 기술했지만, 그 중심인 원자로 건축비를 이용해 어떠한 노형의 원자로를 건설할 것인가에 대해서는 완전 백지 상태에서 검토가 시작되었다. 미일원자력협정의 이야기가 미국 측에서 타진되기 전, 즉 1955년 봄까지는 어떻게든 국산 연구로를 만들자는 것이 기본적인 생각이었다. 당시는 농축우라늄 취득은 불가능하다고 여겨졌기 때문에 통산성의 원자력예산타합회는 천연우라늄 중수로를 최초의 연구로로 하려는 계획이 세워졌다(1954년 11월). 흑연로가 아닌 중수로가 선택된 것은 중수로는 흑연로보다도 우라늄 소요량이 적어도 되고 또한 중수 쪽이 원자로에 필요한 초고순도의 흑연보다도 국내 생산이 용이하다고 여겨졌기 때문이다. 이 천연우라늄 중수로를 장래에는 실용로로 키운다고 하는 것이 당시의 많은 관계자의 구상이었다고 본다.

그런데 뜻하지 않게 미국으로부터 농축우라늄이 부속된 연구로를 제공해도 좋다는 이야기가 들려온 것이다. 일본의 노형 전략은 이에 따라 큰 영향을 받게 되었다. 1955년 10월에 원자력이용준비조사회가 결정한 〈원자력연구개발계획〉(미일원자력협정에 입각해 1955년 7월에 원자력예산타합회가 준비한 원안에 따른 것)의 골자는 다음과 같다. 그리고 이 계획은 원자력위원회에 의해 1956년 1월에 승인된 것이다.

(1) 1956년도에 워터보일러WB형 연구로(열 출력 50KW)를 미국에서 도입한다. 또한 WB형이라는 것은 농축우라늄화합물수용액을 이용한 균질로를 가리킨다.

(2) 1957년도에 CP 5형 연구로를 미국에서 구입한다. CP 5형은 농축우라늄을 이용한 중수로이며 CP는 시카고 파일Chicago Pile의 약칭이다.

(3) 1958년도에 천연우라늄 중수로(열 출력 1만KW)를 원연에 설치한다. 이는 국산으로 건설한다.

이 연구로 3기 건설계획은 각각 일본원자력연구소(원연)에서, JRR 1(1957년 8월 임계), JRR 2(1960년 10월 임계), JRR 3(1962년 9월 임계)으로 실현됐다. 특히 JRR 3은 국산 1호로가 되었다. 또한 JRR은 JAERI Research Reactor의 약칭이며, JAERI는 원연의 영어명인 Japan Atomic Energy Reasearch Institute의 약칭이다.

이 개발 전략의 최대 특징은 일본에서 최초로 건설된 연구로 2기가 농축우라늄을 이용한 미국제 연구로가 되었다는 점이다. 미국에서 농축우라늄이 부속된 연구로 구입의 길이 열렸기 때문에 국산 중수로의 실용화를 목표로 하는 당초의 구상이 상기한 바와 같은 방침으로 급히 변경되어 국산 천연우라늄 중수로는 3호로로 건설하기로 결정한 것이다. 이 계획에서는 최초의 연구로 3기 노형 이외의 것은 어떤 것도 결정하지 않았지만 농축우라늄을 해외에서 도입하는 것이 가능하게 된 데 따라 장래의 구상이 한번에 유동화되었다고 말할 수 있다.

또한 1956년이 되면 영국제 콜더홀개량형로GCR의 판매와 미국제 경수로 개발이 착실히 진전됨에 따라 일본의 노형 전략이 취할 선택지는 더욱 넓어졌다. 그러한 상황하에서 1956년 1월에 발족한 원자력위원회는 원자력 개발 이용의 전 분야에 걸친 포괄적인 장기계획을 책정하는 작업에 들어갔다. 그 결과 1956년 9월 6일에 '내정'된 것이 〈원자력개발이용장기기본계획〉(〈56장계〉)이다. 여기에서 제시된 것은 증식형 동력로의 국산화를 최종 목표로 하는 노형 전략이다. 거기에 이르기까지의 '연결고리'로서 민간에 의한 상용로의 수입 또는 국산의 가능성이 시사되었는데, 노형의 지정은 이루어지지 않았다. 또한 이 최초의 장기계획은 급히 준비된 총론 편에 해당하며 이어 동력로, 핵연료, 과학 기술자 양성 세 분야에 관한 각론이 작성될 예정이었다. 그러나 장기계획으로 준비된 것은 동력로에 관한 각론밖에 없었다. 〈발전용원자로개발을위한장기계획〉이 그것이다(1957년 12월 발표). 이 〈발전용원자로개발을위한장기계획〉에서 제시된 전략은 〈56장계〉를 기본적으로 답습한 것으로 국산 증식로 실용화를 최종 목표로 하고 있는데, '연결고리'인 도입로의 로형에 대한 기술이 대폭 구체화되었다. 즉, 콜더홀개량형로GCR를 제1호의 상업용 발전로로 계속하면서도 미국제 경수로 도입에 대해서 전향적인 자세를 취하며 1960년대 후반에는 오히려 경수로가 신규로 운전을 개시하는 상업용 발전로의 주류가 될 것이라는 전망을 제시하고 있다. 다만 경수로도 또한 일본원자력연구소(원연)를 중심으로 하는 개발 부대에 의한 국산 증식로 실용화까지의 '연결고리'로 간주된다는 점이 중요하다. 또한 국내 개발 대상으로 거론된 것은 증식로뿐이지만 외국제의 상용로에 대해서도 원연이나 국립 시험 연구기관이 국산화 촉진을 위한 연구를 제조업체와 일체가 되어 추진한다는 방침이 제창되었다.

원연에 의한 국산 증식로 개발은 다음과 같은 경과를 거쳤다. 원연이 우선 개발 대상으로 한 것은 열중성자형증식로이며 1950년대 후반부터 개발이 시작되었다. 열중성자에 의한 핵분열 반응에는 1회당 중성자 발생 수가 적기 때문에 증식을 실현하는 것은 상당히 어렵지만 그래도 설계상의 공부를 통해 증식률이 1을 상회하는 것은 가능하다고 여겨졌다. 물론 증식률이 1을 대폭 넘는 고속증식로FBR가 증식로의 사명이라는 것은 전 세계 관계자들의 공통 인식이었지만 다음으로 기술할 기술적 어려움과 자원상의 어려움으로 인해 일본에서는 우선 열중성자형증식로 개발을 추구했던 것이다.

고속증식로FBR의 기술적인 어려움에 대해 기술하면, 고속증식로FBR는 그 물리적·공학적 특성에서 보았을 때 굉장히 고난도의 기술이 요구되며 또한 나트륨 취급 기술 등 재래 기술과는 이질적인 기술도 필요하다. 더구나 그러한 기술에 관한 정보가 군사기밀이라는 벽에 막혀 있었다. 고속증식로FBR가 군용 플루토늄 생산로로서는 매우 우수한 성질을 가지고 있었기 때문이다. 다음으로 자원상의 어려움에 대해서 말하자면, 고속증식로FBR의 실험로를 운전하는 데 고농축우라늄 또는 플루토늄을 대량으로 노심에 장하裝荷할 필요가 있지만, 그런 것들은 그 자체로 원폭 재료로 전용할 수 있기 때문에 사실상 금수 상태에 있었고 입수할 전망이 서지 않았다. 이렇게 고속증식로FBR는 당시 일본인의 손에 닿지 않는 '꿈의 원자로'였고, 열중성자형 증식로 쪽이 훨씬 현실적인 목표였다.

원연에서는 1957년부터 수균질로AHR, Aqueous Homogeneous Reactor 기초 연구가 개시되어 1961년에는 임계 실험 장치가 완성됐다. 이 수균질로는 농축우라늄을 이용한 용액균질형 노심의 주변에 토륨 용액 블랭킷을 둔 2영역형 중성자형증식로로 미국 오크리지국립연구소Oak Ridge National Laboratory의 아이디어와 노하우에 기반한 것이었다. 그러나 오크리지연구소의 프로젝트가 연료 용액의 불안정성 등 여러 어려움이 드러남에 따라 중지되었기 때문에 원연의 수균질로 계획도 쇄락의 길을 밟았다.

한편 반균질로SHR, Semi-Homogeneous Reactor 계획은 수균질로 계획보다도 다소 늦게 출발했다. 반균질로라는 것은 이산화우라늄(또는 우라늄카바이드)과 흑연으로 된 반균질 연료에 흑연 덮개를 씌운 고체연료를 사용해서 베릴륨으로 냉각하는 2영역로이며, 고체 토륨·블랭킷을 부설하면 증식로로 사용할 수 있는 것으로 여겨졌다. 또한 냉각재로 베릴륨 대신 용융비스무스Bi를 사용한 방식도 일본의 독자적인 아이디어로 제공되어(니시보리 에이자부로西堀栄三郎 원연 이사에 의함) 두 방식을 병행해서 개발이 진행되게 되었다. 원연은 1959년 12월 이를 연구소 내 프로젝트 연구로 지정했다. 이는 전기출력 1만KW 정도의 실험로 건설을 목표로 한다는 점에서, 일본 최초의 증식로 자주 개발 프로젝트였다. 이 원연의 계획에 대해 원자력위원회도 적극적으로 평가하며 〈원자력개발이용장기계획〉(1961년 2월) 속에 반균질로 프로젝트를 강력하게 추진할 것을 주창했다.

그러나 1961년도에 들어서 반균질로 계획은 재검토되기 시작했다. 원연은 1961년 10월에 반균질로평가위원회(기쿠치 세이시菊池正土 위원장)를 설치하고 1962년 3월에 보고서를 제출하게 했다. 보고서 내용은 반균질로 계획에 대해 부정적인 것이었다. 즉 증식로 지향과 비스무스 냉각 방식 모두를 부정하고 베릴륨 냉각 고온가스로라면 추구하는 의미가 있지만, 그 실험로 건설의 여부에 관한 결론은 내지 않고 "원연 전체의 원자로 개발에 관한 기본 방침의 재검토를 즉각 개시해야 할 필요가 있다"는 권고가 붙었다. 반균질로 계획이 차질을 빚자 원연 내외부에서 비판이 일었다. 결국 원연의 프로젝트 관리 운영 능력을 의문시하게 된 원자력위원회는 그때까지 원연에 사실상 위임했던 동력로 개발 방침의 입안 작업을 자신들의 이니셔티브로 행하겠다는 의사를 굳히게 되었다.

그런데 원연의 관리 운영 능력은 단순히 연구 기관 프로젝트의 실시에 관해서만 의문시된 것이 아니었다. 1959년 6월 이후 파업이 빈발했고 특히 1963년 10월 일본동력시험로JPDR, Japan Power Demonstration Reactor 운전 개시 직전에 일어난 파업을 계기로 노사관계가 극도로 악화되면서 원연 수뇌부의 인사상의 관리 능력 결여가 주목받게 된 것이다. 이와 같이 원연이라는 조직 자체가 정·관계의 강한 불신감에 휩싸였다. 그러한 불신감이 높아짐에 따라 1964년 1월 중의원과학기술진흥대책특별위원회가 원자력대책소위원회(나카소네 야스히로 위원장)를 설치하고 '원연 문제' 조사에 착수했다. 그리고 3개월 후인 1964년 4월, 특별위원회는 통일된 견해를 준비해 원연 개혁의 기본 방침을 제시한다. 이렇게 '원연 문제'는 겨우 수습됐지만 그 이후 원연은 정부계의 원자력 개발 중추기관으로서의 지위를 박탈당하고 연구소 내의 관리 체제가 대폭 강화되었다. 이렇게 원연의 열중성자형증식로 개발계획은 완전한 실패로 끝나게 되었다.

다만 원연은 동력시험로JPDR 건설계획에 대해서는 그것을 성공리에 추진할 수 있었다. 동력시험로JPDR의 구입은 공개입찰 방식으로 이루어졌으며, GE의 비등수형경수로BWR가 선정됐다. 동력시험로JPDR는 전기출력 1만 2500KW의 소형로였지만, 발전설비를 다 갖춘 일본 최초의 원자로로 1963년 8월에 임계를 달성하고 같은 해 10월 26일에 원자력발전에 성공했다. 그리고 이날이 각의 결정에 의해 '원자력의 날'로 지정되었다. 원연의 동력시험로JPDR 도입에서 지도적 역할을 맡은 것은 원연 이사인 사가네 료키치였다. 이 동력시험로JPDR 계획은 결과적으로 일본의 경수로 도입의 복선이 되었다.

다음으로 상용로 도입의 움직임으로 눈을 돌리면, 일본원자력발전(원전)은 설립 후 곧바로 방영 조사단(야스카와 다이고로安川第五郎 단장)을 파견했다(1958년 1월). 조사단의 목적은 콜더홀개량형로GCR의 기술·안전·경제면에 대해 일대 점검을 진행하는 것과 원자로 구입 시 여러 조건에 대해서 영국 정부 및 제조업체와 교섭하는 것이었다. 야스카와 조사단의 보고는 1958년 4월 21일에 발표되었고 이에 따라 콜더홀개량형로GCR 도입이 본격화되었다. 일본원자력발전은 이어 영국 정부 및 제조업체와 협의를 진행하고 영국제너럴일렉트릭GEC과 기술원조 계약 및 핵연료 구입 계약을 체결했다. 또한 그러한 여러 계약의 법적 틀을 정비하기 위해 일본 정부는 영국 정부와 원자력 협정을 체결했다(1958년 6월 서명, 12월 발표).

발전소의 입지 지점에 관해서 일본원자력발전은 일찍부터 이바라키현 도카이무라東海村의 원연 부지에 근접한 국유림을 후보지로 정해 두었다. 일본원자력발전이 도카이발전소의 원자로 설치 허가 및 전기사업 경영 허가를 취득한 것은 1959년 12월이고 1960년 1월에 공사가 시작되었다. 도카이발전소의 최초 임계는 1965년 5월 4일, 영업 운전 개시는 1966년 7월 25일이다. 이에 따라 이바라키현 도카이무라는 원연의 모든 연구로와 동력시험로에 더해 일본 최초의 실용 원자력발전로를 가진 집중 입지점이 되어, 문자 그대로 일본 원자력 개발 이용의 메카가 되었다. 어째서 이바라키현 도카이무라가 일본의 원자력 개발 이용의 메카가 되었는가 경위를 간단히 정리해 보면 그 발단은 재단법인 일본원자력연구소(원연, 1955년 11월 발족, 1956년 6월 특수법인으로 개편)의 발족으로 거슬러 올라갈 수 있다. 원연은 발족 직후인 11월에 토지선정위원회를 만들고 가나가와현 미우라三浦 반도의 다케야마武山 지구로의 집중 입지를 제1순위, 이바라키현 미토水戸 지구로의 집중 입지를 제2순위로 하는 보고서를 원자력위원회에 제출했다. 이를 받아든 원자력위원회는 1956년 2월 15일, 다케야마를 제1후보지로 결정했지만 거기에는 당시 미군 기지가 주둔하고 있었기 때문에 방위 문제상의 논쟁이 각 부처 내에서 일어나 합의 성립이 어려워졌다. 결국 원자력위원회는 교통 불편이나 환경 정비가 늦은 점 등의 악조건에도 불구하고 1956년 4월 6일, 제2후보지 미토 지구(도카이무라)를 집중 입지로 결정했다.

한편 일본원자력발전 도카이발전소가 조업을 개시할 때까지는 "고난의 길"이었다. 무엇보다 먼저 건설 착공 이전 단계부터 콜더홀개량형로GCR에 대한 여러 안전상의 의문점이 부각되었고, 도카이발전소의 입지 조건(미군 미토대지사격폭격장 인접지인 점 등)에 대한 의문점이 더해져 1950년대 말 피크에 달한 안전 논쟁이 일었던 것이다. 그 배경 중 하나로 1957년 10월 10일에 영국 윈드스케일(종래의 지명은 셀라필드였지만 전후 윈드스케일로 개칭되었다가 1980년대 다시 옛 이름으로 되돌아갔다)에서 노심 화재를 발단으로 하는 멜트다운 사고를 일으켜 주변에 다량의 방사능을 퍼뜨린 사정이 있었다.

이 안전 논쟁에서 특히 중시된 것은 흑연 블록을 쌓아 둔 것에 지나지 않은 노심 구조를 가진 콜더홀개량형로GCR의 내진성 문제였고, 그 이외에도 동형로의 정반응도계수(온도계수) 문제 등 각종 의문이 제기되었다. 그러한 비판론의 가장 선두는 소립자론 그룹이었다. 안전성 논쟁이 최고조에 달한 1959년 여름에는 원자력위원회 주최로 콜더홀개량형로GCR에 관한 공청회나 학술회의 주최의 콜더홀개량형로GCR의 안전성에 관한 심포지엄이 열려 안전성에 관한 엄중한 비판이 물리학자들로부터 연이어 나왔다.

안전 논쟁 이외에도 도카이발전소의 건설은 어려움을 맞이했다. 공사가 시작되고 나서도 노심부의 흑연 재료의 변경(영국제에서 프랑스제로)이나 원자로압력용기 재료의 변경(영국제에서 일본제로)이라는 커다란 변경이 이루어져 공사 기간 연장과 건설비 증대를 초래했다. 최종적으로 총 공사비는 설치허가신청서 제출 시(1959년 3월)의 견적액 340억 엔을 대폭 상회하여 486억 엔이 되었다. 또한 임계 후 시운전 중에 수차례 고장과 문제가 발생해 영업 운전이 크게 늦어졌다. 게다가 1969년 12월부터는 영국에서 강재鋼材 산화 문제가 부각되면서 도카이발전소는 정격 전기출력 16만 600KW의 완전 출력 운전을 단념하고, 13만 2천KW 내지 14만KW 출력으로 운전할 수밖에 없었다. 이렇게 많은 어려움이 지속적으로 발생함에 따라 신뢰를 잃게 된 것이 가장 큰 요인 중 하나가 되어 콜더홀개량형로GCR는 일본에서는 1기가 도입되는 데 그쳤으며 상용로 제2호기 이후에는 경수로가 모든 상용로를 점하게 되었다.

이렇게 제도화와 시행착오의 시대(1954-1965년)에는 상용로 도입 계획도 증식로 국내 개발계획도 모두 난항을 거듭하며 다음 시대로 이어지는 성과를 내지 못했다고 할 수 있다.

7. 핵연료 개발 분야에서의 시행착오

이어서 동력로에서 핵연로로 화제를 옮겨, 초창기의 개발 이용 계획에 대해 일별하겠다. 일본 정부는 당초 기본 생각으로 핵물질의 자급자족을 달성한다는 것을 최종 목표로 삼았다. 일본 정부가 핵물질 자급자족을 목표로 한 이유는 몇 가지가 있다. 우선 천연자원 전반에 관해서 근대 일본으로 침투한 자급자족적 구상이 여기에서도 기저에 깔린 요인이었다고 생각한다. 두 번째로 우라늄이 무역 통제가 엄격한 전략 물질이었기 때문에 해외 수입에 의존하는 것은 핵물질의 안정적 확보를 어렵게 한다고 여긴 것이다. 세 번째로 일본은 메이지유신 이래 1960년대까지 만성적인 무역 적자국이었고 외자 절약이 산업 정책의 금과옥조로 되어 있었다는 점이다. 그리고 우라늄 자급률 향상은 외자 절약에 극히 유효한 방책이었다. 물론 초창기 일본은 핵물질 전량을 수입해야만 했지만 서서히 우라늄 자급률을 높이는 것 그리고 최종적으로는 완전 자급을 달성한다는 것이 목표가 된 것이다.

원자력위원회의 〈56장계〉에는 이렇게 쓰여 있다. "원자 연료에 대해서는 힘써 국내의 자급 태세를 확립하기로 한다. 이를 위해 국내 물자 탐사 및 개발을 적극적으로 행하고 아울러 민간 탐사 및 개발을 장려한다. 또한 부족분에 대해서는 해외 물자를 수입할 수 있도록 노력한다. 또한 장래에 우리 국가의 실정에 맞는 연료 사이클을 확립하기 위해 증식로, 연료 요소 재처리 등의 기술 향상을 도모한다." 이를 보면 원자력위원회에서 핵물질자급률 향상을 위해 주요 수단으로 국내 우라늄광 개발과 증식형 핵연료사이클 확립에 의한 우라늄 자원의 유효 이용, 두 가지를 생각하고 있었음을 알 수 있다. 우라늄 농축에 관해 〈56장계〉가 아무 언급도 하고 있지 않은 것은 경수로로 대표되는 농축우라늄을 사용한 노형이 장래 발전소의 주류가 되리라고는 생각하지 않았기 때문일 것이다.

　한편 국내 우라늄 자원의 탐사 및 개발은 통산성 공업기술원 지질조사소와 함께 원자연료공사에 의해 진행되었다. 지질조사소는 최초의 원자력 예산이 할당된 관계로 1954년부터 지질학적 조사를 개시했다. 그러나 1956년 8월에 원자연료공사가 창설된 후로는 원자연료공사가 우라늄 자원 조사 및 개발에 중심적인 역할을 하게 되었다. 또한 원자연료공사 발족과 함께 지질조사소가 개괄 조사, 원연이 정밀 조사 및 기업화 조사를 담당하는 것으로 관할 영역이 나뉘게 되었다.

　원자연료공사는 1950-60년대를 통해 그 기관의 중심 업무로 우라늄 자원 개발에 힘쓰고 닝교토게(돗토리·오카야마현 경계) 및 도노東濃(기후현) 양 지구를 중심으로 정밀 조사 방식으로 탐광을 실시했다(두 지구 모두 지질조사소가 1955년 및 1962년에 발견한 것이다). 그러나 두 지구 모두 품위 및 규모에서 빈약했기 때문에 경제성을 갖지는 못한다는 것을 파악하고 우라늄 자급 전망은 사라졌다. 그와는 대조적으로 세계 각지에서 우라늄광 개발이 크게 진전되면서 일본이 대량 우라늄을 싼 가격에 안정적으로 수입할 수 있다는 전망이 1950년대 말까지 밝아졌다. 이에 따라 우라늄 자급론은 구름 흩어지듯 사라지고 1960년대 이래 우라늄광은 전량 수입으로 조달하게 되었다. 그러한 배경에서 해외 우라늄광 개발—당초 '자주 개발'이라는 기괴한 명칭으로 불렸지만 실질적으로는 개발 수입을 의미한다. 이 용어법은 한때 잦아들었다가 21세기에 들어 다시 부활했다—에 대한 관심이 정부 및 민간 양쪽에서 1960년대 후반부터 높아지게 되었다.

이러한 우라늄 자원을 둘러싼 국내·국제정세의 변화는 원자력위원회의 장기계획에도 반영되었다. 〈56장계〉에는 우라늄 자급론이 기조였으나 1958년 12월에 발표된 〈핵연료개발에대한생각〉(장기계획의 각론 편에 해당하는 것이지만 연차와 사업 내용을 명확히 한 계획의 책정에 도달하지는 않은 것)에는 자급론의 톤은 약해지고 우라늄을 정광精鑛 형태로 수입해 국내에서 정련하는 것부터 외자를 절약한다는 방침을 전면에 내세웠다. 이어 다음의 〈61장계〉에서는 국내 자원과 해외 자원을 합해서 생각한다는 방침으로 변화했으며, 그 다음인 〈67장계〉에서는 적극적으로 해외 우라늄 자원 확보 조치를 강구한다는 방침으로 옮겨 갔다. 그 전후로 정부 및 민간에 의한 '개발 수입' 방식으로 우라늄 자원 확보책을 추구하기 시작한 것이다.

그런데 1960년대에는 또 하나 주목해야 할 움직임으로 핵물질의 민간 소유에 관한 사항에서 진전이 있었다. 우선 1961년 9월에 천연우라늄과 열화우라늄이 각의 양해로 결정되었고 또한 1968년 7월에는 특수 핵물질(플루토늄, 농축우라늄, 사용후핵연료)의 민간 소유를 원자력위원회가 결정한다. 이는 미국의 핵연료 민유화의 흐름, 즉 1964년 8월의 핵연료민유화법 성립에 따른 것이었다. 이에 따라 전력·통산연합은 핵연료 개발 이용에 관한 자율성을 획득했다고 할 수 있다. 즉 원자력발전 사업의 확대에 따라 거기에 필요한 핵물질을 자유롭게 조달하는 권한을 획득한 것이다. 그리고 전력·통산연합은 과학기술청 그룹과 비교해 현격히 차이가 나는 양의 핵물질을 취급하는 입장에 있었기 때문에 그것이 일본 전체의 핵연료 개발 이용에서 존재감을 높이는 것은 불가피했다. 이에 의해 동력로 사업과 동일하게 핵연료 사업에서도 전력·통산연합이 과학기술청 그룹의 조력을 얻지 않고도 독자적으로 사업을 진행해 갈 수 있게 된 것이다. 일본 원자력 체제의 이원 구조는 핵연료 민간 소유에 의해 완성되었다고 할 수 있다.

핵연료 개발 분야에서 이 시기의 움직임으로 또 하나 언급하지 않을 수 없는 것이 핵연료 재처리에 관한 움직임이다. 핵연료 재처리라는 것은 원자로에서 사용후핵연료를 꺼낸 후 거기에 포함된 플루토늄과 감원 우라늄을 화학적으로 추출하고 그 이외의 물질—핵분열 생성물, 초우라늄 원소 등—을 고준위방사성폐기물로 분리하는 공정을 가리킨다. 이 재처리에 의해 처음으로 원자로 내에서 생겨난 플루토늄을 자원으로 이용하는 것이 가능해진다.

일본에서 핵연료 재처리 기술의 개발 이용의 성립은 서구 여러 나라와 비교해 속도가 늦었다. 서구에서는 핵무기용 플루토늄 생산 계획의 일환으로 재처리 기술의 개발 이용이 일찍부터 진행되었지만 일본에서는 원자력 발전 사업 개시에 쫓기는 형태로 그 관련 사업으로 재처리에 관한 정책적 검토가 시작되었다. 그리고 상업용 원자력발전소 건설계획이 1950년대 말부터 시작되었기 때문에 재처리공장 건설계획도 그에 호응하여 구체화된 것이다.

한편 1950년대의 일본의 원자력 계획에서는 원자로 개발 이용에 비해 핵연료 개발 이용에 대한 관심은 대체로 낮았다. 그리고 핵연료 개발 이용의 여러 분야 중에서도 국내 우라늄광만이 정력적으로 추진되었다. 따라서 1950년대에는 핵연료 재처리 실용화를 향한 프로그램이 책정되지 않았다. 당장 원자력위원회의 첫 장기계획(〈56장계〉)에는 재처리사업을 원자연료공사에서 집중적으로 실시하고 또한 일본원자력연구소(원연)에서 기초 연구와 소규모의 중간 시험을 행한다는 역할 분담에 관한 기술이 포함되어 있을 뿐이었다. 또한 2년 후인 1958년 12월에 그 각론으로 발표된 〈핵연료개발에대한생각〉에서도 구체적인 개발계획은 제시되어 있지 않고 "장래에는 사용후핵연료 재처리를 우리나라 스스로의 손으로 행한다, 플루토늄 및 감원 우라늄은 다시 한번 핵연료로 이용할 수 있도록 극력 고려해야만 한다"고 기술하는 데 그쳤다.

그러나 그 직후인 1959년 1월에 원자력위원회에 설치된 재처리전문부회가 구체적인 검토를 개시했다. 그리고 1960년 5월 재처리전문부회 중간 보고에서 사용후핵연료를 1일당 350Kg 정도 재처리하는 능력을 가진 파일럿 플랜트 건설이 권고되었다. 이를 받아들인 새 원자력위원회의 장기계획(1961년 2월) 속에서, 장기계획의 전기 10년간의 후반(즉 1960년대 후반)에 파일럿 플랜트를 원자연료공사가 건설하는 방침이 제시된 것이다.

그런데 이 구상은 곧바로 철회되었다. 재처리전문부회(오야마 요시토시 大山義年 부회장)에서 그 후 해외조사단 파견(1961년 4·5월)을 실시하는 등 검토를 거듭한 결과, 재처리 기술이 이미 실용 단계에 도달했다는 인식을 가지고, 외국에서의 기술 도입을 통해 실용 규모의 공장을 건설해야 한다는 보고서를 1962년 4월, 원자력위원회에 제출한 것이다. 재처리 시설의 규모로는 하루 0.7-1톤이라는 숫자가 표시되었고, 1968년경까지 완성시켜야 한다는 목표 연차가 제시되었다. 이에 따라 일본의 재처리사업이 기술 도입 노선을 채택하는 것이 확정적으로 되었다.

한편 재처리전문부회의 보고에 맞추어 원자력위원회는 1964년 6월, 〈사용후 연료의 국내 재처리와 플루토늄 판매 조치에 대해〉를 발표했다. 거기에는 1일 0.7톤(연간 210톤, 단 이는 연간 300일 운전을 전제로 한 수치) 규모의 재처리공장을 1970년부터 가동시킨다는 방침을 제시했다. 그러나 원자력위원회는 상업 기반에서 재처리사업을 실시할 자신이 없었다. 따라서 건설 자금은 정부 출자, 플루토늄은 정부 판매라는 방침을 제창했다.

하지만 이에 대해 대장성이 강하게 난색을 표했다. 일본 원전 도카이 원자력발전소(일본 최초의 상업용 원자력발전소, 콜더홀개량형로GCR) 건설 결정 당시 "원자력발전은 실용화 단계에 있다"는 인식이 취해진 전례에 비추어 원자력발전소에 부설되는 재처리 시설도 실용화 시설이며, 연구개발시설일 리 없다는 것이 재정 당국의 논리였다. 어쩔 수 없이 원자력위원회는 그 논리를 받아들여 재처리공장을 차입금으로 건설(다만 설계 단계까지는 정부 출자)하고 플루토늄 판매를 단념하기로 했다. 그 이후 원자연료공사 및 그 후예에 해당하는 동력로·핵연료개발사업단(동연)에 의한 공장 설계와 용지 획득 경위에 대해서는 4장에서 다시 다루도록 하겠다.

그러한 기술 도입 노선의 추진과 병행하여 일본원자력연구소(원연)에서도 1957년경부터 다양한 기초 연구와 재처리 시험 장치의 개발 연구가 진행되었다. 그러나 회를 거듭하는 계획 검토가 빈번해진 결과, 그 진행은 더뎌지게 되었다. 원연의 재처리 시험 시설이 핫테스트Hot Test(사용후핵연료를 이용한 실험에서 실제로 플루토늄을 추출하는 실험)에 이른 것은 1968년 3월의 일이며, 1969년 3월까지 1년에 걸친 시험 기간 중 합계 208g의 정제 플루토늄을 추출하는 데 그쳤다. 이렇듯 핵연료 재처리 계획의 성립 시기에 국내 개발의 선두주자로서 역할을 맡은 것은 원연이었지만, 그 연구 내용은 실용화와 관련이 거의 없는 소규모 실험 연구에 그쳤고 프로젝트 운영에 관해서도 안정성을 결여하고 있었다.

4장
도약과 다양한 문제 분출의 시대(1966-1979)

1. 원자력발전 사업의 도약

일본의 원자력 개발 이용 체제는 1957년 말경까지는 '이원체제'로 확립되었지만, 앞 장에서 본 바와 같이 1960년대 전반까지의 구체적인 개발 이용 사업은 시행착오를 거듭하며 그 진전 속도는 늦추어졌다. 다른 말로 하면 원자로 분야에서는 원연의 열중성자형증식로 개발계획이 지지부진했고, 상업용 발전로 제1호로 영국에서 도입된 콜더홀개량형로GCR로도 상업로가 기술적으로도 경제적으로도 매우 문제가 많은 원자로였음이 밝혀진 것이다. 또한 핵연료 분야에서도 국내 우라늄광 개발은 난항을 거듭해 전량 수입으로 방향을 차차 돌렸다. 그리고 우라늄광 개발 이외의 프로젝트는 모두 초보적인 수준에 그치고 있었다.

그러한 정체 상태에서 탈각하기 시작한 것은 1960년대 중반부터였다. 드디어 이 시대에 들어서며 일본 원자력 개발 이용은 이원체제의 두 진영에서 실질적인 진전을 보이기 시작한다. 이번 장에서는 일본 원자력 개발 이용의 도약기에서부터 엄중한 역풍 속에서도 점차 안정적인 궤도에 오른 1980년대 즈음까지의 시대를 다룬다.

이 시대에 전력·통산연합은 발전용 경수로의 건설을 추진함과 동시에 원자력발전 사업의 착실한 확대를 위한 인프라 정비에 중점을 두게 된다. 다음으로 과학기술청 그룹도 동력로 자주 개발 국가 프로젝트 추진 체제를 확립하고, 신형전환로ATR 및 고속증식로FBR 개발에 본격적으로 뛰어들고, 핵연료 관계에서도 재처리 파일럿 플랜트 건설과 원심분리법 우라늄 농축 기술 개발에 혼신을 기울이게 되었다. 여기서 주목할 것은 두 진영 모두 1960년대 초두까지 취해 온 기존 노선을 크게 수정했다는 점이다. 즉 전력·통산연합은 발전용 원자로의 도입원을 영국에서 미국으로 바꿨고, 과학기술청 그룹 또한 일본원자력연구소(원연)에서 동력로·핵연료개발사업단(동연)으로 연구개발의 주역을 교체했다.

이 절에서는 우선 전력·통산연합의 1970년대 초두까지의 움직임을 개관하고자 한다. 1970년대 초두까지의 원자력발전은 세계적으로는 폐색 상황이었다. 원자력발전의 장래에 관해 1950년대 전반에 선언된 낙관론은 현실에 의해 배반되었고 더구나 중동에서 대형 유전이 차차 발견됨에 따라 원자력발전은 석유화력발전에 압도되는 것처럼 보였다.

그러한 폐색 상황을 단숨에 깨트린 것이 1960년대 중반의 세계적인 경수로 붐의 도래다. 거기에 불을 붙인 것이 미국의 경수로 제조업체, 즉 비등수형경수로BWR 제조업체인 GE였다. GE는 1963년에 수주한 오이스터크릭Oyster Creek 원자력발전소(전기출력 60만KW)를 처음으로 원자력위원회AEC의 보조금 없이 건설하기로 결정했는데, 그 즈음 전력회사들에게 매력적인 원자력발전의 비용 견적서와 가격표를 공개해 경수로가 이미 석탄·석유화력과 충분히 대항할 수 있다고 선언한 것이다. GE가 제안한 턴키 계약 방식 또한 전력회사들에게는 매력적인 것이었다. 턴키 계약 방식은 계약 시에 제조업체가 고정 가격 방식으로 수주를 받은 뒤 시운전까지 전 공정을 책임지는 방식이며, 공기 연장이나 건설비 상승에 따른 여분의 비용을 전력회사는 면제받는다. 또한 전력회사는 기술 면에서 개입할 필요가 없다. 턴키에는 '간수(감옥지기)'라는 의미와 '완성품으로 바로 사용할 수 있다'는 두 가지 의미가 있는데, 전력회사는 이 계약 방식을 취하면 제조업체의 작업을 지켜보기만 하면 된다. WH를 비롯한 가압수형경수로PWR 제조업체도 즉각 이러한 GE의 이니셔티브를 따라갔다.

이렇게 매력적인 가격과 계약 방식으로 인해 미국의 전력회사는 물론 유럽 여러 나라나 일본의 전력회사도 경쟁적으로 경수로 도입에 뛰어들었다. 이렇게 오늘날 경수로 절대 우위 시대의 교두보가 만들어졌다. 또한 국제적으로는 1964년 8월부터 9월에 걸쳐 제네바에서 열린 제3회 원자력평화이용국제회의는 미국 제조업체가 경수로 선언을 하는 맞춤 무대가 되었고, 많은 나라에서 경수로 도입 자금을 끌어들였다. 이 제네바 회의는 1955년에 제1회가 개최되었고 3년 후인 1958년에 제2회가 개최되었는데 그 후 원자력 붐 냉각에 따라 3년마다 개최한다는 당초 속도를 지키지 못하다가 1961년을 건너뛰고 1964년에 제3회가 개최되었다. 그런데 이 회의가 원자력발전의 상업적 도약을 위한 화려한 무대가 된 것이다.

일본의 전력회사도 세계적인 붐을 따라 경수로 도입을 논의한다는 방침을 채택한다. 그와 보조를 맞추어 일본의 전기 제조업체도 미국에서 기술 도입 체제를 굳히고, 통산성도 또한 원자력발전 사업의 원활한 추진을 위해 기반 정비에 뛰어들게 된다. 이렇게 전력·통산연합은 활기를 띠었다. 전력·통산연합이 도입 노형을 영국제 콜더홀개량형로GCR에서 경수로로 갈아탄 것에는 어떤 어려움도 없었다. 앞 장에 기술한 바와 같이 일본 정부·전력업계·제조업계는 본래부터 흑연감속가스냉각로GCR를 발전용으로 유용하다고 보지 않았고, 일찍부터 경수로의 장래성에 주목해 그 도입을 위한 준비를 진행하고 있었기 때문이다.

실제 원자력위원회는 두 번째 원자력개발이용계획(1961년 2월)에서 "우리나라에서 실용 규모의 2호기로는 경수로가 적당하다고 생각한다. (중략) 그 장래성 및 내외의 정세로 보건대 이후 10년 동안 우리나라에서도 본 형식의 원자로가 다수 설치될 것이라 여겨진다"는 견해를 나타냈다. 이 시점에서 경수로는 이미 콜더홀개량형로GCR와 대등 이상의 평가를 국내에서 확립했으며 시간이 지나면서 그 우위를 더욱 굳혀 가고 있었다.

미국의 원자로 제조업체와 기술 도입 계약 체결에서 한발 앞서 있던 곳은 미쓰비시원자력공업이었다. 미쓰비시원자력공업은 종래부터 WH와 밀접한 제휴관계를 맺어 온 인연으로 가압수형경수로PWR를 제조하는 WH와 원자로에 관한 기술도입 계약을 체결했다(1961년). 또한 당시 이미 도시바와 히타치제작소도 오래된 인연으로 비등수형경수로BWR를 제조하는 GE와의 원자력 분야에서의 제휴관계를 목표하고 있었다. 도시바·히타치 두 회사와 GE 간의 정식 기술도입 계약 체결은 미쓰비시의 계약 연도로부터 6년 뒤진 1967년이 되었지만 그에 따라 비등수형경수로BWR 도입이 늦어진 것은 아니다.

　한편 상업용 경수로 도입을 최초로 결정한 것은 이미 영국제 콜더홀개량형로GCR의 건설을 추진했던 일본원자력발전이다. 1961년 장기계획 발표 12일 뒤, 일본원자력발전은 이사회에서 혼슈 서부 지역에 경수 형식의 제2발전소를 건설하기로 결정한다. 일본원자력발전은 이어 용지 선정 작업을 진행하고, 지역의 열띤 유치 의사를 전달한 후쿠이현 쓰루가시敦賀市에 입지를 결정한다. 이후 1963년 5월 이사회에서 사업계획을 결정했다.

　다음으로 검토 사항이 된 것은 노형의 선정이었다. 일본원자력발전은 GE의 비등수형경수로BWR와 WH의 가압수형경수로PWR 중 하나를 선정할 방침을 가지고 예비 검토를 거쳐 1965년 1월, 두 회사에 견적서 제출을 요구했다. 일본원자력발전은 양 사의 견적서를 기술·경제 면에서 검토하고 〈종합적 경제 평가〉를 통해 1965년 9월, GE의 비등수형경수로BWR를 제1순위로 하기로 결정했다. 그리고 1966년 5월, GE와 원자로 설비 구입 계약이 체결되었다. 일본원자력발전 쓰루가발전소는 1969년 말에 완성되어 1970년 3월부터 영업 운전에 들어갔다. 공사비는 최종적으로 390억 엔에 달했지만 이는 도카이발전소의 콜더홀개량형로GCR의 총 공사비 489억 엔의 80%에 해당했다. 또한 쓰루가발전소의 전기출력은 도카이발전소의 2.15배인 35.7만KW로, 비용 면에서 경수로의 압도적 우위가 실증됐다(단위출력당 2.7배).

　한편 전력 각 사도 1960년대에 들어서자 일본원자력발전과는 독립적으로 원자력발전소 건설 구상을 책정하게 되었다. 1963년부터 1964년에 걸쳐 전력 각 사가 발표한 전력 장기계획(10년마다의 중장기계획) 속에 원자력발전소 건설계획이 연이어 담겨 있었다. 그러나 전력 장기계획 중 정식으로 공표되기 이전부터 전력 각 사는 원전 건설계획을 추진하고 있었고 특히 도쿄전력과 간사이전력은 1960년대 초두부터 부지 선정과 매수를 정력적으로 진행하고 있었다. 전력 각 사는 그 합동 자회사인 일본원자력발전에 원자력발전 사업을 일체화시킨 것이 아니라 각 사마다 자신들의 원전사업에 뛰어든 것이다. 그 배경에는 고도경제성장 장기화에 의한 전력회사의 재무 기반 강화가 있었다. 전력 각 사가 원자력 개발사업에 진출함에 따라 일본원자력발전의 존재 이유는 불명확해졌지만, 오늘날까지 도매 원자력발전 사업자로 존속하고 있다.

전력 각 사 중 경수로 도입에 가장 경쟁적으로 뛰어든 것은 간사이전력과 도쿄전력으로, 각각 WH제 가압수형경수로PWR(전기출력 34만KW)와 GE제 비등수형경수로BWR(전기출력 46만KW)를 채택하기로 1966년 4월 및 5월에 결정했다. 간사이전력이 가압수형경수로PWR, 도쿄전력이 비등수형경수로BWR를 각각 선정한 이유는 두 형식의 원자로의 우열을 가리기가 어려운 상황에서 양 사 모두 이전부터 이어 온 기업 계열의 기준에 따른 선택을 한 것이다. "간사이전력/미쓰비시그룹/WH" 계열과 "도쿄전력/도시바·히타치/GE" 계열이 그것이다. 간사이전력과 도쿄전력은 그 후 일관되게 가압수형경수로PWR와 비등수형경수로BWR를 채택했다. 그 이외에 7개 전력회사는 가압수형경수로PWR 채택 회사(홋카이도전력, 시코쿠전력, 규슈전력)과 비등수형경수로BWR 채택 회사(도호쿠전력, 주부전력, 호쿠리쿠전력, 주고쿠전력)로 이분되었다. 어느 전력회사도 두 종류의 경수로를 동시에 보유하는 선택은 하지 않았다.

일본원자력발전 및 전력 각 사의 경수로는 1970년부터 속속 조업 개시에 이르렀다. 일본원자력발전 쓰루가 1호(1970년 3월), 간사이전력 미하마美浜 1호(1970년 11월), 도쿄전력 후쿠시마 1호(1971년 3월), 간사이전력 미하마 2호(1972년 7월), 주고쿠전력 시마네 1호(1974년 3월), 도쿄전력 후쿠시마 2호(1974년 7월), 간사이전력 다카하마高浜 1호(1974년 11월), 규슈전력 겐카이玄海 1호(1975년 10월), 간사이전력 다카하마 2호(1975년 11월), 주부전력 하마오카 1호(1976년 3월), 도쿄전력 후쿠시마 3호(1976년 3월), 간사이전력 미하마 3호(1976년 12월), 시코쿠전력 이카타伊方 1호(1977년 9월), 도쿄전력 후쿠시마 5호(1978년 4월), 도쿄전력 후쿠시마 4호(1978년 10월), 일본원자력발전 도카이 제2호(1978년 11월), 주부전력 하마오카 2호(1978년 11월), 간사이전력 오오이大飯 1호(1979년 3월), 도쿄전력 후쿠시마 6호(1979년 10월), 간사이전력 오오이 2호(1979년 12월)의 순으로, 1970년대 사이에 합계 20기(비등수형경수로BWR 11기, 가압수형경수로PWR 9기)의 상업용 원자력발전로가 차차 생겨났다. 연간 2기 정도 속도다. 또한 1980년대 이후에는 원자로의 대형화를 동반하며 1.5기 정도의 속도가 되었는데 매년 설비용량 증가 속도는 150만

KW 정도를 유지했다.

　여기서 주목하기를 바라는 것은 두 노형의 수가 길항하고 있다는 점이다. 이런 결과가 된 배경에는 통산성이 산업 정책적 견지에서 전력업계에 요청하여 기업 계열 두 곳에 거의 균등하게 일을 분배하도록 해, 9개 전력회사를 가압수형경수로PWR 채택 회사 그룹과 비등수형경수로BWR 채택 회사 그룹으로 분할시켰다는 사정이 있다고 추정된다. 이와 관련해서 2000년 말 시점에 합계 51기의 발전용 경수로가 운전 중인데, 그중 비등수형경수로BWR는 28기(도쿄전력 17기, 주부전력 4기, 도호쿠전력 2기, 주고쿠전력 2기, 호쿠리쿠전력 1기, 일본원자력발전 2기), 가압수형경수로PWR는 23기(간사이전력 11기, 규슈전력 6기, 홋카이도전력 2기, 시코쿠전력 3기, 일본원자력발전 1기)다. 역시 비등수형경수로BWR와 가압수형경수로PWR의 수는 길항하고 있다.

　한편 초기 경수로는 미국 제조업체를 주계약자로 했다. 도쿄전력의 최초 발전용 원자로―도쿄전력 후쿠시마 원자력발전소 1호기(후쿠시마 1호)―는 GE와 턴키 계약에 입각해 건설되었다. 다만 압력용기 제조나 설치 공사 하청 등을 국내 제조업체가 담당했기 때문에 국산화율은 50%에 달했다. 한편 간사이전력의 최초 발전로―간사이전력 미하마원자력발전소 1호기(미하마 1호)―에서는 WH와 미쓰비시원자력공업이 함께 주계약자가 되었다. WH는 원자로 시스템의 1차계를, 미쓰비시원자력은 2차계를 각각 담당했다. 가압수형경수로PWR인 2차계는 화력발전소와 같은 시스템이었기 때문에 국내 제조업체가 담당할 수 있었기 때문이다. 그러나 국산화율은 후쿠시마 1호와 같은 정도인 62%에 그쳤다.

　그 후 경수로의 국산화 정도는 다음과 같은 추이를 밟아 나가게 되었다. 우선 주계약자는 미국 제조업체에서 미·일 제조업체 공동이었다가 일본 제조업체로 이행했다. 그와 함께 국산화율은 급상승했다. 더불어 경수로는 초기 도입로의 50만KW급에서 80만KW급으로, 이후 110만KW급으로 대형화했다. 대형화할 때마다 그 1호로는 미·일 제조업체 공동 수주 방식이 되어 그에 따라 국산화율은 대폭 떨어졌다. 그러나 1980년대 이후 조업을 개시한 원자로의 국산화율은 거의 99%에 달했다(1990년대부터 도입된 대형 개량형경수로 국산화율이 일시 떨어졌지만 2000년대부터 90%대를 유지했다).

2. 동력로·핵연료개발사업단(동연)의 발족

다음으로 1970년대 초두까지 과학기술청 그룹의 움직임을 개관해 보고자 한다. 먼저 동력로 개발에 관해 보자면, 과학기술청 그룹의 움직임이 본격화한 것은 1960년대 중반이었다. 그 계기가 된 것은 원자력위원회의 동력로개발간담회 설치다(1964년 10월). 이를 계기로 원자력위원회는 이전까지 원연에 사실상 위탁했던 방식을 포기하고, 자신들이 직접 주도하여 동력로 개발 방침을 수립하는 것으로 전환했다. 그 최종 보고서는 1966년 3월에 〈동력로 개발의 추진 방식에 대한 (안)〉으로 제출되었다.

보고를 받은 원자력위원회는 1966년 5월, 〈동력로 개발의 기본 방침에 대해〉를 발표했다. 여기에서 고속증식로FBR와 신형전환로ATR의 이원적 개발 전략이 제시되었고 또한 신형전환로ATR의 로형으로 중수감속비등경수냉각형로가 지정되었다. 여기에서 하나 보충하자면, 신형전환로ATR라는 개념은 1960년대 초두에 미국에서 보급된 것으로 재래형의 상업용 발전로보다 우수한 특성을 가진 원자로를 총칭하는 개념이었다. 따라서 한마디로 신형전환로ATR라고는 해도 대부분의 노형이 그 후보가 될 수 있다. 다만 원자력위원회의 기본 방침의 결정 후에 일본에서는 신형전환로ATR라는 단어는 중수감속비등경수냉각형로를 가리키는 단어로 사용되는 것이 통례가 되었다.

이 원자력위원회의 기본 방침은 고속증식로FBR에서는 먼저 실험로를 생략하고 원형로부터 건설하는 것이었다. 또한 〈동력로 개발의 기본 방침에 대해〉에는 고속증식로FBR 및 신형전환로ATR의 개발 스케줄이 다음과 같이 명기되었다. 먼저 고속증식로FBR에서는 실험로를 1972년도에 완성하고, 그 후 4년 뒤인 1976년도에 원형로를 완성시킨다. 또한 신형전환로ATR에서는 원형로를 1974년도에 완성시킨다. 이 시간표는 2년 후에 원자력위원회가 발표한 〈동력로·핵연료개발사업단의 동력로 개발 사무에 관한 기본 방침〉(1968년 3월 결정)에서도 변경되지 않았다. 그 주요한 개정점은 고속증식로 FBR 원형로의 전기출력 20만-30만KW, 신형전환로ATR 원형로의 전기출력 20만KW라는 구체적인 숫자가 제시되었다는 점뿐이다.

또한 원자력위원회는 동력로 자주 개발의 개발 주체였다. 이들은 1967년을 목표로 새로운 특수법인을 설립하는 구상을 제시하고 그 설립을 향한 노력을 개시한다. 그러나 '동력로개발사업단' 신설이라는 당초의 방침은 1967년도 예산 편성 당시 특수법인 신설은 인정되지 않는다는 각의 결정의 벽에 막혔다. 때문에 원자력위원회는 원자연료공사를 폐지하고 이를 흡수 병합하는 형태로 신법인 '동력로·핵연료개발사업단'(동연)을 설립하는 방침으로의 전환을 도모하게 되었다. 동연사업단법은 1967년 7월 중참 양원에서 가결되었다. 그때 자민·사회·민사·공명 4당의 공동 제안에 의한 '부대 결의'가 이뤄졌다. 그 제1항은 "동력로 및 핵연료의 개발 및 원자력산업의 수립은 에너지 정책의 추진, 과학기술의 진흥 등의 견지에서 국가적으로 극히 중요한 과제이다. 따라서 정부는 이를 주요 국책으로 경제의 변동 등에 좌우됨이 없이 장기에 걸쳐 강력히 추진해야 한다"고 말하고 있다. 이 부대 결의는 1960년대 후반 시점에서 원자력 개발 추진이 정치가들 사이에 초당적인 합의에 이를 수 있는 사안이라는 점을 보여준다(일본 사회당이 반대로 돌아선 것은 1970년대 초두다).

동연이 정식으로 발족한 것은 사업단법 가결로부터 3개월 후인 1967년 10월 2일이다. 이후 핵연료사이클개발기구로 개편(1998년 10월 1일)되기까지 31년간에 걸쳐 동연은 정부계 원자력 개발의 중추 기관으로 군림했다. 원자연료공사의 흡수 병합이라는 설립 시의 사정 때문에 동연이 동력로 개발뿐만 아니라 핵연료 개발을 또한 일원적으로 통괄하는 강력한 기관이 된 것이다.

여기서 동연을 중심으로 추진하게 된 국가 프로젝트 운영의 기본 방식에 대해 설명해 두고자 한다. 그것은 1967년 12월에 개정된 원자력위원회의 새로운 〈원자력개발이용장기계획〉(〈67장계〉) 속에서 정식화된 것이고, 다음 세 가지 골자로 된 것이었다. 첫째 국가 프로젝트 방식으로 창설, 둘째 시간표 방식 채용, 셋째 체크앤리뷰check and review 제도 도입이다. 이 세 가지는 모두 일체의 것이다.

여기서 국가 프로젝트라는 것은 개발의 목표 및 기간을 명확히 정하고 거액의 국가 자금을 투입하는 프로젝트이며, 시간표 방식을 필연적으로 동반하는 것이다. 시간표 방식이라는 말은 필자의 용어인데, 여기서는 상업화(또는 실용화)까지 해결되어야 할 허들을 단계적으로 설정하고, 각각의 허들을 해결해야 할 시기를 명확히 정한 계획표에 따라 프로젝트가 추진되었다는 뜻이다. 그리고 하나의 허들을 해결할 때마다 그때까지의 실적이나 해외의 동향을 검토해 다음으로 넘어가야 할 허들의 내용과 달성 목표 시기를 검토한다(장래성이 없다고 판단되면, 계획 자체를 중지하는 일도 있을 수 있다)는 것이 체크앤리뷰 제도의 취지다. 동력로에 관해서는 그 상업화(혹은 실용화)에 이를 때까지의 허들로 실험로, 원형로, 상용로의 세 단계가 설정되었다. 다만 원형로와 상용로 사이에 중간 허들로 실증로를 더해, 전부 네 단계가 될 가능성도 〈67장계〉 속에서 시사되었고 실제로도 그렇게 되었다.

상기한 기본 방침과 개발 방식에 기초한 동연은 고속증식로FBR 실험로 조요常陽(열출력 5만KW, 후에 10만KW)와 신형전환로ATR 원형로 후겐(전기출력 16.5만KW)의 설계·건설 작업에 착수했다. 그리고 1970년대는 이 두 원자로 건설계획을 실행하는 시기에 해당한다. 고속증식로FBR 실험로 조요는 1970년 3월에 건설 공사가 시작되어 1977년 6월에 초임계에 도달했다. 또한 신형전환로ATR 원형로 후겐은 1970년 12월에 건설 공사가 시작되어 1978년 3월에 임계에 도달했고 1979년 3월부터 본격 운전에 들어갔다. 이 숫자들은 당초 계획에서 5년 늦어졌음을 의미한다.

다음으로 핵연료 개발의 움직임에 대해서 개관한다. 동연은 1967년 10월 2일 발족과 동시에 원자연료공사의 모든 업무를 지속했다. 그런데 해산 당시 원자연료공사 업무의 기초가 된 것은 우라늄광 개발 및 연료 제조 기술 개발이라는 현장 업무였고 첨단 연구개발 프로젝트와는 인연이 없었다. 핵연료 재처리에 대해서도 당초는 프랑스로부터 기술 도입을 통해 파일럿 플랜트를 건설·운전한다는 현장 업무적 성격의 업무라고 여겨졌다. 그러나 동연이라는 신기관으로 편입되면서 핵연료 사업은 차차 연구개발적인 요소를 강화하게 되었다. 애초 핵연료 부문은 첨단 프로젝트를 추진하는 동력로 부분에 비해서 예산이나 위신의 측면에서 큰 격차를 가지고 있었지만, 1970년대에 들어서면서 대형 프로젝트 추진 체제를 정비하기 시작했기 때문이다. 그 중심이 된 것은 핵연료 재처리와 우라늄 농축 두 가지다. 이 절에서는 이 두 가지 프로젝트에 대해 동연의 초창기 움직임을 개관해 두고자 한다.

먼저 핵연료 재처리에 대해서는 앞 장에서 본 바와 같이 1960년대 중반까지는 실용 규모의 재처리공장(파일럿 플랜트)을 원자연료공사가 기술 도입에 기초하여 건설하는 계획이 굳어졌다. 1960년대 후반부터 1970년대 초두에 이르기까지의 재처리 계획은 원자연료공사 및 그 후예인 동연에 의한 공장 설계 위탁 활동과 용지 획득 활동으로 시종일관했다고 말할 수 있다. 우선 공장 설계 위탁 활동에 관해, 원자연료공사는 1963년 10월, 영국의 뉴클리어케미컬플랜트NPC, Nuclear Chemical Plant사와 예비 설계에 관한 계약을 체결했다. 이 예비 설계는 1964년 말에 준비되었다. 이어 원자연료공사는 1964년 8월부터, 상세 설계의 해외 위탁 준비 작업에 착수했다. 견적서를 제출한 2개 사—뉴클리어케미컬플랜트사 및 프랑스의 생고뱅뉴클레SGN, Saint-Gobain Nucléaire사—중에서 원자연료공사가 선택한 곳은 생고뱅뉴클레사였고, 같은 회사와 설계 계약을 체결하게 된 것은 1966년 2월이다. 이 상세 설계가 진행 중에 있을 때 원자연료공사는 폐지되어 그 업무는 전면적으로 동연으로 넘어가게 되었다. 생고뱅뉴클레사의 상세 설계가 완성된 때는 1969년 1월이다. 이어 동연은 건설 준비 작업에 들어가 1970년 12월 생고뱅뉴클레사 및 하청회사인 닛키(日本揮発油의 약칭)와 건설 계약을 체결했다. 이렇게 공장 설계 위탁 작업은 대체로 순조롭게 진행됐다.

이에 비해 입지 준비 작업 쪽은 난항을 겪었다. 원자연료공사의 사업소가 이바라키현 도카이무라에 위치해 있었기 때문에 재처리공장도 거기에 건설하기로 되어 있었다. 1964년 9월에 원자연료공사는 이바라키현 및 도카이무라에 이를 정식 신청했다. 그러나 이바라키현 의회에서 같은 해 12월에 반대 결의를 하게 된다. 가장 큰 반대 이유는 미군의 미토 공대지사격폭격장에 인접한 장소에 재처리공장을 건설하는 것의 안전상 문제점이었다. 현의회에 이어 도카이무라에 인접한 가쓰타시勝田市(1965년 1월, 1967년 7월) 및 히타치시日立市(1968년 9월)에서도 시의회에서 설치 반대 결의가 가결되었다. 또한 이바라키현 어업협동조합연합회(이바라키현 어연)도 두 번에 걸쳐 반대 표명을 하게 되었다(1966년 8월, 1968년 2월). 이렇게 지역 합의 문제는 난항을 겪었지만, 정부가 1969년 9월 미토 사격장 이전을 3-4년 내에 실현한다는 각의 결정을 하게 되면서 타개책을 마련하고(실제 반환은 1973년 3월), 1970년 4월부터 5월에 이르기까지 이바라키현 지사와 과학기술청과의 교섭을 통해 합의를 이루게 된다. 이렇게 1971년 6월, 도카이 재처리공장은 착공에 이르게 되었다(다만, 그 후에도 이바라키현 어연의 뿌리 깊은 반대가 1974년 6월 원전 냉각수를 해안으로 내보내는 방출관 설치 동의까지 이어진다. 결국 1974년 11월에 동연과 이바라키현 어연 사이에 어업 보상 계약이 체결되면서 입지 분쟁은 마무리되었다).

다음으로 우라늄 농축 개발의 초기 움직임을 살펴보고자 한다. 일본의 우라늄 농축 연구의 선두주자는 이화학연구소(이연)였다. 이연은 패전 이전부터 '니고겐큐'의 일환으로 열확산법을 이용한 연구를 진행해 왔다. 전후 우라늄 농축 연구를 재개한 것은 어떤 이유였든 같은 이연이었다. 이연 콘체른konzern(독일어, 큰 자본 아래에 이익을 공유하는 기업들의 독점적 연합체)의 해체에 따라 이연은 옛 영광을 잃고 1956년부터 과학기술청 산하 특수법인의 하나가 되었지만, 이후 도쿄공업대학 오야마 요시토시(이연 주임연구원을 겸임)의 제안에 따라 가스원심분리기(1, 2호기)의 시험 작동 연구를 1959년도부터 개시하게 되었다(다만 오야마는 전쟁 중에는 니고겐큐에 관여한 것이 아니었기 때문에 인적 수준에서 계승성은 없다). 그러나 이 프로젝트는 1961년 2월 원자력위원회의 장기계획에 따라 원자연료공사에 이관되는 것으로 결정되어, 1964년부터 원심분리기 2대를 이용한 아르곤 동위체 분리 시험이 원자연료공사에서 시작됐다. 이어 우라늄 시험용 3, 4호기의 기본설계가 진행되어 전자는 1967년도부터 예산이 편성됐다.

그런데 그 건설이 난항 중이던 1969년 3월, 과거 원자연료공사에 직접 원심분리법 프로젝트를 몰수당한 원연이 이번에는 가스확산법을 이용한 우라늄 농축 실험에 성공했다. 이연에서는 1967년도부터 기쿠치 세이시菊池正士·나카네 료헤이中根良平 두 사람을 중심으로 가스확산법 실험을 시작하고 원자연료공사에 비난의 화살을 돌렸다. 이렇게 원자연료공사와 이연 사이에서 우라늄 농축 개발을 둘러싼 경쟁 관계가 생겨나게 되었다.

이제 위와 같은 배경을 염두에 두고 원자력 개발 국가 프로젝트로서 우라늄 농축 개발계획의 형성에 대해 기술하기로 한다. 일본 정부가 농축 우라늄 문제를 중시하게 된 것은 1960년대 후반에 들어서면서부터다. 전력회사가 언이어 경수로 도입에 뛰어듦에 따라 농축우라늄의 안정적 공급 대책이 필요하게 되었기 때문이다. 정부가 생각했던 주요 대책은 구입 계약 확대였지만 국내 연구개발을 토대로 한 농축우라늄 국내 생산도 장래 주요 가능성이 있는 대책으로 자리매김했다. 원자력위원회의 1967년도 장기 계획에는 "장래, 농축우라늄의 국내 생산이 이뤄질 수 있도록 생각하고 있기 때문에 이에 대비해 필요한 연구개발을 행해야 한다"고 기술되어 있다.

이 농축우라늄 문제는 1960년대 말이 되어 갑자기 중요한 문제로 부상하기 시작했다. 원자력발전 붐이 도래함에 따라 세계적으로 농축우라늄 공급 불안이 커졌고 그 가운데 유럽 여러 나라가 직접 우라늄농축 사업에 진출하고자 하는 움직임이 표면화되었기 때문이다. 그에 따라 최종적으로 유럽에는 두 개의 국제 공동 사업이 발족하게 되었다. 유로디프EURODIF사와 우렌코URENCO사다. 전자는 프랑스의 주도권 아래 이탈리아, 벨기에, 스페인, 이란의 자본 참여를 얻어 1974년에 설립된 것이며 프랑스 토리카스탄에 대형 가스확산법 우라늄농축공장을 건설했다. 후자는 네덜란드, 독일, 영국 세 나라에 의해 1971년에 설립된 것으로 세 나라에 각각 원심분리법의 우라늄농축공장을 건설했다.

이러한 세계정세의 급변 속에서 원자력위원회는 농축우라늄 확보를 위해 종합 대책을 구체화해 나간다. 그리고 그 일환으로 연구개발 정책을 구체화하기 위해 '우라늄농축연구간담회'(야마다 다이자부로山田大三郎 좌장)를 1969년 5월에 설치하고, 불과 3개월 만에 보고를 준비했다. 보고를 받은 원자력위원회는 〈우라늄농축연구개발기본계획〉을 결정한다. 그것은 1970년에서 1972년까지 3년간 가스확산법과 원심분리법 모두에 대해 전자에 대해서는 이연 및 원자연료공사에, 후자에 대해서는 동연에 연구개발을 진행하도록 하는 계획이었다. 원자력위원회의 생각은 양쪽 방식의 프로젝트 연구 성과를 비교하고 또한 국제정세를 주시하면서 어느 한쪽의 방식을 채택한다는 것이었다.

그 양자택일의 작업을 담당한 것은 원자력위원회가 1972년 1월에 설치를 결정했던 새로운 '우라늄농축기술개발간담회'(무토 토시노스케武藤俊之助 좌장)다. 그리고 동 간담회의 중간보고(1972년 8월)를 받은 같은 달, 원자력위원회는 〈우라늄 농축의 연구개발에 관한 기본 방침〉을 결정했다. 그 골자는 원심분리법의 강력한 추진과 가스확산법의 기초 연구를 지속하는 것이었다. 원심분리법에 대해서는 1985년까지는 일본에서 국제 경쟁력이 있는 우라늄농축공장을 가동시키는 것을 목표로 내세웠고, 그 파일럿 플랜트 운전 개시까지의 연구개발을 동연을 중심으로 〈원자력특별개발계획〉(국가 프로젝트)으로 강력하게 추진해야 한다는 것이 제언되었다. 구체적인 연구개발 기본 계획은 1972년 10월에 발표된 우라늄농축기술개발간담회의 최종 보고에 제시됐다. 거기에서 제1단계로 원심분리기 개발이나 캐스케이드 시험(다수의 원심분리기를 직렬·병렬로 연결시켜 폭포식 시스템을 짜는 시험) 등을 실시하고 그에 관한 체크앤리뷰를 원자력위원회가 행한 뒤, 제2단계로 파일럿 플랜트 건설과 그 종합 시험을 행하기로 정하였다.

여기서 하나 보충하자면, 정부와 전력업계가 꼭 국내 개발 노선을 고집했던 것은 아니고 국제 공동 사업에 참여하는 것에 대해서도 그 가능성을 모색하고 있었다는 점이다. 단적으로 원자력위원회는 1972년 1월, 국제 농축계획간담회를 설치했다. 또한 전력업계도 1972년 3월 전력중앙연구소 내에 우라늄농축사업조사회를 발족시켰다. 이 국제 공동 사업에는 전력업계 쪽이 적극적이었다고 이야기된다. 조사회는 유럽의 두 우라늄농축 그룹에 참여할 가능성에 대해 검토함과 동시에 미국과의 공동 사업 가능성에 대해서도 교섭을 진행했다. 하지만 우라늄농축국제공동프로젝트에 일본이 참여하는 것은 결과적으로는 실현되지 못했다. 이렇게 하여 일본은 단독으로 우라늄 농축 개발을 진행하게 된 것이다. 인도 핵실험 이후 핵 비확산의 관점에서 민감핵기술SNT 규제 강화의 움직임이 강해졌는데, 일본의 우라늄 농축 개발은 그 직전에 출발한 기득권이었다. 또한 미국이 강압적 자세로 나올 경우 일본의 핵비확산조약NPT 비준에 끼칠 영향도 우려되었다.

3. 핵연료사이클 기술에 관한 최소한의 해설

여기서 약간의 지면을 빌어 핵연료사이클 관련 전문용어에 대해 최소한의 설명을 더하고자 한다. 불필요하다고 생각하는 독자는 앞 장에서 했던 원자로 관계 용어 해설 때와 마찬가지로 건너뛰고 읽어도 무방하다.

핵연료사이클이라는 것은 핵연료의 채광에서 폐기까지의 전 공정을 포괄적으로 표현하는 단어다. 여기에서 '사이클'이라는 단어에는 핵연료의 순환적 재이용이라는 함축적 의미가 담겨 있지만, 현재의 원자력공학 용어법에는 순환적 재이용 여하에 관계없이 핵연료의 요람에서 묘지까지의 흐름을 핵연료사이클이라 부르고 있다. '핵연료사이클'은 여러 형태가 있지만 크게는 원스-스루 방식once-through system(1회에 한하여 핵연료를 사용하고 버리는 방식)과 리사이클 방식recycle system으로 나뉜다. 후자의 방식을 실시하기 위해서는 사용후핵연료의 재처리가 불가피하다. 또한 리사이클 방식은 경수로 등 비증식로를 사용하는 형태와 고속증식로FBR를 이용하는 형태로 나뉜다. 전자에서는 핵연료의 유효 이용률이 최대한 수십 퍼센트 정도 높아지는 데 지나지 않지만, 후자에서는 최대한 수십 배(즉, 수천 퍼센트)가 된다. 따라서 우라늄 자원 유효 이용의 견지에서는 고속증식로FBR를 이용한 리사이클 방식이 이상적인 핵연료사이클 방식이다.

물론 종합적으로 봐서 어느 방식이 가장 좋은가에 대해서는 보다 심층적인 검토가 필요하다. 1970년대 초두까지는 세계 원자력 관계자들 사이에서 플루토늄을 고속증식로FBR에서 순환적으로 확대 재생산하는 고속증식로FBR 시스템이 최종 목표라고 하는 공통 인식이 존재했지만, 현재는 이 시스템은 실현 불가능하다고 많은 관계자가 생각하게 되었고 원스-스루 방식이나 아니면 비증식로 리사이클 방식(대부분의 경우 경수로 리사이클 방식) 중 양자택일하는 방식이 많은 나라에서 정책상의 쟁점이 되었다.

고속증식로FBR 방식의 핵연료사이클의 모식도를 다음 쪽 그림 2에 표시했다. 다른 두 가지 방식도 그림 2를 변형함으로써 표현할 수 있다. 단적으로 원스-스루 방식에서는 발전 후에 꺼내는 사용후핵연료를 냉각시켜 그것을 그대로 금속제 캐스크cask(사용하고 난 핵연료를 운반하는 용기)에 담아 처

그림 2. 고속증식로 방식의 핵연료사이클 모식도

원자력원료정보실 편, 《원자력 시민 연감 98》 중 일부 수정.

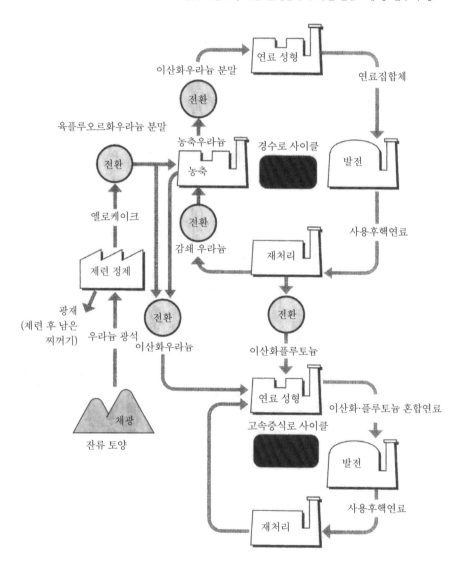

리장으로 보낸다. 또한 경수로 리사이클 방식에서는 재처리에 의해 생긴 플루토늄을 우라늄·플루토늄 혼합 핵연료(MOX 연료)로 하기까지는 그림 아래와 같지만 그것을 경수로용 핵연료 집합체로 만든다는 점에서는 차이가 난다.

한편 핵연료사이클은 업스트림(또는 프론트엔드)과 다운스트림(또는 백엔드) 이렇게 두 부분으로 편의적으로 나눈다. 상류·하류라는 표현은 석유업계 용어를 전용한 것이다. 업스트림은 우라늄 광석을 캐내고 나서 각종 처리를 마치고 원자로에 핵연료를 장하기까지의 일련의 공정을 가리킨다. 또한 다운스트림은 원자로에서 사용후핵연료를 꺼내 최종적으로 폐기될 때까지의 일련의 공정을 가리킨다. 핵연료가 원자로 내에 있는 상태는 어느 스트림에도 속하지 않는다.

업스트림의 주요 공정을 아래에 열거하겠다.

(1) 채광: 우라늄 광산에서 천연우라늄 광석(UO_2와 UO_3혼합물)을 캐낸다. 그때 우라늄 광석에 포함된 라돈 방사선 방호를 행한다.

(2) 정련: 우라늄 광석에서 옐로케이크(U_3O_8, 우라늄 조제광)를 제련한다. 옐로케이크의 우라늄 함유량(U_3O_8 환산)은 70% 정도다. 그것을 다시 정련하면 고순도 이산화우라늄UO_2이 된다.

(3) 전환: 우라늄 농축 공정에 들어가기 위해 이 이산화우라늄UO_2을 기체 상태로 만들 필요가 있다. 육플루오르화우라늄UF_6만이 상온 상압(1기압, 56.4°C)에서 기체 상태의 우라늄 화합물이다(천연우라늄을 이용한 원자로에서는 (3)에서 (6)의 공정은 불필요하다.)

(4) 농축: 육플루오르화우라늄UF_6을 각종 방법으로 처리해 농축우라늄을 만들어 낸다.

(5) 재전환: 우라늄 농축 후 육플루오르화우라늄UF_6을 다시 원래의 이산화우라늄 UO_2으로 되돌린다.

(6) 성형 가공: 이산화우라늄UO_2 분말에 결합재를 넣어 가압 성형하고, 그 압축체를 1500-1700°C에서 소결燒結시켜 펠릿을 제조한다.

(7) 연료집합체 제조: 펠릿을 피복재로 만든 속이 빈 봉에 넣고 핵연료봉으로 만든다. 경수로의 피폭재에는 지르칼로이zircaloy(내열·내식성이 뛰어난 지르코늄 합금)

가 사용된다. 스테인리스는 중성자를 흡수하기 쉽기 때문에 사용하지 않는다. 핵연료봉을 8×8, 17×17 같은 묶음으로 핵연료 집합체를 만든다.

(8) 노심 장하: 신품 연료집합체는 먼저 외주부에 장하한다. 다음 핵연료 교환 시에 다소 중심부 가까운 곳으로 옮기고 마지막에 중심부로 가져온다.

다운스트림의 주요 공정을 아래에 열거한다.

(9) 꺼내기: 사용후핵연료를 노심에서 꺼내 수중에서 이송시키고 저장 풀에 들어간다. 저장 풀은 보통 원자로 건물 내부에 있다.

(10) 냉각·저장: 적어도 수개월 기간을 거쳐 비교적 반감기가 짧은 핵분열성 물질을 자연 감쇄시켜 방사능 레벨을 낮춘다.

(11) 재처리: 사용후핵연료의 주성분은 감원 우라늄, 플루토늄, 핵분열 생성물(이른바 죽음의 재) 이렇게 세 가지로 이것을 화학적으로 분리하는 공정이 재처리다.

(12) 폐기물 저장·처분: 방사성폐기물은 핵연료사이클의 모든 공정에서 발생한다. 그것은 기체·액체·고체로 나뉘지만 기체·액체 폐기물은 방사능 레벨의 시간 지속성에 따라 고준위와 저준위 두 종류로 나뉜다. 고준위폐기물의 처분은 까다롭다.

한 공정과 다음 공정 사이에는 대체로 운송을 해야 할 필요가 있다. 또한 그 전후로 일시 저장을 할 수밖에 없다.

이상의 여러 공정 중 업스트림에서의 우라늄 농축과 다운스트림에서의 핵연료 재처리가 핵연료사이클 기술에서 쌍벽을 이루는 기간 기술로 여겨진다. 왜냐하면 이들은 첨단 기술의 정수를 모은 대형 시설을 필요로 할 뿐만 아니라 핵무기 제조와도 밀접하게 관계되기 때문이다. 또한 이 두 기간 기술과는 별도의 의미에서 고준위방사성폐기물 처분 기술도 중요하다. 왜냐하면 거기에 포함된 방사능은 좀처럼 감쇄하지 않고 인류사적으로도 장기간에 걸쳐 환경 부하를 초래할 리스크가 지속하기 때문이다. 따라서 이를 제3의 기간 기술이라고 간주할 수도 있다.

먼저 우라늄 농축 기술에 대해 간단히 설명하고자 한다. 우라늄농축법에는 여러 가지 종류가 있지만, 거의 모든 것은 동일한 공정(농축 유닛)을 여러 번 반복해 필요한 농축도(우라늄 동위체 내의 우라늄235의 함유율)의 우라늄을 얻는 방법이다(물론 우라늄 이외의 원소에 대해서도 동일한 사고방식을 적용할 수 있다. 예를 들어 플루토늄239의 함유율을 높이는 기술을 플루토늄 농축 기술이라고 부를 수 있다). 하나하나의 농축 유닛을 단段이라 부르고, 반복하는 수를 단수段數라 부른다. 동일 조작을 여러 번 반복해 농축우라늄을 제조하는 시스템을 구축하는 것을 캐스케이드(폭포)를 짠다고 말한다. 대표적인 우라늄농축법은 어느 것을 사용해도 임의의 농축도를 가진 우라늄을 얻을 수 있지만, 핵무기용 고농도 우라늄(농축도 90% 이상)을 생산하는 데에는 장대한 캐스케이드가 필요하고 발전로용 저농축우라늄(농축도 3-5%)을 생산하기 위한 캐스케이드는 상대적으로 짧아도 된다. 또한 우라늄 농축과 함께 농축우라늄의 몇 배(발전로용의 경우)에서 백 수십 배(핵무기용의 경우)의 감원 우라늄이 발생한다.

우라늄 농축에 투입되는 작업량을 표현하는 개념으로는 '분리 작업 단위'SWU, Separate Work Unit가 사용된다. 분리 작업량은 우라늄농축도와 감원 우라늄의 폐기 농도 두 가지에 의존한다. 농축도가 높을수록 큰 분리 작업량을 필요로 하며 또한 폐기 농도가 낮을수록 큰 분리 작업량을 필요로 한다. 예를 들어 농축도 3%의 저농축우라늄을 1Kg 생산하고, 폐기 농도를 0.3%로 하는 경우, 거기에 필요한 분리 작업량은 약 4.3SWUKg이다. 같은 조건에서 93%의 고농축우라늄 1Kg을 얻는 데 약 235SWUKg의 분리 작업량이 필요하게 된다.

현재 세계에서 실용 기술로 되어 있는 것은 가스확산법과 원심분리법이다. 가스확산법은 압축기(컴프레서compressor)에 의해 가압된 기체상의 육플루오르화우라늄UF$_6$을 길게 용기에 넣고 거기서 다공질막(UF$_6$ 분자를 통과시킬 정도의 구멍을 가진)을 통과하도록 해서 농축하는 방법이다. 235UF$_6$ 가스가 238UF$_6$보다 평균 운동 속도가 약간 빠르기 때문에 다공질 막을 통해 빠져나오기 쉽다. 따라서 다공질 막을 빠져나온 우라늄 가스는 농축도가 약간 높아지게 된다. 이 공정을 반복해 농축우라늄을 얻을 수 있다.

원심분리법 플랜트의 기본 유닛은 원심분리기이며 원주상(세로 길이)

의 회전통(유효 길이 17센티미터)을 매분 수만 회 회전시킨다. 거기에 기체상의 육플루오르화우라늄을 연속적으로 주입하면 외주부에 질량이 상대적으로 큰 238UF$_6$ 가스가 또한 중심부에는 질량이 상대적으로 작은 235UF$_6$ 가스가 모이게 된다. 원심분리기 속에서 대류를 만들어 내 우라늄 가스를 외주부의 위에서 아래로 또한 바닥 부분을 통해 중심부의 아래에서 위로 흐를 수 있게 한다. 중심부의 꼭대기에서 꺼낸 가스는 농축류(235UF$_6$의 비율이 높아진 UF$_6$의 흐름)가 되고, 외주부의 바닥에서 꺼낸 가스는 감원류가 되어 있다. 원심분리기 1대로는 농축 효과가 아주 적기 때문에 수십 단에 걸쳐 직렬적으로 원심분리기를 나란히 세우고 서서히 농축도를 높여 가는 방법을 취하게 된다. 원심분리법 플랜트는 수천 수만 대의 원심분리기로 구축된다. 따라서 공장을 조업(부분 조업)하면서 서서히 원심분리기 수를 늘려 가고 수년간에 걸쳐 전면 조업에 도달하는 방법이 통상적이다.

이 두 가지 방법 이외에 1980년대부터 새로운 방법으로 원자레이저법 AVLIS, Atomic Vapor Laser Isotope Separation의 실용화 연구가 미국, 프랑스, 일본 등에서 추진되었다. 그것은 우라늄 원자핵의 주변을 휘감는 전자에너지 준위가 235UF$_6$와 238UF$_6$에서 약간 차이가 나는 것(이를 동위체 시프트 효과라고 한다), 따라서 여기励起(원자나 분자의 가장 바깥쪽에 있는 전자가 외부로부터 흡수한 에너지로 인해 높은 에너지의 상태로 변화하는 것) 준위가 약간 차이 나는 것을 이용해 양자를 분리하는 것이다. 구체적으로는 먼저 금속 우라늄 증기에 레이저를 쏘고, 235UF$_6$의 궤도전자만을 여기한다(거기에 맞추어 레이저 파장을 선택한다). 다음으로 그것이 기저 상태로 돌아가지 않은 상태에서 두 번째 레이저를 쏘여 전리시킨다. 그리고 마지막으로 이온화된 235UF$_6$를 전자기적으로 회수한다. 이 레이저법을 이용하면 불과 1회 실시하더라도 경수로용 저농축우라늄을 얻을 수 있다. 그러나 AVLIS법의 실용화 연구는 그 후 중지되었다.

다음으로 핵연료 재처리 기술에 대해 단순히 설명하겠다. 경수로에서 신품의 연료집합체는 약 3-4년이 지나면 수명을 다하고, 사용후핵연료로 노심 밖으로 꺼내게 된다. 그것은 감원 우라늄(우라늄235의 농도가 저하된 우라늄), 플루토늄, 핵분열 생성물, 초우라늄 원소TRU 이렇게 네 가지가 주성분으로 되어 있다. 처음에는 1Kg의 3% 농축우라늄을 장하시킨 경우, 3-4년 후에 꺼내는 사용후핵연료에는 대체로 960g의 감원 우라늄, 9g의 플루토늄, 30g의 핵분열 생성물, 1g의 초우라늄 원소가 포함되어 있다. 플루토늄의 약 70%가 핵분열성 플루토늄(239Pu 및 241Pu)이다.

이 네 가지를 화학적으로 분리하는 공정이 핵연료 재처리다. 그 방법은 습식법(수용액을 이용한 방법)과 건식법(사용후핵연료를 기체상, 분말상, 또는 용융 상태로 꺼내는 방법)으로 이분되지만, 후자는 실험적 연구 단계에 그쳤다. 전자의 일종인 퓨렉스PUREX, Plutonium Uranium Recovery by Extraction법이 현재까지 널리 사용되어 왔다. 그것은 다음 공정으로 이루어진다.

(1) 전처리 공정: 먼저 사용후핵연료의 연료봉을 적당한 길이로 기계적으로 절단하여 용해조에 보내 농질산으로 용해한다.

(2) 추출 공정: 주 공정에서 인산트리부틸TBP, Tributyl Phosphate이 추출제로 사용된다. 사용후핵연료의 농질산 용액에 TBP를 섞고, 농질산도 등의 화학적 조건을 정교하게 조정함으로써 유기상 TBP로 우라늄과 플루토늄을 수상水相으로 핵분열 생성물과 초우라늄 원소를 모을 수 있다(제1 추출 사이클). 다음으로 유기상으로 포함된 플루토늄을 수상으로 추출(역추출이라고 한다)해서 우라늄과 플루토늄을 상호 분리한다. 다시 유기상에 남아 있는 우라늄을 역추출해 수상으로 이행시킨다. 추출·역추출은 수상과 유기상의 계면 반응이기 때문에, 계면의 면적이 클수록 그리고 교반(휘저어 섞는 것)이 잘 될수록 물질 이동 속도가 커지게 된다. 이를 위한 대표적인 다단 추출 장치로 믹서-세틀러mixer-settler가 있다. 그것은 모터 구동 교반기로, 두 상을 혼합하는 믹서실과 혼합 후 두 상이 가라앉는 밀도 차이에 의해 분리되는 세틀러실로 되어 있다.

(3) 정제 공정: 우라늄, 플루토늄 두 쪽에 각각 불순물로 함유된 플루토늄, 우라늄을 제거한다. 통상은 두 사이클로 구성된다.

(4) 전환 공정: 질산 플루토늄 용액을 혼합산화물MOX의 펠릿 제조 원료가 되는 산화물 분말로 전환한다. 플루토늄만으로 전환하는 단위전환법과 우라늄과 함께 전환하는 혼합전환법이 있다.

이 퓨렉스PUREX법은 원리적으로는 모든 연소도의 사용후핵연료의 재처리에도 사용할 수 있지만 사용후핵연료의 연소도(단위중량당 누적 발열량)가 높을수록 기술적 어려움은 증대한다. 이는 플루토늄 함유량, 핵분열 생성물 함유량, 방사능 농도가 연소도의 상승에 따라 높아지기 때문이다.

마지막으로 방사성폐기물 처리 기술에 대해 아주 간단히 설명해 두고자 한다. 방사성폐기물은 고체, 액체, 기체 세 가지로 되어 있지만 액체·기체상의 폐기물 대부분은 희석 방출되고 일부의 액체·기체상 폐기물만이 농축·고화되거나 고체로 흡착되거나 해서 최종적으로 고체 폐기물로 처분된다. 고체 폐기물은 고준위폐기물과 저준위폐기물로 나뉜다.

리사이클 노선을 취하는 경우에는 고준위폐기물 거의 전량이 유리고화체(재처리공장에서의 폐액, 즉 핵분열 생성물과 초우라늄 원소를 대량으로 포함한 폐액을 증발 농축시켜 유리에 녹여 일종의 뚜껑이 있는 캔인 스테인리스제 캐니스터에 담은 것)가 된다. 원스-스루 노선을 취하는 경우는 사용후핵연료가 그대로 고준위폐기물이 된다. 그것은 충분히 냉각시킨 후 튼튼한 캐니스터에 담아 처분한다. 두 경우 모두 수십 년 정도 저장한 후에 '지층 처분'(지하 수백 미터의 안정된 지층에 처분)을 행하는 것이 각국 관계자의 공통 목표가 되었지만 아직 실용화에 도달한 것은 아니다.

또한 재처리 폐액 핵종 분리·변환 기술 연구가 각국에서 진행되어 왔으나 실용화 전망은 아직까지는 높지 않다. 핵종 분리 기술은 재처리 폐액에 포함된 수명이 긴 핵종(TRU 핵종 등)을 분리 추출하는 기술이다. 또한 핵종 변환 기술은 핵종 분리 기술을 전제로 한 기술이며 수명이 긴 핵종에 입자 가속기 등으로 빔을 쏘여 핵분열·핵파쇄·광핵 반응 등의 핵반응을 일으켜 수명이 짧거나 혹은 비방사성 핵종으로 전환하는 기술로 일찍이 쇄멸 기술이라고 불렸다.

또한 중저준위 폐기물은 농축·소각 등의 감용減容 처리를 한 후 시멘트 등으로 드럼 내에 고화시킨다. 그것을 전용 처분시설에 육지 처분하는 것이 각국 공통의 방식이다. 몇몇 국가가 이전에 해상 처분 즉 방사성폐기물을 해상에 투기한 적도 있지만 현재는 국제 조약을 통해 이를 금지하고 있다.

4. 사회주의 계획경제를 방불케 한 원자력발전 사업의 확대

일본에서 원자력발전소가 차차 운전을 개시한 것은 1970년대에 들어서면서부터다. 그리고 이 장 앞 부분에서 서술한 바와 같이 1970년대에 영업 운전을 개시한 발전용 원자로는 전부 20기를 헤아렸다. 즉 연평균 2기 꼴이다. 1980년대 이후에도 일본의 원전 건설은 대체로 연평균 1.5기의 속도로 진행됐다(속도는 약간 떨어졌지만 규모는 대형화했다). 일본의 원전 설비 용량의 추이를 다음 쪽 그림 3에 표시했다. 이를 보면 일본의 원자력발전이 1990년대 후반까지 거의 '직선적'이라고 말할 수 있을 정도로 안정적인 속도로 확대되어 왔다는 것을 알 수 있다.

이는 매우 흥미로운 현상이다. 어떠한 비즈니스도 사회 정세의 변화와 함께 부침을 겪을 수밖에 없다. 실제로 서구의 원전 대국(미국, 프랑스, 독일, 영국) 어느 곳을 보더라도 원전 건설 속도의 시간 변화는 급격하다. 하지만 일본에서는 흡사 완벽한 계획경제가 관철된 듯이 원전의 설비용량의 '직선적 성장'이 1970년대부터 1990년대 중반까지 사반세기에 걸쳐 이어져 왔다.

이는 일본의 원자로 제조업체를 비롯한 원자력산업에 매우 안성맞춤인 구도였다. 왜냐하면 미국과의 라이선스 계약에 의한 무역 규제 등으로 인해 원전 수출이 사실상 불가능했던 일본 제조업체는 오로지 국내 시장의 확대에 활로를 내다볼 수밖에 없었는데, 국내 시장이 경탄할 만큼 안정적으로 성장한 덕분에 생산 라인의 효율적 이용을 달성할 수 있었기 때문이다.

하지만 두 번에 걸친 석유 위기(제1차 파동은 1973년, 제2차 파동은 1979년)를 시작으로 한 1970년대 이후의 경제 정세나 에너지 정세의 격변과 거의 아무런 관계없이 원전 건설이 직선적으로 진행되어 왔다는 사실은 무엇을 위해 원전 건설이 진행되었는가라는 의문을 제기한다. 원전 건설은 에너지 안전보장 등의 명목상의 정책 목표에서 불가결하기 때문에 추진된 것이 아니라 '원전 건설을 위한 원전 건설'이 흡사 완벽한 사회주의 계획경제의 할당량 달성과 같이 이어져 왔다고 볼 수 있는 것이다.

그러한 계획경제를 컨트롤할 수 있는 기관은 물론 통산성이다. 통산성이 1930년대부터 1940년대에 걸쳐 상공성商工省으로 이후에는 군수성軍需省

그림 3. 일본의 원전 기수와 설비용량 추이

수치는 각 연도별 2000년판(헤이세이 12년), 《원자력시설 운전 관리 연보》,
(독립 행정법인 원자력안전기구)로부터.

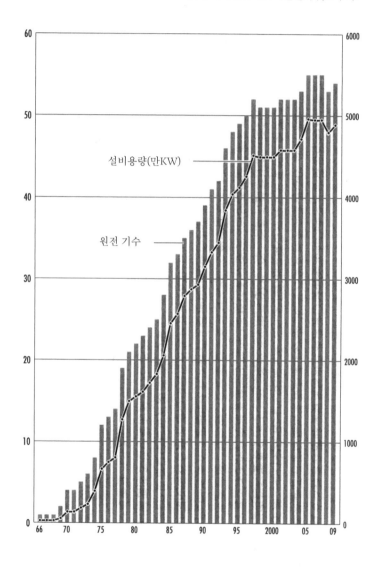

으로 산업 활동에 대해 강력한 국가 통제를 행했다는 것은 잘 알려져 있는데, 이러한 군국주의 시대에 확립된 국가 통제적인 산업 활동의 질서는 패전 후에도 유지되었다. 오히려 군부가 해체되었기 때문에 통산성(1949년 5월까지는 상공성)은 패전 전보다도 더욱 독점적인 통제권을 장악하게 되었다. 1960년대 이후 해외에서의 자유화 압력이 높아지면서 국가 통제적인 메커니즘은 서서히 완화되어 갔지만 원자력발전은 국가 통제 사업적 성격을 농후하게 남긴 채 오늘에 이르렀다. 통산성은 원자력산업의 보호 육성을 위해 비등수형경수로BWR와 가압수형경수로PWR를 각각 연평균 1기 정도 건설하도록 전력업계에 요청하고, 전력업계가 거기에 응하는 형태로 9개 사에 의한 분담 계획을 만들고, 그것을 실시해 왔다고 여겨진다. 즉 전력회사는 사회주의 계획경제의 할당량 달성의 우등생이었다. 이러한 국책 협력이 있어서 그랬는지 2000년대 말 현재 운전 중인 상업용 원전은 다음 쪽 표 3에 표시된 것과 같이 51기에 달하고 있다.

하지만 그러한 원자력발전 사업의 '직선적 성장'이 어떠한 어려움도 없이 진행되어 온 것은 아니다. 오히려 일본의 원자력발전 사업은 1970년대에 도약을 완수하고 얼마 되지 않아 심각한 역풍에 직면하면서 그 속에서 비틀거리며 상승해 온 것이다. 원자력발전 사업이 직면한 몇 가지 어려움 중에서도 일본에서 가장 중요한 것은 다음 세 가지였다.

첫째, 원자력발전소에서 고장이나 사고가 연발한 것이었다. 그것은 미국의 경수로 제조업체의 선언에도 불구하고 경수로 기술이 미완성이라는 것을 관계자 및 국민 전반에 알리게 된 계기가 되었다. 일본의 발전용 원자로 설비이용률은 1973년부터 1979년에 걸쳐 40에서 50%대를 오르내리고 있던 것이다. 이러한 설비이용률이 저조했던 최대 원인은 비등수형경수로BWR에서는 냉각수를 보내는 스테인리스강 배관의 응력 부식 균열(고온수에서 균열 발생), 가압수형경수로PWR에서는 증기발생기 전열관의 손상에 의한 터빈 측으로의 방사능 누출이었다. 두 가지 모두 열 전달계의 사고·고장이었다.

이는 어느 것이라도 외부로 대량의 방사능 누출을 초래하는 것은 아니지만, 그 수리 작업을 하는 많은 노동자들에게 방사선 피폭을 높이는 것이

표 3. 일본의 상업용 원자력발전소의 입지 지점(2000년 말 현재)

회사명	발전소명	설치 시 시정촌명	원자로형	기수	운전 개시
일본원자력발전	도카이다이니 東海第二	이바라키현 도카이무라 茨城県東海村	비등수형경수로	1	1978
	쓰루가敦賀	후쿠이현 쓰루가시 福井県敦賀市	비등수형경수로	1	1970
			가압수형경수로	1	1987
홋카이도전력	도마리泊	홋카이도 도마리무라 北海道泊村	가압수형경수로	2	1989
도호쿠전력	오나가와女川	미야기현 도호쿠 오나가와초·오시카초 宮城県東北女川町·牡鹿町	비등수형경수로	2	1984
도쿄전력	후쿠시마다이이치 福島第一	후쿠시마현 오쿠마마치·후타바마치 福島県大熊町·双葉町	비등수형경수로	6	1971
	후쿠시마다이니福島第二	후쿠시마현 도미오카마치·나라하마치 福島県富岡町·楢葉町	비등수형경수로	4	1982
	가시와자키 柏崎市	니가타현 가와자키시·가리와무라 新潟県柏崎市·刈羽村	비등수형경수로	7	1985
주부전력	하마오카浜岡町	시즈오카현 하마오카초 静岡県浜岡町	비등수형경수로	4	1976
호쿠리쿠전력	시카志賀	이시카와현 시카마치 石川県志賀町	비등수형경수로	1	1993
간사이전력	미하마美浜	후쿠이현 미하마초 福井県美浜町	가압수형경수로	3	1970
	다카하마高浜	후쿠이현 다카하마초 福井県高浜町	가압수형경수로	4	1974
	오오이大飯	후쿠이현 오오이초 福井県大飯町	가압수형경수로	4	1979
주고쿠전력	시마네島根	시마네현 가시마초 島根県鹿島町	비등수형경수로	2	1974
시코쿠전력	이카타伊方	에히메현 이카타초 愛媛県伊方町	가압수형경수로	3	1977
규슈전력	겐카이玄海	사가현 겐카이초 佐賀県玄海町	가압수형경수로	4	1975
	센다이川内	가고시마현 센다이시 鹿児島県川内市	가압수형경수로	2	1984
핵연료사이클 개발기구(참고)	후겐	후쿠이현 쓰루가시 福井県敦賀市	ATR	1	1979
	몬주	후쿠이현 쓰루가시 福井県敦賀市	FBR	1	시험 중

었다. 또한 그것은 원자력발전의 경제성에 대해서도 중대한 의문을 제기했다. 왜냐하면 원전은 같은 규모의 화력발전과 비교해 자본 비용이 높고 연료 비용은 싸기 때문에 설비이용률의 저조함은 발전 비용을 대폭 밀어올리기 때문이다. 물론 지금까지의 전기사업법은 9개 전력회사에 의한 지역분할독점제가 보장되고 총괄원가방식에 의해 전력회사의 총자산의 일정한 비율(시대에 따라 변화해 왔다)의 사업 보수가 약속되어 왔기 때문에 전력 비용에 얼마가 들더라도 이론적으로는 전력회사의 경영은 평탄했지만, 전기요금 상승이 거듭되거나 내외 가격차가 확대되면 원자력발전이나 전기사업 그 자체가 엄청난 사회적 비판을 입게 되고 제도 개혁을 해야 한다는 압력이 높아지는 것은 피하기 어렵다.

둘째, 원자력발전이 1960년대 후반 이후 공해·환경 문제에 대한 국민적 관심이 높아지는 가운데 생명·건강상의 리스크를 가진 기피시설迷惑施設로 여겨지게 되고, 그러한 인식이 확대됨에 따라 원전을 비롯한 원자력시설 입지 지점을 확보하는 데 어려움이 커졌다. 각지의 입지 분쟁은 대부분이 교착 상태에 놓이게 되었다.

셋째, 원자력발전 논쟁이 일상적으로 전개되게 되었다는 점이다. 그러한 논쟁의 핵심 주제는 물론 안전성 문제였지만, 그 이외에도 여러 크고 작은 쟁점이 형성되었다. 그리고 그러한 크고 작은 쟁점을 겹쳐 보면 안전성 문제와 더불어 또 하나의 커다란 쟁점으로서 민주주의의 문제가 떠올랐다. 즉 현실의 원자력발전 정책·사업이 추진 당사자 이외의 의견을 고려하지 않고 일방적인 형태로 진행되어 나갔을 뿐만 아니라 원자력발전 사업 그 자체가 군사 전용이나 테러리즘의 위협과 밀접한 이상 본질적으로 민주주의와 서로 맞지 않다는 점이 많은 비판자들의 공통 인식이 되었다.

결국 지역적 수준의 입지 분쟁과 국가적 수준의 원자력 논쟁 두 가지가 서로 밀접한 관계를 가지고 현재까지 이르고 있다.

5. 반대 여론의 대두와 그에 대한 관청·전력회사의 대응

본 절에서는 먼저 원자력 입지 분쟁에 대해 개관하고 이어 원자력발전 논쟁에 대해 간단하게 기술한다. 다만 후자에 대해서는 지면 사정에 따라 안전 논쟁만을 다루겠다. 이상의 작업을 마치고 일본의 원자력 공동체가 그에 대해 어떻게 대처했는가를 개관한다.

우선 입지 분쟁에 대해 보자면, 2000년 말 현재의 입지 지점은 다음 쪽 표 3에 제시한 바와 같이 전국의 16개소다. 이들 원전 입지 지점 대부분은 1960년대에 전력회사에 의한 입지 계획 발표가 이뤄지고 입지가 결정된 곳들이다. 1970년대 이후에 입지 계획 발표되어 2000년까지 원전이 가동하기 시작한 지점은 시코쿠전력 이카타발전소(에히메현 소재)와 규슈전력 센다이川内발전소(가고시마현 소재) 두 곳이다. 한편 전력회사에 의한 입지 계획 발표가 이뤄졌지만 아직 수면 아래에서 입지 준비 작업이 진행됨에도 불구하고 입지에 이르지 못한 지점이 다수에 달한다. 이렇게 원전 신규 입지 지점의 확보가 1970년대 이후 극히 어려워진 원인은 지역의 반대 운동이 격화됨에 따른 것이다. 특히 토지소유권자·어업권자의 완강한 저항에 의해 입지 계획이 암초에 부딪치는 경우가 많았다.

다만 토지소유권자·어업권자의 합의조차 얻지 못하면 그 이외의 사람들—입지 지역 주민, 도시 주민, 비판적 입장의 학식을 경험한 사람 등—이 아무리 정력적으로 반대운동을 한다 해도 전력회사의 계획과 정부에 의한 인허가(원전 입지에 관한 인허가권은 중앙관청이 거의 독점하고 있다)를 검토하게 만드는 일은 매우 어렵다는 것이 일본의 입지 과정의 특징이다. 재산권 처분 문제 해결 후 반대운동을 전개하면 일본에서는 승산이 부족하다.

다음으로 구체적인 원전 입지 분쟁의 경과에 대해서 간단히 살펴보자. 1950년대부터 1960년대 중반에 이르기까지는 후쿠이현이나 후쿠시마현에서 원전 유치 운동이 비교적 열심히 전개되는 가운데 입지 분쟁이 없는 것은 아니었지만 산발적인 움직임에 그쳤다. 도카이발전소에 이어 1960년대 전반에 입지가 결정된 대표적인 원전 지점에 일본원자력발전 쓰루가발전소와 간사이전력 미하마발전소가 있다. 두 곳 모두 후쿠이현의 유치 운동(1962년 3월에 시작했다)을 발단으로 탄생한 것이다. 양 지구 모두 용지 매수는 현 당국의 협력 아래 현 개발공사가 진행했다. 또한 어업보상협정도 현 당국의 협력 아래 조기에 조인되었다. 참고로 말하면 쓰루가 지점은 후쿠이현이 가장 처음 제안한 가와니시초 산리하마川西町三里浜(현재 후쿠이시) 지구의 지질조사 결과가 좋지 않았던 탓으로 그 대체 지점으로 제안된 곳이다. 당시는 원자력발전소의 건설 용지의 대체지를 찾는 데 어려움이 없었다. 이와 관련하여 가와니시초 산리하마 지구는 일본에서 지질 조사로 인해 원전 입지 계획이 취소된 유일한 사례다.

한편 같은 시기에 입지 계획이 발표된 도쿄전력 후쿠시마(1974년부터 후쿠시마다이이치로 개칭)의 입지 과정에서는 현 당국의 적극성이 한층 올라갔다. 그것은 후쿠시마현의 유치 계획 발표(1960년 11월)에서 시작됐다. 여기서는 후쿠시마현 개발공사가 용지 취득과 어업 보상 두 가지에 관한 지역과의 교섭을 떠맡았다. 이들 초기의 원전 입지 지점이 결정되는 과정에서는 마치 그림을 그린 것처럼 전력회사와 현 당국 간의 협력관계가 보였다.

이렇게 원전 입지는 순조로운 출발을 끊었지만, 1960년대 중반에 이미 대규모 입지 반대운동이 출현했다. 미에현 아시하마 지구三重県芦浜(미나미시마초=현재의 미나미이세초南伊勢, 기세초紀勢=현재의 다키초大紀町 두 마을을 걸친 지구)에서 일어난 운동이 그것이다. 주부전력이 1963년 11월 미에현 지사에게 구마노나다熊野灘 연안에 원전 입지 구상을 전달한 것이 사건의 시발이다. 그러나 폭력 사건을 유발하는 것에 버금가는 지역 주민의 격렬한 반대운동에 의해 주부전력은 아시하마 입지 강행을 단념하고 시즈오카현 하마오카초를 새로운 지점으로 선정하게 된다. 더욱이 1970년대에 들어서자 원전 입지 계획은 예외없이 큰 반대운동에 직면할 수밖에 없게 되어 계획이 암초에 걸리는 사례가 이어진다.

그러한 원자력 입지 난항에 대한 정책 대응으로 1974년 6월에 전원3법電源三法(발전용시설주변지역정비법, 전원개발촉진세법, 전원개발촉진대책특별회계법, 이 세 가지 법률의 총칭)이 제정되었다. 그 입법화 작업을 담당한 것은 전기사업 전반의 관할권을 가진 통산성이었다. 전원3법의 틀은 다음과 같다. 먼저 일반전기사업자(9개 전력 및 오키나와전력)로부터 판매전력량에 따

라 일정액(1000KWh 당 85엔)의 전원개발촉진세를 징수하고 그것을 전원
개발촉진대책특별회계의 예산으로 한다. 이 예산을 전원 입지 촉진을 위해
다양한 종류의 교부금·보조금·위탁금 그중에서도 발전소를 입지하는 지방
자치단체(당해 시정촌 및 주변 시정촌)에 '전원입지촉진대책교부금'이라는 이
름의 기피료迷惑料(폐를 끼치는 시설 즉 기피시설 입지에 대한 반대 급부)로 할당
한다는 것이다. 전원3법은 원자력뿐만 아니라 모든 발전소를 대상으로 하
지만 원전에는 같은 규모의 화력·수력발전소의 2배 이상의 교부금이 지급
되는 형태로 실질적으로 원전 입지 촉진을 위해 만들어진 제도라고 할 수
있다.

　　이 전원3법은 때에 따라 확충되어 왔다. 첫째로 예산 규모가 눈부시
게 늘었다. 즉 전원개발촉진세에 대해서는 1980년 7월부터 종래의 전원입
지분담금 85엔에다가 전원다양화분담금(연구개발 비용) 215엔이 더해졌다.
이 도입에 따라 전원3법은 그 성격을 일신하고 입지 촉진과 연구개발이라
는 '두 마리 토끼'를 쫓는 법률이 되었다. 그리고 전원다양화분담금에 입각
한 연구개발 예산은 통산성과 과학기술청 사이에서 거의 절반의 형태로 나
누도록 되었다─215엔을 넘는 300엔(1000KWh당)으로 금액이 올랐고 또
한 1983년부터 전원입지분담금 160엔에 전원다양화분담금 285엔을 더
해 445엔(1000KWh당)으로 금액이 올랐다(그 후 원전 신증설 속도가 대폭 하
락하거나 대형 연구개발 사업의 상업 단계로의 스텝업에 따른 세율이 점차 떨어져
2010년에는 375엔이 되었다). 그와 함께 지방자치단체에 대한 교부 금액도
대폭 늘었다. 둘째로는 교부 기간과 교부 대상이 확대되어 왔다. 셋째로는
시정촌만이 아니라 도도부현도 또한 1981년 10월부터 새롭게 교부금을 받
을 수 있게 되었다. '원자력발전시설등주변지역교부금'과 '전력이출현등교
부금'이 그것이다. 하지만 전원3법은 신규 지점 확보에는 거의 효과가 없었
다. 오히려 그것은 이미 원자력시설을 가지고 있는 지역에 대한 위자료로
기능해 왔다고 말할 수 있을 것이다.

　　그런데 1970년대 원자력을 둘러싼 입지 지역 분쟁 속에서 가장 언론
의 관심을 집중시킨 것은 원자력발전소보다 오히려 원자력선 무츠むつ를
둘러싼 소동일 것이다. 이에 대해서도 간단히 훑어보고자 한다. 일본에서

는 원자력 개발의 초창기부터 원자력선에 관한 조사 연구가 시작되었다. 그 모체는 1955년 12월에 발족한 원자력선조사회와 그 후예인 일본원자력선연구협회(1958년 10월 발족)다. 더욱이 자본금의 3분의 2를 정부가 출자한 원자력선개발사업단(원선사업단. 이시카와 이치로 이사장)이 발족(1963년 8월)함에 따라 본격적인 개발 추진 체제가 갖추어지고 제1호선 건조 검토가 시작됐다. 그리고 배수량 8350톤의 특수 화물선(핵연료나 핵폐기물 운반선)으로 건조하기로 결정한다. 그와 병행하여 정계항定係港 선정 작업이 진행되었다. 정계항에는 핵연료 보관, 사용후핵연료 보관 저장, 방사성폐기물 저장 등을 위한 전용 설비가 설치되었다. 여기서 중요한 것은 총리대신에 의한 원자로 설비 허가가 선박 본체와 항만 설비를 세트로 한 형태로 이뤄졌다는 것이다. 즉 정계항이 확정되지 않으면 원자로 설치 허가를 얻을 수 없었다.

원선사업단은 정계항의 결정을 서둘렀다. 동 사업단의 정계항 입지 선정 작업은 1966년부터 시작되었다. 동 사업단은 전국에서 20개소 정도 후보지를 고르고 그중에서 요코하마시 이소코구磯子区를 선정했다. 그러나 요코하마시는 과학기술청과 사업단의 재삼의 요청에 거부 회답을 보냈다. 그로 인해 정부는 어쩔 수 없이 새로운 정계항 후보지를 아오모리현 무츠시むつ市(오오미나토항의 시모키타 부두大湊港下北埠頭)로 하기로 결정했다. 아오모리현과 무츠시는 불과 2개월 후에 이를 수락했다(1967년). 선박명이 무츠로 결정된 것은 그로부터 2년이 지난 진수식 때였다.

한편 원자력선 무츠는 1972년 9월까지 핵연료 장하를 완료하고 임계 출력 상승 시험의 초읽기 태세에 들어갔다. 하지만 이에 아오모리현 어업 단체는 일제히 반발했다. 거기에 자극을 받은 홋카이도, 아키타현의 어업 단체까지 모두 모여 반발했다. 그러한 어업 단체의 반대를 눌러 버린 형태로 1974년 8월 26일, 정부와 과학기술청은 무츠 출항을 강행했다. 반대 어민의 어선 300척이 무츠를 에워쌌지만 태풍 접근으로 어선이 피난한 틈을 타 무츠는 26일 새벽, 결국 출항에 성공해 시험 해역으로 직행했다. 하지만 무츠는 9월 1일 태평양상에서 출력 상승 시험 중 방사선 누출 사고를 일으켰다. 정부는 오오미나토항으로 무츠가 조기 귀항할 것을 아오모리현에 요구했지만, 아오모리현이 거부하면서 45일간에 걸친 표류가 시작되었다. 겨우 스즈키 젠코우鈴木善幸 자민당 총무회장의 중재로 오오미나토 정계항 철거와 화해금 지불을 조건으로 무츠 귀항이 인정되었다. 새로운 정계항 찾기는 난항을 겪었는데 결국 1978년 7월 화해금을 보상으로 하여 나가사키현 사세보항이 수리항修理港(정계항이 아니다)으로 결정되었다. 그 후 움직임에 대해서는 5장에서 기술하겠다.

다음으로 원자력 안전 논쟁의 고양과 그에 대한 정부·전력회사의 대응에 대해 기술한다. 원자력 안전 논쟁 고양된 배경에는 두 가지 요인이 있다. 첫째 미국을 진원지로 하는 세계적인 안전 논쟁의 격화, 둘째 일본 원자력발전소에서 고장 및 트러블 속출. 원자력발전소의 기술적 완성도 부족은 안전 논쟁을 더욱 부추겼다. 이렇게 원자력 안전 논쟁은 일본에서도 1970년대 초두부터 급속히 확산하는 경향을 보였고 1970년대 중반 이후 저널리즘에서 일상적으로 다루는 문제의 하나가 되었다.

미국에서 원전 안전에 관한 논쟁이 고양된 계기는 1969년 이후 나온 존 고프먼John Gofman 및 아서 탬플린Arthur Tamplin에 의한 방사선방호기준 강화를 요구하는 캠페인이다. 그것은 원전 업계 내부 전문가(두 사람 모두 원자력위원회AEC 산하의 로렌스·리버모어국립연구소의 간부급 연구자였다)의 이의 신청이 원자력위원회AEC에 큰 위협을 가한 것과 더불어 추진론자가 그때까지 독점해 온 '과학적 권위'를 상대화시키는 계기가 되었다.

더욱이 1971년 5월에는 원자력위원회가 아이다호국립원자로시험장에서 행한 긴급노심냉각장치ECCS, Energy Core Cooling System—배관의 길로틴 파열 등에 의해 냉각재 상실 사고LOCA가 일어날 때 노심에 대량의 물을 주입해 냉각시켜 멜트다운을 방지하는 장치—작동 실험이 실패했다. 그것을 계기로 ECCS 논쟁이 시작되고, 1972년부터 1973년까지 원자력위원회AEC 주최로 ECCS 공청회가 이루어졌다. 거기에서 비판자 측에서 중심적 역할을 담당한 것은 '우려하는과학자동맹'UCS, Union of Concerned Scientists이었다. 1960년대까지 미국에서는 원자력 개발 추진론자와 반대론자 사이에서의 전문적인 기술 논쟁이 전개된 적은 거의 없었지만, ECCS 논쟁을 계기로 비판적 전문가가 배출되기 시작하면서 기술 논쟁이 일상다반사가 되었다. 경수로의

원자력의 사회사 일본에서의 전개

안전성을 둘러싼 대부분의 주요 논점은 이 시기에 거의 다 빠짐없이 나왔다.

이와 같이 원전 개발과 관련된 미국의 안전 논쟁 활성화와 세계 각국의 상업용 경수로 건설 본격화, 그리고 같은 시기 세계적인 환경보호 사상의 부상에 영향을 받으면서 원자력 안전 논쟁은 눈 깜짝할 사이에 전 세계로 퍼져 나갔다. 일본도 예외는 아니었다. 이 원자력 안전 논쟁이 대두할 시기 가장 큰 역할을 담당한 것은 젊은 연구자들 중 뜻있는 사람들에 의한 전국원자력과학기술자연합全原連이며 또한 원수폭금지일본국민회의(원수금)였다. 전자는 과학자·기술자를 중심으로 한, 전문가에 의한 각지의 반대운동 지원 조직이고, 후자는 전국의 반대운동 조직을 연결하는 정보·연락 센터로 활동하게 되었다. 1975년 8월에는 원자력자료정보실(다케타니 미쓰오 대표, 다카기 진자부로高木仁三郎 간사)이 발족했다. 다카기는 그 후 20년 남짓에 걸쳐 일본의 반원전운동의 오피니언 리더 중 한 사람으로서 정력적으로 활약하게 된다.

한편 일본의 원자력 안전 논쟁에서 1970년대의 하이라이트는 이카타 소송이다. 법정이라는 국한된 장소에서 원자력발전의 안전상의 여러 문제에 대해 일본에서 처음으로 정부·전력업계와 반대논자들 사이에서 포괄적인 기술 논쟁이 전개된 것이다. 시코쿠전력 이카타발전소의 입지 계획은 1970년 5월에 정식 발표되어 1972년 11월에 원자력발전소 설치 허가가 교부되었다. 그리고 1973년 3월에 건설 공사가 시작되었다. 여기까지는 순조로운 출발이었다. 그러나 착공 단계에 들어서고 '이카타원자력발전소 건설 반대 핫세이八西 연락협의회' 멤버들이 원자로 설치 허가 처분의 취소를 요구하며 마츠야마지방재판소에 행정소송을 제기했다(1973년 8월 27일). 이것이 일본 최초의 원전 입지 재판으로 주목 받은 이카타 소송이다.

이카타 소송에서는 정부가 행한 안전심사의 타당성을 둘러싸고 많은 논점이 다뤄졌다. 발전소의 지진·지반 문제, 연료봉의 건전성 문제, 증기발생기 세관의 손상 문제, 원자로 압력용기의 액화 문제, 일차계 배관의 응력부식 균열 문제, 긴급노심냉각장치ECCS의 유효성 문제, 미량 방사선 리스크 문제, 평상시의 피폭 평가의 문제 등이다. 이들 문제에 대해 변호단은 법정에서 국가 측 증인(기술 전문가를 중심으로 한다)을 엄격하게 추궁하고, 안전심사서 속의 근거가 불충분한 점이 다수 포함되어 있다는 것을 입증했다. 법정에서 벌어진 기술 논쟁에서는 원고 주민 측이 우세했다고 전해진다. 하지만 그럼에도 불구하고 1978년 4월 25일에 마츠야마지방재판소(가시와기 겐키치栢木賢吉 재판장)가 낸 판결에서 원자로 설치 허가는 정부의 재량이라 하며 원고의 청구는 각하되었다.

그 후 원자력발전에 관해 여러 재판이 제기되었지만 거의 원고 측의 패소로 끝났다. 원고 승소 사례는 두 건이지만 모두 상급심에서 뒤집혔다. 그로 인해 일본에서는 원전 소송은 승산이 없다는 것이 관계자들의 공통인식으로 되었다. 하지만 그럼에도 오늘까지 원전 소송이 끊이지 않는 것은 거의 모든 인허가권을 중앙관청이 장악하고 그것에 대한 의사결정에 국민이 개입할 여지가 없는 상황하에서 재판 이외에 이의를 제기할 방법이 없기 때문이며 또한 재판은 그 나름대로 국민 여론을 환기시키는 등 비판적 전문가의 사기와 능력을 높이는 효과를 가지고 있기 때문이기도 하다.

1970년대 일본의 원자력 안전 논쟁에서 또 하나의 하이라이트는 스리마일섬TMI, Three Mile Island 원전사고를 둘러싼 논쟁이다. 1979년 3월 28일, 미국 펜실베니아주 스리마일섬 원자력발전소 2호로에서 일어난 멜트다운 사고는 원자로 압력용기 파괴에 의해 방사능이 대량 방출된 것으로 대참사가 일어나기 일보 직전에 간발의 차이로 멈추면서 세계에 충격을 주었다.

이 사고의 전말을 요약해 보면, 가압수형인 스리마일섬 2호로의 이차 냉각계의 주 급수펌프가 복수기 고장으로 정지된 것이 발단이 되었다. 그때 보조 급수펌프가 작동하지 않았던 탓으로 일차 냉각계에서 이차 냉각계로 열을 빼내지 못한 것이다. 그로 인해 일차 냉각수의 온도·압력이 증대했고 일차계의 가압기의 압력조절밸브가 열려 온도·압력을 내렸다. 하지만 압력조절밸브(직경 6센티미터)가 개방 고착 상태가 되어 그때부터 일차 냉각수가 누출되기 시작한 것이다.

이렇게 노심이 냉각수 없이 끓는 상태가 되어 긴급노심냉각장치ECCS가 정상적으로 작동했다. 그런데 가압기에 붙어 있던 수위계가 만수 상태를 표시한 것으로 인해, 운전원이 ECCS를 수동으로 차단하고 주수량을 극도로 죄어 버렸다. 그 결과 노심에서는 냉각수 없이 끓는 상태가 계속되고 수증기가 냉각수에 대량으로 혼입했다. 그에 따라 주 냉각재 펌프가 이상 진동을 일으켰기 때문에 파손을 걱정한 운전원에 의해 펌프는 모두 정지되었다. 이렇게 해서 노심 냉각은 이미 불가능하게 되었고 멜트다운이 시작되었다. 여기에 연료피복관의 지르코늄과 물이 반응하면서 대량의 수소가 발생해 수소폭발에 의해 원자로 압력용기가 파괴될 위험이 생겼다.

다행히 간발의 차이로 급수 회복 조치가 취해지면서 멜트다운이나 대규모 수소폭발에 의한 원자로 파괴까지는 이르지 않고 사고는 종식되었다. 그렇지만 대통령위원회나 원자력규제위원회NRC, Nuclear Regulatory Commission 추정으로는 비활성가스 250만 퀴리(92.5페타베크렐, 페타는 1천 조), 요오드 17퀴리(629기가베크렐, 기가는 10억)의 방사능이 방출되었다. 방사능 방출량으로는 1957년 영국의 윈드스케일 원자로의 화재 사고 다음의 규모였다. 또한 주변 주민의 피난이 실시되는 등 미국 국민에게 큰 영향을 초래했다.

이 스리마일섬 사고는 세계의 원자력발전 사업에도 중대한 영향을 미쳤다. 왜냐하면 노심 내부의 방사능 대부분이 환경에 방출되는 초대형사고가 실제로 일어난 것이 이 사고로 인해 실증되었기 때문이다. 이를 계기로 미국에서 전력회사가 새롭게 발전용 원자로를 발주한 것은 21세기까지 전무하게 되었다. 또한 유럽에서도 원전 검토 여론이 높아지고 스웨덴을 비롯한 여러 나라가 원자력발전으로부터 철수하기로 결정하였다.

일본의 원자력발전에 관한 국민 여론에도 이 사고는 무시할 수 없는 영향을 미쳤다. 일본의 원자력 관계자는 처음 이 사고를 강 건너 불 보듯 하며 일본 내 원전 여론에 파급되지 않도록 했다. 원자력안전위원회는 스리마일섬 사고가 발생하고 약 2일이 지난 3월 30일, "사고의 원인이 된 이차계 급수펌프 1대 정지, 터빈 정지가 우리나라의 원전에서 발생한다 해도 스리마일섬 같은 대형사고로 발전하는 일은 거의 있을 수 없다"는 스이타 도쿠오吹田德雄 위원장의 담화를 발표했다.

미국에서 충분한 정보를 얻지 못한 단계에서 이러한 안전 선언을 발표한 것은 결과적으로 중대한 실수였다. 원자력규제위원회NRC는 1979년 4월 12일, 밥콕앤윌콕스B&W, Babcock & Wilcox사제 가압수형경수로PWR의 긴급노심냉각장치ECCS뿐만 아니라 WH제 제품도 재점검할 필요가 있다고 통보했다. 이 사건으로 1978년 10월에 발족한 지 얼마 안 된 원자력안전위원회는 '원자력안전선언위원회'에 지나지 않는다고 비판받게 되었다.

원자력규제위원회NRC의 통보를 받고, 당시 일본에서 운전 중이었던 유일한 가압수형경수로PWR인 간사이전력의 오오이 1호기의 정지가 원자력안전위원회에 의해 결정되고 안전진단이 이루어졌다. 다른 가압수형경수로PWR 8기는 모두 정기검사 중이었지만 동일한 안전진단이 추가되었다. 다만 비등수형경수로BWR는 노형이 다르다는 이유로 재점검을 면했다.

1979년 11월 26일에 원자력안전위원회(스이타 도쿠오 위원장)와 일본학술회의(후시미 코지 회장) 공동 주최로 열린 학술 심포지엄 〈미국 스리마일 아일랜드 원자력발전소 사고가 제기하는 여러 문제〉는 격렬한 비판을 받는 가운데 개최되었다. 원자력 개발 추진기구라 여겨지는 원자력안전위원회에 중립적 입장에서 비판적인 체크 기능을 부여해야 할 일본학술회의가 협력하는 것에 대한 비판론이 연구자나 운동가 사이에서 높아졌고, 일본학술회의 집행부는 엄청난 비난을 받았다. 그리고 심포지엄 개최 당일의 회장은 어수선한 분위기에 휩싸이게 되었다. 그 의사 내용 자체에는 특기할 만한 것은 없었다. 통상의 패널 토론의 형식으로, 토론자들은 각자의 견해를 다른 토론자의 논의와 아귀를 맞추지 않은 채 피력할 뿐이었다.

여기서 원자력안전위원회라는 조직에 대해 약간 설명을 해 두자. 이 조직은 원자력위원회에서 분리 독립한 형태로 1978년 10월 4일에 설치된 곳이다. 이 제도 개혁의 모델이 된 것은 미국의 제도 개혁이었다. 미국에서는 1940년대부터 원자력위원회AEC가 군사 이용·민간 이용의 두 측면에서 원자력 행정을 일원적으로 관할해 왔지만 1970년대에 들어서자 환경보호 여론이 대두하고 원자력 안전 논쟁이 본격화함에 따라 원자력 추진과 규제를 동일 기관이 담당하는 것에 대한 비판 여론이 높아졌다. 그것은 마치 용의자와 경찰관, 혹은 피고와 재판관을 동일 인물이 겸하는 것에 상당하는 것이 아닌가라는 것이 이 비판의 취지였다. 이를 받아들여 1975년 초 원자력위원회AEC는 해체되고 에너지연구개발청ERDA, Energy Research Development Agency과 원자력규제위원회NRC가 발족했다. 에너지연구개발청은 그 2년 후에 에너지부Department of Energy로 개편되어 현재에 이르고 있다.

이 미국의 제도 개혁에 비견되는 형태로, 원자력의 안전 확보를 위한 규제 업무를 담당할 원자력안전위원회NSC, Nuclear Safety Commission가 원자력위원회에서 분리 독립한 것이다. 그 권고를 행한 것은 '무츠' 사건을 당한 뒤 1975년에 발족한 수상 직속의 원자력행정간담회(아리사와 히로미有澤廣巳 좌장)였다. 원자력안전위원회의 발족과 더불어 과학기술청도 기구 개혁을 실시하고 원자력안전국을 신설했다. 다만 일본의 원자력안전위원회는 미국의 원자력규제위원회NRC와는 그 권한과 독립성에서 전혀 이질적인 기관이 되었다. 미국 원자력규제위원회가 다수의 직원을 거느린 독립 행정위원회로 연방정부 중에서 원자력시설의 설치 허가 업무를 전면적으로 장악하고 있는 것에 비해, 일본의 원자력위원회는 전임 직원이 없는 자문기구에 지나지 않으며, 그 사무국을 원자력 추진 기관인 과학기술청이 담당하고 또한 그 행정적 권한도 통산성이나 과학기술청의 판단을 승인하는 데 그쳤다. 일본에서 원전 등의 원자력시설의 건설·운전의 인허가권을 실질적으로 가진 것은 어디까지나 통산성이나 과학기술청이었던 것이다.

이제 슬슬 본 절을 정리해야겠다. 지금까지 기술한 바와 같이 1970년대 일본의 원자력발전 사업은 세 가지 큰 어려움에 직면했다. 그러나 그러한 어려움 모두 원자력 공동체에서 극복 불가능한 것은 아니었다. 우선 첫째 어려움이었던 고장·사고 연발에 대해서는 전력 각 사와 제조업체가 사고·고장 대책을 강구한 결과 1980년대 이후 원전설비이용률은 60%대로 오르고, 더욱이 1983년 이후는 70%대로 오르게 된 것이다. 그 이후 일본의 원전설비이용률은 70%대 이상의 숫자를 안정적으로 유지하게 되었다(더욱이 1990년대 후반에는 80%로 올랐다. 그러나 2000년대에 들어서자 침체 상태로 돌아가게 되었다).

두 번째 어려움인 원자력발전소 입지 분쟁의 격화에 대한 원자력 공동체가 행한 대응은 전력업계에 의한 기존 설비 입지에 연이은 원전 증설 추진이었다. 물론 그것이 가능하게 된 것은 재산권 처분 문제만 해결되면 원전 건설계획 전에 앞을 가로막던 중대한 장해는 없어진다는 일본 특유의 사정 때문이다. 즉 원전 건설계획의 인허가권은 원자력발전 추진 입장을 취하는 중앙관청(즉 통산성이나 과학기술청)이 거의 전면적으로 장악하고 있고, 국

4 도약과 다양한 문제 분출의 시대(1966-1979)

회·내각·재판소에 의한 관료 기구에 대한 체크 기능이 작동하지 않으며, 지방자치단체의 법적 권한도 전무하다시피 해서 국민이나 주민의 의견을 정책 결정에 반영하는 메커니즘이 부재하기 때문에 원자력 공동체는 재산권 처분 문제가 이미 해결된 기존 입지에서 원활하게 증설 계획을 추진할 수 있었던 것이다. 이를 위해 원전이 입지한 현의 선발대였던 후쿠이현 및 후쿠시마현 그리고 후발대의 하나인 니가타현에 원전이 집중되고, 3개 현에 합계 30기나 되는 상업용 원전이 집중 입지하게 된 결과를 낳았다(2000년 말 현재).

세 번째 어려움인 원자력발전에 대한 비판·반대 여론의 고양에 대해 전력·통산연합은 그것을 무시하고 사업을 추진하는 것이 가능했다. 왜냐하면 원자력발전소 설치의 인허가권을 모두 중앙정부가 장악하고 있었고, 그에 대한 대항 수단을 반대운동은 가지고 있지 못했기 때문이다. 반대운동이 쓸 수 있는 수단은 지역의 입지 반대운동을 지원하거나 재판에 소를 제기하는 것이었는데, 전자에서는 신규 입지 지점의 증가를 사실상 정지시키는 데는 성공했지만 기존 입지에 대해서는 어떻게 할 수가 없었다. 또한 후자에서는 행정의 의향에 반하는 판결을 얻는 것이 불가능했다. 재판소는 거의 재판에서 행정에 유리한 판결을 내리기 때문이다.

이렇게 원자력발전 사업은 1970년대의 각종 어려움을 헤어날 수 있었다. 그리고 1980년대 이후에도 거의 매년마다 1.5기씩, 사회주의 계획경제의 메커니즘에 입각해 원전을 늘려 올 수 있었다.

6. 원자력 공동체의 내부 대립 격화와 민영화라는 난제

앞 절에서는 주로 전력·통산연합이 추진한 원자력 개발사업이 직면한 어려움과 그 극복 과정에 대해 개관했다(다만 입지 분쟁과 연결되어 과학기술청 그룹이 추진한 원자력선개발사업에 대해서도 언급했다). 본 절과 다음 절에서는 주로 1970년대 과학기술청 그룹의 움직임을 살펴보려고 한다. 이 시기에는 과학기술청 그룹의 사업도 또한 여러 가지 어려움에 봉착했고 그러한 어려움에 대한 힘겨운 대응을 할 수밖에 없었다. 1장에서 기술한 바와 같이 과학기술청 그룹이 가진 어려움 중에 중요한 것은 전력·통산연합과의 이해 대립이 표면화했다는 국내적 어려움과 핵 비확산을 둘러싼 외부적 압력이라는 국제적 어려움 두 가지가 있었다. 우선 이 절에서는 전자에 대해 고찰하고, 다음 절에서 후자에 대해 검토하고자 한다.

앞서 본 것처럼 과학기술청 그룹은 동력로·핵연료개발사업단(동연)을 중심으로 실용화 도상 단계의 중요 기술에 대해 국가 프로젝트 방식으로 개발을 진행해 왔다. 그 기간 프로젝트는 원자로와 관계된 것은 신형전환로ATR 및 고속증식로FBR 두 가지이고, 핵연료와 관계된 것은 핵연료 재처리와 우라늄 농축이었다. 이들 4대 프로젝트는 모두 동연이 개발을 담당했다. 1960년대 후반부터 1970년대 중반에 이르기까지 신형전환로ATR 원형로 후겐, 고속증식로FBR실험로 조요(발전설비를 갖추지 않았다), 도카이 재처리공장(사실상 파일럿 플랜트에 상당), 닝교토게 우라늄농축파일럿플랜트 등의 건설계획이 연이어 발족했다. 이들 시설은 실용 단계의 것들과 비교해 소형이며, 건설비도 국가예산으로 충분히 지출 가능했다.

그러나 과학기술청 그룹의 전도가 반드시 희망에 가득 찬 것은 아니었다. 1970년대부터 전력·통산연합과의 이해 대립이 격화되어 왔기 때문이다. 전력·통산연합은 과학기술청 그룹의 국가 프로젝트에 대해 대체로 호의적이지 않았고, 이들 프로젝트를 지속하는 데 난색을 표하는 등 프로젝트 자체를 민간 사업으로 이어받는 경우에도 그때까지의 일본 국내에서의 연구개발 성과를 이용하는 것을 거부하거나 했던 것이다. 그러한 어려움 속에서 과학기술청 그룹은 4대 국가 프로젝트 모두의 생존을 노렸다.

여기에서 왜 과학기술청 그룹이 이들 프로젝트를 상업화 단계까지 담당해 수행하는 것은 불가능하고, 프로젝트의 생존을 위해 민영화를 필요로 했는지 간단히 설명해 두고자 한다. 그 이유는 두 가지가 있다. 첫째는 개발계획의 불문율 준수다. 개발계획의 불문율이라는 것은 원형로 내지 파일럿 플랜트의 건설까지가 정부의 관할 사항이며 실증로 내지 상업 플랜트는 민간에 이관해야만 한다는 것이다. 이 불문율은 일본의 원자력 공동체에서는 1960년대부터 형성되기 시작해 1970년대에 이르러 더욱 확고해졌다. 즉 민영화를 빼고서는 4대 국가 프로젝트가 다음의 개발 단계로 나아가는 것이 가능하지 않았던 것이다.

그 다음의 이유는 상기의 요인과도 밀접하게 연동되는데, 재정 지출상의 제약이다. 그것은 실증로 내지 상업 플랜트에 필요한 건설비·운전비가 국가예산으로 조달하기는 사실상 불가능할 정도로 거액이라는 점이다. 정부는 1970년대 이후, 원자력 개발 대형 프로젝트에 거액의 자금 조달을 위한 제도적 메커니즘의 정비에 노력해 왔지만, 1980년에 전원3법이 개정될 때 창설된 전원개발촉진세의 전원다양화분담금을 가지고 했음에도 자금 면에서 불가능한 상황이 된 것이다.

이러한 사정으로 인해 과학기술청과 동연이 몸소 길러 온 국가 프로젝트는 민영화하지 않으면 실용 기술로 꽃피우는 것이 불가능한 상태였다. 물론 민영화를 실시한다면 그들 프로젝트의 장래는 전력업계의 의향에 따라 좌우되게 되고 이른바 전력업계에 거부권을 주는 형태가 된다. 그리고 과학기술청 그룹은 외부 기관의 힘에 의존하는 입장에 놓이게 된다. 그것은 과학기술청 그룹이 의도한 바는 아닌 사태였다. 하지만 그러한 보상 없이는 프로젝트의 개화 단계를 전진시키는 것이 불가능하기 때문에 선택의 여지가 없었다. 그것은 전진을 위한 최후의 정책 수단이었던 것이다.

한편 4대 국가 프로젝트 중에서 최초로 존망의 위기에 직면한 것은 신형전환로ATR 개발계획이다. 실은 1960년대 중반의 계획 발족 당초부터 이 프로젝트에 대한 뿌리 깊은 반대론이 있어 왔다. 그중에서도 전력업계는 일관되게 적극적 자세를 취했다. 고속증식로FBR에 대해서는 미래의 원자력발전의 주류가 될 것이라는 통상적 인식이 원자력 공동체의 내부에서 확립되어 있었기 때문에 문제는 없었지만, 신형전환로ATR에 대해서는 경수로와 비교해 메리트가 불명확하고, 더욱이 전력 비용이 경수로보다도 높아질 것이라고 전망되었기 때문에 개발이 불필요하다는 주장이 당초부터 유력했다. 또한 계발 계획 구상 단계에서는 천연우라늄도 연료로 사용 가능하기 때문에 미국의 농축우라늄에 대한 의존을 끊을 수 있다는 점이 메리트로 강조되었지만, 바로 천연우라늄을 사용하는 것은 노심 제어가 어렵고 폭주하기 쉽다는 점이 판명되어 당초 선언된 메리트가 상쇄된 것이다.

신형전환로ATR 개발계획에 대해 초기에 위협을 가한 것은 통산성 산하 정부 출자 국책회사인 전원개발주식회사(전원)—1952년 7월에 가결 성립된 전원개발촉진법에 입각해 설립되었다. 또한 이 법률에 의해 전원개발조정심의회(전조심)도 설치되었다—에서 CANDU로(캐나다형 중수로), 즉 천연우라늄을 연료로 해서 중수를 감속재·냉각재로 하는 가압수형을 도입하려는 구상의 발표였다. 전원개발은 일찍부터 기회가 있을 때마다 원자력에 진출할 기회를 엿보면서 경수로 이외의 노형의 조사를 진행해 왔는데, 몇 번인가의 좌절을 딛고 1975년부터 통산성과의 밀접하게 연대 행동을 하면서 CANDU로 도입을 향한 활동을 개시했던 것이다. 통산성이 겨냥한 것은 CANDU로 도입을 계기로 캐나다와 에너지 면에서의 협력관계(천연우라늄 공급 보장 등)를 심화해 미국 일변도의 원자력 이용에서 탈피하는 것이었다. 전원개발이 노린 것은 물론 원자력발전 사업에 진출하는 것이었다.

　그러나 과학기술청은 CANDU로 도입론에 크게 반발했다. 과학기술청은 신형전환로ATR 국내 개발계획이 신형전환로ATR와 같은 중수로와 유사한 특색을 가지며, 더욱이 천연우라늄을 연소시키는 CANDU로 도입으로 중복 투자라 간주되어 계획이 중지될 것을 두려워했다. 과학기술청에게는 다행스럽게도 전력업계도 CANDU로 도입에 비판적인 자세를 취했다. 즉 이 원자력 공동체 내부 분쟁으로 고립된 것은 통산성 쪽이었다. 그러한 역학관계로 인해 원자력위원회는 1979년 8월 10일 〈원자로개발의 기본 노선에서 중간로에 대해〉라 제목을 붙인 결정을 내리고, CANDU로 도입 불요론을 발표, CANDU로 논쟁에 종지부를 찍었다.

　물론 대항마가 좌절되었다고 신형전환로ATR 계획이 자동적으로 안심할 상황이 된 것은 아니었다. 왜냐하면 민영화 시대에 중심적 역할을 담당해야 할 전력업계가 신형전환로ATR에 소극적 자세를 흩뜨리지 않았기 때문이다. 즉 전력업계는 CANDU로와 신형전환로ATR 모두에 대해 냉담했으며, 그런 의미에서 CANDU로 논쟁은 통산성 대 과학기술청이라는 정부 내 논쟁에 지나지 않았다고 할 수 있다. 전력업계는 경수로 이외의 모든 비증식로에 대해 부정적인 입장을 취한 것이다. 그런데 과학기술청 그룹에 행운이 찾아들었다. 일찍이 CANDU로를 밀었던 전원개발이 신형전환로ATR 실증로의 건설·운전 주체로 이름을 올리며 원자력위원회로부터 지명되었던 것이다. 이에 따라 전원개발은 결국 원자력발전소 사업에 진출하게 되었다.

또한 전원개발은 국책회사였기 때문에 신형전환로ATR 실증로 계획을 전원개발에서 이어받는 것은 엄밀하게 말해 민영화라고 할 수 없다. 그러나 연구개발 기관에서 현실 기관으로 이관 또는 과학기술청 그룹에서 전력·통산연합으로 이관한 것에는 변함없다. 또한 전력업계도 실증로 건설비의 30% 부담을 약속한 점을 고려하면 이른바 준민영화에 상당한다고 볼 수 있다.

4대 국가 프로젝트 중에서 1970년대 위기에 직면한 또 하나의 것은 핵연료 재처리 계획이었다. 과학기술청은 동연에 도카이 재처리공장 건설을 추진하도록 하고 그와 함께 그다음 단계로의 진출로 민영 상업 재처리공장의 건설계획을 구체화하는 것을 목표로 하고 있었는데, 그 사업주체가 된 것에 전력업계가 난색을 표하면서 과학기술청과의 사이에서의 교섭이 길어진 것이다.

재처리를 민영화한다는 이이디어 자체는 원자력위원회의 1967년 장기계획(《67장계》)에 등장하고 있다. 거기에는 "새로운 재처리공장을 건설할 필요가 있으며, 그때 민영 기업이 행하기를 기대한다"고 기술되어 있다. 이미 1960년대 중반부터 민영화론이 대두한 것이다. 원자력 위원으로 일했던 경험을 가진 시마무라 다케히사島村武久는 이에 대해 일본 정부와 전력업계가 양쪽 모두 재처리 민영화를 적극적으로 주장할 이유가 없었다는 것을 근거로 민영화론 대두의 불가해함을 지적한다(島村武久·川上幸一,《島村武久の原子力談議》, 電力新報社, 1987, pp. 52-63).

그에 따르면 당시 정부의 입장은 국내사이클론国内サイクル論(핵연료사이클의 각 부분을 가능하면 국내에서 실시해야 한다는 자급자족론autarkie적 사고방식)이며 또한 재처리사업은 정부계 특수법인(동연)에서 행해야 한다는 '국관론'이기도 했다. 한편 전력업계의 입장은 재처리사업을 어떻게 할 것인가는 장래의 검토 과제라는 소극적인 것이었지만, 정부계 특수법인(동연)이 추진하는 재처리사업에 전력업계는 구속되지 않았으면 한다는 명확한 의사를 가지고 있었다. 즉 이 단계에서 전력업계는 민영 국내 재처리공장

건설을 희망하고 있지 않았으며 단지 '국관론'에 대해서만 난색을 표했던 것에 지나지 않는다.

하지만 당시 원자력발전의 상업화 시대가 시작되고(재처리공장은 부속시설로 여겨졌다), 핵연료 물질 민유화 움직임에 의해 재처리 민영화론에 유리한 환경이 생겨나고 있었다. 그 상황에서 정부와 전력업계의 이해 관심을 모두 나름대로 만족시키는 방식(국내 사이클 실현이라는 정부의 의향과 국관론 부정이라는 전력업계의 의향)으로 민영 국내 재처리공장 건설 방침이 원자력위원회의 〈67장계〉에 돌연 출연했다고 여겨진다.

재처리공장 민영화론은 원자력위원회가 1972년 6월에 개정한 신 장기계획(〈72장계〉)에서도 반복되었다. 그러나 전력업계는 재처리사업의 리스크가 크다는 것에 뒷걸음질 친 것인지, 좀처럼 일을 착수하지 않은 채 수년이 경과했다. 최종적으로 전력업계가 일을 시작한 것은 조속히 재처리공장 계획을 구체화하라는 정부의 압력에 재촉을 받았기 때문으로 보인다. 이에 대해서는 밀실 내에서 벌어진 교섭이었기에 상세한 것은 알 수 없지만 원자력업계 잡지의 기자·편집자 경험을 가진 이하라 신타로伊原辰郎가 설득력 있는 추리를 한 바 있다(伊原辰郎, 《原子力王国の黃昏》, 日本評論社, 1984, 4장).

이하라에 의하면 과학기술청이 원자로 설치에 관한 인허가권—당시는 과학기술청이 이를 장악하고 있었다. 원자력기본법의 일부를 개정하는 법률이 1978년 6월에 가결 성립된 후에는 상업 발전용 원자로에 관해서는 통산성이 인허가권의 대부분을 장악하도록 되었다—을 방패로 재처리사업을 전력업계에 떠맡기려고 했다는 것이다. 전력회사는 원자로 설치 허가 신청에 사용후핵연료 처분 방법을 기재할 수밖에 없었지만, 당시의 원자력 정책에서 처분 방법은 '국내 재처리'에 의한다는 방침이 취해져 있었다. 하지만 도카이 재처리공장의 재처리 능력은 이미 포화 상태(전기출력 100만KW급 환산으로 약 7기분밖에 처리할 수 없었다)였기 때문에 별도의 재처리공장(민간 제2재처리공장)을 건설한다는 계획 없이는 원자로 설치허가신청서에 있는 처분 방법의 항목을 메울 방도가 없었는데, 그렇게 되면 과학기술청은 수리하지 않거나 혹은 허가를 내 주지 않는 결정을 내릴 수 있었던 것이다.

그러한 과학기술청의 인허가권 발동을 두려워한 전력업계는 서둘러

'농축·재처리준비회' 설치를 결정했다(1974년 5월). 전력업계에서는 해외에 재처리 위탁을 해서 이 문제를 회피할 수 있다고 생각하고 있었다. 하지만 이번에는 통산성이 재처리 해외 위탁에 대해 일본수출입은행(수은)의 융자는 나올 수 없다고 버티면서 전력업계에 민간 재처리공장 건설을 요청했다고 한다. 이렇게 전력업계는 피할 곳을 잃고 1975년 7월의 전력사장회에서 재처리사업에 적극적 자세를 표명하기에 이르게 되었다고 한다. 통산성이 국내 재처리사업 추진의 입장을 취한 이유는 불명확하지만, 해외에 재처리 위탁이 국제 정치상 여러 요인에 의해 불안정함을 피할 수 없다는 것을 석유 위기나 인도 핵실험 등의 사건을 교훈으로 관계자들이 통감했기 때문이라고 짐작된다.

어찌되었든 전력업계는 국책 협력을 결의하고 1975년 7월 전력사장회에서 재처리사업에 적극적 자세를 표명하기에 이르렀다. 이를 받아들여 재처리 민영화를 위한 법률 제정 작업이 추진되어 이윽고 1979년 6월 성립을 보았다. 그리고 1980년 3월에 전력업계의 합동 소회사로서 일본원연서비스가 설립되었다. 이에 따라 재처리사업의 민영화라는 과학기술청의 염원이 달성되었다(또한 일본원연서비스는 1992년 7월, 자매회사인 일본원연산업과 합병해 일본원연이 되었다). 이렇게 전력업계의 책임에 의한 국내 민간 재처리공장 계획이 1980년대에 들어 급속히 구체화하기 시작했다. 그리고 그것은 아오모리현 가미호쿠리쿠군 롯카쇼무라上北郡六ヶ所村의 핵연료사이클 시설의 집중 입지 계획의 일환으로 실현되는 것으로 진척되었다. 이에 대해서는 5장에서 고찰할 것이다.

일본에서 국내 민간 재처리공장의 건설이 결정된 역사적 경위와 그 배경을 이룬 정치·경제적 사정은 이상과 같다. 다만 전력업계는 1970년대 후반, 국내 민간 재처리공장 건설을 이어받음과 동시에 당초부터의 희망이었던 해외 재처리 위탁 서비스 이용의 길을 다시 열었다. 이렇게 일본의 원자력발전소에서 배출된 사용후핵연료는 국내와 해외의 복수 방식으로 재처리하게 되었다. 그 이전에는 일본원자력발전(원전)이 도카이발전소와 쓰루가발전소의 사용후핵연료에 관해 영국원자력공사UKAEA와 재처리 위탁 계약(플루토늄 반환을 조건으로 한다)을 맺었던 것뿐이었다(1968년 4월 및 1971

년 3월). 전력 각 사가 재처리 위탁 서비스 이용을 향해 일제히 움직인 것은 1970년대에 들어서면서부터고 그것이 겨우 몇 년 만에 결실을 맺은 것이다.

처음으로 재처리 위탁 서비스 제공을 신청한 것은 영국핵연료공사 BNFL, British Nuclear Fuels Ltd—영국원자력공사의 핵연료 부분이 분리 독립한 것—였고(1974년) 또한 프랑스핵연료공사COGEMA, Compagnie Générale des Matiéres Nucléires도 같은 신청을 해 왔다(1976년). 이에 응하는 형태로 전력 각 사는 영국핵연료공사(1977년 5월) 및 프랑스핵연료공사(1977년 9월)와 차례차례 계약을 맺었다. 이에 따라 1978년부터 연평균 사용후핵연료 수백 톤이 영국과 프랑스로 수송되었고 1998년도 말까지 (일본원자력발전의 구계약분을 포함해) 경수로 사용후연료 약 5600톤과 가스로 사용후연료(플루토늄 함유율은 경수로의 4분의 1 정도) 약 1500톤의 수송이 모두 완료되었다. 그 후 추가 계약은 맺어지지 않았다.

과학기술청 그룹은 신형전환로ATR에 이어 핵연료 재처리 분야에서도 국가 프로젝트의 상업화 단계로 진전의 길을 열 수 있었다. 또한 4대 프로젝트의 남은 두 가지(우라늄 농축, 고속증식로FBR)에 대해서도 1980년대에 들어서부터 민영화가 차례대로 결정되었다. 우라늄 농축을 담당하게 된 곳은 일본원연산업(후에 일본원연에 통합)이다. 또한 고속증식로FBR를 담당하게 된 곳은 일본원자력발전(일본 최초의 상업용 발전소 인수 회사로 1957년에 발족했다)이다. 이들 두 프로젝트에 관해 전력업계는 신형전환로ATR나 재처리의 경우와는 다르게 민영 사업으로 떠맡는 것에 난색을 표한 흔적은 없다. 그것은 우라늄농축 사업이 금액적으로 소규모인 것과 고속증식로FBR가 장래의 원자로의 우량주가 될 지도 모른다는 기대가 당시까지는 아직 사라지지 않았기 때문이라고 생각한다.

또한 전력업계에게는 경제적 합리성을 결여한 4대 프로젝트를 이어받는 것은 경영적 관점에서는 바람직하지 않았지만, 그것을 알고 있다는 전제 하에 국책 협력을 단행한 것이다. 물론 막대한 경제적 비용을 부담하려면 손실 보전 메커니즘이 불가피하다. 지역 독점 체제라는 무경쟁 상태 아래에서, 총괄원가방식에 따라 일정한 이윤을 얻은 것을 보장받는 전력업계는 전기요금 인상을 통산성에 허가받아 손실 보전을 실현하는 것이 가능하다.

7. 핵 비확산 문제를 둘러싼 국제 마찰

다음으로 과학기술청 그룹이 1970년대에 직면한 또 하나의 커다란 어려움인 국제 마찰과 그에 관한 정부 등 관계자의 대응에 대해 개설해 보겠다. 1974년 인도 핵실험을 계기로 미국 정부가 원자력의 민간 이용에 동반되는 핵 확산 리스크에 대해 강하게 우려하며 세계 각국에 민간 이용 규제 강화를 요청해 온 것은 이미 1장에서 기술한 대로지만, 미국 정부의 일본에 대한 외교 공세의 주요한 목적이 된 것은 도카이 재처리공장이었다.

이 도카이 재처리공장을 둘러싼 미일 교섭과 그 후의 움직임에 대해서 개관하기 전에, 우선 원자력 민간 이용에 관계된 핵 비확산 문제에 대해 일본 정부가 취해 온 자세에 대해 간단히 정리해 두고 싶다. 일본 정부의 원자력 군사 이용과 민간 이용의 연관 문제에 대한 자세는 1970년대 이후 현재에 이르기까지 거의 일관되어 있으며 그 특징은 다음 두 가지로 요약할 수 있다.

첫째, 국제원자력기구IAEA의 보장조치safegaurds 제도—핵물질 계량관리 시스템 구축과 그것이 적절하게 운용되는 것을 확인하기 위한 조사 시찰 제도의 조직으로 구성된다—운용 시, 거기에 협력적인 자세를 취해 왔을 뿐만 아니라 국제적인 보장조치제도 정비에도 공헌해 왔다는 점이다. 일본은 미국의 핵 비확산 정책에도 충실히 동조해 왔다. 둘째, 구미 여러 나라에서 개발에 착수한 온갖 종류의 프로젝트를 일본이 국내 개발 프로젝트로 추진해 왔다는 것이다. 그 결과로 일본은 모든 종류의 민감핵기술SNT을 자신들의 것으로 하여 군사 전용의 위험성이 높은 모든 종류의 핵시설을 일본 내에 건설할 수 있게 되었다. 그러나 일본은 자국의 원자력 민간 이용의 포괄적 확대(즉, 핵탄두 개발을 제외한 모든 종류의 프로젝트 추진)라는 기본 노선을 고집하고 그 발전에 불이익이 될 우려가 있는 경우에는 미국의 압력에 대해서조차 완강하게 저항해 왔다.

일본은 국제원자력기구IAEA가 발족했을 당시(1957년 7월)부터 이 기구에 가입해 국제원자력기구IAEA의 보장조치제도 정비에 공헌해 왔다. 우선 일본 정부 대표는 1958년 9월 열린 제2회 국제원자력기구IAEA 총회 석상에서 일본원자력연구소(원연)의 연구로 JRR3에 필요한 천연우라늄 원료의 일부를 국제원자력기구IAEA를 경유해 입수할 의사를 표명하였고, 그것을 계기로 국제원자력기구IAEA 보장조치의 구체적 운용에 관한 국제적 검토 작업이 본격화하고 1961년 1월에 최초로 보장조치제도가 정비되었다. 그 후에도 일본은 국제원자력기구IAEA 보장조치 적용국(종래의 2개국 간 협정에 기초한 보장조치에서 보장조치의 실행 주체를 국제원자력기구IAEA로 하는 방식으로 전환한 국가)으로서 선구적인 역할을 담당했다. 국제원자력기구IAEA 보장조치적용국의 메리트는 원자력 기술의 공여국에 의한 수령국의 원자력 산업에 대한 직접적인 통제를 피하고, 수령국의 국가주권을 지키는 것으로, 그러한 수령국에서의 메리트로 인해 이 방식이 1960년대에 급속히 세계에 보급되었던 것이다. 1970년대 이후도 일본 정부는 국제원자력기구IAEA에 협력적 자세를 취해 가며 이른바 핵비확산조약NPT 체제의 모범생으로서 신용을 획득했다. 또한 1974년 5월 18일의 인도 핵실험을 계기로 하는 미국의 새로운 국제 핵 비확산 정책의 이니셔티브가 차차 발동되는 가운데 핵물질방호조약, 런던가이드라인(원자력 기술의 선진국 간의 신사협정으로, 핵확산 우려가 있는 국가에 대해 원자력 기술을 공여하지 않는다는 것을 약속하는 협정) 등의 정비를 미국과 일체가 되어 추진했다. 또한 그러한 핵 확산 문제에 관한 국제적 틀의 강화와는 별개로 미국의 독자적인 강경한 핵 비확산 외교에도 일본 정부는 협조적인 자세를 취해 왔다.

이상과 같이 일본 정부는 미국의 주도권하에서 정비되어 온 국제 핵 비확산 체제와 미국의 핵 비확산 정책에 대해 거국적으로는 협조적 자세를 표명해 왔지만 다른 한편으로 자국의 원자력 민간 이용의 포괄적 확대에 극히 정력적으로 힘을 쏟으면서 미국의 핵 비확산 정책과의 사이에서 외교 마찰을 일으켜 왔다. 그것이 일본의 플루토늄 민간 이용 계획 추진에 대한 미국 정부의 간섭을 견디고 계획의 지속적 확대를 달성하는 원동력이 되어 왔다. 이것이 일본 정부의 자세로 볼 수 있는 두 번째 특징이다.

이러한 일본의 원자력 정책의 양의적 성격은 전후 일관되어 변화하지 않았다. 일본의 원자력 외교 정책은 미국 일변도였다고 평가되는 면도 있지만 그것은 너무 단순하다. 일본 정부는 자국의 원자력 민간 이용 사업에서는 미국과의 밀접한 파트너십을 구축하는 것이 유리한 경우에 그것을 최대한 활용해 왔지만, 스스로 진행하는 민간 이용 사업의 포괄적인 확대 노선에 대해 미국에서 압력이 가해질 때에는 경이로운 인내력을 가지고 그것을 참아내 왔다.

또한 미국에 대한 과도한 의존을 피하기 위해 유럽 여러 나라들과의 협력관계를 좀 더 심화시켜 왔다. 특히 플루토늄 민간 이용에 대해서는 미일 관계보다도 일본과 유럽의 관계 쪽이 훨씬 밀접했다고 말할 수 있다. 고속증식로FBR에 대해서는 국내 자주 개발 노선을 취했기 때문에 국제 협력도 한정적인 것에 그쳤지만, 재처리사업에서는 프랑스로부터 기술 도입에 의해 국내 공장을 건설하고 또한 영불 양국에 재처리 서비스를 위탁해 온 것이다. 또한 일본은 유럽 제국의 대미 원자 외교의 동향을 극명하게 관찰하며 거기에 따른다는 행동 방식을 취해 왔다. 예를 들어 핵비확산조약NPT 서명─비준 시에는 유럽 각국의 서명─비준이 거의 완료된 이후에 또한 유럽 각국과 동등한 국가주권을 국제원자력기구IAEA 보장조치 협정 속에서 확보할 수 있다는 전망이 선 뒤에야 그것을 행한 것이다.

이렇게 원자력 민간 이용의 포괄적 확대 노선에 대한 일본의 강한 공헌의 배경에는 핵무장의 잠재력을 부단히 높이고 싶다는 관계자의 사감이 있었다는 것은 명확하다고 여겨진다. 예를 들어 1960년대 말부터 1970년대 전반에 이르기까지의 시기에는 핵비확산조약NPT 서명·비준 문제를 둘러싸고 일본 국내에서 반미 내셔널리즘이 분출했다. 핵비확산조약NPT이 핵무기 보유국에 일방적으로 유리한 불평등조약이며 그에 따라 일본은 핵무장에 대한 재량권을 잃는 것뿐만 아니라 원자력 민간 이용에도 중대한 제약이 될 것이라는 위험성이 있다는 반대론이 큰 영향력을 발휘한 것이다. 특히 자민당 내의 일부에는 핵무장에 대한 재량권을 잃는 것에 대해 반발을 표하는 의견이 적지 않았다고 한다. 이렇게 반대론이 분출한 덕분에 일본의 핵비확산조약NPT 서명은 1970년 2월, 국회에서 비준은 6년 후인 1976년 6월로 넘어가게 되었다.

한편 동연의 도카이 재처리공장의 문제로 이야기를 돌리면, 건설 공사는 순조롭게 진행되어 1974년 10월에 예정보다 7개월 늦게 종료됐다. 이어

146

서 화학 시험(1974년 10월-75년 3월), 우라늄 시험(1975년 9월-1977년 3월)이 실시되었다. 그러나 그다음 단계에 해당하는 핫테스트—사용후핵연료를 이용한 시험으로 실제로 플루토늄이 추출된다—에 들어가야 할 단계가 되어 미국으로부터 기다리라는 요청을 받았다. 미국은 인도 핵실험에 경악하며 국제 핵 비확산 체제 강화에 착수했는데, 특히 1977년 1월에 출범한 민주당 카터 정권은 자국의 상업용 재처리와 플루토늄·리사이클의 무기한 연기할 것을 포함한 엄격한 핵 비확산 정책을 발표했다(1977년 4월). 그것과 거의 동시기에 카터 정권은 동맹국에 대해서도 플루토늄 민간 이용의 억제 정책에 동조할 것을 요구했다.

그중에서도 일본에 대해서는 미일원자력협정(1967년 개정) 제8조 C항을 논거로 도카이 재처리공장의 핫테스트를 재검토하도록 요청해 왔다. 제8조 C항에 의하면 미국제 농축우라늄의 사용후핵연료가 재처리의 대상이 되는 한(당시는 농축우라늄은 100% 미국에서 수입되었다) 재처리공장의 운전에 대해서는 미국의 동의가 필요했다. 이를 받아들여 1977년 4월부터 9월까지 3차에 걸쳐 미일 재처리 교섭이 전개되었다.

여기서 최대의 쟁점이 된 것은 혼합추출법(플루토늄을 개별 추출하지 않고 다른 물질과 섞인 채 추출하는 방식) 채택 여부와 어떠한 혼합추출법을 채택할 것인가라는 문제였다. 미일 간 격렬한 논쟁 끝에 결정된 것은 우라늄 용액과 플루토늄 용액을 1대1 비율로 혼합한 것에서 직접 혼합화합물MOX, Mixed Oxide을 만든다는 방침이었다. 다만 그 기술이 완성되기까지 잠정적으로 도카이 재처리공장의 운전을 승인한다는 부대 조건이 붙었다. 이렇게 1977년 9월에 미일 간 합의가 성립되고 공동성명이 발표되었다. 이에 의해 도카이 재처리공장의 조업은 가능해졌지만 2년간 99톤까지라는 조업 제한이 걸렸다.

이 미일 합의 후 1977년 10월부터 카터 대통령의 요청에 따라 핵 비확산의 관점에서 핵연료사이클 사업의 바람직한 형태를 재검토하기 위한 국제핵연료사이클평가INFCE, (International Nuclear Fuel Cycle Evaluation Program라고 불린 국제 프로젝트가 2년 반에 걸쳐 진행되었다(1980년 2월까지). 거기에서의 최대 쟁점은 플루토늄 민간 이용 여부와 바람직한 형태였지만, 그에 관해 명확한 결론이 나오지 않은 채 애매한 결론이 내려졌다. 이는 실질적으로는 일본 및 유럽 여러 나라에서 플루토늄 민간 이용 계획을 이어서 추진해 나가는 것을 미국 정부가 본의 아니게 용인한다는 것을 의미했다. 일본 정부는 미국 정부의 외교적 압력을 견디어 냈다. 이렇게 과학기술청 그룹의 핵연료사이클 관련 4대 프로젝트는 민영화에 의한 개발 단계 전진을 실현시켰을 뿐만 아니라 국제 마찰을 어떻게든 넘어서는 데 성공한 것이다.

5장
안정 성장과 민영화의 시대(1980-1994)

1. 경수로 발전 시스템에서 독립 왕국의 건설

1970년대부터 1980년대 초반에 걸쳐 일본의 원자력 공동체는 하나의 중요한 변용을 겪게 되었다. 그것은 전력·통산연합이 경수로 발전 시스템 분야에서 과학기술청으로부터 독립한 것이다. 전력·통산연합은 그때까지 경수로 발전 체계의 유지·확대를 위한 권한을 자신들의 수중에 완전히 가져오는 데에는 이르지 못했지만, 1980년대까지 그것을 장악하고 사업 운영의 자율성을 실현시켰다. 이에 따라 통산성이 경수로 발전 시스템 전체, 즉 발전용 경수로뿐만 아니라 그 핵연료사이클의 프론트엔드front-end에서 백엔드back-end에 이르는 전체의 관리 운영에서 행정상의 전권을 장악했고 과학기술청이 직접 개입할 수 있는 여지는 사라졌다. 이렇게 전력·통산연합은 경수로 발전 체계에 관한 독립 왕국 건설에 성공했다.

그에 대한 맞바꿈으로 과학기술청 그룹은 동연을 중심으로 추진해 온 국가 프로젝트를 민영화라는 형태로 전력·통산연합에서 인수하는 데 성공했다. 1980년대 이후 과학기술청 그룹이 주역을 맡은 프로젝트로 남아 있던 것은 고속증식로FBR, 고속증식로용 재처리, 레이저법 우라늄 농축, 핵융합 등이다. 다른 프로젝트에서는 전력·통산연합에 주역을 내주고, 스스로는 그것들을 기술적으로 보좌하는 조연으로 되돌아가게 되었다. 오히려 자신들이 주역을 맡은 프로젝트군 개발 단계의 상승과 함께 예산 규모는 계속 확대되었다. 한마디로 말하면 스크랩앤드빌드scrap and build(낡은 것을 정리하고 새로운 것을 만드는 경영법이나 정책)에 의한 발전이라는 것이 과학기술청 그룹의 새로운 조직 전략이 된 것이다.

이상과 같은 기본적 인식 위에서, 지금부터 전력·통산연합에 의한 독립 왕국이 건설된 데 이르기까지의 구체적인 사실 경과를 정리해 보자. 앞서 2장에서 서술한 바와 같이, 일본의 원자력 공동체에서 이원적인 개발 이용 체제가 그 윤곽을 확실히 한 것은 1957년이었다. 일본의 원자력 개발은 과학기술청 산하의 특수법인을 중심으로 시작되었지만 전력업계가 상업용 원자력발전 사업의 확립을 향해 적극적으로 나섬에 따라 개발체제는 급속히 이원화의 길을 따라가게 되었다. 이 초창기 '이원체제'에서는 전력·통산연합이 상업용 발전로의 도입·운전을 담당하고, 기타의 모든 업무를 과학기술청 그룹이 담당한다는 업무 관할 영역으로 나뉘었다.

그러한 업무 관할 영역은 시대와 함께 조금씩 변화했다. 그것은 거시적으로 보면 전력·통산연합의 업무 관할 영역이 조금씩 확대되는 과정으로 파악할 수 있다. 다만 그것이 반드시 과학기술청 그룹의 업무 관할 영역이 시대와 함께 차차 줄어들게 되었기 때문만은 아니다. 과학기술청 그룹 또한 실용화 단계에 들어간 사업에 대해 전력·통산연합으로의 권한 이양을 순차적으로 추진했고, 그와 병행해 새로운 활동의 프론티어를 열었다.

1960년대에 들어서자 핵물질의 민유화가 실현되고 그에 따라 전력·통산연합은 핵연료 이용에 관한 자율성을 획득했다. 즉 상업용 원자력발전 사업의 확대에 따라 그에 필요한 핵물질을 자유롭게 조달할 권한을 획득한 것이다. 그러나 1970년대 초두에 이르러서도 전력·통산연합의 고유 분야인 상업용 원자력발전에서조차 과학기술청의 정책적 권한은 여전히 강력한 것이어서 그와 비교해 통산성의 권한은 한정적인 것이었다.

그것은 아래 두 가지 점에서 두드러진다. 먼저 첫째로는 과학기술청을 사무국으로 하는 원자력위원회는 원자력 분야에서의 정책결정권을 독점적으로 보유하고 있었고, 그와 대항할 수 있는 의사결정기관은 존재하지 않았다. 그로 인해 통산성은 원자력위원회의 방침에 반하는 형태로 사업을 추진할 수 없었다. 둘째, 과학기술청은 발전용 원자로를 포함해 모든 종류의 원자력시설의 인허가 업무를 독점적으로 보유하고 있었다. 그러한 인허가권을 보유하고 있었기 때문에 과학기술청이 그것을 방패로 경수로 발전 정책에 개입하는 것이 가능했던 것이다. 예를 들어 4장에서 본 바와 같이 국내 민간 재처리공장의 건설주체가 되도록 전력업계에 수탁하기 위해 과학기술청이 원자력발전소의 인허가권을 내세운 것으로 추정된다.

이렇게 상업용 원자력발전 사업 분야에서조차 전력·통산연합의 자율성은 불충분한 것이었다. 1970년대부터 1980년대에 걸쳐 전력·통산연합이 목표로 한 것은 경수로 발전 시스템을 한층 확대를 도모하는 것과 함께 그것을 백엔드 부분도 포함하는 포괄적인 시스템으로 완성시키는 것이었고, 또한 그 관리 운영에 관한 전권을 장악하는 것이었다. 국가계획의 결정권을 장악하기 위한 정책적 의사결정기관의 정비와 경수로 발전 시스템 전체에 걸친 인허가권의 장악은 그들에게 가장 중요한 과제였다.

먼저 첫 번째, 정책적 의사결정기관 정비에 대해서 기술한다. 통산성이 '종합에너지대책'을 중요 정책의 하나로 정하게 된 것은 1962년의 일이다. 그해 5월, 산업구조조사회에 종합에너지부회가 설치된 것이다. 이 부회는 1963년 12월, 석유의 저렴하고 안정적인 공급을 향후 에너지 정책의 요점으로 해야 한다는 보고서를 제출했다. 이 종합에너지부회는 1965년 종합에너지조사회로 발전적으로 개편되었고 2001년에 경산성 종합자원에너지조사회로 재개편되어 오늘에 이르고 있다. 그러나 초기의 종합에너지조사회는 원자력 정책에 관한 발언권이 거의 없었다. 그 중심적인 검토 과제는 석유·석탄 정책이었다.

그러한 사정이 크게 변화한 계기가 된 것은 1973년 10월 석유 위기였다. 석유 위기에 따라 종합에너지정책은 단순한 통산 정책의 일부로 머물지 않고, 국가 정책의 가장 중요한 과제 중 하나가 되었다. 더욱이 제2차 석유 위기를 계기로 종합에너지정책은 총리대신을 포함한 각료급 회의에서 승인 받게 되어 최고 레벨의 '국책'으로서의 권위를 획득하게 되었다. 또한 종합에너지정책 전체 안에서 원자력발전은 그 지위를 크게 향상시켰다. 왜냐하면 에너지 안전보장이라는 것이 종합에너지정책의 가장 중요한 사항이 되면서, 그와 함께 에너지 공급에서의 석유 의존도 저감과 비석유 에너지의 공급 확대가 종합에너지정책의 중요 목표로 내세워졌기 때문이다. 이러한 이중 형태로서의 대의명분을 획득하면서 통산성은 원자력발전 정책

5 안정성장과 민영화의 시대(1980─1994)

을 독자적인 입장에서 심의할 수 있게 되었다. 이상의 사실 경과를 바탕으로 말하자면, 그때까지 원자력위원회에 의해 독점되어 온 원자력정책결정 기구가 두 번의 석유 위기 사건을 계기로 원자력위원회와 종합에너지조사회 두 곳이 병립하는 이원체제로 변용을 이루게 된 것이다. 원자력 개발 이용 그 자체가 이원체제를 취하며 진행되어 온 이상, 정책 결정 기구가 이원적이 된 것은 극히 자연스러운 결과였다.

한편 종합에너지조사회의 사무국을 맡게 된 곳은 석유 위기 전야였던 1973년 7월에 발족한 자원에너지청이다. 통산성의 원자력 행정 업무의 대부분은 자원에너지청 설치 이후 동 청 관할하에서 이뤄지게 되었다. 원자력 발전기구의 기술 개발 및 원자력 기구 산업 육성 강화에 관한 시책만이 통산성 기계정보산업국의 관할로 남았다. 자원에너지청은 단순히 의사결정 기관의 사무국을 맡은 것만이 아니라 산업 원자력발전 행정 전체를 통괄하는 기관이 되었다.

1979년 제2차 석유 위기를 계기로 강화된 원자력발전 정책에서 통산성의 권한에 대해 조금 더 설명을 하고자 한다. 제2차 석유 위기의 영향을 받아 에너지의 안정 공급 확보(이른바 에너지 안전보장)가 에너지 정책의 가장 중요 목표가 되어 '석유대체에너지'(석유 이외의 모든 에너지를 가리키는 일본의 독자적인 행정용어) 개발·도입의 촉진이 새롭게 중점적인 정책 과제로서 부상하고 그 결과 종합에너지정책 내에서 원자력발전의 지위가 한층 높아지게 되었다. 1980년 5월에는 석유대체에너지의 개발 및 도입 촉진에 관한 법률(석유대체에너지법)이 성립되어 석유대체에너지의 종류마다 공급 목표가 숫자로 결정되었고, 그것이 각의 결정된다는 법률상의 틀이 확립됐다. 그러한 국책에 따른 장래의 공급 목표 속에서 원자력발전이 특별히 높은 수치의 목표를 부여받은 것은 말할 필요도 없다.

이렇게 종합에너지조사회는 1980년대에 들어서자 원자력위원회에 필적하는 실질적인 권한을 상업 원자력발전시스템과 관련된 정책 분야에서 확립한 것이다. 필자는 4장에서 일본의 원자력발전의 설비용량이 1970년대 이후 거의 수직적으로 늘어난 것을 지적하며, 그 배경에 원자력산업의 보호 육성을 목표로 하는 통산성의 행정지도가 있었다는 것을 시사했다.

그리고 통산성의 원자력발전 정책은 사회주의 계획경제와 같은 기본 성격을 가지고 있었다는 결론을 덧붙였다. 이와 같은 필자의 견해를 보충하기 위해 한 가지를 추가해야 한다면, 사회주의 계획경제와 같은 성격은 석유위기 이후 특히 제2차 석유 위기 이후 한층 강화된 것이다. 통산성이 통제경제 시대에 확보했던 강력한 산업 정책상의 권한은 1960년대 이후, 경제 자유화의 물결에 휩쓸려 침식되고 있었다는 것이 산업정책사를 배우는 이들에게는 상식이다. 그러나 원자력발전 분야에 한해서는 시대의 흐름과 역행하는 듯한 움직임이 1970년대부터 1980년대에 이르기까지 진전되었던 것이다.

통산성이 에너지 정책 분야에서 1980년대 이후 중점적으로 추진한 것은 전원電源 다양화 정책이다. 이는 전기사업 분야에서 석유 화력발전의 점유율을 낮추는 한편 석탄, 천연가스, 원자력 세 가지 기간에너지 점유율을 높이고 또한 재생 가능 에너지를 포함한 신에너지의 개발 도입을 촉진하는 것 등을 골자로 하는 정책이다. 전원3법이 1980년대에 개정될 때 창설된 '전원다양화분담금'은 이 방침에 입각한 것이다.

통산성의 전원 다양화 정책은 실질적으로는 원자력발전 확대 지원 정책을 중심으로 한 것이 되었다. 예를 들어 그 일환이 된 전원3법 제도는 모든 종류의 발전소에 대해 그 입지를 수탁하는 자치단체에 보조금을 지불하는 형태였지만, 실질적으로는 원자력발전소를 비롯한 원자력시설의 입지 촉진을 주안으로 하고 있었다. 이 전원 다양화 정책하에서 석유 화력발전소 신설은 계획 중이었던 것을 제외하고는 금지되었고 기존 시설 분에 대해서도 연료를 석탄이나 천연가스로 전환하도록 장려했다.

그에 따라 신설된 발전소의 종류는 석탄, 천연가스, 원자력 중 삼자택일이라는 형태가 되었다. 그리고 삼자 모두 그 발전 전력량에서의 점유율을 1980년대 이후 현저하게 상승시켰다. 1980년도 9개 전력회사의 발전 전력량의 점유율을 보면 석유 42.5%, 석탄 3.1%, 천연가스 20.5%, 원자력 17.6%가 되었다. 그것이 1995년에는 석유 16.9%, 석탄 8.8%, 천연가스 27.9%, 원자력 37.0%가 된 것이다. 여기서 주목되는 점은 석탄의 점유율은 고작 15년 만에 3배가 조금 안 되게 늘어났고 원자력의 점유율도 2배 이상

늘었다는 점이다.

그러나 석탄, 천연가스, 원자력 삼자 중에 가장 후한 정책적 지원의 대상이 된 것은 원자력뿐이었다. 정부의 에너지 관계 예산의 대부분이 원자력발전 사업에 투입되고, 홍보 선전과 주민 설득 등을 위한 노력의 대부분이 역시 원자력발전 사업에 주로 투입되었던 것이다. 그러한 강력한 정책적인 지원 없이 원자력발전의 안정 성장이 이어질 수 있었는지는 극히 의문이다.

그 한편에서 석탄과 천연가스의 점유율 증대는 정책적 지원 없이 달성되었다. 그중 석탄은 석유와 비교해 경제적인 우위가 보급이 촉진된 주요한 이유다. 또한 천연가스는 경제성 면에서 다른 연료와 충분히 경쟁력 있는 수준이 되었다는 점과 함께 대기오염물질을 거의 방출하지 않는 우수한 환경 특성(도시나 그 근교에 발전소를 입지시킬 수 있다는 큰 메리트를 가지고 있다)이 높이 평가되었다. 또한 전력회사의 파트너로 가스회사가 정력적으로 그 보급 촉진을 도모한 것도 순풍 효과를 가져왔다. 천연가스는 단위체적당 연소 에너지가 종래의 도시가스의 주역이었던 석유 가스와 비교해 크기 때문에 기존의 설비 그대로도 수요 확대에 충분히 대응할 수 있어 가스회사에도 매력적이었다. 이렇게 석탄과 천연가스에 대해서는 정책적 지원 없이 점유율 증대가 가능했다. 한편 수력발전은 이 시기에 이미 포화 상태에 있었다.

이상 경수로 발전 시스템과 관련된 통산성 계통의 정책적 의사결정기관의 정비와 그 권한 강화의 프로세스에 대해 다소 상세히 개관해 보았다. 다음으로 둘째, 통산성에 의한 인허가 체제의 확립에 대해 간단히 기술해 둔다. 1975년 2월, 내각총리대신의 자문기관으로 원자력행정간담회(아리사와 히로미有澤廣巳 좌장)가 설치되어, 34회의 심의 끝에 다음 해인 1976년 7월에 최종 답신이 제출되었다. 이 원자력행정간담회는 원자력선 '무츠' 사건(1974년 9월) 등에서 노출한 일본 원자력 행정의 문제점을 해소하는 것을 목적으로 설치된 것으로, 원자력 행정 개혁의 골자를 준비하는 것을 임무로 했다. 그 최종 보고서에는 원자력안전위원회를 설치하라는 제언과 함께 원자로의 안전 확보에 대한 행정관청의 책임을 명확하게 해야 한다는 이유로 원자로의 종류에 따라 각각의 인허가권을 단일한 관청(전원용 원자로에 대해서는 통산성)에 위임할 것이 제언되었다. 이 원자력행정간담회 보고서의 골자는 〈원자력기본법 일부 개정 법률〉로 1978년 6월에 가결 성립되었고 여기에서 통산성에 의한 인허가권의 전면 장악이 실현된 것이다. 과학기술청 그룹(본청과 원자력선개발사업권)의 불상사에 편승해 통산성이 오랜 염원을 달성했다고 말할 수 있다.

이렇게 1970년대 말부터 1980년대에 걸쳐 통산성은 원자력 정책 중에서 경수로 발전 시스템 관련 사업에서 '독립 왕국'으로서의 주권을 확립함과 함께 국책으로서의 권위를 강하게 획득했다. 그리고 원자력발전소의 설치 인허가에서도 주도권을 확립했다. 그리고 각종 정책 수단을 동원해 경수로 발전 시스템의 확대를 도모하고자 했다. 통산성이 이 시기에 추진한 정책 중에서 중요한 것은 국내 정책 면에서는 원자력발전소의 입지 촉진과 핵연료사이클의 백엔드 부분을 중심으로 하는 인프라 정비 두 가지이며, 국제 정책 면에서는 대미 자립이었다. 한편 전력업계는 상기한 두 가지 국내 정책에 대해서 주로 통산성과 공동 보조를 취했다. 그러나 대미 자립에 대해서는 꼭 협력적인 것만은 아니었다.

2. 대미 자립 정책의 형성과 굴절

여기서 대미 자립 정책의 전개에 대해 간단히 설명해 두고 싶다. 그것은 자국의 원자력발전 사업이 미국에 대한 과도한 의존에서 탈피해 국제정세나 미일 관계의 변화로 인한 영향을 최소화하는 정책을 가리킨다. 즉 에너지 공급에서 미일 관계를 비롯한 국제 정치적 요인에 좌우되지 않는 상태를 원자력 분야에서 실현시키고자 하는 정책이다.

그 유력 수단 가운데 하나는 기술 및 자원에서 자급자족의 달성이다. 만약 그것이 실현된다면 무역이나 기술 이전에 대한 국제적인 규제가 강화된다 해도 그 영향을 피할 수 있게 된다. 다만 기술·자원의 자급자족을 목표로 하는 것은 경제 및 정치적 이유로 인해 종종 국제관계 악화의 요인이

5

안정성장과 민영화의 시대(1980―1994)

된다. 특히 원자력 분야에서의 자립(자금자족의 달성)은 군사 분야에서의 자립에 준하는 국제정치적 의미를 가진다. 이는 타국에 간섭받지 않고 자국의 핵무장을 추진하고, 타국에 군사 전용 가능한 핵기술이나 핵물질을 제공할 수 있는 잠재력을 보유하고 있음을 의미하기 때문이다. 그로 인해 여러 동맹국 및 주변국에서 강력한 거부 반응을 불러일으킬 가능성이 높다.

정부가 국제적 자립을 위해 활용할 수 있는 또 하나의 유력 수단은 특정 국가나 특정 지역에 과도한 의존을 피하고 여러 나라나 지역과 제휴관계를 구축하는 것이다. 그로 인해 특정 나라나 특정 지역에서 일본의 원자력 개발 이용에 대한 정책이 크게 변화해 그에 동반하는 외교적 압력이 일본에 가해지더라도 리스크 분산 효과로 인해 그 영향을 감소시킬 수 있는 것이다.

그런데 일본은 원자력에 관해서 미국에 과도한 의존을 지속해 왔다. 경수로는 미국의 수입에 의존하고 있었다. 또한 사용후핵연료의 재처리도 그 대상이 미국에서 수입된 농축우라늄인 경우에 한해 미국에서의 강력한 규제를 받는 상황이었다. 이렇게 경수로 본체와 핵연료사이클 모두에서 일본은 미국 한 나라에 강력히 의존하고 있고 미국의 의향을 묻고 그 동의를 얻지 않고서는 원자력 개발 이용을 추진하는 것이 불가능한 입장에 놓여 있었다. 미일 간 재처리 교섭은 그 빙산의 일각이었다. 그러한 일본 정부 관계자의 입장에서 보면, 미국이 1970년대 중반에 원자력 정책을 대폭 수정하고 핵 비확산을 중시하게 된 것은 핵연료사이클 사업 추진에는 중대한 위협이었다. 원자력의 세계는 석유와는 달리 자원민족주의의 영향력은 희박했지만 미국의 핵 비확산 글로벌리즘은 그에 못지않은 영향력을 행사하는 것으로 강한 경계심의 대상이 되었던 것이다.

그러한 상황 아래에서 일본 정부는 1970년대 중반 이후 국제적 자립을 추진하는 정책에 높은 우선순위를 부여하게 되었다. 통산성에 의한 캐나다제 CANDU 중수로 도입 구상도 그러한 문맥 속에서 이해하는 것이 타당할 것이다. CANDU로는 미일원자력협정과는 별개의 틀에서 도입되기 때문에 미국의 감시가 닿기 어렵고 또한 천연우라늄을 연료로 하기 때문에 미국제 농축우라늄의 사용에 따른 규제를 받지 않게 되는 것이다. CANDU로 도입 주체로는 통산성 산하 국책회사인 전원개발주식회사가 예정되어 있었는데, 그 도입 목적은 단순히 전원개발주식회사의 원자력발전 사업 진출을 실현하는 것만이 아니라 미국에 대한 자립성을 강화하는 것에 있었다고 여겨진다.

또한 통산성이 국내 민간 상업 재처리공장 건설을 과학기술청과 함께 전력업계에 요청한 것도 그것이 영국과 프랑스에 재처리를 위탁하는 것과 비교했을 때 미국의 간섭을 받기 어렵다는 성격을 가진 것이 큰 이유였다고 볼 수 있다. 1970년대 중반이라는 시기에 통산성은 원자력 분야에서 미국의 핵 비확산 글로벌리즘을 석유 분야에서 중동 여러 국가의 자원민족주의에 못지않은 위협으로 간주했던 것이다.

〈경수로개량표준화계획〉도 그러한 문맥 속에서 이해하는 것이 적절하다. 1975년에 통산성은 원자력발전설비개량표준화조사위원회를 설치하고 3차에 걸쳐 경수로 개량 연구를 추진했다(제1차 계획: 1975-1977년도, 제2차 계획: 1978-1980년도, 제3차 계획: 1981-1985년도). 통산성의 경수로 개량표준화 계획의 목적은 두 가지였다고 생각한다. 첫째는 잦은 고장과 설비이용률이 낮다는 기존 경수로의 결함을 낮추기 위한 것, 둘째는 외국 기술로부터 탈피해 자주 기술에 입각한 경수로를 확립하는 것이다. 이 중 설비이용률 향상이라는 목표에는 제1차·2차 계획의 기간 중에 전력회사와 제조업체가 착실하게 성과를 올리기 시작했기 때문에 제3차 계획의 목표가 '기술 자립'이 된 것은 당연한 결과였다. 제3차 계획은 '일본형 경수로'의 완성을 슬로건으로 내걸었다.

그런데 제3차 계획에서 실시된 기간 프로젝트는 일본의 원자로 기술의 자립을 목표로 한 프로젝트가 아니라 전력회사가 제안한 미일공동개발 방식(미국 기업이 개발의 이니셔티브를 장악하고, 일본 기업이 거기에 협력하는 방식)을 통한 '개량형 경수로'(A비등수형경수로 및 A가압수형경수로) 개발 프로젝트였다. '일본형 경수로'라는 슬로건은 간판 내걸기로 끝나고 말았다. 거기에 이르게 된 경과는 명확하지 않지만, 필시 통산성의 기술민족주의가 국내적으로는 기술적 독립을 달성하는 경영상의 메리트를 인정하지 않는 전력업계의 협력을 얻지 못하고, 국제적으로도 미국의 강한 저항에 직면한 결과 타협을 할 수밖에 없었던 것이라고 여겨진다. 그러한 방침 전환에 대응해 '일본형 경수로'라는 표현은 사용하지 않게 되었다.

그럼에도 불구하고 후에 항공자위대차기지원전투기개발계획(FSX개발계획)에서 채택된 것과 똑같은 미일공동개발방식이 1980년대 초두라는 이른 단계에 경수로 분야에서 시작했다는 것은 주목할 필요가 있다. 다만 경수로 분야의 특징은 미국 제조업체와 일본 제조업체의 역학관계가 기본적으로 대등하게 되었다는 것이다. 이 점은 FSX개발계획과 다소 사정을 달리한다. 자국의 원자로 발주가 없어짐에 따라 원자력산업 정체라는 역경에 빠져 있던 미국의 원자력 제조업체에게 일본 제조업체를 파트너로 하는 것은 살아남기 위한 유력한 선택지였다. 개량형 경수로는 오늘날까지 비등수형의 A비등수형경수로(전기출력 135.6만KW)가 이미 실용화되었다(가압수형의 A가압수형경수로는 건설되지 않을 가능성이 있다).

한편 경수로개량표준화계획의 후속 계획으로 1987년도부터 〈경수로 기술고도화계획〉이 시작됐다. 이 계획은 개량형 경수로를 넘어선 차세대 경수로 개발을 장기 목표로 내세우고 있다. 그것은 20년 가까이에 걸쳐 페이퍼 플랜 단계에 머물러 왔지만, 2006년에 다시 부활하게 된 것이다(하지만 2011년의 후쿠시마 원전사고로 상황은 다시 암전됐다).

지금까지 살펴본 바와 같이 통산성의 대미 자립 정책은 눈에 띄는 성과를 올리지는 못했다. 하지만 그로 인해 일본의 원자력 개발 이용이 미국의 압력에 따른 노선 재검토를 강화하지는 않았다. 그것은 원자력산업이 미국으로부터 독립하는 것이 1980년대에는 결과적으로 불필요한 일이 되었기 때문이다. 엄격한 핵 비확산 정책을 취해 온 카터 정권를 교체하고 레이건 정권이 1981년 1월에 등장함으로 인해 미국의 핵 비확산 글로벌리즘의 발동은 불발에 그쳤다. 또한 1980년대에 들어서면 경수로 기술에서 미국 제조업체의 라이선스 계약을 역으로 파기하는 것의 메리트는 이미 없어지고 있었다. 라이선스 계약은 반드시 해외 전개를 속박하는 것이 아니라 오히려 미일 공동 사업이라는 형태로 해외 전개의 가능성을 여는 것이 되었다. 오히려 미국의 원자력산업 쪽이 해체 위기에 직면해 있었기 때문이다.

3. 상업용 핵연료사이클 개발계획의 시동

　전력·통산연합의 원자력발전 사업 중에서 1980년대 눈에 띄는 진전을 보인 것은 상업용 핵연료사이클 개발계획이다. 특히 아오모리현 호쿠리쿠군의 롯카쇼무라에 핵연료사이클 시설의 건설이 개시된 것은 경수로 발전의 인프라 정비 관점에서는 특기할 만한 것이었다. 그와 비교해서 또 하나의 주요 과제인 원자력발전소의 입지 촉진에 대해서는 4장에서 기술한 바와 같이 난항이 계속되어 큰 성과를 낼 수 없었다. 통산성은 전원3법 제도의 확충을 1980년대 이후에도 추진해 왔다. 또한 전력업계와 통산성은 홍보 선전 활동에 엄청난 자금과 인재를 투입해 왔다. 그러나 원자력발전소 신규 부지 획득이 어려움에 처했고, 그 결과 전력회사는 기존 부지에 증설하는 형태로 원자력발전의 설비용량을 증가시켜 나가게 되었다.

　이 절에서는 이 시기에 눈부시게 진전을 보인 상업용 핵연료사이클 개발계획의 경과를 살펴보고자 한다. 경수로·재처리 노선을 취한 경우, 상업용 핵연료사이클 시설의 근간을 이루는 것은 우라늄농축공장, 핵연료재처리공장, 고준위방사성폐기물처분시설 이렇게 3개다. 또한 중저준위방사성폐기물처분시설도 중요하다. 한편 핵연료재처리공장의 부속시설로 사용후핵연료나 고준위방사성폐기물의 중간저장시설이 설치되는 것이 보통이다. 물론 그 시설들을 모두 일본 국내에 건설할 필요는 없다. 우라늄 농축과 재처리는 해외에 위탁하는 것도 가능하다. 방사성폐기물도 외국으로 보내거나 혹은 공동 해역의 해저 등에 투기하는 것도 이론적으로는 가능하다. 다만 그것은 오늘날 국제 환경법에 위반하는 행위로 여겨져 현실적으로는 채택하기 어려운 선택지가 되었다.

　한편 1980년대 즈음의 시점에서 일본에 상기한 바와 같은 상업용 핵연료사이클 시설은 하나로 존재하지 않았다. 우선 우라늄농축공장은 원심분리우라늄농축법의 파일럿 플랜트가 오카야마현 닝교토게의 동연사업소에서 1979년 9월부터 부분 조업을 막 개시한 참이었다. 그것은 1982년 3월 전면 조업에 이르렀는데 그 분리 능력은 고작 연간 50톤SWU에 그쳤다. 그것은 100만KW급 원자력발전소 1기의 연료조차 감당할 수 없는 능력이다

(1톤SWU/년이라는 능력은 3% 농축우라늄을 천연우라늄으로부터 연간 약 250Kg 생산하는 능력을 가리킨다. 전기출력 100만KW급 경수로가 매년 필요로 하는 약 30톤의 농축우라늄을 만들려면 약 120톤SWU/년의 농축 능력을 필요로 한다). 또한 제조 비용도 해외 위탁 비용과 비교하기 이전 단계에 있었다는 것은 말할 필요도 없다.

다음으로 재처리공장도 상업화보다 훨씬 이전 단계에 있었다. 동연의 도카이 재처리공장은 4장에서 본 것처럼 미일 재처리 교섭이 타결(1977년)됨에 따라 미국으로부터 핫테스트(플루토늄을 실제로 추출하는 시험) 실시를 인가받았다. 핫테스트는 1977년 9월에 시작되어 1980년 2월까지 이어졌다. 그리고 1981년 1월부터 도카이 재처리공장이 본격 운전을 개시한 것이다. 그런데 도카이 재처리공장은 그 계획이 시작된 1960년대 초두에 상업용 재처리공장으로 계획되었음에도 불구하고, 1960년대부터 1970년대에 걸친 원자력발전의 확대와 함께 현저한 능력 부족을 노정하고 있었다. 그 연간 재처리 능력은 210톤이었고, 100만KW급 원자력로 7기분 정도의 설계 능력에 지나지 않았다(더욱이 그 후 잦은 고장으로 인해 연간 210톤이라는 스펙은 연간 90톤으로 내려가게 되었다. 이는 원전 3기분에 지나지 않는다). 만약 사용후핵연료 전량 재처리를 목표로 하는 것이었다면 도카이 재처리공장과는 완전히 다른 규모의 재처리공장을 건설할 필요가 생겨났다.

마지막으로 방사성폐기물처분시설(고준위, 저준위)도 1970년대 중반을 지나 검토가 개시된 참이었다. 차차 발전용 경수로가 운전을 시작해 실제로 대량의 폐기물을 내놓게 되면서, 폐기물의 뒤처리에 대한 검토가 시작되었다. 드디어 1976년 10월 8일, 원자력위원회는 〈방사성폐기물 대책에 대하여〉라는 기본 방침을 마련했다. 거기에는 고준위방사성폐기물 처분 전망을 2000년경까지 마련하는 것을 목표로, 조사 연구와 기술 개발을 추진한다는 방침이 제시되었다. 즉 상업용 고준위폐기물처분시설 건설을 먼 장래로 미루게 된 것이다. 한편 중저준위방사성폐기물은 해양 처분과 육지 처분 두 방면에서 시급히 실시한다는 방침이 제시된다. 다만 육지 처분은 구체적인 방침을 결정하지 못하고 뒤로 미뤄졌다. 유력시되었던 해양 처분만이 1978년경부터 시험적인 처분을 개시하기로 결정하였다.

그런데 해양에 처분한다는 구상은 단기간에 좌절됐다. 전국어업협동조합연합회(전어련)를 비롯한 어업인 단체가 해양 처분에 강하게 반대했기 때문에, 과학기술청은 시험적으로라도 처분을 좀처럼 실시할 수 없었다. 그러한 상황을 타개해야 할 원자력안전위원회의 방사성폐기물안전기술전문부회는 1979년 10월 12일, 도쿄 남쪽 900킬로미터의 깊이 5천 미터 심해저에 드럼통을 투기하는 방침을 제시했다. 하지만 이에 남태평양 여러 나라가 맹렬히 반발하였다. 이렇게 내외로부터의 맹렬한 반발을 받게 된 결과, 해양 처분 구상은 진퇴양난의 상태가 되었다. 더구나 남태평양 여러 나라에서 런던조약(폐기물의 해양 처분에 의한 해양 오염 방지에 관한 조약) 체결국 회의에 이 문제를 가지고 들어갔다. 그리고 1983년 제7회 체결국 회의에서 방사성폐기물의 해양 투기는 일절 허가하지 않는다는 결의가 이루어졌다. 그 이후 일본의 해양 처분 구상은 사라지게 되었다. 그로 인해 원자력 관계자는 1980년경부터 육지 처분을 본격적으로 검토하기 시작했다. 그러나 그 장래는 정해지지 않았다.

　이상이 1980년대 초반의 상업용 핵연료사이클 개발 상황이다. 하지만 그로부터 고작 몇 년 사이에 각종 상업용 시설 건설계획이 단숨에 구체화되었다. 핵연료사이클 시설군을 아오모리현에 입지시키는 구상이 정식으로 표명된 것은 1984년 4월 20일의 일이다. 이날 전기사업연합회(히라이와 가이시平岩外四 회장)로부터 아오모리현(기타무라 마사야北村正哉 지사)에 핵연료사이클 시설 입지를 협력해 달라는 요청이 제출된 것이다. 전기사업연합회(전사련)의 구상은 핵연료재처리공장, 우라늄농축공장, 저준위방사성폐기물저장센터의 이른바 재처리 사이클 세 시설을 아오모리현 시모키타下北 지방에 집중 입지한다는 것으로 구체적인 부지, 각 시설의 사업주체, 각 시설의 사업계획은 이 단계에서는 아직 제시되지 않았다. 이를 '포괄 요청'이라 부른다.

　전사련은 3개월 후인 1984년 7월 27일, 보다 구체적인 계획을 제시하는 한편 아오모리현 지사와 가미키타군上北郡 롯카쇼무라(후루카와 이세마츠古川伊勢松 촌장)에 새롭게 입지 협력을 요청했다. 거기에서 부지는 '무츠고가와라むつ小川原 종합개발지역 내'(롯카쇼무라), 사업주체는 재처리에 관해서는

일본원연서비스, 다른 두 건에 관해서는 전기사업자가 주체가 되어 창설하는 새 회사(일본원연산업이라는 명칭으로 1985년 3월에 설치되었다)로 한다는 것이 발표되었다. 또한 세 시설의 사업계획이 제시되었다. 재처리공장은 연간 처리량 800톤, 건설비 7천억 엔, 1997년경 완성이라는 견적이 제시되었다.

원자력시설의 입지 계획에 즈음해서는 그것이 정식으로 발표되기 훨씬 이전부터 지방 유력자에 대한 사전 작업이 진행되어 토지 매수도 추진되는 것이 보통이다. 시모키타 반도도 예외는 아니었다. 그곳에서는 〈무츠고가와라종합개발계획〉이라는 이름 아래 토지 매수가 추진되었다. 다만 그것은 중화학공업의 거대 산업단지 건설이 목적으로 되어 있었다. 그러나 나카소네 야스히로 수상이 1983년 12월 8일에 아오모리현에서 행한 "시모키타 반도를 원자력의 메카로 한다"는 발언을 계기로 사태는 긴박하게 돌아가기 시작했다. 그리고 1984년 1월 1일의 〈니혼게이자이신문日本経済新聞〉의 특종 기사를 시작으로 매스미디어가 시모키타 반도의 핵연료사이클기지 건설계획에 대해 보도하기 시작했다. 그러한 사전 정보 유출에 의한 정지 작업을 거쳐 4월 20일에 전사련의 '포괄 요청'이 이루어지고 또한 7월 27일에 구체적 계획이 제시된 것이다.

이 입지 협력 요청에 대해 지역자치단체는 전향적인 대응을 보였다. 아오모리현 시모키타 반도의 무츠고가와라 종합개발지역 내에 핵연료사이클시설을 집중한다는 구상은 전력업계가 일방적으로 지역에 제안했던 것은 아니다. 오히려 무츠고가와라개발주식회사(아오모리현도 출자한 제3섹터 회사로서 1971년에 창립)와 그것을 후원하는 아오모리현에 의한 유치라는 성격을 병행한 것으로, 그런 의미에서 전력업계와 지역 관계자와의 밀접한 연대 작업의 산물이었다고 지적되고 있다(舩橋晴俊・飯島伸子・長谷川公一 편,《巨大地域開発の構想と帰結—むつ小川原開発と核燃料サイクル施設》, 東京大学出版会, 1997, 2장).

아오모리현은 전사련의 입지 요청을 받아들여 8월 22일, 핵연료사이클 사업의 안전성에 관한 전문가 회의를 설치하고 제1회 회합을 열었다. 모두 고작 3회 회합을 연 후 이들은 보고서를 제출하고 안전성은 기본적으로 확립할 수 있다는 결론을 내놓았다. 그와 병행하여 아오모리현은 현 내 각계각층 사람들로부터 의견 청취 활동을 진행했다. 그 사이 롯카쇼무라에서도 관련 시설에 대한 의견 접수가 급히 진행되었다. 각 지역에서의 주민 설명회를 거쳐 1985년 1월 16일, 롯카쇼무라회의전원협의회가 핵연료사이클 시설의 촌 내 입지 수락을 결의했다. 그리고 다음 날인 17일에 고가와 촌장이 현 지사에게 입지 접수 회답을 제출했다. 그것을 받아들고 기타무라 지사는 2월 25일, 입지 협력 요청에 응한다는 취지의 의사 표명을 하게 되었다.

이렇게 현 내에서 합의 형성 과정은 고작 반년 만에 대타결을 맞이했다. 그리고 아오모리현 의회 전원협의회는 1985년 4월 9일, 핵연료사이클 기지의 입지 승인을 결의했다. 그것을 보고 기타무라 지사는 4월 18일, 전사련에 입지 협력 요청 수락을 정식 회답하였다. 이날 아오모리현, 롯카쇼무라, 원연 2개사(일본원연서비스, 일본원연산업), 전사련(입회인), 5자 간의 〈원자력사이클시설 입지를 위한 협력에 관한 기본협정서〉에 서명을 하게 되었다(한편 원연 2사는 1992년 7월 1일에 합병해 일본원연주식회사가 되었다). 이로부터 핵연료사이클기지 시설은 일사천리로 진행되었다. 1987년 8월 28일에는 원연 2사와 무츠고가와라개발 간에 원연사이클시설 용지 매매 계약이 체결되고, 1987년부터 1989년까지 순차적으로 우라늄농축공장, 저준위 방사성폐기물 저장시설(후에 매설 센터로 개칭), 재처리공장의 사업 허가 신청이 과학기술청에 제출된 것이다. 그리고 1988년부터 1992년까지 정부의 사업 허가가 순차적으로 내려져 가열차게 건설 공사가 시작되었다. 아래 표 4에 핵연료사이클 시설 세 곳의 사업 허가 신청부터 조업 개시까지의 경과를 정리해 보았다.

표 4. 핵연료사이클 시설 3개소 건설 경과

	사업 허가 신청	사업 허가	조업 개시
우라늄농축공장	1987. 5. 26.	1988. 8. 10.	1992. 3. 27.
저준위폐기물처리센터	1988. 4. 27.	1990. 11. 15.	1992. 12. 8.
사용후핵연료재처리공장	1989. 3. 30.	1992. 12. 24.	미정

여기서 왜 롯카쇼무라가 핵연료사이클기지 부지로서 눈에 띄게 되었는지 설명하겠다. 거기에는 크게 나누어 세 가지 주요한 이유가 있다. 첫 번째 이유는 입지 예정지에서 재산권 처분 문제가 이미 해결되어 있었다는 점이다. 두 번째 이유는 시모키타 반도의 무츠고가와라 종합개발지역이 산업단지 유치에 실패하면서 거액의 부채를 안게 되어 관계자가 그 손실 보존을 위해 사업 유치의 상대를 필사적으로 찾아 나섰다는 점이다. 세 번째 이유는 아오모리현이 일본에서도 유수의 원자력시설의 집중 입지 지점이 되어 가고 있었고, 그 점에서 현 당국을 비롯한 지역 자치단체의 협력을 얻기 쉬웠던 것이다.

그 이유에 대해 설명해 보자. 일본에서는 원자력발전소의 신규 입지는 1970년대 이후 극히 어려워졌다. 최대 요인은 토지소유권자·어업권자의 저항이다. 이러한 토지소유권자·어업권자의 반대가 원전 입지의 최대 장해가 되어 그것만 해결하면 사업자에게 두려울 것이 없다는 사정은 일본에만 특유한 것이다. 서구 여러 나라에서 토지소유권자·어업권자의 반대에 의해 원전 입지 계획이 폐기되었던 경우를 필자는 과문한 탓인지 알지 못한다. 애초에 서구 여러 나라에는 일본의 어업권에 해당하는 사유권이 전혀 존재하지 않았던 것인지 극히 한정적인 것으로 되어 있었다. 또한 토지에 대한 사고방식의 차이로 인한 것인지 토지소유권자의 연좌 행동이라는 반대운동의 양식이 성립하기 어려운 것이 되었다. 토지·해역에 관한 사유권이 국제적 상식으로 보아 과잉 확보되고, 더구나 그것이 매매 등에 의한 막대한 사익의 원천이 된다는 일본의 특수한 사정이 일본의 원자력 입지 분쟁을 외국인들이 보기에는 이해하기 어려운 것으로 만들고 있다.

서구의 원자력 입지 분쟁의 주요한 분쟁이 안전 문제라는 점과 비교하면 일본에서는 그 이상으로 금전 문제가 큰 의미를 갖는다. 그런데 롯카쇼무라에서는 무츠고가와라 종합개발계획으로 인한 광대한 토지가 이미 아오모리현의 제3섹터 회사(무츠고가와라개발주식회사)에 의해 확보되어 있었고 어업 보상 문제도 해결이 완료된 후였다.

여기서 무츠고가와라 종합개발계획에 대해 최소한의 설명을 해 두려고 한다(자세한 것은 舩橋晴俊·飯島伸子·長谷川公一 편, 《巨大地域開発の構想と帰結—むつ

원자력의 사회사 일본에서의 전개

小川原開発と核燃料サイクル施設》, 東京大学出版会, 1997, 1장 참고). 시모키타 반도 무츠고가와라 지역은 신전국종합개발계획(1969년 5월 30일 각의 결정) 속에서 거대 공업기지로 개발해야 할 지역으로 지정되었다. 아오모리현 당국이나 지역 재계는 무츠고가와라 개발계획의 구체화와 그 실현을 향해 정력적으로 활동을 개시했다. 도쿄의 경단련이나 관계 각성청도 무츠고가와라 개발에 적극적인 자세를 취했다. 이 개발계획이 만약 성공한다면 철강·알루미늄·석유 정제·석유화학 등의 공장군이 나란히 건설되어 거대한 산업단지가 출현할 전망이었다.

하지만 산업단지의 중핵이 되어야 할 소재산업은 1970년대에 들어서며 성장 속도가 둔화되고, 과잉 설비에 대한 우려가 시작되었다. 또한 소재산업의 정체를 심화시킨 것은 제1차 석유 위기의 발발이었다. 이렇게 적어도 1973년 즈음에는 무츠고가와라 개발계획의 전도에 적신호가 점멸하기 시작했다. 그 후에도 공장 진출에 관한 이야기는 나오지 않았고, 개발계획은 자연 소멸되어 갔다. 유일하게 실현된 것은 국가 석유비축기지뿐이다. 그 결과 무츠고가와라개발주식회사의 부채는 크게 늘어나, 1982년부터는 1천억 엔대가 되었다(1993년부터는 2천억 엔대가 되었다). 하지만 1980년대 초반까지 용지 매수는 거의 완료되어, 어업 보상 문제도 마무리되었다. 원자력시설의 입지에 가장 큰 걸림돌이 되는 재산권 처분 문제라는 장해물이 이미 제거되어 있었던 것이다. 산업단지를 건설한다는 전제하에서 재산 처분권 계약이 이루어졌다는 역사적 경위가 그 용지를 핵연료사이클기지로 전용하는 것에 장애가 되지는 않았다. 그것은 무츠고가와라 개발계획의 일부 수정이라는 법적 수속에 의해 간단히 처리되었다. 입지 지역 지방자치단체로부터의 전용을 이유로 하는 보상 증액 요구도 약했다.

다음으로 세 번째의 이유로 들었던, 아오모리현이 일본에서도 유수의 원자력시설의 집중 입지 지역이 되고 한층 더 원자력시설의 입지에 대해 융화적인 자세를 취하게 된 것이라는 점에 대해 설명하겠다. 아오모리현이 처음으로 받아들인 원자력시설은 원자력선 무츠의 정계항이었다(1967년). 그 후 곧바로 도쿄전력과 도호쿠전력이 시모키타 반도 히가시도오리東通무라에 20기도 넘는 원자력발전소를 건설하는 구성을 공표했다(1959년에 재산권 처분 문제가 이미 모두 해결되었다). 또한 1967년, 시모키타 반도 오오마大間초에 원자력발전소를 건설하는 구상이 부상했다. 1980년대에 들어서자 사세보항에서 수리를 마친 무츠의 새로운 정계항을 시모키타 반도 호쿠부 태평양 연안의 무츠시 세키네하마關根浜에 설치하는 구상이 부상하고 단숨에 실현에 이르게 되었다. 이렇듯 아오모리현 시모키타 반도는 당시 이미 '원자력 반도'의 모양을 이뤄 가고 있던 중이었는데, 그것이 핵연료사이클기지의 건설 구상을 불러오는 유인이 된 것이다.

이러한 전력업계, 아오모리현, 정부 삼자가 일체가 된 건설계획의 추진에 대해 비판적 의견을 가진 주민이 반대운동을 전개하게 된다. 그러나 그것은 당초 현 전체적인 큰 흐름으로는 되지 않았다. 더구나 반대운동은 건설계획 추진을 저지하기 위한 유력한 수단을 가지고 있지 않았다. 재산권 처분 문제가 해결 완료되어 버린 이상, 다른 모든 수단을 강구한다 해도 건설계획을 철회시킬 전망은 없었기 때문이다. 그러나 1986년 4월에 소련에서 일어난 체르노빌 원전사고에 자극되어 아오모리 현민 사이에서도 원자력시설의 안전성에 대한 우려가 높아져, 1987년경부터 핵연반대운동(핵연료사이클기지의 지방 입지에 반대하는 운동)이 고양되었다. 그중에서 재산권 처분 문제를 둘러싼 공방과는 별도의 방법으로 건설계획 추진에 제동을 거는 전술이 부상하게 된 것이다.

후술하겠지만 체르노빌 원전사고의 영향을 받은 1987년경부터 도시 주민들 사이에서 탈원전 여론이 높아져 갔다. 체르노빌 사고에 대해 일본인들 사이에서는 당초 '먼 나라 일'로 치부하는 경향이 있었지만, 그다음 해에 수입 식품의 방사능 오염 문제가 발각되면서 사람들은 체르노빌 사고를 자신들과 가까운 문제로 인식하게 된 것이다. 원자력시설의 입지 지역 주민에 더해 광범위한 도시 주민들 사이에서도 탈원전 여론이 높아진 것은 전대미문의 일이었다. 그러한 국민적 규모에서의 탈원전 여론의 고양을 배경으로 아오모리현에서도 농업자나 여성을 중심으로 하는 핵연반대운동이 타올랐다.

그 운동은 1989년에 큰 비약을 이루었다. 1989년 7월에 있었던 참의원 선거에서 핵연 저지를 제창한 미카미 다카오三上隆雄 후보가 압승한 것이다. 이 선거는 소비세 도입이나 리크루트 의혹을 계기로 유권자가 자민당 정권에 크게 반발한 시기에 이루어졌는데, 그러한 자민당에 대한 국민의 비판 여론이 높아지고 핵연 반대라는 여론이 고양되면서 서로 시너지를 낳아 핵연 반대 후보가 압승을 거둔 것으로 보인다. 다음 해인 1990년 2월의 중의원 선거에서도, 아오모리현에서 두 명의 핵연 반대 후보가 당선됐다. 이렇게 1991년 2월의 아오모리현 지사 선거에서 핵연 반대 후보가 당선할 가능성도 꿈만은 아닐 수도 있다고 여겨졌다.

때문에 핵연반대운동은 반핵연 지사를 탄생시켜, 핵연료사이클기지에 관한 입지 협력 협정을 파기함으로써 그 건설을 동결하도록 하겠다는 전술을 세웠다. 이 전술은 한 번 허가된 입지 계획을 철회시키는 법적 효력은 가지고 있지 않지만, 그래도 강력한 실질적 효과를 가진 수단이다.

한편 1991년 2월 있었던 아오모리현 지사 선거에서 핵연료사이클기지 건설을 선두로 세우고 추진해 온 기타무라 마사야 후보가 네 번 만에 당선에 성공했다. 자민당이나 전력업계가 대량의 자금과 인력을 동원한 선거 활동을 전개한 것에 비해, 핵연반대운동이 그것을 이기는 운동을 전개할 수 있었던 것이 승패를 갈랐다고 말할 수 있다. 이 현 지사 선거를 경계로 아오모리현 내에서 핵연반대운동은 그 최전성기를 지나게 된다.

4. 고속증식로FBR 및 그 재처리에 관한 기술 개발의 전개

지금까지 3개 절에서 전력·통산연합의 움직임에 대해 개관해 보았다. 이번 절과 다음 절에서는 또 하나의 세력인 과학기술청 그룹의 동향을 개관한다. 이미 살펴본 바와 같이 과학기술청 그룹은 1980년대 이후, 동연을 중심으로 진행되어 온 각종 국가 프로젝트를 전력·통산연합에 이관하고 자신들은 스크랩앤드빌드에 의한 발전을 목표로 하게 되었다. 한편 전력·통산연합에 이관된 사업에 대해서도 그 보조적 역할을 맡을 연구개발 사업이 과학기술청 그룹에 남았다.

과학기술청 그룹이 1980년대 이후에 힘쓴 프로젝트 중 주요한 것은 고속증식로FBR 개발, 고속증식로용 재처리 개발, 고준위방사성폐기물 처분 연구, 레이저법 우라늄 농축 개발, 핵융합 개발 등이다. 이 절에서는 고속증식로FBR 개발 및 고속증식로용 재처리 개발의 진척 경과에 대해서, 다음 절에서는 프로젝트의 진천 경과에 대해 정리해 두고자 한다.

먼저 고속증식로FBR 개발에 대해 기술하면 그것은 동연 역사상 최대의 프로젝트였으며, 1980년대 이후에도 동연의 주도 아래 진행되었다. 4대 프로젝트 중 다른 3개에서 새로운 개발 단계의 대형 시설 건설은 1980년대 중반 이후 전력·통산연합에 위임하는 형태가 되었지만, 고속증식로FBR 개발만은 동연이 계속 이어 가는 주역을 맡은 것이다. 동연이 고속증식로FBR 개발에 쏟아부은 경비 가운데 발족 시(1967년도)부터 1996년도까지 30년간의 회계액은 조요 관계 1311억 엔(건설비 289억 엔, 운전비 1022억 엔), 몬주 관계 5779억 엔(건설비 4504억 엔, 운전비 1275억 엔), 관련 연구개발비 3427억 엔, 합계 1조 517억 엔에 달한다. 여기에 몬주 건설비에 대한 민간 거출금 1382억 엔, 통산성에 관련 연구개발비 145억 엔을 더하면 1조 2044억 엔이 된다.

4장에서 기술한 바와 같이, 동연이 먼저 착수한 것은 고속증식로FBR 실험로인 조요 개발계획이었다. 조요가 임계시험에 성공한 것은 7년 후인 1977년 4월이다. 한편 조요에 처음으로 장하된 노심은 MK-I 노심(열출력 5만KW, 후에 7만 5천KW)으로 불리는 블랭킷(노심 플라즈마 용기를 둘러싸고 있는 부분)을 구비한 표준 타입이었지만, 후에 고속증식로용 연료·재료의 조사 시험에 적합한 MK-II 노심(열출력 10만KW)—블랭킷을 구비하지 않은—으로 교체되었다. 새로운 노심을 장하한 조요는 1982년 11월에 임계시험에 성공해 1983년 8월부터 정격운전에 들어갔다.

한편 조요 다음 단계에 위치하는 고속증식로FBR 원형로 몬주에 대해 동연은 1968년 경부터 설계 연구를 개시했다. 거기에 약 10년을 소요하고(조정 설계가 종료된 것은 1977년 3월), 원자로 설치허가신청서가 제출된 것은 1980년 12월이며, 설치가 허가된 것은 1983년 5월이다. 몬주(전기출력 28만KW)의 건설 공사가 본격 착공된 것은 더욱 늦어져 1985년 10월까지 미뤄졌다. 그 9년 후인 1994년 4월, 몬주는 임계시험에 성공했다. 그 총 건설비는 5886억 엔에 달하는데, 앞서 기술한 바와 같이 관련 비목도 더한다면 바야흐로 몬주는 1조 엔 프로젝트였다.

또한 동연의 발족 직후에 나온 당초 계획(1968년 3월 결정)에는 1976년도가 완성 목표연도였지만 그로부터 18년이나 늦게 결과가 나왔다.

이렇게 대폭 일정이 지연된 원인은 여러 가지가 있지만 그중 가장 중요한 것은 당초 계획이 너무나 낙관적이었다는 점이다. 거기에는 대략 5년 만에 실험로·실증로·상용로의 각 단계가 완료되어 1980년대 후반에는 고속증식로FBR 상용로가 완성될 것이라는 전망이 제시되어 있었다. 이러한 시간표의 비현실성은 단지 고속증식로FBR에만 한정되지 않고 일본 원자력 개발 프로젝트 전반에 공통으로 해당하는 사실이다.

여기서 참고로 고속증식로FBR의 실용화 전망이 후퇴한 과정을 일별해 두려고 한다. 처음에 그것이 제시된 것은 원자력위원회의 〈발전로장기계획〉(1957년 12월)으로, 1970년경이라고 되어 있었다(다만 고속중성자형일지, 아니면 열중성자형일지는 지정하지 않았었다). 그러나 실질적 의미를 가진 시간표가 처음으로 나온 것은 1967년 장기계획에서였으며, 거기에는 1980년대 후반에 실용화를 달성한다고 쓰여 있었다. 하지만 그 후 장기계획이 개정될 때, 실용화 목표 시기는 가속도를 붙여 후퇴해 갔다. 다른 말로 하면 1972년 장기계획에서는 2000년대 중반에 본격적인 실용화를 도모하게 되었다. 1982년 장기계획에서는 실용화 시기가 2010년경으로 미뤄지고 더구나 1987년 장기계획에서는 2020-2030년경으로 실용화 시기가 일거에 20년도 넘게 후퇴하고 말았다. 1994년 장기계획에서는 2030년경이 목표가 되었다. 다만 후술하겠지만, 몬주 사고 후에 설치된 원자력위원회 고속증식로 간담회 답신(1997년 12월)에서는 실용화 목표 시기 그 자체가 소거되었다.

시간이 지나면서 실용화 시기까지 요구되는 햇수가 오히려 늘어난 현상을, 천문학의 허블 관측—우주 팽창과 동반하여 먼 쪽 천체일수록 시간과 함께 지구로부터 멀어지는 속도가 빨라지고, 이윽고 광속을 넘어 사상의 지평선 너머로 사라져 보이지 않게 되어 버린다는 법칙—에 비견해 실용화 시기의 '허블적 후퇴'라 이름 짓는다. 이는 원자력 개발의 많은 프로젝트에 공통적으로 보이는 것이지만 고속증식로FBR 개발에서 특히 현저하게 볼 수 있다.

다음으로 고속증식로용 재처리 기술의 개발 경과에 대해 기술한다. 그 것은 경수로의 사용후핵연료 재처리 기술과 같은 기법(퓨렉스PUREX법)을 사용해 실시할 수는 있지만, 기술적인 어려움이 커지기 때문에 전용 시설을 개발할 필요가 있다. 왜 고속증식로용 재처리 기술이 기술적으로 어려운 것인가를 먼저 극히 간략하게 설명하고자 한다.

고속증식로FBR의 중심부는 노심과 블랭킷으로 구성된다. 노심에는 MOX 연료(핵분열성 플루토늄의 함유율이 15-20% 정도 되는 것)가 장하된다. 블랭킷은 노심의 연료봉의 상하 부분 및 외주 부분을 빠짐없이 씌운 핵연료 봉상의 구조물 집합으로, 그 속에는 천연우라늄 혹은 열화우라늄이 채워져 있다. 블랭킷은 아주 두꺼운 것으로, 그 내용물의 총중량은 노심 연료봉의 몇 배에 달한다. 블랭킷을 설치하는 목적은 노심에서 바깥으로 빠져나가려고 하는 고속중성자를 가능한 많이 우라늄238로 흡수시켜 그것을 플루토늄으로 전환하는 것이다. 만약 플루토늄을 설치하지 않으면 플루토늄의 증식은 불가능에 가깝다.

고속증식로FBR의 출력밀도는 경수로의 몇 배에 달한다. 그로 인해 노심의 사용후핵연료 연료도(단위중량당 누적 발열량. 그것은 누적 핵분열 회수에 비례한다) 또한 경수로의 몇 배가 된다. 경수로의 사용후핵연료 연료도는 3만 MWD/톤—72만KWh—정도지만, 고속증식로FBR에서는 10만MWD/톤 정도가 된다. 그에 동반되는 핵분열 생성물의 양도 단위중량당 3배 정도가 된다. 그 결과 고속증식로FBR 노심에 있는 사용후핵연료는 방사성 준위가 극히 높고, 불용해성 물질도 다량 함유하게 된다. 또한 상당히 높은 농도(핵분열성 플루토늄 15-20%)의 MOX 연료를 사용하기 위해 플루토늄 함유율도 현격히 차이 나게 높다. 따라서 재처리공장에서 예기치 않은 연쇄반응이 시작되지 않도록 엄중한 임계 관리가 필요하게 된다. 이것이 고속증식로용 재처리 기술이 어려운 이유다.

그런데 블랭킷 조사照射 후 핵연료는 노심에서 빠져나온 중성자를 흡수한 것이기 때문에 핵분열 반응을 거의 일으키지 않으며 연소도도 낮다

(1000-2000MWD/톤 정도). 따라서 그 재처리는 경수로의 경우와 비교해 훨씬 용이하다. 다만 핵 비확산의 관점에서 그것은 엄중한 주의를 요한다. 왜냐하면 블랭킷 조사 후 핵연료에 포함된 플루토늄은 '무기급' 플루토늄이라 불리는 원폭 재료로는 최적의 것이며 거기에는 모든 플루토늄 동위체 중에서 플루토늄239의 비율이 97-98%를 점하고 있기 때문이다(그 비율이 높을수록 좋다).

원자로 중에서 플루토늄239를 장기간에 걸쳐 놔두면, 그것은 중성자를 흡수해 핵분열하든지 혹은 무거운 플루토늄(240Pu, 241Pu, 242Pu)으로 변화해 간다. 이들 무거운 플루토늄은 원폭 재료로는 적합지 않은 성질을 갖는다. 경수로나 고속증식로FBR 노심의 사용후핵연료에서 추출된 플루토늄에서는 무거운 동위체가 전체의 30-45% 정도를 점한다. 이를 '원자로급' 플루토늄이라 부르는데, 그것은 원폭 재료로서는 열악한 품질이다. 고속증식로 FBR 블랭킷의 조사 후 핵연료에서 플루토늄을 추출하는 것이 핵 확산의 관점에서 특별한 경계심을 국제사회에 환기시키는 것은 이상과 같은 이유 때문이다(다만 원자로급 플루토늄에서도 원폭 제조는 가능하다).

한편 동연이 고속증식로용 재처리 기술의 개발을 위해 조사 연구를 본격적으로 시작한 것은 1970년대 중반이다. 곧바로 경수로용 퓨렉스PUREX법을 개량해 고속증식로용으로 한다는 기본 방침이 결정되었다. 1982년에는 도카이사업소에 실험실 규모의 시설로 고준위방사성물질연구시설CPF, Chemical Processing Facility을 완성하고, 조요의 조사 후 핵연료를 이용한 시험 연구를 개시했다. 파일럿 플랜트 규모의 시설에 대해서는 1982년에 개정된 〈원자력개발이용장기계획〉 내에서 처음으로 시설의 건설계획이 성립됐다. 거기서는 1990년대 초반 경에 운전을 개시한다는 목표가 제시되었다.

하지만 얼마 되지 않아 당초의 개발계획은 재검토되었다. 고속증식로용 재처리 기술 개발이 예상 외로 어렵다는 것이 관계자들 사이에서 인식되었기 때문이다. 때문에 1987년의 장기계획에서는 파일럿 플랜트 규모의 시설에 선행하여 공학 규모의 핫테스트 시설(플루토늄을 실제로 추출하는 시험 시설)을 먼저 건설하고, 그 성과를 기반으로 파일럿 플랜트 건설계획을 구체화하여 2000년이 지나서 그 운전 개시를 실현한다는 방침으로 변경하였다. 이 공학 규모의 시험 시설로 구상된 것이 리사이클기구시험시설 RETF, Recycle Equipment Test Facility이다. 1994년의 장기계획에서는 리사이클기구 시험시설RETF 다음 단계로 시험 플랜트(파일럿 플랜트에 상당한다)를 건설하고 또한 그 다음 단계로 실용 플랜트를 건설한다는 방침이 제시되었다. 그리고 시험 플랜트의 운전 개시 목표 기일을 2010년대 중반으로 제시했다.

리사이클기구시험시설RETF은 도카이 재처리공장에 부설된 것으로 이른바 그 전 단계 처리시설에 해당한다. 고속증식로FBR의 노심에서 나온 사용후핵연료는 그대로는 도카이 재처리공장의 본체 부분에서는 취급할 수 없기 때문에 그것을 본체 부분에서 처리할 수 있도록 용액으로 변환하는 것이 이 시설의 역할이다. 또한 연료도가 낮은 블랭킷 연료에 대해서는 용해한 뒤, 그대로 본체 부분으로 보내는 것도 기술적으로 가능하다. 리사이클기구시험시설RETF의 취수량은 노심 연료와 블랭킷 연료를 혼합해 재처리하는 경우 연간 최대 6톤이 된다. 다만 이는 시설의 물리적 능력의 상한은 아니어서 하루 최대 취급량(160-240Kg)의 30배 정도밖에 되지 않는다. 이렇게 잠재적으로 큰 처리 능력을 가진 만큼, 그 건설비로서는 1200억 엔이 예정됐다. 리사이클기구시험시설RETF의 건설은 1994년 12월에 허가되어 1995년부터 건설이 개시되었다(하지만 몬주 사고 후 중단됐다).

5. 과학기술청 그룹에 의한 다른 여러 개발 프로젝트의 전개

앞 절에서 고속증식로FBR와 사용후핵연료의 재처리 기술 개발계획의 동향을 일별했다. 이 절에서는 그 이외의 주요한 프로젝트로 고준위폐기물 처분, 레이저법 우라늄 농축, 핵융합 이렇게 세 가지를 들어 본다. 과학기술청 그룹이 힘쓴 프로젝트는 그 밖에도 여러 가지가 있다.

먼저 고준위폐기물 처분 연구에 대해 기술하면, 1980년 12월 19일에 원자력위원회 방사성폐기물대책전문부회가 행한 보고 〈고준위방사성폐기물 처리와 처분에 관한 연구개발 추진에 대하여〉에서 유리고화체의 지층 처분을 염두에 둔 연구개발계획이 제시되어 '시험적 처분'의 실시에 이르기까지의 시나리오가 제시되었다. 또한 1984년 8월 7일, 동 전문부회는 〈방사성폐기물 처리 처분 방침에 대해서(중간보고)〉를 제출했다. 거기에는 1990년대 전반 즈음까지 처분 예정지를 선정하고 2000년경부터 처분을 개시하겠다는, 지금으로 보자면 극히 낙관적인 시나리오가 표시되어 있다. 또한 처분을 실시할 때 중심적 역할을 맡는 기관은 동연이다.

동연이 고준위폐기물처분시설 후보지로 홋카이도 호로노베초幌延町에 눈을 돌려 촌장들과 접촉을 했다고 여겨진다. 그리고 1984년 4월 21일, 동연의 고준위폐기물저장공학센터 건설계획이 명확히 나왔다. 곧바로 나리마쓰 사키오成松佐兎男 촌장은 유치 의사를 표명했다. 이에 대해 홋카이도 지사 요코미치 다카히로橫路孝弘(일본사회당)는 유치 반대 의향을 표명했지만 도의회의 다수 야당인 자민당은 거기에 반발했다. 요코미치 지사는 1985년 9월, 동연의 입지환경조사 협력 요청에 거부한다는 회신을 하였으나 도의회는 입지환경조사 촉진 결의를 내며 이에 대항했다. 그 후 현지조사 실시를 둘러싸고 추진 세력과 반대 세력 간의 갈등이 이어졌는데, 1987년 봄의 통일 지방선거에서 자민당이 대패한 것을 계기로 입지 추진 세력은 열세에 놓이기 시작해 1990년 7월 20일에는 도의회 또한 설치 반대 결의를 행하기에 이르렀다. 고준위폐기물처분시설 건설계획은 완전한 교착 상태에 빠졌다.

이렇게 고준위방사성폐기물처분시설 건설계획은, 1980년대부터 1990년대 초반에 이르기까지의 시기에 거의 진전되지 않고 완전히 새로 시작하지 않을 수 없었다. 1991년 10월, 고준위방사성폐기물대책추진협의회SHP가 전력업계, 통산성, 과학기술청, 동연 관계자를 중심으로 발족해 처분 사업의 구체적인 실시 방침을 재검토하기 시작했다. 그러한 동연과 사업자 간 작업이 원활하게 진행되도록 지원하고 최종적으로는 국가 정책으로 승인하기 위해 1995년 9월 12일, 원자력위원회에 고준위방사성폐기물처분간담회와 원자력백-앤드대책전문부회 두 부서가 동시에 설치되었다. 그 후 움직임에 대해서는 6장에 다시 소개하겠다.

다음으로 레이저법 우라늄 농축 개발에 대해 기술한다. 그것은 우라늄235와 우라늄238 혹은 양자의 화합물에 관해 그 흡수 스펙트럼(전자에너지

준위)상의 약간의 차이를 이용해 우라늄235만을 레이저로 선택적으로 여과 해리시켜 그것을 전기적으로 분리하는 방법으로 원자법과 분자법 두 종류가 있다. 원자법은 앞서 4장에서 간단히 설명했던 것처럼 금속 우라늄 증기에 레이저를 조사시켜 우라늄235만을 전리하고 그것을 전극에 회수하는 방법이다. 한편 분자법은 육플루오르화우라늄UF_6에 레이저를 조사하여 우라늄235를 포함한 육플루오르화우라늄UF_6만을 선택적으로 여기시켜 오플루오르화우라늄UF_5와 플루오르가스(F_2, 불소가스)로 해리하는 방법이다. 오플루오르화우라늄UF_5은 고체이기 때문에, 가스 형태의 육플루오르화우라늄UF_6에서 용이하게 분리 회수할 수 있다.

이 레이저법 우라늄 농축에 관한 연구개발이 시작된 것은 1970년대 중반의 일이다. 1974년, 미국의 로렌스-리버모어연구소(핵무기 설계를 주목적으로 하는 연구소로 로스알라모스연구소와 쌍벽을 이룬다)가 원자법 우라늄 농축에 관한 연구 성과를 공개하고 세계적으로 주목을 받았다. 거기에 자극 받아 일본 국내에서도 프로젝트를 개시하자는 의견이 높아져, 1976년도부터 일본원자력연구소(원연)가 원자법을, 같은 과학기술청 산하의 특수법인인 이화학연구소(이연)가 분자법을 각각 담당하게 되었다. 그러나 당시는 원심분리법의 성립 시기와 겹쳐 실험실 규모의 연구가 행해지는 데 머물렀다.

레이저법 개발이 본격화한 것은 1980년대 중반의 일이다. 원자력위원회는 1985년 12월 우라늄농축간담회를 설치하고, 1986년 10월에 동 간담회에서 답신을 정리했다. 거기에는 서기 2000년경에 3천 톤WWU/1년 정도의 국내 농축 사업을 구축한다는 목표가 제시된 것과 함께, 원자법에 대해서는 전기사업자를 중심으로 한 연구조합 방식(레이저농축기술연구조합)에 의한 프로젝트를 중심으로 하여, 그것을 원연이 보조하는 형태의 틀이 제안되었다. 또한 미국이나 프랑스에서도 일찍부터 원자법이 중요하게 다루어지고 있는 상황을 반영하여 원자력위원회도 원자법을 중시하고 있었다. 원자법만 보자면 1990년경에 연간 1톤SWU 상당의 5% 농축우라늄 생산이라는 수치 목표가 제시되었다.

이 과정에서 주목할 만한 점은 전력업계가 이른 단계에서 원자레이저법 우라늄 농축 연구개발의 주도권을 장악하려 했고 또한 그것을 실현했다는 점이다. 이 에피소드는 과학기술청 그룹 주도로 연구개발을 진행하여 그 성과를 민간에 기술 이전하겠다는 종래의 방식에 비해 전력업계가 상당한 거부 반응을 보였다는 점치 특징이다. 전력업계는 유망한 기술과 그렇지 않은 기술을 취사선택할 때 자신들의 권한을 행사하는 방법을 택했다. 이렇게 레이저법 우라늄 농축 개발에서 과학기술청 그룹의 주도권이 이른 단계에서 없어져 버린 것이다.

또한 동연은 과학기술청 그룹 내에서조차 보좌에 머물게 되었다. 그것은 동연이 농축 부분에서 점차 열악한 상태에 놓이게 된 것을 의미했다. 왜냐하면 동연에서 원심분리법 우라늄 농축 개발에 관해 연구개발 단계의 최종 플랜트로서 원형 플랜트—연간 200톤SWU, 1985년 11월 건설 개시, 1989년 5월 전면 조업—건설이 궤도에 올라 '원심분리법 우라늄 농축에서 원연의 역할은 종료됐다'는 목소리가 퍼져 나갔기 때문이다(中根良平·北本朝史·清水正巳 편,《日本における同位体分離のあゆみ》, 日本原子力学会, 1998, p. 243). 그 뒤를 잇는 유력 후보인 레이저법 농축 프로젝트의 주역이라는 지위를 동연은 놓친 것이다.

우라늄농축간담회는 1992년 8월에 보고서를 마련했다. 보고서 내용은 레이저법 개발에 관해 냉정했다. 즉 새로운 개발 단계로 전진시키지 않고 공학 시험이나 요소 기술의 개발을 추진해야 한다는 결론만이 있을 뿐이었다. 이렇게 레이저법 우라늄 농축 개발도 실용화로의 전망을 열지 못하고 사라지게 되었다.

참고로 원자법 레이저 농축 기술이 핵 비확산 관점에서 특별한 경계를 요하는 기술로 여겨지게 된 이유를 부연해 보겠다. 그 주요한 이유로는 두 가지가 있다. 첫째는 원자법 레이저 농축 플랜트는 분리계수가 극히 크기 때문에 고농축우라늄을 만드는 데 적합하다. 또한 같은 능력을 가진 다른 방식의 플랜트보다도 훨씬 소형의 장치를 만드는 것이 가능해 전력소비량도 그리 많지 않기 때문에(스파이위성 등에 탐지되지 않는다) 비밀리에 건설·운전하는 것이 가능하다. 둘째로는 같은 원리를 이용한 핵분열성 플루토늄을 농축하는 것도 가능하다. 저품질의 '원자로급' 플루토늄을 고품질의 '무기급' 플루토늄으로 용이하게 전환할 수 있는 것이다. 일본이 미국이나 프

5

안정성장과 민영화의 시대（1980─1994）

랑스와 함께 이 원자법 레이저 농축 기술을 개발한 배경에는 핵무장의 야망이 있지 않았나 하는 의혹이 국내외 식자들로부터 표명된 연유다.

마지막으로 핵융합 개발의 동향에 대해 기술하겠다(자세한 것은 吉岡斉, 〈核融合研究の本格的展開〉, 中山茂·後藤邦夫·吉岡斉 편저, 《通史 日本の科学技術》, 제4권, 学陽書房, 1995, pp. 193-206 및 吉岡斉, 〈大学系の核融合研究〉, 동 3권, 1995, pp. 133-145를 참고할 수 있다).

먼저 핵융합로의 원리에 대해 극히 간단하게 설명하고자 한다. 핵융합 반응이란 가벼운(질량수가 작은) 원자핵이 융합해서 보다 무거운(질량수가 큰) 원자핵을 만들어 내는 반응으로, 이때 막대한 에너지가 발생한다. 기술적으로 가장 용이하게 실현할 수 있는 것은 중수소D와 삼중수소T를 융합시키는 반응으로, 그 결과 베릴륨과 중성자가 생겨나면서 대량의 에너지가 방출된다. 이를 D-T 반응이라고 부른다. 수소폭탄(수폭)은 이 D-T 반응을 순간적으로 대량 발생시키기는 폭발장치다(D와 T 모두 수소의 동위체이기 때문에 이런 명칭이 붙은 것이다). 그에 비해 핵융합로는 그 안에 정기적으로 D-T 반응을 발생시켜 그 열을 빼내어 동력이나 전기로 변환하는 장치다.

대량의 핵융합 반응을 발생시킬 때 가벼운 원자핵을 막힌 공간 내에 고밀도로 주입해 그것을 초고온 상태로 하는 것이 통상의 방법이다. 이를 열핵융합이라고 한다. 원자핵은 양의 전하를 띠고 있기 때문에 서로 전기적으로 반발하는 것이 초고온 상태에서 그 운동에너지를 크게 해 버리면 전기력에 의한 장벽을 돌파하여 서로 융합할 기회가 나오는 것이다. 또한 고밀도라면 가벼운 원자핵들이 서로 부딪칠 확률도 증가한다. 따라서 핵융합 연료를 초고온·고밀도 상태로 만들어 그 상태를 가능한 한 장기간 지속시키는 것이 열핵융합에서 보다 대량의 에너지를 얻으려 할 때 필수적이다. 초고온 상태에서 핵융합 연료는 플라즈마(전리기체) 상태가 된다.

수폭에서는 원폭의 폭발이 만들어 내는 전자파나 충격파를 이용해 핵융합 연료를 순간적으로 초고온·고밀도 상태로 하는 것이 가능하다. 한편 핵융합로에서는 열핵융합 반응을 억제한 상태에서 지속시켜야 한다. 그러기 위해서는 통상 '자장밀폐'라 불리는 방법이 사용된다. 거기서는 핵융합 연료를 핵융합로의 진공용기 속에 넣고, 외부에서 에너지를 주입하여 가열

함과 동시에 핵융합 연료를 튼튼한 자기용기 속에 밀폐시킴으로써 고온·고밀도 상태를 만들어 낸다. 그런데 외부에서 에너지를 주입하는 장치나 견고한 자기용기를 만들어 내는 전자석을 작동시키려면 막대한 전력이 필요하다. 이러한 핵융합로를 움직이기 위한 막대한 입력을 상회하는 출력을 끌어내는 데는 '자기점화조건'—외부에서 에너지를 주입하지 않아도 핵융합 반응을 지속할 수 있는 조건—을 만족시키는 '핵융합 플라즈마'를 발생시킬 필요가 있다. '자기점화조건'의 표준이 되는 것은 이온 온도 2억℃, 밀도와 밀폐 시간의 곱이 2×1020초/m³ 정도다.

실용적인 핵융합 발전로는 반드시 '자기점화조건'을 달성해야만 한다(이를 과학적 실증이라 한다). 그 다음으로 공학적인 많은 난제를 극복하고 높은 신뢰성과 안전성을 갖춘 시스템을 만들어 낼 필요가 있다(이를 공학적 실증이라 한다). 또한 경제적으로 다른 발전 방식과 경쟁이 가능한 수준을 달성해야만 한다(이를 경제적 실증이라 한다).

이보다 역사적인 이야기로 들어가 보면, 제어열핵융합 연구의 최초 붐은 1950년대 중반에 찾아왔다. 스탈린 서거와 함께 미소 관계의 약간의 해빙 무드가 나타난 것을 배경으로 그때까지 수폭 연구와의 관계로 인해 군사기밀의 두꺼운 베일에 가려져 있던 핵융합 연구에 관한 정보를 미영소 삼대 핵무기 보유국을 비롯해 각국에서 일제히 공개하기 시작한 것이다. 그러나 고온 플라즈마를 효과적으로 밀폐하는 방법을 발견하지 못했었기 때문에 핵융합 연구는 '연옥의 시대'로 돌입했다.

거기에서 탈출할 방도가 세워진 것은 1960년대 말의 일이다. 그때까지 실용적인 발전로로 진전할 가능성이 있는 유력한 노형은 하나도 존재하지 않았지만, 도너츠 형태의 진공용기에 강력한 자장을 발생시키는 특대형 코일을 규칙적으로 감은 '토카막tokamak형'이라 불리는 노형이 세계의 핵융합 연구자들 사이에서 주목을 받게 되었다. 토카막형 이외의 노형에 대해서도 밀폐 능력의 착실한 상향이 진행되게 되어 다시 '자장밀폐' 방식에 비견될 만한 것으로 '관성밀폐방식'—레이저 등의 강력한 빔을 핵융합 연료를 채운 작은 표적(펠릿)을 목표로 사방팔방에서 일제히 조사하여 초고온·고밀도 상태를 만들어 내는 방식. 즉 '미니 수폭'을 핵융합로 내에 폭발시키는 방식—개발도 추진하게 된 것이다.

그러한 핵융합 연구의 비약에 순풍이 된 것이 1973년의 석유 위기였다. 그것을 계기로 만약 핵융합 발전이 미래 에너지 공급의 강력한 수단이 될 가능성이 있다면 그것을 추구하고 싶다고 각 선진국의 에너지 정책 관계자들이 생각하게 된 것이다. 그에 따라 세계 각국에서 신에너지의 희망으로서 핵융합 연구에 거액의 국가예산을 투입하게 되었다. 그리고 건설비 1천억 엔을 넘어가는 대형 토카막형 장치 3대를 건설하려는 계획이 실현되었다. 유럽공동체EC의 JET, 미국의 TFTR, 일본원자력연구소의 JT 60이 그것이다. 모두 '자기점화조건'을 달성할 능력을 가지고 있지는 않았지만, 그다음 개발 단계에서 건설되어야 할 핵융합 장치('실용로'라 통칭된다)로 가는 디딤돌 역할을 맡게 될 것으로 설정되었다. 그리하여 다음의 '실험로' 단계에서 '자기점화조건'을 달성하는 것이 목표가 되었다.

세계 3대 토카막 장치는 1982년부터 1985년에 걸쳐 연이어 운전을 개시해 플라즈마 가열·밀폐에 관해 기대한 바대로 성과를 거두었다. 그러나 1980년대 중반까지 세계의 핵융합 연구 붐은 급속히 냉각되기 시작했다. 그것은 주로 두 가지 요인 때문이다. 첫째, 제2차 석유 위기의 태풍이 단기간 동안 곧바로 지나가고, 석유를 비롯한 화석연료가 싸고 안정적으로 공급되는 시대가 다시금 도래하면서 미래 에너지의 안정 공급에 관한 위기의식이 세계적으로 낮아지게 된 것이다. 따라서 신에너지 개발의 정책상 우선순위는 크게 저하되었다.

둘째, 관계자들이 핵융합 발전 실용화의 어려움을 강하게 인식하게 되었기 때문이다. 그 어려움은 실용화를 염두에 두고 본격적으로 검토하기 시작하면서 차차 알게 된 것이다. 먼저 명확해진 것은 '자기점화조건'을 만족시킬 실험로를 만들려면 세계에 3대 있는 토카막의 규모를 대폭 늘린 장치를 만들지 않으면 안 되었는데, 그 건설비(수천억 엔 이상을 전망했다) 조달이 어렵다는 점이었다. 그와 동시에 만약 실험로 건설 및 운전에 성공하더라도 그로부터 실용화까지의 길은 극히 머나먼 일이라는 사실을 인식하기 시작했다. 핵융합로는 같은 출력의 핵분열로와 비교해 규모가 클 수밖에 없고, 기기의 정밀함에서도 보다 엄격한 기준을 만족시킬 필요가 있어 초고온과 맹렬하게 강한 중성자빔에 쪼이는 기기의 재료를 특별히 음미할 필요가 있었던 데다가 또한 빈번하게 주요 기기를 교환하지 않으면 안 되는 등 본질적으로 약점이 있었고, 이 점을 이해하기 시작한 것이다.

그러한 상황 아래 각국 관계자는 자국 혹은 자신들의 지역(유럽의 경우)만의 프로젝트로 실험로 계획을 추진하는 데 주저할 수밖에 없었다. 실용화 가능성이 의심되는 프로젝트에 이만큼 큰 비용을 투자하는 것에 관해 여론이나 의회 또는 재정 당국의 지지를 얻을 가능성을 의문시하게 되었기 때문이다. 이런 역경을 타개할 국제열핵융합실험로ITER, International Thermonuclear Experimental Reactor 건설계획이 미국, 유럽공동체, 일본, 소련(후에 러시아), 4개국 국제 공동 프로젝트로 국제원자력기구IAEA 소관 사업으로 1988년부터 개시되었다(후에 중국, 한국, 인도가 추가됐다). 이 사업은 1985년에 제네바에서 열린 미소정상회담에서 미국의 제안으로 시작되었다. 이를 소련이 전향적으로 받아들여 유럽공동체와 일본을 참여시킨다는 협의에 기초해 3년 후 정식 발족에 이르게 된 것이다. 우선 1988년 4월부터 개념 설계 활동이 시작되어 1992년 7월부터 공학 설계 활동이 시작됐다. 다만 공학 설계 활동이 종료할 예정이던 1998년 7월까지, 건설비의 대부분을 지출하는 호스트국은 정해지지 않았기 때문에 공학 설계 활동은 비용 절감을 주목적으로 다시 3년간 연장되었다. 그 이후부터의 경과를 간략히 기술하면 2001년 7월에 공학 설계 활동이 종료되고 이를 수용할 호스트국(입지 지점)의 선고에 들어갔다. 프랑스(프로방스 지방의 카다라슈Cadarache)와 일본(롯카쇼무라)이 마지막까지 경쟁했는데 2005년 6월에 카다라슈가 입지 지점으로 결정되었다. 그리고 2007년 10월, 국제열핵융합에너지기구 설립에 관한 협정이 발표되었다. 그리고 드디어 2008년에 부지 정비가 시작되었다. 핵융합로가 완성되고 실험이 시작된 것은 2019년경으로 예정되어 있었으나 대폭 지연될 전망이다(2022년 현재 공사중-옮긴이).

일본은 이상으로 개관한 세계의 핵융합 연구 흐름에 1970년 초반까지는 추격하는 위치였으나 1970년 중반 이후 주역의 하나로 참여해 왔다. 일본에서 1960년대 말까지는 핵융합 연구는 대학 등의 연구자를 중심으로 한 학술적 활동에 머물렀다. 그러나 '연옥의 시대'에서 탈각한 세계 추세에

5
안정 성장과 민영화의 시대(1980~1994)

자극을 받아 핵융합 연구를 원자력 연구의 일환으로 추진하자는 움직임이 강해져, 1969년도부터 원자력위원회가 지정한 프로젝트로 〈제1단계 핵융합연구개발기본계획〉이 시작되고 일본원자력연구소(원연)가 그 중심적인 역할을 맡게 되었다.

또한 석유 위기를 계기로 핵융합 연구는 그 예산 규모를 크게 늘리는 데 성공했다. 세계 3대 토카막 장치의 일각이 된 일본원자력연구소의 임계 플라즈마장치 JT 60JAERI TOKAMAK 60—JEARI는 원연의 영문명, 60은 노심 용적이 60m³인 것을 표시한다. 후에 JT 60은 대폭 개조되어 노심 용적이 100m³가 되어, 명칭도 JT 60U로 바뀌었다—건설계획이 승인되고 대학 등에서도 대형 핵융합 장치 몇 대의 건설계획이 승인된 것이다. 그중에서 JT 60 건설은 1975년 7월의 원자력위원회 결정으로 승인되어, 〈제2단계 핵융합연구개발계획〉이 시작되었다. JT 60의 설계가 시작된 것은 1974년이지만, 1978년부터 건설이 시작되어 1985년 4월에 총 공사비 2300억 엔을 들여 완성했다.

그러나 세계에서 핵융합 붐이 냉각되는 상황 변화에 따라 일본 일국의 프로젝트로서의 실험로 건설계획은 좀처럼 구체화되지 않았다. 〈원자력위원회핵융합회의장기전략검토위원회〉는 1981년 3월, 보고서를 제출하고 그 가운데 핵융합실험로FER, Fusion Experimental Reactor의 건설을 제언했다. 그 총 개발비는 6천억 엔(건설비 4500억 엔, 관련 연구개발비 1500억 엔)이라고 견적을 받아 1990년대 중반에 완성하기로 한 것이다. 이를 받아들인 핵융합회의는 원자력위원회에 실험로 건설에 관해 제언했다. 그러나 원자력위원회의 새로운 장기계획(〈82장계〉)에는 핵융합실험로 계획은 들어가지 않았다. 장기계획전문부회에서 반대 의견이 계속되자 이를 저버린 것이다.

이렇게 1980년대에 핵융합 관계자들은 JT 60이 다음 개발 단계로 나아갈 계기를 보이지 않은 채 눈앞의 프로젝트에 쫓기는 나날을 보냈다. 가까스로 1992년 7월 21일, 원자력위원회에서 〈제3단계 핵융합연구개발기본계획〉을 결정했는데 그것은 사실상 ITER 계획에 참여한다는 것을 JT 60의 다음 개발 단계로 설정한 것이 되었다.

이상 고준위방사성폐기물 처분, 레이저법 우라늄 농축, 핵융합 이렇게 세 분야에 대해 1980년대부터 1990년대 초두에 걸쳐 과학기술청 그룹이 행한 연구개발 활동의 동향을 개관해 보았다. 지금부터 총괄적으로 말하려는 점은 어떤 프로젝트도 실용화의 전망을 열려고 할 때 난항을 겪었다는 것이다. 여기서 다루지 않은 다른 프로젝트 역시 사정은 마찬가지다. 원자력선 개발은 잔여 업무 정리와 같은 성격의 프로젝트였고 고온가스로 연구개발도 장치의 규모를 최소한으로 억제해야 했기 때문에 간신히 승인된 프로젝트에 지나지 않았기 때문이다. 스크랩앤드빌드에 의한 발전이라는 과학기술청의 목표가 불완전연소 상태로 계속 타게 된 것이다.

6. 체르노빌 원전사고와 탈원전 여론의 고양

1986년 4월 26일에 소련(현재의 우크라이나) 체르노빌 원자력발전소 4호로에서 일어난 핵 폭주·멜트다운 사고는 사상 최악의 원전사고가 되었다. 이 사고는 후술하는 바와 같이 벨라루스·우크라이나·러시아의 광대한 국토에 방사능 오염을 초래했고 불모의 지대로 변모시켰다. 또한 유럽 전역에 떨어진 방사성 낙진으로 현지인들의 식생활을 비롯한 생활 전반에 커다란 타격을 가했다. 또한 식품의 방사능 오염이라는 형태로 일본인을 포함한 전 세계인에게 불안감을 안겼다.

이 사고의 전말을 요약해 보자. RBMK 1000형 원자로는 플루토늄 생산로로 소련이 개발한 군용로(흑연감속경수냉각형 천연우라늄로)를 원형으로 하여 그것을 발전로로 전용한 것으로, 경수로 VVER과 함께 소련의 발전용 원자로의 주류로 사용되어 왔다. 하지만 저출력으로 양의 보이드계수를 가지는—출력 증가에 의해 노심을 통과하는 냉각수 중의 거품이 증가하면 거품의 증가가 출력을 더욱 높여 핵분열 반응의 폭주적 확대, 즉 핵 폭주 사고에 이르기 쉬운 성질을 가진다—등 안전상 문제가 많은 원자로였다. 체르노빌 4호로에서는 보수 점검을 위한 운전 정지에 들어가기 직전(가장 대량의 방사능을 내장한 시기)에 하나의 실험이 행해졌다. 그것은 전원이 끊긴 경우를 상정해 예비 디젤발전기가 작동되기 전까지 약 40초 사이에 터빈의 관성 운전을 이용해 발전하고, 긴급노심냉각장치ECCS 등에 전기를 공급함으로써 시스템의 안전성을 유지할 수 있다는 것을 실증하기 위한 실험이었다. 하지만 처음으로 운전원이 원자로의 출력을 지나치게 낮춰 버렸기 때문에 실험을 행하기에는 많은 안전장치를 떼어 버리고 저출력으로 원자로를 운전하는 수밖에 방법이 없었다. 그리고 그것이 실행되었다.

그렇게 실험이 개시되었는데, 터빈으로의 열 증기 공급을 정지한 관성 운전에 들어가면서 터빈과 접속하고 있던 펌프(ECCS를 모의하기 위한 임시 조치였다)의 회전이 떨어지고 그에 따라 노심을 흐르는 냉각수가 감소하여 그 결과 온도 상승과 거품 증가가 시작되었다. 하지만 불행히도 RBMK 1000형은 저출력에서 양의 보이드계수를 가진 원자로였기 때문에 출력이 이상 증가하기 시작됐다. 여기서 운전 주임은 당황하여 긴급 정지 버튼 AZ-5를 누르고 제어봉을 노심에 넣으려고 하였으나 그 속도는 모두 삽입할 때까지 18-20초 늦었다. 또한 제어봉의 가장 앞쪽 부분에 있던 제어봉 여러 개가 핵분열 연쇄 반응을 촉진하는 흑연으로 만들어져 있었다. 따라서 제어봉의 삽입이 시작되고 얼마 되지 않아 반응이 더욱 촉진되어 폭주하는 불꽃에 기름을 붓는 결과가 되었다.

거대한 폭주에 의해 노심은 산산이 파괴되어 원자로 건물에는 큰 구멍이 뚫렸다. 추가 폭발이 또한 1-2회 일어났다. 원자로 내부에서 화재가 일어나 노심 멜트다운이 진행됐다. 그리고 건물의 큰 구멍에서 '방사성 화산'과 같이 방사능이 대량으로 누출되는 최악의 사태가 벌어졌다. 또한 멜트다운된 핵연료가 원자로의 콘크리트 기부를 뚫어 그 아래에 있던 풀의 물과 접촉해 대규모의 수증기 폭발을 일으킬 위험이 생겨났다. 만약 그것이 현실화된다면 내장 핵물질의 대부분이 대기 중으로 방출되어 1-3호로에도 사고처리 부대가 접근할 수 없게 되어 동시다발적인 원전사고가 될 수밖에 없었는데, 그러한 최악의 사태만은 피했다. 방사능 대량 방출은 5월 6일까지 이어졌다.

체르노빌 사고는 세계적으로 여러 가지 큰 영향을 미쳤다. 우선 이 사고는 소련의 원자력발전계획에 중대한 타격을 가했다. 몇몇 원전은 폐로할 수밖에 없었고 진행 중이었던 건설계획도 몇 개는 중지되었다. 그 후의 소런 붕괴와 그에 동반한 경제적 혼란에 따라 구소련 여러 나라에서 원전 계획은 1990년대 이후에도 정체를 이어 갔다.

둘째, 체르노빌 사고는 다수의 사망자와 피해자를 낳아 원전사고가 일어나면 광대하고 영구적인 불모지대를 만들어 내고 대량의 난민을 발생시키는 파국적인 사고가 된다는 것을 실증했다. 이렇게 궁극적인 사고가 일어날 확률이 사실상 무시할 수 있는 정도라고 하는 것을 사람들에게 믿게 하는 것이 원자력발전의 확대에 불가결한 전제조건인데 이제 그 전제조건은 타당하지 않다는 것이 입증되었다. 이를 계기로 많은 유럽 국가에서 원자력발전소 신설에 관해 모라토리움 상태에 들어갔다.

셋째, 무엇보다 이 사고에 의해 대형사고에 이르는 시나리오로 냉각재 상실 사고LOCA와 함께 폭주 사고도 또한 현실적인 문제라는 것을 널리 인식하게 되었다. 물론 두 가지 모두 결말은 동일하게 원자로 건물 파괴에 의한 외부 환경으로의 방사능 누출과 노심의 멜트다운이다(멜트다운 사고와 핵 폭주 사고를 대형 참사의 두 가지 타입으로 함께 놓는 논자도 있다. 물론 이는 사고의 결과와 원인을 혼동하는 데에서 기인한 단순한 착오다).

그런데 폭주 사고의 위험은 체르노빌형 원자로에서만이 아니라 고속증식로FBR나 비등수형경수로BWR 등 다른 타입의 원자로에도 해당한다. 때문에 체르노빌 사고는 이들 타입의 원자로의 안전성에 대해서도 의문을 던지는 효과를 낳았다. 고속증식로FBR에 대해서는 독일의 원형로 SNR300의 안전성에 관해 입지 지점이 있는 노르트라인·베스트팔렌 주정부(사회민주당)가 폭주 사고를 일으키기 쉽다는 것을 주요한 논거로 운전 허가를 내주지 않았고, 연방정부도 그것을 각하하는 결단을 내리지 않았다. 그러한 교착상태가 이어지던 1989년 바커스도르프Wackersdorf 재처리공장 건설이 중지되어 SNR300은 공중에 뜬 형태가 되었고 또한 같은 해 베를린 장벽 붕괴가 최후의 일격이 되어 1991년에는 폐로가 결정됐다.

체르노빌 사고가 초래한 피해에 대해서는 지금까지도 전모가 밝혀지지 않았다. 정확한 영향평가를 위해 불가결한 역학조사라는 작업 자체가 겪은 어려움으로 인한 것이지만, 소련 정부(및 그 계승자인 러시아 정부)의 비밀주의와 정보 조작에도 기인한 점이 크다. 소련 정부가 그러한 자세를 일관해 온 것은 사고 영향을 가능한 낮게 잡기 위한 것으로 볼 수 있다. 또한 국제 원자력기구IAEA도 그러한 소련 정부의 자세와 동일하게 보조를 맞춰 왔다. 그 결과 사고로부터 20년 이상이 경과한 현재에도 어느 정도의 방사능이 방출되어 어느 정도의 방사선 피폭이 일어났고, 그것에 의해 어느 정도의 급성 피해가 발생하고 어느 정도의 만발성 장해가 발생했다라고 하는 가장 기본적인 사항에 관해서도 전문가들 사이에서 합의가 존재하지 않는다.

예를 들어 소련 정부 보고서(1986년 여름)는 방사능 방출량이 비활성가스 5천만 퀴리(1850페타베크렐. 페타는 1000조), 그 이외의 에어로졸 방사능 5천만 퀴리, 합계 1억 퀴리(3700페타베크렐)라는 수치를 1986년 5월 6일(사고의 10일 후)에 표준화한 수치로 제시했다. 이 추정에 따르면 노심 내부의 비활성가스 이외의 방사능의 고작 4% 정도밖에 외부로 확산되지 않았다는 것이 된다(체르노빌 로에 내장된 방사능은 약 12억 퀴리로 추정된다. 이 중 비활성가스 5천만 퀴리, 기타가 2억 5천만 퀴리라면 그것은 비활성가스 이외의 방사능의 4% 이상에 상당한다. 하지만 그 후 조사에 의해 원자로 내부는 거의 비어 있었다는 것이 확인되었고, 대부분의 방사능이 어딘가로 갔는지는 밝혀지지 않았다).

또한 소련의 보고서에 따르면 사고에 의한 직접 사망자는 31명(그중 28명은 급성 방사선 장해에 의함), 급성 방사선 장해를 겪은 사람은 237명(전원 발전소 직원 및 소방관)이라고 되어 있다. 주변 주민에게는 급성 방사선 장해가 1건도 나타나지 않았다고 되어 있다. 그러나 이는 의문시되었다. 적어도 수천 건의 급성 방사선 장해가 주변 주민들 사이에서 발생했을 것이라는 추정도 있다. 아라 야로신스카야Ara Yarosinskaya에 따르면, 소련 공산당 지도부가 급성 방사선 장해 피해자의 진료카드에 '신경혈관 피로'로 기록하도록 의료기관에 지시를 내렸다고 한다(アラ・ヤロシンスカヤ, 《チェルノブイリ極秘》, 和田あき子 역, 平凡社, 1994). 또한 사고 처리 작업자 사이에도 급성 방사선 장해 수만 건이 발생했다고 추정되고 있다(七沢潔, 《チェルノブイリから、もんじゅへ》, 岩波新書, 1994, 4장).

더욱이 소련 정부 보고서는 우크라이나·벨라루스·러시아 세 공화국에 사는 주민 7500만 명이 받은 총피폭선량을 2억 5천만 렘(250만 시버트)으로 추정했다. 이 경우 국제방사선방호위원회ICRP, International Commission on Radiological

Protection가 1990년 보고한 리스크 평가에 따르면 암 사망자는 12만 5천 명이 된다. 또한 히로시마에 있는 재단법인 방사선영향연구소RERF, Radiation Effects Research Facility의 1988년 보고의 리스크 평가에 입각해 계산하면 암 사망자는 32만 5천 명이 된다. 그러나 소련 정부는 다음 해에 평가를 다시 하고 총인구 피폭량을 12분의 1로 바꿨다. 이에 의해 암 사망자는 계산상 1-3만 명 정도로 머무르는 결과가 되었다. 다만 로우raw 데이터와 추론 과정은 위에 적은 두 보고서에 관해서는 일절 밝히지 않았다. 모든 로우 데이터와 추론 과정을 명시하지 않으면 객관적인 추론으로서 의미가 없다.

프랑스의 물리학자 벨라 벨보크Bella Belb´eoch는 사고 직후인 1986년 5월 1일에 "이 대참사의 피해자 수 평가를 최대한으로 줄이기 위해 후일 전문가들의 국제적 기획이 행해질 것이다"고 기술했다. 현재까지의 경과는 이 예상을 뒷받침하고 있다(ベラ·ベルベオーク, ロジェ·ベルベオーク, 《チェルノブイリの惨事》, 桜井醇児 역, 緑風出版, 1994, p. 41).

한편 체르노빌 사고는 일본에도 커다란 영향을 미쳐 일반 시민을 널리 아우르는 탈원전 여론을 고양시켰지만 일본 정부의 원자력 정책에는 영향이 적었다. 또한 국내 각지의 원전 건설계획이나 아오모리현 롯카쇼무라의 핵연료사이클 시설의 집중 입지 계획에도 제동을 걸지는 못했다. 그런 점에서 일본은 유럽의 여러 나라와 사정을 달리한다. 일본 국토에 직접 대량의 방사성 낙진이 떨어지지 않았기 때문에 체르노빌 사고의 영향이 유럽의 여러 나라와 비교해 크지 않았다고 볼 수 있다.

스리마일섬 원전사고 때와 같이, 일본의 원자력 개발 관계자들은 '이러한 사고는 일본에서는 일어날 리 없다'라는 취지로 논의했다. 특히 체르노빌형 원자로(RBMK형)에는 격납용기가 없었다는 것을 역설하고 또한 양의 보이드계수를 가진 것 등 설계상의 난점을 역설했다. 또한 소련 정부가 운전원의 규칙 위반을 사고 원인으로 단정하면서, 일본의 운전원은 원자력 안전문화를 몸에 익혔기 때문에 괜찮다고 주장했다. 이렇게 체르노빌 사고의 특이성을 강조하는 캠페인에 대해서 비판적 전문가들은 폭주 사고가 다양한 형태의 원자로에서 일어날 수 있으며, 체르노빌급 사고 시에는 격납용기나 압력용기가 도움이 되지 않음을 역설했다. 또한 운전원의 규칙 위반이라는 죄상에 대해서도 소련의 원자력 개발 간부의 책임 회피를 위한 핑계에 지나지 않는다고 지적했다. 그러나 일본의 행정 당국은 폭주 사고의 관점에서 국내 원자력발전소의 안전성을 재검토하지 않았다. 이 점에 관한 한 스리마일섬 사고 때보다도 사고의 안전규제 행정에 대한 영향은 적었다.

그럼에도 불구하고 체르노빌 사고가 국내 여론에 끼친 영향은 단기간에 종식되지 않았다. 사고 후 반년이 지나 조용해질 것으로 보였던 일본 국내의 반대운동은 수입 식품의 방사능 오염 문제가 연이어 보도되면서 1987년 1월을 계기로 재차 고양되었다. 식품 오염 문제를 계기로 주부층을 중심으로 많은 일반 시민이 원전 문제를 자신에게 직접적인 문제로 인식하게 되었다. 그러한 자연발생적인 운동의 고양을 '탈원전 뉴웨이브' 등으로 부른다. 이 운동의 정점은 1988년이었으며 시코쿠전력 이카타원자력발전소의 출력 조정 실험에 대한 반대운동을 비롯해 아이를 동반한 주부를 중심으로 한 행동이 전국 각지에서 전개되었다. 1988년 4월 24일 도쿄 히비야日比谷 공원에서 열린 체르노빌 사고 2주년의 전국 집회에는 참가자 2만 명이 모였다.

그러한 탈원전 여론의 고양의 불에 기름을 부은 것은 논픽션 작가 히로세 다카시広瀬隆의 활약이었다. 히로세는《도쿄에 원전을! 신주쿠 1호로 건설계획東京に原発を！新宿一号炉建設計画》(JICC出版局, 1981)을 시초로 1980년부터 정력적인 원자력 비판을 전개하였고,《존 웨인은 왜 죽었나ジョン・ウェインはなぜ死んだか》(文藝春秋, 1982) 등의 화제작을 발표했는데, 체르노빌 사고 1주년인 1987년 4월 26일에는《위험한 이야기―체르노빌과 일본의 운명危険な話》(八月書館)을 발표해 순식간에 독자 수십만 명을 확보했다. 히로세의 이 작품은 원전사고에 의해 방출된 방사능의 위험성을 현장감 있는 필치로 호소해 '히로세 다카시 현상'이라 불릴 정도로 커다란 반향을 불러 일으켰다.

그로부터 20여 년이 지난 현시점에서 평가하자면 히로세 다카시의《위험한 이야기》는 선견지명으로 넘쳐난 작품이었다는 것을 알 수 있다. 히로세의 가장 기본적인 주장은 체르노빌 사고와 그 영향에 관한 소련 정부의 보고가 기본적으로 픽션이며, 가능한 사고의 피해를 작게 보이려고 정보가 조작되었고, 그것은 세계의 원자력발전 확대를 목표로 하는 국제원자력기구IAEA와의 합작품이라는 것이다. 이 주장은 전술한 벨보크의 주장과 같은 취지인데 현재까지 기본적으로 반증되지 않았다고 생각한다.

'히로세 다카시 현상'의 맹위에 놀란 탓인지 여러 논자들이 1980년대 후반, 히로세 다카시 비판을 전개했다. 그들의 입장은 동일한 형태는 아니었지만 히로세의 표현이 과학적으로 불명확하다거나 근거하고 있는 데이터의 신뢰성이 낮다는 것을 집요하게 물고늘어져, 그 주장의 신빙성을 잃도록 하려 했다는 점은 모든 논자들에게 공통적으로 나타났다. 예를 들어 일본과학자회의의 노구치 구니카즈野口邦和는 〈히로세 다카시《위험한 이야기》의 위험한 거짓말〉을 발표했다(《文化評論》, 1988, 7월호, pp. 114-147). 그 글에서는 히로세의 문장 중 적지 않게 포함된 단순화로 인한 부정확한 기술에 대해 집요한 공격이 반복적으로 이루어지고 있다. 그러나 노구치의 가장 기본적인 주장은 소련 보고서를 픽션이라 단정한 히로세의 주장은 히로세 자신이 소련 보고서를 반증할 만한 해석 결과를 보여주지 않는 한 설득력이 없다는 것이었다. 즉 노구치는 사실상 소련 보고서 내용을 전면적으로 옹호한 것이다.

한편 1988년에 최고조에 달한 '탈원전 뉴웨이브'도 1990년대 들어 역시 잦아드는 방향으로 나아갔다. 그것은 운동이 구체적인 성과를 거두지 못했기 때문이라고 여겨진다. 아오모리현 시모키타 반도의 핵연료사이클기지 건설계획이 궤도에 오르기 시작하면서, 각지의 원자력발전소 건설이나 운전에도 유효한 제동이 걸리지 못했다. 1988년에 제기된 '탈원전법 제정운동'은 합계 시민 350만 명의 서명을 모아 국회에 제출했지만, 그렇게 민의가 고양됐음에도 정책 전환을 위한 구체적인 움직임으로 연결된 것은 아니었다.

여기서 탈원전이라 함은 1986년의 체르노빌 4호기 사고 이래, 독일에서 널리 원자력발전에 관해 사용되게 된 아우스슈티그Ausstieg라는 용어를 기원으로 한다. 이 용어는 전차나 버스에서 내릴 때 쓰는 일상어로 사용되어 왔는데 독일인은 그것을 원전에서 하차한다는 의미로 전용했다. 탈원전이라는 단어에는 이미 원자력발전이 사회 안에서 일정한 역할을 담당하고

있다는 사실을 인정한 뒤에, 원자력발전에서 탈각을 도모한다는 의미가 담겨 있다(高木仁三郎, 《市民科学者として生きる》, 岩波新書, 1999, p. 197).

7. 냉전 종결의 영향과 핵 비확산 문제의 재부상

이렇게 일본의 원자력 공동체는 체르노빌 사고를 계기로 높아진 탈원전 여론을 피하는 데 성공했다. 그러나 1980년대부터 1990년대까지 원자력 공동체는 국민 여론의 역풍 이외에도 여러 난제를 지니고 있었다. 이미 기술한 바와 같이 원자력발전소의 신규 입지는 모두 난항을 겪었고, 연구 개발 프로젝트군은 한결같이 대폭적인 일정 지연을 겪을 수밖에 없었다. 거기에 더해 새로운 난제 두 가지가 부상했다. 하나는 미국에서 레이건 정권이 탄생함에 따라 대폭 완화되었던 원자력을 둘러싼 미일 간 마찰이 재연된 것이고, 다음으로는 원자력 공동체 내부에서 두 세력 간 불협화음이 높아진 것이다. 이 절에서는 전자에 대해, 다음 절에서는 후자에 대해 논의하겠다.

이미 살펴본 것처럼 레이건 정권 발족과 함께 미국의 플루토늄 민간 이용에 관한 외교활동은 휴지 상태에 들어갔다. 그러한 일본의 원자력 계획에 대해 극히 관용적인 레이건 정권하에서 원자력 관계자들이 노린 것은 미일원자력협정 개정이었다. 나카가와 이치로中川一郎 과학기술청 장관이 1982년 6월 방미하여 미국 정부 정상과의 회의 석상에서 회담 개시를 제안한 것이 개정 교섭의 발단이 되었다. 일본 관계자가 목표로 한 것은 핵물질의 국제 이전에 관해 기존에 행해 왔던 개별 승인case-by-case approval 방식을 포괄 동의prior consents 방식으로 개정하는 것이었다.

이 포괄 동의 방식의 최대 장점은 영국과 프랑스 양국의 재처리공장에서 일본산 사용후핵연료에서 추출된 플루토늄을 일본이 양국으로부터 반환받을 때, 기존에는 미국 정부로부터 매번 승낙을 얻어야만 했지만, 새로운 방식에서는 일정한 조건을 만족시키는 경우 새로운 협정 체결 후 30년에 걸쳐 승낙을 받을 필요가 없다는 것이었다. 이에 따라 일본은 영국과 프랑스 양국으로부터 미국 정부의 간섭을 받지 않고 플루토늄을 안정적으로 반환받을 수 있게 된다. 이것은 일본의 플루토늄 정책의 자율성을 높이는 것이라 여겨졌다.

이러한 일본 정부의 움직임에 대해 미국 국내에서는 핵 비확산 그룹(핵관리연구소 등)이나 환경보호 그룹(그린피스 등)이 강하게 반대했다. 연방의회 의원 상당수도 반대 의사를 표했다. 그들의 주요한 반대 이유는 핵재킹(원자력시설이나 핵연료 물질을 점거, 강탈하여 금품을 요구하거나 범인의 석방을 요구하는 행위)의 위험성과 플루토늄 공중 수송 과정에서 추락 사고가 일어날 위험성이었다(당시는 핵재킹 방지의 관점에서 공중 수송이 플루토늄의 가장 적절한 수송 방식이라고 여겨졌다). 1987년 11월에 협정 개정안에 관한 미일 양국 정부 간 서명이 완료되어 연방의회에 제출되자 격렬한 반대론이 일었다. 그러나 연방의회의 반대자들은 다수파를 형성하는 데에는 이르지 못해 1988년 4월 25일 미일원자력협정은 승인되었다(발효는 1988년 7월). 다만 플루토늄 공중 수송에 대한 아이디어는 미국 국내에서 강한 반대를 불러일으킴에 따라 사실상 보류됐다. 그리고 당면한 조치로 해상 수송 방식이 채택되었다.

일본과 유럽 간의 플루토늄 수송 문제는 1992년이 되어 미국 연방의회에서 재연됐다. 일본이 플루토늄 운반 전용선 '아카쓰키마루ぁかつき丸'와 해상보안청의 순시선 '시마시마しましま'를 이용해 프랑스에서 일본으로 플루토늄을 수송하는 계획을 발표한 것이 그 발단이었다. 이때에도 미국 국내에서 반대운동이 일어나 연방의회에서도 두 문제가 토의되었지만, 그것은 미국 정부의 일본 정부에 대한 용인 입장을 뒤집는 데까지는 이르지 못했다. '아카쓰키마루'는 1992년 8월 24일에 요코하마항을 떠나 프랑스의 셸부르항에 도착했다. 거기에서 플루토늄 약 1.5톤(그중 핵분열 플루토늄 약 1.1톤)을 적재한 후 11월 5일 출항해 남아메리카 남해안 및 오스트레일리아 남해안을 경유하여 1993년 1월 5일 도카이항에 도착했다. '아카쓰키마루'는 프랑스에서의 귀로 과정에서 국제 환경보호단체 그린피스의 선박으로부터 추적을 받았다.

위에서 살펴본 바와 같이 일본의 플루토늄 이용 추진 정책의 전개에

5
안정성장과 민영화의 시대(1980—1994)

189

대해 미국 정부는 1980년대부터 1990년대 초반까지 그것을 용인해 왔다. 미국 국내의 반대 의견은 유력한 것이었지만, 연방정부를 움직일 정도로 힘이 있지는 않았다. 그런데 1993년에 민주당 클린턴 정권이 발족하고 상황에 조금 변화가 생겼다. 클린턴 대통령은 1993년 9월 27일, 뉴욕의 유엔 총회장에서 대통령 취임 후 처음으로 외교·방위 정책에 대해 연설하고, 그 속에서 핵무기를 비롯한 대량살상무기의 비확산이 미국에 가장 높은 우선순위를 가진 정책 과제 중 하나라고 연설하였다. 클린턴의 이 연설에서 하나 눈에 띄는 것은 무기용핵물질생산금지조약(컷오프 조약) 체결을 제창한 것이었다.

클린턴의 연설일에 백악관이 발표한 팩트 시트fact sheet 〈핵 비확산 및 수출 관리에 관한 정책〉에는 플루토늄 이용에 관한 보다 구체적인 정책 지침이 담겨져 있었다. 그것은 핵무기 해체 및 핵에너지 민간 이용에 따라 발생하는 핵무기용 핵분열 물질(고농축우라늄, 플루토늄)에 관해 세계의 비축량을 최소한도로 줄이는 것과 동시에 비축 중인 무기용 핵분열 물질에 대해 국제적인 보안 체제를 구축하는 것을 기본적인 목표로 하는 것이었다. 한편 플루토늄의 순도, 즉 플루토늄239의 함유율에 대해 클린턴 정부는 '원자로급' 플루토늄도 무기용 핵물질이라는 견해를 취했다. 일본의 원자력 관계자 중에서는 '원자로급' 플루토늄은 원폭 재료에 적합하지 않기 때문에 무기용 핵물질에서 제외해 생각해야 한다(너무 신경질적으로 규제할 필요는 없다)고 주장하는 사람들이 적지 않았지만, 그러한 의견은 절대 받아들여지지 않았다. 또한 이 팩트 시트에는 미국 스스로 군사 이용 목적과 민간 이용 목적을 불문하고, 자국에서 재처리를 통한 플루토늄 추출을 행하지 않는다는 방침이 명기되었다. 다만 유럽 여러 나라나 일본에 대해서는 플루토늄 민간 이용을 장려하지 않은 채 그것을 계속해서 승인한다는 자세를 보였다.

이러한 1993년 9월의 클린턴 연설을 계기로 미일 관계자 사이에서 플루토늄 정책을 둘러싼 논의가 전개되었다. 그것을 근거로 일본 정부는 잉여 플루토늄을 비축하지 않는다는 방침을 원자력 정책의 기본 중 하나로 놓고 그것을 일본의 국제 공약으로 내걸게 되었다. 1994년 6월 24일에 발표된 새로운 〈원자력개발이용장기계획〉에는 다음과 같이 정책 수정의 골자가 문장화되었다. 거기에는 "잉여 플루토늄을 가지지 않는다는 원칙을 견지하면서 합리적이고 정합성이 있는 계획 아래에서 그 투명성 확보에 힘쓰는 것과 함께 핵연료사이클 계획의 투명성을 보다 높이기 위한 국제적인 조직을 구체화하는 데 노력한다"고 기술되어 있다.

그러한 투명성을 높이는 구체적 수단으로서 과학기술청은 일본의 플루토늄의 관리 상황(공급·저장·사용 상황)에 관한 데이터를 처음으로 구체적인 수치로 공표하게 되었다. 과학기술청은 플루토늄의 관리 상황에 관해서 1993년 10월 1일, 아키바 다다토시秋葉忠利 중의원 의원(일본사회당)의 질문에 답하는 형태로 1992년 말까지 데이터를 공표했다. 그 후《원자력백서》1994년 판부터 이 데이터가 매년 게재되게 되었다. 그 시기를 전후로 과학기술청은 1991년 이후, 잉여 플루토늄을 내놓지 않는다는 조건을 만족시키는 플루토늄 수급 계획을 세우고 그것을 공표하도록 하게 되었다. 예를 들어 위에 기술한 1994년 장기계획에는 2010년경까지의 수급에 관해 핵분열성 플루토늄 전환에서 아래 표 5와 같은 견적이 제시되었다.

일본 정부의 이 조치들을 평가했기 때문인지, 클린턴 정권은 그 후 일본의 플루토늄 이용 정책에 간섭하는 일을 자제하게 되었다. 고속증식로FBR 원형로 몬주나 고속증식로용 재처리를 하는 리사이클기구시험시설RETF의 건설·운전에 관해 미국 정부는 이전부터 용인하는 자세를 취했는데 2011년 여름 시점까지 그 자세에 변화는 보이지 않는다.

이렇게 미국 정부가 일본의 플루토늄 정책에 대해 반드시 적대적인 자세를 취했던 것만은 아니다. 확실히 미국 정부는 일본을 무기용 핵물질 국

표 5. 1994년 장기계획의 플루토늄 수급 견적

수요	공급
조요, 몬주, 후겐 19-24톤	도카이 재처리공장 및 기반환분 4톤
FBR 실증로, ATR 실증로 등	롯카쇼무라 재처리공장 및 도카이 재처리공장 35-45톤
경수로 MOX 연료 이용 50-55톤	해외로부터의 반환분 30톤
누계 69-79톤	누계 69-79톤

제 관리 시스템 속에 편입시키기 위해 특별한 노력을 쏟았지만, 그럼에도 일본이 추진하는 플루토늄개발이용계획 그 자체를 중지하라고 요청하지는 않았다. 그것은 미국 정부가 자국의 안전보장과 세계 평화 유지에서 일본의 플루토늄개발이용계획 추진이 반드시 용인하기 어려울 정도의 위협을 초래하지는 않는다고 생각해 왔기 때문이라고 여겨진다.

미일 동맹이 안정적이고 일본 정부가 국제 핵 비확산 체제의 모범생임과 동시에 그 강화라는 미국 정부의 방침에 대해 협조적인 한, 일본의 플루토늄개발이용계획 추진은 미국 정부가 용인할 수 있는 것이었다. 오히려 RETF에 관해서는 미국에서 일본으로 광범위한 기술 제공이 있었다는 것이 그린피스 인터내셔널의 보고서에 의해 판명되었다(グリンピースインターナショナル, 《不法なプルトニウム同盟》, たんぽぽ舎, 1995). 게다가 미국 정부의 자세를 바꿀 수 있을 정도로 미국 국내의 반대 여론이 강력하지는 않았고 연방의회에서 다수파를 형성하지도 않았던 것이다.

8. 국내의 불협화음 고조

다음으로 국내에서의 불협화음 고양에 대해 동연이 진행해 온 4대 국가 프로젝트를 중심으로 살펴보겠다. 이들 국가 프로젝트는 과학기술청 그룹의 연구개발 활동의 핵심이 된 것이며, 전력·통산연합으로의 이관을 실현하는 것이 과학기술청 그룹의 염원이었다. 그리고 그 이관의 전망은 1980년경까지로 설정됐다. 하지만 그 후 전력·통산연합의 사업 전개는 과학기술청 그룹의 기대에 반드시 부응하는 것은 아니었다.

먼저 핵연료 재처리에 관해 살펴보자면, 전력업계가 일본원연서비스를 1980년에 설립하면서, 민간 상업 재처리공장의 건설계획을 책정하는 작업이 시작됐다. 그러나 구체적인 기본 방침이 일본원연서비스로부터 표명되지 않은 채 약 3년이 경과했다. 일본원연서비스나 그 관계 각 사는 당초부터 주요 공정에 관해 프랑스로부터의 기술 도입을 고려하고 있었지만, 그것을 이른 단계에 정식으로 발표한 것은 '국산 기술을 기초로 한다'는 방침을 세운 과학기술청의 의향을 배신하는 것이 되어 동연의 체면을 구기는 것이 되기 때문에 침묵한 것으로 보인다.

구체적인 계획이 제시된 것은 아오모리현 시모키타 반도의 핵연료사이클기지 건설 구상을 전기사업연합회(전사련)가 발표한 1984년의 일이다. 일본원연서비스는 원자력위원회에 대해 연간 800톤의 사용후핵연료 처리 능력을 가진 공장을 건설할 의향을 전하고, 그 주요 공정 기구나 기술을 프랑스에서 도입할 방침을 표명했다. 여기서 프랑스의 기구나 기술이라는 것은 라아그La Hague 재처리공장에서 당시 건설 중이던 UP3 공장(연간처리능력 800톤)의 기구나 기술을 의미한다. 이를 프랑스의 엔지니어링사인 SGN과 그 계열사인 프랑스핵연료공사COGEMA—프랑스원자력청이 100% 출자한 회사로 프랑스의 핵연료사이클 사업을 독점해 왔다—로부터 도입하자는 것이 일본원연서비스의 구상이었다. 그것은 동연의 도카이 재처리공장과 같은 방식이었다. 한편 일본원연서비스가 건설한 민간 상업 재처리공장의 처리 능력은 연간 1200톤이라는 것이 관계자의 암묵적인 이해였지만 그것이 800톤으로 잘려 나가는 형태가 되었다.

원자력 관계자들 중에는 국산 기술에 의한 재처리사업의 실현을 고집하는 사람들이 적지 않았다. 고속증식로FBR, 신형전환로ATR, 우라늄 농축 모두 국산 기술에 의한 실용화가 목표로 되어야 함에도, 재처리만을 기술 도입 방식으로 실증한다는 것은 기술 자립·기술 입국이라는 생각을 고집하는 사람들이 승낙하기는 어려운 방침이었다. 특히 동연의 기술자 집단에게 연구개발에 힘쓴 나날이 재처리 실용화로 이어지지 않은 것은 자신들의 존재 가치를 뒤흔드는 것이었다.

하지만 전력업계는 동연이나 국내 제조업체의 기술력을 신뢰하지 않았다. 그리고 이미 전력업계에 주도권이 넘어간 사업에 대해 그들의 방침을 뒤집는 것은 불가능했다. 동연은 일본원연서비스와 기술협력기본협정을 체결해 롯카쇼무라 재처리공장의 건설계획에 약간의 영향력을 가질 수 있었지만 그 역할은 조언에 그쳤다. 즉 전력업계는 재처리사업에서 극히 이른 단계에 과학기술청 그룹으로부터 자립을 달성한 것이다.

둘째, 우라늄 농축에 대해서는 1981년 8월, 원자력위원회 우라늄농축국산화부회가 답신을 발표하고 거기에서 동연으로부터 민간으로 기술을 이전하고 민간에 의한 국내 사업화를 추진한다는 방침이 제시됐다. 또한 사업화의 전 단계로 민관 협력을 통해 원형 플랜트 건설을 추진하기로 결정됐다. 이는 1982년의 장기계획에서 승인된 것이었다. 먼저 실시된 것은 원형 플랜트 건설이다. 건설은 1985년 11월 시작되어 1989년 5월에 전면 조업에 들어갔다. 이 플랜트에서 이용된 원심분리기는 금속동에 있는 DOP 1(전기) 및 DOP 2(후기)이며, 동연이 제조업체와 공동으로 개발한 것이다.

전력업계는 이 원심분리기를 롯카쇼무라 우라늄농축공장에서도 채택하기로 결정했다. 또한 롯카쇼무라 우라늄농축공장(최종 규모 1500톤SWU/년, 제1기 600톤SWU/년, 제2기 900톤SWU/년)에서 제2기 후반(450톤SWU/년)에 도입하는 것을 목표로 하여 신소재(탄소섬유강화플라스틱)를 이용한 고성능 원심분리기의 공동개발이 동연과 전력업계의 공동개발사업으로 개시되었다(1993년도부터 1997년도까지 약 1천 대의 신소재 고성능 원심분리기를 이용한 실용 규모에서 연쇄 시험cascade experiment이 실시되었다). 또한 같은 해부터 신소재 고성능 원심분리기의 1.5-2배의 분리 능력을 가진 고도화 기기의 공동개발도 1998년도까지의 6개년 계획으로 시작되었다. 거기서는 늦어도 2003년까지 고도화 기기를 실용화하는 것을 목표로 했다. 그리고 이 고도화 기기의 개발 성공으로 국내 우라늄농축 사업이 국제 경쟁력을 가질 수 있게 될 것이라 기대했다(구체적인 데이터는 공개되지 않았지만, 국내 우라늄농축 비용은 국제적인 시장가격의 수 배에 이른다는 것이 공공연한 비밀로 이야기되어 왔다). 이렇게 전력업계가 우라늄 농축 개발에 관해 동연과 공동개발 방식을 당분간 계속해 간다는 것이 1990년대 전반 단계에 다시금 재확인되었다.

하지만 6장에서 기술한 바와 같이, 1997년 동연개혁검토위원회의 보고서에 따라 동연의 우라늄 농축 기술 개발 업무는 폐지하기로 결정됐다. 이에 따라 전력업계는 과학기술청 그룹으로부터 기술 자립을 재처리보다도 상당히 늦게 달성하게 되었다. 한편 롯카쇼무라 우라늄농축공장에 도입될 예정이었던 신소재 고성능 원심분리기에 대해서는 이를 도입하지 않기로 전력업계가 결정했다. 고도화기의 실용화에 대해서는 향후 전력업계의 판단에 맡기게 되었다. 2000년대의 전개에 대해서는 7장에서 논한다.

셋째, 고속증식로FBR에 대해서는 원형로 몬주의 설계 연구가 진행되었던 1975년경부터 적어도 전기출력 100만KW급 실증로의 설계 연구가 동연에서 개시되었다. 그런데 고속증식로FBR 실증로의 설치 주체를 어디로 할 것인가에 관해 당시 이미 관계자들 사이에서는 암묵적인 합의가 형성되어 있었다. 그것은 실용 단계에 이른 원자력 개발 프로젝트는 민영화해야 한다는 합의였다. 이 민영화 방침이 고속증식로FBR 실증로에 대해서 확정된 것은 1982년의 장기계획에서였다. 거기에 앞선 1980년경부터 전력업계는 제조업체의 조력을 얻어, 고속증식로FBR 실증로의 건설 연구를 개시했다. 그 중심 기관이 된 것은 전기사업연합회(전사련)에 1980년 6월 설치된 고속증식로개발준비실이다. 그 후 전기사업자는 일본원자력발전을 실증로 건설 운전 주체로 한다는 방침을 정하고, 그와 동반하여 1985년 11월 설계 연구 사무를 전사련으로부터 일본원자력발전으로 이관했다.

여기서 쟁점이 된 것은 고속증식로FBR 개발에서 정부와 전력업계 간의 관계를 어떻게 설정할 것인가 하는 문제다. 원자력위원회로서는 실증로 이하의 고속증식로FBR 건설 운전 주체를 전기사업자에게 맡긴 채 실용 단계에 도달하기까지 국책으로서 고속증식로FBR 개발을 추진한다는 자세를 바꾸지 않았고 또한 동연에도 잇따른 연구개발에서 중요한 역할을 부여한다는 방침을 표했다. 즉 계획 입안과 개발 실시 두 가지 면에 걸쳐 정부가 국책으로 주체적으로 관여하고 민관 일체의 추진 체제를 견지한다는 것이다.

그러나 전기사업자에 의한 고속증식로FBR 실증로의 설계 연구가 진척되는 속도는 더뎠다. 그리고 드디어 1992년 10월, 전사련은 탑 엔트리Top Entry 방식 루프형로(전기출력 67만KW)의 예비적 개념 설계서를 준비해, 원자력위원회 고속증식로개발계획전문부회에 제출했다. 탑 엔트리 방식은 원자로 용기·중간 열교환기·주순환 펌프 삼자를 각각 격납한 용기를 역U자관에서 서로 접속시켜 일차계 배관의 단축과 비용 절감을 도모하는 방식으로 세계에 전례가 없는 것이었다. 또한 루프형이라는 것은 탱크형과 양자택일의 것으로 원자로 용기 속에 노심 본체만을 수용하는 형태다. 탱크형에서는 노심 본체 이외에 주순환 펌프나 중간 열교환기도 모두 함께 수용한다.

여기서 주목할 것은 실증로라 불리기에는 아무래도 전기출력이 작다는 점이다. 그것은 상업로의 반 사이즈인 미니 실증로다. 또 한 가지 중요한 점은 탑 엔트리 방식을 채택했다는 것이다. 이는 지금까지 세계의 고속증식로FBR 계획에서 취하지 않은 신기술이고, 기술적 실증을 위해 최소 수년 간을 필요로 하는 것이다.

이렇게 새로운 방식을 채택하여 원형로로서 몬주의 존재 의식을 반감시키면서(왜냐하면 이에 의해 몬주는 상용로의 동형로에서 없어진다) 개발 일정이 대폭 지연되는 일을 초래했다. 그럼에도 불구하고 이 방식이 채택된 배경에는 몇 가지 사정이 있었다고 생각한다. 필시 가장 큰 이유는 시간 벌기일 것이다. 원래 전력업계는 발전 비용이 높고 실용화 전망이 정해지지 않은 고속증식로FBR의 개발에 거액을 투자할 마음은 아니었고 큰 손해를 보지 않을 정도의 참가료를 지불해 왔다. 그런데 실증로 건설에는 막대한 자금이 든다. 실증로 건설의 정식 결정은 가능한 뒤로 미루고 싶다는 것이 전력업계의 기본적인 사고방식이었다고 생각한다. 한편 전력업계에는 대의명분도 있었다. 고속증식로FBR 실증로의 건설비 기준으로 원자력위원회가 내건 것은 단위출력당 비용이 경수로의 1.5배 정도였고 이를 만족시키는 데는 전기출력 67만KW 실증로의 경우 총 공사비를 3천억 엔 정도(몬주의 반액 정도)로 억누를 필요가 있다. 이를 완수하는 데에는 대담한 설계 합리화가 불가결하며 새로운 방식의 채택이 불가결하다는 이치는 충분한 타당성을 가진 것이었다.

어쨌든 전력업계는 고속증식로FBR 개발에 일관되게 어정쩡한 자세를 보여 왔다. 그 결과 실증로 건설 연구가 개시된 1970년대 중반 이후, 30년 이상이 경과되었음에도 불구하고 다시 설계 연구를 진행 중이라는 우보牛步 상태를 계속해 온 것이다.

넷째, 신형전환로ATR에 대해서는 결국 전력업계의 거부권이 발동되어 실증로 건설계획은 중지 상태에 들어갔다. 프로젝트 자체가 중지된다는 것은 4대 프로젝트 중에서 처음 있는 일이었다. 1995년 7월 11일, 전기사업연합회(전사련)는 전원개발주식회사(전발)가 설치 주체가 되어 아오모리현 오오마초에 건설을 예정하고 있던 신형전환로ATR 실증로(전기출력 60.6만KW)

에 대해 건설계획에서 철수할 의향을 정식으로 표명했다. 이 신형전환로 ATR 실증로 건설계획은 정부 30%, 전력업계 30%, 전원개발 40% 출자에 기반해서 진행되어 왔는데, 전력업계가 손을 거두면서 계획 속행이 어렵게 되었다. 이를 받아들인 원자력위원회는 8월 25일, 〈신형전환로ATR 실증로 건설계획 재검토에 관하여〉를 발표하고 실증로의 건설 중지를 결정했다. 이에 따라 후쿠이현 쓰루가시에서 당시 운전 중이던 원형로 후겐(전기출력 16.5만 KW)도 그 존재 이유를 잃고 간신히 연구로로서 남은 생을 이어 가게 되었다(그러다가 2003년에 폐로되었다).

전사련이 신형전환로ATR 실증로를 포기한 것은 그 극단에 나쁜 경제성을 싫어했기 때문이다. 이는 중수를 감속재로 이용하고 경수를 냉각재로 이용하는 원자로지만, 일본의 상업 발전용 원자로의 주류(1998년도부터는 모두)를 점하는 경수로와 비교해 원자로의 단위출력당 규모가 크고 또한 고가인 중수를 대량으로 사용하기 때문에 큰 폭으로 발전 비용이 높아진다. 실제 1995년 3월에 전사련이 실시한 최신 견적에서는 신형전환로ATR 실증로의 건설비는 5800억 엔에 달하고, 1984년 당시의 견적(3960억 엔)의 1.5배에 달했다. 이는 1W(와트)의 정격출력당 975엔에 상당해, 최신형 경수로의 3배 이상의 수치다. 또한 이 건설비를 전제로 시산試算한 발전원가도 1KWh당 38엔이라고 하여 역시 경수로의 3배 이상에 달했다. 이는 전력회사의 가정용 전기요금(1KWh당 가정용에서 20엔대 전반)을 크게 상회하는 수치다.

한편 전사련은 신형전환로ATR 실증로 대신 그 건설 예정지였던 아오모리현 오오마초에 개량형 비등수형경수로BWR(전기출력 135.6만KW)—다만 단순한 A비등수형경수로가 아니라 노심에 장하한 연료집합체 모두를 MOX 연료로 하는 것—를 건설하도록 요청했다. 그 정식 명칭은 전 노심 MOX 연료 장하 가능 개량형비등수형경수로Full MOX-ABWR다. 이것은 전력업계에는 일석이조의 대체 안이었다. 일본 정부는 잉여 플루토늄을 만들지 말라는 미국의 압력을 받아들여 전력업계에게 경수로에서 MOX 연료를 이용(이른바 플루서멀 계획)할 것을 요청했고, 전력업계는 비용이 현저히 상승할 것을 알면서도 국책 협력을 약속했지만, 재래형 경수로(MOX 연료를 노심 전체의

5
안정 성장과 민영화의 시대(1980―1994)

3분의 1 정도까지만 장하할 수 있다)보다도 100% MOX 장하 경수로 쪽이 같은 양의 플루토늄을 소각하고도 훨씬 적은 기수로 해결할 수 있는 것이다.

신형전환로ATR 실증로 건설 중지 사건은 과학기술청 그룹에 깊은 충격을 주었다. 왜냐하면 이를 전제로 한 고속증식로FBR 실증로 건설계획에 대해서도 건설 비용·연료 비용 상승이 현저함을 이유로 하여 전력업계가 국책 협력 거부 의사를 표명할 가능성을 무시할 수 없게 되었고, 원자력위원회가 여기서 신형전환로ATR 실증로에 대한 전력업계의 경제적 이유에 의한 거부권 발동을 승인한 이상 같은 형태로 고속증식로FBR 실증로에 대해서도 승인하지 않을 수 없는 전례를 만들어 버렸기 때문이다. 더욱이 고속증식로FBR 실증로의 건설주체는 전력업계 자신—전력 9개 사의 합동 자회사인 일본원자력발전주식회사—이었기 때문에 전력업계에는 신형전환로ATR 실증로의 경우보다도 더욱 강한 발언권이 있었다.

이렇게 신형전환로ATR 개발 중지 사건은 그 도미노 효과로 고속증식로 개발계획 중지를 상기시킴에 따라 과학기술청 그룹에 충격을 가했다. 더욱이 과학기술청 그룹을 고민하게 만든 것은 고속증식로FBR 개발 중지가 초래한 파급 효과에 따라 과학기술청 그룹이 키워 온 다른 국가 프로젝트도 차차 중지에 들어갈 가능성이었다. 그러한 프로젝트의 대표적 사례로 고속증식로용 핵연료 재처리 기술(리사이클기기시험시설RETF을 중심으로 한다), 핵연료 재처리사업과 거기에 연관된 기술 개발, 국내 우라늄농축 사업과 거기에 관련된 기술 개발까지 3건을 들 수 있다.

먼저 고속증식로FBR 개발이 중지된다면 리사이클기기시험시설RETF도 자동적으로 중지를 피하기 어렵다. 다음으로 재처리사업은 플루토늄 증식과 연결되지 않고서는 거의 의미가 없어지는 것이어서, 이것도 중지될 공산이 높아진다. 이미 완성된 재처리공장의 경우에도 그 운전 유지비와 MOX 연료 가공비의 합은 같은 양의 농축우라늄 구입비를 상회하기 때문에 운전을 지속하는 것은 경제 합리성에 반한다. 더욱이 국내 우라늄농축 사업은 경제적 경쟁력이 결여되어 있음에도 불구하고 일본의 플루토늄 이용 정책이 자주성 확보를 최대한의 추진 동기로 진행해 왔기 때문에, 플루토늄 이용 정책이 중지됨에 따라 그 대부분의 의의를 잃게 되는 것이다. 이미 완성된 우라늄농축공장에 관해서는 운전 유지비와 천연우라늄 구입비만을 지급하면 되기 때문에 채산상으로도 반드시 불리하다고만은 말할 수 없지만, 지금부터 새롭게 시설을 만든다거나 설비를 증강하는 것은 경제적 합리성에 반하는 일이었다. 이렇게 신형전환로ATR 개발 중지 사건은 단지 하나의 프로젝트가 파탄 나는 것에 그치지 않고 4대 프로젝트 모두의 파탄, 이어서는 과학기술청 그룹의 원자력 개발의 역사적·현재적 존재 이유를 전면 부정하는 방아쇠가 되는 사건으로 관계자들의 마음을 뒤흔들어 놓았다.

한편 전력업계는 최근까지 막대한 경제적 손실을 알고 있는 상태에서 많은 국책 프로젝트에 협력해 왔다. 이는 종래의 전력요금제도(총괄원가방식)가 아무리 막대한 비용 부담을 일으키더라도, 자사의 일정한 비율의 이윤을 확보할 수 있도록 전력요금을 정하는 것이 가능했기 때문이다. 이 손실 보존 메커니즘이 존재했기에 전력업계는 마지못해 경제 합리성을 결여한 '국책'에 협력해 왔다. 1980년대에 들어 그때까지 과학기술청이 정부 자금을 이용해 추진해 왔던 동력로·핵연료 개발 분야에서 프로젝트가 모두 '민영화'되기 시작했는데, 그 대부분을 전력업계가 받아들였다. 고속증식로 FBR, 핵연료 재처리, 우라늄 농축, 이 삼자에 대해서는 합동 자회사인 일본원자력발전과 일본원연에 직접 사업주체를 맡기고, 전원개발을 설립 추체로 한 신형전환로ATR에도 막대한 출자를 한 것이다(또한 동연 예산도 그 상당 부분은 전원3법에 의해 전기요금에서 징수된 세금에 의해 메우고 있었다. 그 세금은 1KWh당 44.5전이 넘는다. 이는 발전원가 중 5% 정도를 담당하는 극히 고액이다. 그런 점에서 전력업계는 '민영화'에 의한 업무 이관에 더해 동연 사업 그 자체를 지원하지 않으면 안 되는 입장에 놓이면서 이중의 의미에서 '국책 협력'을 해 온 것이다. 2010년까지 세율이나 조직명에 변경이 있었지만 그 기본적 구조는 변하지 않았다).

이러한 민영화는 과학기술청에게는 재정적 한계를 돌파하기 위한 최후의 정책 수단이었다. 실증로나 상용 플랜트에 필요한 거액의 건설비나 운전비를 대장성(2001년부터 재무성)의 승인을 얻어 국가예산에서 염출捻出하는 것이 이미 불가능했기 때문에, 과학기술청이 프로젝트를 지속하기 위해 전력업계를 끌어들여 민영화가 실시된 것이다. 그로 인해 과학기술청은 자신들이 진행해 온 프로젝트를 실용화시키기 위해서는 외부의 힘에 의존할 수밖에 없었고, 전력업계에 거부권을 주는 형태가 되어 버렸지만, 그러한 보상 없이 프로젝트 개발 단계를 앞으로 나아가게 하는 것도 불가능했기에 선택의 여지는 없었다. 그러나 이러한 국책 협력도 한계를 맞이했다. 결국 전력업계의 '거부권'이 신형전환로ATR를 시작으로 발동되기 시작한 것이다.

6장
사건·사고 연발과 개발 이용 정체의 시대
—(1) 세기말의 전환점(1995-2000)

1. 세기 전환기의 원자력 개발 이용의 약식도

세기 전환기(대략 1995년부터 2010년)의 원자력 개발 이용에 대해서는 전반적으로 '사건·사고 연발과 정체·동요의 시대'라고 특징지을 수 있다. 2000년대 중반경부터 일본의 원자력 관계자는 미국에서 세계로 퍼진 원자력 르네상스론을 배경으로 원자력이 장래 강세를 띨 것이라는 전망을 이야기하게 되었다. 하지만 그것은 본질적으로 원자력발전 사업이나 핵연료 사이클 사업의 실제와 현저히 괴리가 있는 허세였다. 세기 전환기 전체를 통해 일본의 원자력 개발 이용은 정체·동요를 이어 가고 있었다.

이 세기 전환기의 원자력 개발 이용의 주요 경향은 다음의 네 가지 점이다.

(1) 원자력시설의 사건·사고·재해 연발과 원자력 개발 이용의 정체

(2) 새로운 원자로 증설의 속도 완화와 설비이용률 정체

(3) 국책 민영 체제의 동요와 그 수습

(4) 자민당에서 민주당으로의 정권 교체의 영향

위 네 가지 경향의 관계는 다음과 같다. 첫 번째와 두 번째 경향은 1990년대 후반부터 2011년까지 일관된 '통주저음'通奏低音(지속저음)이다. 세기 전환기는 전체적으로 원자력 개발 이용에서는 고난의 시대였다. 세 번째 경

향은 1990년대 후반부터 2000년대 전반을 정점으로 하는 개혁 운동이 좌절되고 앙시앵 레짐(구체제)이 살아남은 과정이다. 또한 네 번째 경향은 간신히 재건된 구체제하에서 2000년대 후반에 대두한 움직임이다. 이렇게 정리하면 전체 상황을 이해하기 쉽다.

이 시기는 약 15년에 걸쳐 있기 때문에 일괄해서 논하기보다도 약 5년씩 구분하여 전기·중기·후기 세 시기로 나누어 생각하는 쪽이 정리하기 쉽다.

■ 세기 전환기의 전기(1995-2000)

이 시기에는 1995년 12월 일어난 고속증식로FBR 몬주 사고를 기점으로 사건·사고 몇 건이 연발하면서 원자력 개발 이용에 대한 국민의 신뢰를 잃었다. 1999년 JCO 우라늄가공공장 임계사고에서는 주민피난구역이 설정되고 그와 함께 급성 방사선 장해 희생자가 두 명 나왔다. 그러한 사건·사고 연발을 배경으로 원자력 개발 이용에 대한 국민의 비판이 강해지면서 원자력 정책의 궤도가 수정되었지만 그 정도는 한정적이었다. 또 하나의 중요한 영향은 그러한 일련의 사건·사고에 깊이 연루된 과학기술청이 해체된 것이다. 그에 따라 2001년 1월의 중앙 성청 개편에서 경제산업성의 권력이 대폭 강화되었다.

또한 1995년에는 전력 자유화 움직임도 시작됐다. 1995년에는 도매 전력의 경쟁입찰제가 도입되어 2000년에는 대량 전력 소비자 대한 전기 판매 사업이 자유화되었다. 그리고 발전·송전 분리라는 근본적인 전력 자유화 조치의 도입이 검토되기 시작했다.

더욱이 이 시대에는 원자력발전의 확대 속도가 대폭 둔화했다. 그 배경에는 버블경제의 붕괴를 발단으로 하는 장기불황이 있다. 버블 붕괴 후 수년간은 당시까지 이어진 관성으로 인해 전력 소비가 확대되었지만 1990년대 중반(1997년경)에는 점차 잦아들어 전력 수요는 횡보하는 경향을 보이게 되고 2000년대 후반까지 일보 전진 일보 후퇴의 상황이 된 것이다. 그리고 리먼 쇼크(2008년 9월)를 계기로 전력 소비가 대폭 저하되어 점점 수치가 내려가는 시대로 접어들었다고 볼 수 있다.

■ 세기 전환기의 중기(2000-2005)

세기 전환기의 중기는 2000년대 전반이다. 이 시기에도 사건·사고 연발은 수습되지 않았다. 최대 사건은 2002년 8월에 발각된 도쿄전력 등의 원자로 손상 은폐 사건이었다. 그것은 2003년 여름 전력 수요에 큰 영향을 미쳤다. 이 시기에는 또한 사건·사고 연발에 더해 전력 자유화 문제가 클라이맥스를 맞이했다. 전력 자유화는 원자력발전에는 큰 억제 요인이 되기 때문에 이 문제의 행방은 원자력 개발 이용의 장래에 결정적으로 중요했다.

이 두 사항의 엄중함으로 2000년대 전반은 원자력 개발 이용에서도 위기의 시대가 되었다. 하지만 1990년대 후반과 같은 인상적인 사건·사고가 일어나지 않았다는 것도 도움이 되었는지 비판적인 여론은 금세 진정됐다. 또한 전력 자유화에 대해서는 그것을 저지하려는 세력이 승리해 일본의 전력 자유화는 멈추었다. 그에 따라 핵연료사이클을 포함한 원자력 개발 이용도 계속 전진하게 되었다. 원자력 개발 이용의 구체제가 2005년까지 재건된 것이다.

■ 세기 전환기의 후기(2005-2010)

세기 전환기의 후기는 2000년대 후반이다. 이 시기에는 복고풍의 정부 계획이 연이어 나왔다. 그 대표적인 것이 2005년 10월에 책정된 내각부 원자력위원회의 〈원자력정책대강〉과 2006년 8월에 발표된 경제산업성 종합자원에너지조사회 전기사업분과회 원자력부회의 보고서(〈원자력입국계획〉)다. 이들 정부 계획에는 원자력 개발 이용의 '국책 민영' 방식에 의한 전면적인 확대 방침이 담겨져 있다.

그런데 이 시기 원자력발전의 실적은 2007년의 도쿄전력 가시와자키 카리와원전 지진 재해 등으로 인해 극히 저조했다. 원자력발전 설비이용률은 평균 60%대에 머물렀다. 그리고 핵연료 재처리, 고속증식로FBR, 우라늄 농축 등 핵연료사이클 개발 이용 사업도 모두 한결같이 부진을 겪었다.

그러한 저조한 실적과는 다르게 이 시기에는 원자력 르네상스가 세계적으로 도래했다는 취지의 선언이 계속해서 퍼져 나가 일본에서도 원자력 입국이 창도되었다. 그 첨병을 맡은 듯 2006년 도시바가 미국의 WH를 매입해 국제 원자력 비지니스의 주도권을 잡으려는 움직임을 보였다. 이를 계기로 원자로 제조업계는 세계적으로 재편성되었다.

2009년에 민주당 연립정권이 탄생하면서 원자력 정책에 변화가 일어날 가능성이 생겼지만 결과적으로는 거의 영향이 없었다. 그리고 2010년이 되자 신성장 전략의 핵심이 되면서 올 재팬all Japan 방식의 풀패키지형 인프라 수출 중에서도 가장 유력한 분야로 원전 수출이 주목받게 되어 고위급 정부 인사를 동원한 세일즈 활동이 전개되었다.

그 배경에는 심각한 경제위기가 있다. 2008년 9월 미국의 투자은행 리먼브러더스사가 파산한 것을 계기로 세계적인 금융 공황이 발생해 실질 경제도 심각한 타격을 입었다. 일본도 예외는 아니어서 2008년 및 2009년에는 여러 경제지표가 대폭 악화되었다. 전력 소비도 2007년부터 2009년까지 2년간 7.1%나 저하됐다. 이러한 리먼 쇼크에서 다시 일어서기 위한 기폭제로 원전 수출 구상이 기획된 것이다.

이 세기 전환기에 대해서는 장의 분량이 너무 방대해지는 것을 피하기 위해 2개 장으로 나누어 논하고자 한다. 본 장에서는 주로 세기말(1995-2000)에 정점을 맞이한 동향을 다루고 다음 장에서는 새로운 세기(2001-2010)에 정점을 맞이한 동향에 대해 논할 것이다. 물론 정점 전후 시기도 다루기 때문에 시간축이 교차하는 것을 피하기는 어렵다.

2. 고속증식로FBR 몬주 사고와 그 영향

1995년 12월 8일 밤, 후쿠이현 쓰루가시에 있는 동연의 고속증식로FBR 원형로 몬주에서 2차 냉각 계통에서 나트륨 누출이 일어났다. 누출된 나트륨은 공기중의 수분이나 산소와 반응해 격렬하게 연소해 공기 송풍관이나 철제 발판을 녹이고, 바닥면에 깔린 강철성 라이너liner상에 떨어져 나트륨산화물로 된 퇴적물을 만들었다. 사고 원인에 대해서는 A, B, C로 합계 3개의 순환고리로 된 냉각계통 중 C 순환고리 배관에 끼인 나트륨 온도계의 스테인리스제 보호관의 앞부분이 미소 진동이 반복됨에 따라 금속 피로로

파열되어 터진 부분에서 배관 내의 나트륨이 보호관의 내부를 통해 직접 배관실의 실내로 나온 것으로 추정되었다. 사고 경위에 대해서 이 책에서는 상세히 기술할 지면은 없기 때문에 다른 문헌을 참고하길 바란다(예를 들어, もんじゅ事故総合評価会議,《もんじゅ事故と日本のプルトニウム政策―政策転換への提言》, 七つ森書館, 1997년. 読売新聞科学部,《ドキュメント〈もんじゅ〉事故》, ミオシン出版, 1996년. 緑風出版編集部 편,《高速増殖炉もんじゅ事故》, 緑風出版, 1996년).

이 사고 당시 동연이 취한 대응 행동은 극히 부적절한 것이었다. 먼저 첫째, 운전자(당직 팀장)의 판단 착오로 경보가 울린 12월 8일 오후 7시 47분 이후, 1시간 33분 동안 원자로를 수동 정지하지 않고 결국 9시 20분에 정지한 것에 더해 정지 후 나트륨 긴급 배출도 극히 늦어져 적절한 조치가 이뤄진 경우와 비교해 수배(추정 700Kg)에 달하는 나트륨이 누출된 것이다. 원자로 정지 후에도 나트륨 누출은 계속되어 배관 부분의 나트륨 누출이 종료된 시간은 자정을 지난 오전 0시 15분이었다. 게다가 그 사이 공조 시스템을 정지시키지 않아 (방사성 물질 트리튬을 포함한) 나트륨 에어로졸이 원자로 건물 전체에 확산되어 그 일부가 외부로 방출되었다. 운전자에 의한 이러한 일련의 판단 착오의 한 원인은 매뉴얼(이상 시 작업 순서)의 미비였다. 또한 이 사고에서는 주변 지방자치단체에 통보가 지연되는 문제도 있었다. 후쿠이현 및 쓰루가시에 통보된 것은 사고 약 1시간 후였다.

둘째, 동연은 사고 정보를 의도적으로 은폐·날조했다. 동연은 12월 9일 오전 2시 5분(비디오 1개분)과 16시 10분(비디오 2개분), 2회에 걸쳐 사고 현장을 비디오 촬영했는데, 공표한 것은 후자의 비디오테이프 중 1편(11분)의 핵심인 나트륨 누출 부분의 영상을 삭제하고 편집한 것이었다. 그것이 발각된 것은 사고 3일 후인 12월 11일 새벽(오전 3시 25분)에 후쿠이현과 쓰루가시 직원 네 명이 안전협정에 입각해 강행한 현장조사인데, 이때 촬영된 비디오테이프는 나트륨 누출 부분이 찍혀 있었고 사고의 심각함을 엿볼 수 있는 것이었다.

이 비디오테이프 영상 화면과 동연이 발표한 영상의 화면이 너무나도 달랐다는 것을 후쿠이현 등에서 추궁하자 동연은 어쩔 수 없이 비디오테이프 은폐·날조 사실을 인정하고, 몬주 사무소 오오모리 야스타미大森康民 소장과 사토 이사오佐藤勲雄 부소장이 은폐 공작의 책임자라고 하며 그 두 명을 포함해 네 명을 경질했다(후임 소장에는 본사 기획부장인 기쿠치 사부로菊池三郎가, 부소장에는 동력로개발추진본부차장인 스즈키 다케오鈴木威男가 각각 취임했다). 또한 과학기술청은 1월 12일, 동연 이사장인 오오이시 히로大石博를 경질하기로 결정했다. 그 다음 날인 1월 13일 새벽, 사고 정보 은폐·날조 사건의 사내 조사 담당자였던 동연 총무부 차장 니시무라 시게오西村成生가 목숨을 끊었다. 이는 동연의 체질상 사내 조사가 어렵다는 것을 하나의 배경으로 하는 사건으로 국민의 동연 불신을 더욱 강화했다.

이 고속증식로FBR 원형로 몬주 사고와 그에 부수적으로 일어난 일련의 사고 정보 은폐·날조 사건의 영향에 대해서는 다음의 두 가지 점으로 나누어 정리할 수 있다. 첫째, 이들 사고는 개발계획의 현저한 지연과 비용 급등, 핵 확산 요인을 증대시키는 것에 대한 국제사회의 경계심 고조, 더욱이 전력업계의 소극적 자세 등으로 이전부터 그 미래의 존속 여부가 의문시되었던 고속증식로FBR 개발계획에 더욱 큰 타격을 가했다. 두 번째 영향은 이 사고 당시 동연이 사고 정보 은폐·날조 사건을 연이어 일으킨 것을 계기로 원자력 행정 전체, 그에 더해 원자력사업 전체에 대한 국민적 신용이 낮아진 것이다. 이는 단순히 과학기술청 그룹의 사업만이 아니라 전력·통산연합의 사업에도 영향을 미쳤다. 이 일련의 사고들은 원자력 행정 개혁의 움직임을 만들어 내고, 이와 함께 지방자치단체가 중앙정부에 이의를 제기하는 분위기를 고조시켰다. 이 절에서는 몬주 사고의 고속증식로FBR 개발계획에 대한 타격에 대해 기술한다. 다음 3절에서는 몬주 사고로 촉발된 원자력 행정 개혁을 향한 움직임에 대해 기술하겠다. 또한 4절에서는 지방자치단체의 이의 제기 분위기 고조에 대해 기술한다.

먼저 고속증식로FBR 개발계획에 대한 타격에 대해서 정리하면, 몬주 사고와 그 사고 정보 은폐·날조 사건은 고속증식로FBR 개발계획에 더욱 타격을 가했다. 이 사고는 고속증식로FBR 그 자체의 위험성을 다시금 입증했을 뿐만 아니라 일본의 고속증식로FBR 기술의 허술함을 인상적인 형태로 입증했다. 일본의 고속증식로FBR 기술의 준비 상태는 세계 제일이며 서구와 같이 문제가 빈발해 개발계획이 좌절되지는 않을 거라는 선언이 그때까지 태연하게 통용되어 왔었다. 그것은 일본의 첨단 기술 제품 전반에 대한 신뢰성이 높고, 고속증식로FBR 실험로 조요의 운전 실적을 배경으로 일정한 설득력을 가지고 있었다. 조요가 동연의 말대로 순조롭게 운전되어 왔는가의 여부에 대해서는 확언할 수 없지만 적어도 외부에 노출된 중요한 사고는 1건도 없었다.

하지만 몬주의 경우 건설 단계 및 시험 단계에서 2차 냉각계 배관 설계 실수나 연료봉의 제조 불량 등의 문제가 연이어 일어나 시스템 전체적으로 기술적인 신뢰성에 불안이 깃들어 있었다. 그러한 불안은 결코 근거 없는 것이 아니라 다음 두 가지 근거에 입각하고 있었다. 첫째, 고속증식로 FBR는 경수로와는 달리 서구로부터 기술을 도입할 수 없어 약간의 경험을 바탕으로 손수 개발해야 할 것이 많았다. 거기에는 모방한 것을 철저하게 개량해 나간다는 일본의 장점이라 할 수 있는 기술 개발 방식이 적용되지 못했기 때문에 신뢰할 수 있는 첨단 기술 제품을 만들기 어려웠다. 둘째 조요 당시와 비교해 몬주 개발에서는 비용 절감을 중시한 결과 충분한 실증 시험을 행하지 않았다. 조요를 개발할 때는 많은 실물 크기의 모형(시험용 모의) 기구가 제작되었지만, 몬주 개발에서는 실물 크기의 모형이 만들어진 경우는 드물고 축소 모델에 의한 실증 시험도 충분하지 않았다. 예를 들어 배관 내의 돌기물의 유력流力 진동과 그에 의한 고사이클 피로에 대해서는 전혀 검토가 이뤄지지 않았다.

몬주 사고는 위의 두 가지 불안이 현실이 될 수 있다는 점을 보여주었다. 이에 의해 일본의 고속증식로FBR 기술은 극히 허술하다는 점이 국민 앞에 명백한 형태로 보여졌다. C 계통 배관에 삽입된 나트륨 온도계 1개의 스테인리스제 보호관이 갓 만들어진 신제품 상태에서, 그것도 정격출력의 40%라는 저출력 운전 중 쉽게 끊어지고 말았던 원인은 제조업체(도시바, 이시카와지마하리마중공업石川島播磨重工業)의 설계 오류였다. 그 나트륨 온도계는 외경이 붙은 아랫부분에서 22밀리미터에서 10밀리미터로 예각적으로 작아지는 유단구조段付構造를 만들어, 나트륨이 흐르는 배관 내에 세관이 길게 돌출되는 것이었다. 이것이 진동에 대해 극히 약한 구조라는 것은 명백했다. 이러한 초보적인 설계상의 결함을 발견하지 못했던 발주자 동연, 안전심사를 실제로 행한 과학기술청, 게다가 그것을 검토한 원자력위원회 등의 감독기관도 제조업체와 책임을 공유하고 있다. 그로 인해 이 설계 오류 사건은 일본 원자력시설의 안전관리 체제 전체의 신뢰성을 약화하는 결과를 낳게 되었다.

몬주 사고를 계기로 높아진 고속증식로FBR의 안전성에 대한 우려는 국민 일반의 우려와 원자력 관계자의 우려, 두 가지로 나누어 논의할 수 있다. 전자에 대해 말하자면 이 사건으로 국민들 사이에서 고속증식로FBR가 통상의 경수로보다도 위험한 것이라는 인식이 형성되었다. 고속증식로FBR가 공기나 물과 격렬하게 반응하는 금속 나트륨을 냉각재로 대량 사용한다는 것의 위험성은 이제 국민적 상식이 되었다. 안전성에 대한 우려는 단순히 국민들 사이에서만이 아니라 원자력 관계자들 사이에서도 퍼졌다. 이제 고속증식로FBR는 일본 원자력 개발 전체에서 일찍이 원자력선 '무츠'에 필적하는 사고뭉치로 보이기 시작했다.

이러한 안전성에 대한 신뢰감의 상실에 따라 고속증식로FBR 개발계획은 더욱 엄중한 상황에 놓이게 되었다. 그러나 전술한 바와 같이 고속증식로FBR는 핵연료사이클 전체의 핵심이고, 그것을 빼고서는 핵연료사이클 사업 대부분이 추진의 의미를 잃게 된다. 그런 의미에서 몬주 사고는 단순히 고속증식로FBR 개발만이 아니라 핵연료사이클 사업 전체에 타격을 주었다. 그것은 과학기술청 그룹, 특히 해당 연구개발 업무의 핵심으로 군림해 왔던 동연의 미래에 암운을 드리웠다.

3. 원자력 행정 개혁의 전개

전술한 바와 같이 몬주 사고는 원자력 행정 그 자체에 대한 국민적인 비판 여론을 불러 온 원자력 행정을 재검토하게 만들었다. 원자력 행정 그 자체에 비판이 모아진 중요한 배경 가운데 하나는 이 1995년이라는 해에는 한신·아이와 대진재, 지하철 사린가스 사건, 약해藥害 에이즈 사건(임상시험 오류로 다수의 치료 대상자가 HIV 바이러스에 감염된 사건)에 관한 화해 성립 등 정부의 위기 관리 능력의 결여나 정책 결정상의 착오를 백일하에 드러낸 많은 사건이 발발했다. 이를 계기로 정보공개를 비롯한 행정 민주화를 요구하는 여론이 비등했다. 이러한 여론을 바탕으로 원자력 행정 전체의 재검토, 즉 정보공개와 의사결정의 민주화 촉진을 요구하는 목소리가 높아졌다. 또한 중앙정부와 지방자치단체 사이의 관계에서도 중앙정부에 과도하게 권한이 집중되어 있는 현상에 대한 비판이 높아졌다. 이 절에서는 몬주 사고 이후 정보공개와 의사결정의 민주화 동향에 대해 개관하겠다. 중앙과 지방의 관계 재검토에 대해서는 다음 절에서 기술한다.

정책 결정 과정의 민주화를 요구하는 초기의 움직임은 1993년 말 출현했다. 자민당 정권의 붕괴에 의해 호소카와 모리히로細川護熙 수상이 이끄는 연립 내각이 성립되고, 사회민주당의 에다 사쓰키江田五月 의원이 과학기술청 장관에 취임한 것이 전환점이다. 에다 장관(원자력위원장을 겸임)은 원자력위원회의 장기계획전문부회(당시 장기계획 개정 작업의 마무리 단계에 있었다)에 〈원자력개발이용장기계획〉에 관해 국민 의견 청취를 실시하도록 했고, 이를 받아들인 장기계획전문부회는 소속 기본 분과회에서 '의견청취회'를 실시하기로 결정했다. 1994년 3월 4일부터 5일까지 청취회가 실시되어 초빙인 27명이 의견을 제시했다. 그중에는 원자력자료정보실의 다카기 진자부로 대표를 포함해 탈원전 의견을 가진 이들도 약간 명 포함되어 있었다.

1995년 12월 8일 몬주 사고는 민주화의 흐름을 일보 전진시켰다. 원자력 행정 개혁 움직임에 시동을 건 것은 1996년 1월 23일에 후쿠시마·니가타·후쿠이 이렇게 세 현의 지사가 연명해 정부에 제출한 〈향후 원자력 정책의 추진 방식에 대한 제언〉이라는 표제를 단 신청서다. 일본의 발전용 원자로 50기(1995년 말 당시) 중 후쿠시마에는 10기, 니가타현에는 6기, 후쿠이현에는 14기가 집중되어 있어, 세 현 합계 30기를 헤아렸다. 여기에 후쿠이현에 건설 중인 몬주를 더하면 31기가 된다. 그러한 원전 집중 입지 현의 지사들의 신청만으로도 그 무거움은 정부의 원자력 관계자들에게 경시할 수 없는 것이었다고 생각된다. 혹은 그것이 정부의 원자력 관계자들에게 원자력 행정의 재설정을 위한 절호의 계기로 보였을지도 모른다. 세 현 지사들이 제출한 신청서의 후반부는 다음의 세 가지 제언으로 이루어졌다.

6 사건: 사고 연발과 개발 이용 정체의 시대 ─ (1) 세기말의 전환점(1995~2000)

(1) 핵연료사이클의 바람직한 형태 등 향후 원자력 정책의 기본적인 방향에 대해 여기에 밀접하게 연관된 플루서멀Plutonium-Thermal 계획이나 백엔드 대책(사용후 핵연료의 미래의 저장 보관 방식, 고준위폐기물 처리 문제 등)에 관한 여러 문제를 포함해 다시금 국민 각계각층의 폭넓은 논의와 대화를 실시하고 합의 형성을 도모할 것. 이를 위해 원자력위원회에 국민이나 지역의 의견을 충분히 반영시킬 수 있는 권한을 가진 체제를 정비할 것.

(2) 상기한 합의 형성에서 검토 단계부터 충분한 합의 형성을 이뤄 나가는 한편 안전성 문제를 포함해 국민이 다양한 의견을 나눌 수 있는 각종 심포지엄·포럼·공청회 등을 주무 관청 주도하에 각지에서 적극적으로 기획·개최할 것.

(3) 이러한 절차를 밟아 나가면서 필요한 경우에는 다음의 개정 시기에 집착하지 말고 원자력 장기계획을 재검토할 것. 또한 핵연료사이클에 대해 새롭게 국민의 합의 형성이 이뤄질 경우에는 플루서멀 계획이나 백엔드 대책의 미래 전체상을 지금부터 파생할 여러 가지 문제를 포함해 구체적이고 명확하게 관계 지방자치단체에 제시할 것.

이를 받아들여 정부는 원자력 행정 개혁에 대한 검토를 시작했다. 1996년 3월 12일 하시모토 류타로橋本龍太郎 총리대신이 나카가와 과학기술청 장관 및 쓰카하라塚原 통산성 대신에게 내린 지시에 입각해, 두 성청은 3월 15일에 공동으로 〈원자력 정책에 관한 국민적 합의 형성을 목표로〉를 발표했다. 핵심은 원자력정책원탁회의 설치다. 원탁회의는 '원자력 정책에 국민이나 지역의 의견을 대폭 반영해 국민적 합의 형성을 돕는 장'으로 위치 지워져 '각계각층에서 폭넓은 참가자 초빙, 원자력위원회 상시 출석, 출석자 간의 대화 방식 채용, 지역 개최도 검토 및 전면적 공개'라는 다섯 가지 원칙이 제시되었다.

이후 원자력정책원탁회의는 제1회(4월 25일, 도쿄)에서 제11회(9월 18일, 도쿄)까지 총 열한 번 개최되었다. 그 회의 운영과 제언을 모아 정리하는 역할은 가야 요이치茅陽一·사와 다카미쓰佐和隆光 등 모더레이터moderator(사회자라는 의미 외에 원자로에서 사용되는 중성자감속재라는 의미도 있다) 6인이 맡게 되었다. 원탁회의의 초빙자는 100여 명이었다. 원탁회의의 획기적인 점은 의사를 공개하는 것과 함께 뜻을 충실히 새긴 의사록을 공개한 것이다. 또한 그것을 인터넷에도 공개했다. 회의 비디오테이프 기록도 공개되었다.

모더레이터 및 초빙인 선정은 과학기술청이 관계자의 의견을 들어 실시하고 원자력위원회의 양해를 얻어 결정했다고 한다. 다만 구체적인 선정과정에 대해서는 일절 정보가 공개되지 않아 불투명하다. 그 멤버 선정의 특징은 모더레이터에 원자력 비판론자를 제외하고 초빙자에는 매회 반드시 약간 명의 비판론자를 넣은 점이다. 특히 원자력자료정보실 대표인 다카기 진자부로는 통산해서 4회나 초빙되었다. 이러한 비판론자의 맞붙임—반드시 약간 명의 비판론자를 동석시키면서 추진론자 및 그 동조자만으로 멤버를 구성했다는 여론의 비판을 피하고자 한 것으로 보인다—의 움직임에 대해 비판론자인 많은 이들이 양가적인 반응을 보였지만 탈원전 운동 전체로서 통일적인 참가 방침 혹은 참가 보이콧 방침을 내놓지는 않고 초빙을 타진 받은 개인의 자유의사에 맡겼다. 그 결과 매회 약간 명의 비판론자가 참가하게 되었다.

한편 원자력정책원탁회의의 모더레이터는 열한 차례 회의를 마친 10월 3일, 원자력위원회에 제언을 발표했다. 하지만 그 내용을 보면 구체적인 정책 권고는 결여되어 있었다. 이는 원탁회의에서 매번 초빙인들 사이에 합의가 성립되지 않았기 때문이다. 많은 논점에 관해 복수의 위원 간에 각각 수회 정도의 응수가 있었을 뿐만 아니라 그것이 더욱 이론적·실증적으로 깊어지는 것이 아니라 계속해서 다른 논점으로 화제가 옮겨 갔던 것이다. 모더레이터의 의사 운영이 초빙인이 자유롭게 발언하도록 하는 것을 중시한 방임주의적 형태가 되어, 회의마다 어떠한 합의 성립을 위한 논의를 유도하지 않고 최종적인 합의 성립에 이르는 시나리오를 가지고 있지 않았던 것도 구체적인 정책 권고가 불발로 끝난 원인이다.

원탁회의 모더레이터의 구체적인 제언은 단 두 가지에 머물렀다. 첫째는 새로운 원탁회의를 설치한다는 것이다. 둘째는 정부가 미래의 고속증식로FBR 개발의 바람직한 형태에 대해 폭넓은 입장에서 논의하는 장을 마련한다는 것이다. 이를 받아들여 원자력위원회는 10월 11일, 〈원자력정책원탁회의의 논의 및 모더레이터의 제언을 받아들여〉를 결정했다. 그 내용은

'사고방식을 조속히 명확히 한다', '구체적인 대책을 가능한 빨리 책정한다', '보다 더욱 노력한다', '의사소통을 더욱 진전시키도록 한다' 등의 표현으로 가득 차 구체적인 방침으로는 빈약한 것이었지만, 신원탁회의의 개최를 명시한 것과 '몬주'의 처리법을 포함해 장래 고속증식로FBR 개발의 존재 방식에 대해 폭넓은 논의를 행하기 위해 당 위원회에 '고속증식로간담회'(가칭)를 설치한다고 약속했다.

고속증식로간담회를 설치한다는 아이디어는 제9회 원탁회의에서 구리타 유키오栗田幸雄 후쿠이현 지사의 발언에서 제창되었는데, 이에 이하라 요시노리伊原義德 원자력위원장 대리가 "고속증식로간담회를 설치하는 방향으로 그 내용을 충분히 담도록 하겠다"고 답했다. 그것이 실현 단계가 된 것이다. 고속증식로간담회에 대해서는 이번 장 7절에서 다시 논할 것이다.

한편 상기 결정과는 별도로 원탁회의가 종료되고 얼마 되지 않은 9월 25일, 원자력위원회는 〈원자력에 관한 정보공개 및 정책 결정 과정에 대한 국민 참가 촉진에 대해〉를 결정했다. 이는 제5회 원탁회의(6월 24일)의 요청을 받은 것으로 다음 두 가지 구체적 조치를 정하고 있다.

(1) 정책 결정 과정에 대한 국민 참가
원자력 정책의 결정 과정에서 넓게 국민의 의견을 충분히 취합하는 것이 중요하다는 생각으로 당 위원회는 정부 결정에서 중요한 역할을 담당하는 전문부회 등의 보고서 책정 시 국민의 의견을 구한다. 구체적으로는 원칙으로서 다음의 수순을 밟는 것으로 한다.
① 보고서 안을 일정 기간 공개해 이에 대한 구체적인 의견을 모집한다.
② 응모된 의견을 검토한 후 반영해야 할 의견은 채택한다.
③ 미채택 의견에 대해서는 이유를 붙여 보고서와 함께 공개한다.

(2) 원자력에 관한 충실한 정보공개
원자력 개발 이용에서 정보를 공개하는 것이 원칙이라는 것을 다시금 인식하고 정보공개를 한층 더 추진한다.
① 원자력위원회의 전문부회 등의 공개

당 위원회의 전문부회 등의 회의를 원칙적으로 모두 공개한다. 다만 핵 비확산, 핵 물질 방호, 외교 교섭에 관한 사항을 다루는 등 개별 사정에 따라 비공개로 할지 여부에 대해서는 각 전문부회 등이 결단한다.

② 정보공개 청구에 대한 대응 체제 정비

원자력 정보에 관한 공개 청구에 대해 신속하고 적절하게 대응하기 위해 관계 행정기관과 연대를 도모하고 체제를 정비한다. 또한 인터넷을 활용해 의사록, 회의 자료 등을 신속하게 제공한다. 핵 비확산, 핵물질 방호, 재산권의 보호, 외교 교섭에 관한 사항 등 신중히 취급되어야 할 정보에 대해서는 그 이유를 표시하도록 한다. 또한 정부 부처 내 정보공개법의 검토 상황에 대해서는 향후에도 주시하여 적절한 대응을 도모해 나간다.

상기의 (2)에 대해서 보충하자면, 원자력위원회 본 회의나 원자력안전위원회의 본 회의와 그 전문부회 등에 대해서도 곧바로 같은 조치가 취해졌다. 통산성 관계의 심의도 원자력 관련 부문은 같은 조치를 취하게 되었다.

이들 조치의 도입은 행정기구의 민주화라는 관점에서 보면 중요한 전진이라고 평가받는다. 다만 상기한 두 가지 모두에 대해서도 곧바로 한계가 지적되었다. 먼저 첫째, 정책 결정 과정에 국민이 참여한다는 것은 심의회의 보고서 안에 국민 의견을 반영한다는 틀이 정비되었다고는 해도 실질적으로 본질적인 논지가 변경된 사례는 전무하며 국민 의견은 약간의 문구 수정 정도의 정도로밖에 반영되지 않았다. 이는 채택 여부 권한도 전면적으로 전문부회 등에 주어져 있어 쌍방향적인 논쟁이나 대화의 기회가 열려 있지 않은 데서 오는 당연한 결과다. 위원 및 사무국 멤버들 사이에서 일단 합의를 얻은 결론에 대해서 국민으로부터 다수의 비판이 나와도 그들이 자발적으로 다시 검토할 리 만무했다. 대체로 국민 의견은 채택되지 못한 이유에 대한 관료적인 답변과 함께 각하되기 십상이었다.

둘째, 정보공개가 충실했는가를 보자면 심의회 등의 의사 공개와 의사록 공개가 대부분 이루어진 것은 평가할 만하다. 그러나 1996년 가을 이전에 열린 심의회의 의사록이나 의사 자료는 소급하여 공개하지 않았으며 비공개인 채로 남게 되었다는 점도 지적해 두고 싶다. 한편 심의회의 의사 이외의 정보는 몬주 사고 이후에도 그다지 공개되지 않았다. 자료가 공개되는 경우에도 기업 비밀, 핵 비확산 방지, 핵물질 방호 등의 이유를 대며 흰 줄로 가려진 상태로 자료가 공개되는 경우가 많았다. 1999년 '행정기관이 보유하는 정보의 공개에 관한 법률'(정보공개법)이 제정되었지만, 이후에도 상황이 대폭 개선되었다고 말하기는 어렵다.

여기서 정보공개와 관련된 논점을 또 한 가지만 덧붙이자면, 전문부회 등의 위원 등 인선 과정에 관한 정보가 전혀 공개되지 않았다는 점이 많은 이들에게 비판받았다. 위원 인선은 심의회가 어떤 답신을 내는가를 결정하는 가장 중요한 요인이며, 멤버의 대부분을 담당 관청의 사정에 맞는 사람으로 구성한다면 그 답신 내용은 확실히 담당 관청의 기대대로 될 것이다. 몬주 사고 이후에 활동을 개시한 심의회의 실제 멤버 구성에도 현저한 편향이 보인다. 비판적인 입장의 멤버를 넣는 경우에도 그 인원수는 한 명 내지 약간 명에 그쳤고, 비판적 인사를 하나도 넣지 않은 심의회가 훨씬 많았다.

또한 보고서 작성 과정에도 그 근간 부분이 비공개된다는 점은 많은 비판을 불러일으켰다. 보고서 원안 작성 후 심의를 통해 개정 작업을 진행하고 최종적인 답신을 정리하는 작업은 대부분의 경우 사무국을 담당하는 담당 관청 관료에게 맡겨졌다. 좌장을 포함한 위원들은 관료가 만든 문안에 의견을 내는 것에 지나지 않는다. 그러한 사무국 답신 작성 과정은 물론 비공개이며, 위원회조차 그 상세 사항은 물론 개략조차도 알 수 없다. 확실히 정부 심의회가 많은 사람들이 관심을 보이는 장이 되었기 때문에 노골적인 형태로 관료가 주도권을 행사하는 경우는 없었지만 여전히 사무국의 힘은 막강했다.

이상 살펴본 것처럼 몬주 사고를 계기로 원자력 행정의 민주화는 나름의 진전이 있었지만 기존 원자력 행정의 기본적인 틀은 변하지 않았다. 국민 의견 반영이나 정보공개 촉진의 길이 열렸다는 것은 정책적 의사결정의 기본 틀을 변화시키지는 않았으며 그것과 국민 여론 사이의 경계 부분에서 약간 수정된 것으로 이해해야 할 것이다.

4. 중앙정부와 지방자치단체의 관계 재검토

고속증식로FBR 원형로 몬주 사고를 계기로 생겨난 또 하나의 중요한 움직임은 원전 입지 지역 및 입지 후보지 지역의 '주민 파워'의 분출을 배경으로 하는 지방자체단체의 이의 신청이다. 그때까지 '국책'으로서 원자력사업에 순순히 협력해 왔던 지방자체단체가 주민 파워—그것을 존중하지 않으면 수장을 해임하거나 차기 선거에서 당선이 어려워질 위험이 현실에서 생겨난다—에 힘입은 형태로 원자력시설의 입지 수용이나 각종 방사성 물질의 반입 또는 원자력 입지의 관리 운영 등에 관해 정부나 전력업계에 비판적인 자세를 취하게 된 것이다. 이 주민 파워를 배경으로 하는 지방자치단체의 의향을 무시하고 원자력 정책을 진행하는 것은 이미 불가능했다. 그러한 상황 변화를 우리에게 각인시킨 하나의 에피소드는 1995년 12월 11일에 안전협정에 입각해 강행된, 후쿠이현과 쓰루가시에 의한 몬주 사고 현장조사였으며, 그것이 동연의 사고 정보 은폐·날조 사건 발각으로 연결되었다.

몬주 사고를 계기로 일본 각지의 원전 입지 지역 및 입지 후보 지역에서 주민 파워는 점점 커져, 그것을 지방자치단체의 지도자들도 충분히 고려해야 하는 상황이 되었다. 몬주 사고는 그런 의미에서 일본 사회 전체에 지방자체단체의 '국책'에 대한 이의 신청을 활성화하는 촉매 효과를 가져온 것이다.

니가타현 마키마치卷町(현 니가타시)에서의 주민투표도 그러한 주민 파워 고양을 배경으로 실시된 것이다. 홋카이도전력 마키원자력발전소 건설에 대한 찬반 여부를 묻는 주민투표가 1996년 8월 4일에 이루어졌다. 결과는 유효투표 수 2만 382표 중 원전 건설 반대표가 1만 2478표를 얻어 찬성표 7904표를 크게 상회했다. 이 결과를 받아든 사사구치 타카아키笹口孝明 촌장은 원전 건설 예정지 가운데 마을 소유지(9000m³)를 도호쿠전력에 매각하지 않겠다고 말했다. 이에 따라 마키원전의 건설계획 중지가 확실시되었다.

마키마치의 주민투표와 그에 이를 때까지의 역사에 대해서는 몇 권의

책에 상세히 쓰여져 있다(新潟日報道部, 《原発を拒ぶんだ町ー巻町の民意を追う》, 岩波書房, 1999. 横田清 편, 《住民投票ーなぜ、それが必要なのか》, 公人社, 1997. 1장 등을 참조). 그 핵심만을 소개하면 도호쿠전력의 마키원자력발전소 건설계획의 존재가 매스컴에 의해 드러난 것은 1969년 6월의 일이다. 1971년에는 도호쿠전력이 니가타현에 정식 건설계획을 제시했다. 그 후 전력업계·니가타현·정부에 의한 입지 준비 작업이 진행되었는데, 재산권의 양도·포기를 거부하는 지역 주민들의 저항으로 애를 먹었다. 1981년 초반에 어업권 문제가 해결되면서 단숨에 건설계획이 실현되는가 싶었지만, 토지소유권자의 강한 저항으로 1990년대 초반까지 교착 상태가 계속됐다. 그런데 그때까지 원전 동결을 공약해 왔던 사토 간지佐藤莞爾 촌장이 1994년 촌장 선거에서 원전 추진으로 방침을 변경해 입후보로 당선되어 마키원전 건설계획이 다시 발동이 걸렸다. 그리고 추진 세력과 반대 세력 간의 격렬한 공방 끝에 자주관리 주민투표, 주민투표 조례 제정, 촌장 소환, 반대파 촌장 탄생 등 일련의 경과를 거쳐 상기한 주민투표가 실시되게 된 것이다.

이 마키마치의 주민투표는 전국적인 관심을 모았고 찬반을 둘러싸고 전국적인 논의가 이루어졌다. 중심 쟁점이 된 것은 대의제와 직접민주제 사이의 관계를 어떻게 조정할 것인가 하는 점과 '국책'과 주민 의견 사이의 대립을 어떻게 조정할 것인가 하는 두 가지 점이었다. 원자력발전 추진론자는 대체로 대의제와 '국책'의 우위를 역설했고, 비판론자는 대개 주민 의견에 입각한 직접민주제 권리 행사의 정당성을 주장했다.

또한 논자들 중에서는 (필자를 포함해) '국책'이라는 것이 무엇인가라는 근본적인 의문을 제기하는 이들도 있었다. 한 전력회사가 원자력발전소 1개소를 건설하겠다는 계획을, 국가가 국책으로 지정해 전력회사와 일체가 되어 추진하는 것이 과연 정당한 행위인가라는 것이 이들이 제기한 의문이었다. 보다 구체적으로 말하자면 과학기술청이나 통산성 자원에너지청이 거액의 예산과 많은 인력을 쏟아부어 홍보 활동을 전개하는 것이 과연 정당한 행위인가 또한 투표 결과가 나오고 난 뒤 통산대신, 통산성 자원에너지청 장관, 과학기술청 장관(원자력위원회 위원장) 등 정부 지도부가 일제히 마키원자력발전소 계획에 대해 주민의 '이해'를 구하는 담화를 발표한 것이 과연 정당한 행위인가 하는 것이 의문에 붙여진 것이다.

확실히 현 상태에서 원자력 개발 이용 사업은 세부적인 것까지 여러 번의 각의 결정 또는 각의 양해를 받은 국가계획에 의해 국책으로서 권위를 부여받지만, 그것은 세계적으로 보아도 사회주의 국가들을 상기시키는 특이한 방식이다. 많은 산업 분야에서 과도한 국가 개입 방식을 재검토하여 규제 완화를 추진하는 가운데 원자력만이 과도한 국가 통제 방식을 유지하는 것이 타당한가 여부를 의심스럽게 바라보는 사람들이 계속 늘어나고 있다. 마키원전 주민투표를 둘러싼 논쟁은 원자력 개발에 대한 과도한 국가 개입의 정당성을 다시 한번 국민에게 묻는 사건이 되었다고 할 수 있다.

마키마치의 주민투표 조례 제정을 시작으로 전국 각지에서 주민투표 조례 제정 붐이 달아올랐다. 그때까지는 고치현 구보카와초窪川町의 원전 설치에 대한 주민투표 조례(1982년 7월 공포) 이후 고작 몇 건의 주민투표 조례만이 제정되었지만 1995년 이후 크게 늘어났다. 또한 실제 주민투표에 대해서도 마키마치 다음으로 오키나와현에서 1996년 9월 8일, 미일지위협정의 재검토와 미군 기지 정리 축소에 관한 현민 투표가 실시되었다. 이는 전국에서 두 번째, 현 단위에서는 최초의 주민투표이며 투표자 총 54만 1638명 중 48만 2538명(89.1%)가 미일지위협정의 재검토와 미군 기지 정리 축소에 찬성표를 던졌다. 그 후 전국 각지에서 주민투표가 수시로 이루어지게 되었다.

그런데 지방자치단체가 중앙정부에 이의 신청을 할 수 있는 수단은 주민투표만이 아니다. 오히려 주민투표는 지금까지도 극히 예외적인 수단에 머물러 있다. 원자력 개발 이용 분야에서 가장 빈번하게 이용된 것은 도도부현 지사가 사업자의 사업 실시에 대한 동의를 보류하는 전술이다.

원자력 개발 이용에 관한 인허가권은 모두 중앙관청이 장악하고 있어 지방자치단체에는 어떠한 법적 권한도 부여되어 있지 않다. 원자력계 법규에는 지방자치단체의 역할이 한 줄도 쓰여 있지 않다. 그러나 사업을 실시할 때 지역 도도부현 지사의 동의를 얻어야 한다는 암묵적인 룰이 관례로 정착되어 있다. 또한 지방자치단체는 법 규정에 상관없이 사업자와의 사이에 안전협정으로 대표되는 각종 협정을 체결할 수 있다는 암묵적인 룰도

역시 관례로 정착되어 있다. 따라서 도도부현 지사가 사업자에 대한 동의를 보류하거나 안전협정 서명을 보류하는 식으로 사업 추진을 일시 중단시킬 수도 있다.

이렇게 역사적으로 형성되어 온 관례를 사업 실시에 대한 거부권으로 활용하려는 전략적인 움직임이 최초로 현재화한 것은 전술한 바와 같이 1991년의 아오모리현 지사 선거였다. 당시 핵연료사이클기지 건설 반대 입장을 취한 현 지사를 당선시켜, 사업자와의 협력 협정을 파기한다는 전술을 세웠던 것이다. 반대파가 현 지사 선거에서 패배하여 목표는 실현되지 않았다. 그러나 몬주 사고 이후 도도부현 지사의 관례상의 권한이 행사되는 사례가 늘어나며 그것이 원자력 개발계획의 추진에 제동을 걸었다.

5. 분수령이 된 도카이 재처리공장의 화재·폭발 사고

고속증식로FBR 원형로 몬주 사고로 크게 흔들린 동연에 대한 국민의 신뢰가 완전히 무너지게 된 것은 1997년 3월 11일 오전 10시 6분에 동연 도카이무라 재처리공장의 아스팔트고화처리시설ASP, Asphalt Solidification Plant에서 발생한 화재·폭발 사고였다.

이 사고의 개요를 설명해 두자. 도카이 재처리공장에는 각 재처리공장 및 시설에서 배출된 저방사성 폐액을 아스팔트와 섞어 굳히는 아스팔트고화처리시설이 있다. 그 내부의 아스팔트 충전실에는 저방사성 폐액이 아스팔트에서 고화된 것을 꽉 채운 드럼통이 다수 놓여 있다. 그중 1개가 충전한 지 20시간 후에 발화해, 눈 깜짝할 사이에 주변의 여러 드럼통에 불이 옮겨붙었다. 작업원은 하청회사의 사원이었기 때문에 동연 직원의 지시를 기다렸다. 동연 직원은 상사와 상담한 후 물을 분무해 소화할 것을 명령했다. 화재 발생으로부터 약 6분 후, 작업원은 스프링클러를 사용해 소화 활동을 1분간 실시했다. 하지만 그때부터 방사능을 포함한 연기가 충전실에서 시설 전체로 퍼져, 화재 발생으로부터 약 30분 후까지 작업원은 안전 피난을 할 수밖에 없었다. 이 예기치 않은 사태를 종식시키기 위해 관계자가

원자력의 사회사 일본에서의 전개

열심히 노력하고 있던 오후 8시 4분, 충전실 부근에서 폭발이 일어나 아스팔트고화처리시설의 창과 문의 거의 대부분이 파손되었다. 폭발로 발생한 화재는 3시간 남짓 이어졌다. 그리고 파손된 시설 곳곳에서 대량의 방사능이 외부로 확산됐다.

최초 발생한 화재는 드럼통 내에서 격렬한 발열 폭주 반응이 일어나 자연 발화가 된 것으로 추정되었다. 그후 약 10시간 뒤 일어난 폭발 사고는 소화 작업에 사용된 물이 충분하지 않아 완전 소화가 되지 않았기 때문에 드럼통에 담겨 있던 아스팔트 고화체 내부에서 어떤 연유로 발열을 동반한 화학반응이 진행되어 그로 인해 가연성 가스가 내부에 차고, 무엇인가 방아쇠가 되어 폭발에 이른 것이라 추정된다. 원자력안전위원회는 화재폭발 사고조사위원회를 설치하고 사고 원인 조사를 진행했고, 조사위원회는 1979년 12월 15일 보고서를 제출했지만 사고 원인을 특정하지는 못했다.

이 사고로 동연의 안전대책이 불충분하다는 점이 주목받게 되었다. 또한 사고 당시 동연이 취한 대응 행동도 극히 부적절했다. 안전대책의 불충분함의 필두로 꼽히는 것은 아스팔트 고화라는 방법을 채택한 것 자체였다. 아스팔트는 가연물이며 발화할 경우 내장된 방사능을 흩뿌릴 위험이 있다(감속재에 흑연을 사용한 원자로와 동일한 위험). 시멘트 고화 방법이 더 안전하고 그것이 세계의 표준적 방법이다. 그럼에도 동연은 비용이 저렴하고 해양 투기도 가능한 아스팔트 고화 방식을 택했다(전술한 바와 같이 1980년대 초반까지 과학기술청은 중저준위방사성폐기물의 해양 투기 계획을 고수하고 있었다). 또한 동연은 아스팔트고화처리시설에서 화재 사고나 폭발 사고가 일어날 것을 대비한 소화 훈련을 전혀 실시하지 않았다.

다음으로 동연의 사고 대응 행동에도 많은 문제점이 있었다. 이는 크게 두 가지로 나눌 수 있다. 첫째, 소화 작업이 극히 부적절했다. 먼저 매뉴얼상의 대응이 미비했기 때문에 현장 작업원의 판단으로 소화 활동을 개시하지 않아 소화 개시가 늦어졌다. 또한 매뉴얼의 소화 순서가 지켜지지 않았다. 방수 개시 전에 충전실 환기를 중지하지 않은 것이다. 그로 인해 필터의 그물이 먼지로 막혀 기능 상실과 외부로의 방사능 누출을 초래했다. 더욱이 겨우 1분간만 물을 뿌린 뒤 소화 작업을 중지하고 충분한 소화 확인도

하지 않았다. 1981년에 일어난 벨기에 유로케믹Eurochemic사의 아스팔트고화시설 사고에 우려를 품은 동연은 1982년 연소 실험을 실시해 완전 소화까지 8분간 물을 뿌릴 필요가 있다는 결론을 얻었지만 그 교훈을 살리지 못했다. 그러한 부적절한 소화 활동에 의해 적절한 대응이 이루어졌다면 화재 사고만으로 끝나고 말았을 테지만 폭발 사고로 발전한 것이다.

둘째, 소화 작업에 얽힌 허위 보고 사건이 발생했다. 동연이 과학기술청에 제출한 사고 보고서에는 오전 10시 13분에 소화를 확인한 후 10시 22분에 눈으로 재확인했다고 기재되어 있지만, 실제로는 소화를 확인하지 않았다는 것이 사고로부터 약 한 달이 지난 4월 8일에 발각되었다. 그것은 간단히 정정할 수 있는 단순한 오류에 지나지 않았다. 하지만 한번 정부·지방자치단체·매스컴 등에 흘러간 정보에 대해서 만약 다시 정정을 한다면 몬주 사고에서 잃은 동연의 신용을 더욱 저하시키지 않을까 하고 간부들이 우려하여 입 맞추기를 하다가 작업원 한 명의 저항으로 발각된 것이다. 이 허위 보고 사건의 발견은 동연에 대한 국민의 불신을 결정한 것으로 동연 해체론을 불러일으켰다. 매스컴은 동연을 '거짓말쟁이 동연'이라 부르게 되었다.

이 도카이 재처리공장의 화재·폭발 사고와 부수로 일어난 허위 보고 사건은 동연의 사업 전체에 큰 영향을 미쳤다. 그것은 다음 두 가지로 정리할 수 있다. 첫째, 일본의 핵연료 재처리 개발의 장래에 암운을 드리웠다. 이 사고로 핵연료 재처리라는 기술의 안전성에 국민들의 의심의 눈길이 강해졌다. 재처리는 이전부터 핵 확산 위험이나 경제성 악화가 문제가 되었다. 재처리의 장점으로는 우라늄 자원의 유효 이용과 고준위방사성폐기물의 감소를 들 수 있지만, 전자는 고속증식로FBR 시스템과 결합되어야만 비로소 의미를 가진다는 점에서 미래의 희망적인 관측으로서의 의미밖에 가지고 있지 않다(경수로 시스템과 결합하는 경우 우라늄 자원 절약 효과는 미미하다). 또한 후자에 대해서도 직접 처분과 비교해 중저준위폐기물의 수치상 차이가 크게 발생하는 것 등에 의해 장점이 상쇄되는 것으로 여겨져 왔다. 여기서 만약 재처리의 안전성에 의문을 제기하게 되는 사고가 일어난다면 재처리의 이해득실의 균형은 더욱 부정적인 방향으로 기울 가능성이 있다. 도카이 재처리공장의 화재·폭발 사고는 정말 그러한 불안이 현실이 될 수 있음을 보여주었다. 아스팔트고화처리시설은 취급하는 방사능이 중저준위기 때문에 노동자나 주변 주민에게 대량의 방사선 피폭을 초래하는 것만은 피해야 하지만 재처리공장의 본질적인 위험이 높다는 점을 명확하게 보여주었다.

도카이 재처리공장 사고의 다른 영향은 동연이라는 조직 자체를 해산의 소용돌이로 밀어넣었다는 것이다. 허위 보고 사건이 발각된 것을 계기로 지금까지 핵연료사이클 개발 추진의 입장을 취해 온 보수당 정치가나 개발 정책을 입안하고 실시를 감독해 온 과학기술청을 비롯해, 정·관·재계의 모든 세력이 '동연 해체론'을 부르짖기 시작했다. 왜냐하면 정·관·재계의 관계자가 매스미디어를 둘러싸고 합창하기 시작한 '동연 해체론'은 그 내용이 극히 애매했기 때문이다. 거기서는 분할, 민영화, 국립연구소로 개편, 일개 부국의 편성 대체 등 이른바 모든 아이디어가 '해체'라는 키워드로 엮여 있었기 때문이다. 또한 '동연 해체론'에서 특징적인 것은 핵연료사이클 개발 정책 그 자체의 재검토에 대해 거의 언급하지 않았다는 점이다. 동연 개혁의 전말에 대해서는 6절에서 다시 다루기로 한다.

6. 핵연료사이클 정책의 원상복귀를 향해

여기서 시계의 바늘을 1996년 6월까지 돌리자. 이 시점은 원자력정책 원탁회의가 드디어 중반을 맞이하는 때였다. 원탁회의의 결론을 기다리지 않고 통산성종합에너지조사회는 원자력부회(곤도 슌스케近藤駿介 부회장)의 심의를 6월 1일에 개시했다. 원자력부회는 고작 7회 심의한 후인 1997년 1월 20일에 중간보고—통산성 관계의 심의회 보고서는 대체로 중간보고라는 타이틀을 사용했다. 그 후에 최종 보고가 이루어지는 경우는 거의 없다—를 마련해 공표했다. 내용은 핵연료사이클 추진 정책을 재확인해 경수로에서 플루토늄 혼합연료를 태우는 플루서멀 계획 추진을 제창한 것이었다. 통산성은 과학기술청보다 더 한발 일찍 몬주 사고 이후 이른바 동결 상태에 놓여 있던 핵연료사이클 정책의 재가동에 시동을 건 것이다.

이는 1996년 1월 23일에 나온 후쿠시마·니가타·후쿠이현 세 지사의 〈향후의 원자력 정책의 추진 방식에 대한 제언〉을 사실상 거부하는 결정이었다. 전술한 바와 같이 세 지사의 제언에서는 '핵연료사이클의 바람직한 상태 등 향후의 원자력 정책의 기본적인 방향에 대해, 이에 밀접하게 관련 있는 플루서멀 계획이나 백엔드 대책(사용후핵연료의 앞으로의 저장 보관의 바람직한 형태, 고준위폐기물 처리 문제 등)에 관련된 여러 문제도 포함해 다시금 국민 각계 각층의 폭넓은 논의와 대화를 실시하고 그 합의 형성을 도모할 것'과 '핵연료 리사이클에 대해 다시금 합의 형성이 도모된 경우에는 플루서멀 계획이나 백엔드 대책의 미래 전체상을 지금부터 파생하는 여러 문제도 포함하여 구체적이고 명확하게 관계 지방자치단체에 제시할 것'이 제언되었다. 그러나 종합에너지조사회 원자력부회의 보고는 핵연료사이클 정책의 시비와 바람직한 형태에 관한 국민적 합의 형성을 위한 논의가 막 시작된 단계—원탁회의에서 여기에 관련된 논의가 4회 이루어져 초빙인들의 찬반 여부의 의견이 평행선을 달려 지금부터 논의의 진행 방식을 모색해야 한다고 한 단계—에서 당돌하게 튀어나온 것이다. 또한 거기에는 핵연료 리사이클의 미래 전체상은 제시되어 있지 않고 플루서멀 계획을 급히 개시하는 것만이 결정되어 있었다. 이는 통산성의 불도저식 폭주가 시작됐다는 것을 의미하고 있었다.

이를 받아들여 1997년 플루토늄 이용(플루서멀) 촉진과 재처리사업의 촉진이 결정되어 버렸다. 원자력위원회 또한 핵연료사이클 정책에 관한 국민적 합의 형성 작업을 생략한 것이다. 그것은 전문부회나 간담회에 자문한다는 지금까지의 관례적인 정책 결정 절차를 생략한 것이었다. 왜 원자력위원회가 통산성의 독단적 행동을 곧바로 추인했는가 하는 이유는 확실하지 않다. 또한 이를 받아들여 1997년 2월 4일, 핵연료사이클 개발 추진에 관한 각의 양해가 이뤄졌다. 이는 몬주 사고 이전의 관계에 비춰 보아도 상당히 강력한 행정 수단을 취한 것이다. 1996년이 원자력 행정에 대한 정보 공개나 시민 참여에서 진전을 보인 해였다고 한다면, 1997년은 핵연료사이클 정책의 원상복귀를 향한 '역주행'의 시작을 알리는 해가 되었다. 적어도 연초 일찍 그 움직임이 현재화한 것이다. 이 각의 양해에 의해 핵연료사이클 정책에 관해 아직 원상복귀가 결정되지 않은 것은 고속증식로FBR 개발 정책뿐이었다. 원자력위원회는 그러한 상황을 사전에 만들어 놓고 고속증식로간담회를 1997년 2월 21일에 발족시켰다. 거기에서 몬주 재개를 허용하는 권고가 나온다면 적어도 정책 결정 수준에서의 원상복귀가 완료되는 것이었다.

그런데 1997년 3월 11일 동연 재처리공장의 화재·폭발 사고와 그에 관련된 허위 보고 사건이 발각됨에 따라 과학기술청을 비롯한 원자력 관계기관이 생각해 왔던 개발 재개 시나리오는 파탄 날 위기에 직면했다. 모처럼 고속증식로FBR 개발 이외의 핵연료사이클 개발 사업 추진을 결정했는데 그에 대해 다시 검토해야 한다는 여론이 대두할 위협이 생긴 것이다.

과학기술청이 이 위기를 떨쳐내기 위해 세운 작전의 핵심은 동연개혁검토위원회 설치였다. 그것은 '거짓말쟁이 동연'을 엄격하게 추궁하려는 국민 여론에 따른다는 형태를 취하면서 동연이 관여하는 핵연료사이클 개발 프로젝트들을 계속 추진할지 여부와 향후 바람직한 운영 형식에 대한 재검토를 실시하는 것을 거부하고 동연의 지위와 역할의 재검토에 대해서도 동연 내부의 조직 개편과 일부 사업의 이관만으로 검토사항을 마무리한다는 접근을 채택한 것이다.

4월 18일에 발족한 동연개혁검토위원회(요시카와 히로유키吉川弘之 위원장)는 여러 중요한 문제점을 가진 것이었다. 이를 다섯 가지만 열거하면, 첫째는 이 위원회가 핵연료사이클 정책의 사업·제도 면에서 포괄적인 재검토를 한다는 방침을 취하지 않은 조직으로서 발족했다는 점이다.

두 번째 문제점은 동연개혁검토위원회의 설치 형태. 위원회는 과학기술청 장관의 자문기관으로 설치되었다. 이는 위원회의 제삼자성을 손상하는 것으로 방위청(당시 이름, 2007년에 방위성으로 승격)에 자위대 개혁을 검토하도록 한 것과 마찬가지라는 비판을 받았다. 제삼자성을 가지고 있는 것도 또한 문제의 중요성에서 생각해 보아도 총리 수준의 자문위원회가 되어야 했다.

세 번째 문제점은 멤버 인선이다. 몬주 사고를 계기로 원자력 정책 관계의 정부자문위원회에는 약간의 사람들이기는 하지만 비판론자 내지 시

223

민운동 조직의 멤버가 구성원으로 들어가게 되었는데, 동연개혁검토위원회의 멤버 구성은 그 점에서 보면 현저한 후퇴였다. 그러한 멤버는 한 명도 포함되지 않았다.

네 번째 문제점은 국민 의견을 묻지 않고 일방적으로 자민당의 의견을 최대한으로 존중해 보고서를 마련한 것이다. 즉 동연개혁검토위원회는 과학기술청에 설치된 것도 있고, 원자력위원회에서 1996년 개혁에 의해 의무화된 국민 의견 반영 등의 민주적인 절차를 보고서 취합에서 생략했다. 그와는 반대로 자유민주당 행정개혁추진본부의 의견을 최대한 존중하면서 보고서를 마련했다. 구체적으로는 1996년 7월 2일에 자유민주당 행정개혁추진본부가 제시한 〈동력로·핵연료개발사업단의 발본 개혁에 대해〉에 준거한 형태로 과학기술청이 7월 7일 소안을 동연개혁검토위원회에 제출했다.

다섯 번째 문제점은 심의 경과다. 이들은 고작 3개월간 여섯 번의 회의만 개최하고 8월 1일부로 보고서 〈동연 개혁의 기본적 방향〉을 제출했다. 그것도 잡담 같은 심의를 2회 실시한 후 제3회 회의에서 일찍 보고서 취합의 단계로 들어가 제5회 회의에서는 검토위원회 자신들의 소안이 아니라 과학기술청의 손으로 만든 소안(상기한 바와 같이 자민당의 의향에 준거한 것)이 제시되어 그에 입각해 약간의 심의를 실시한 결과로 보고서가 정리된 것이다.

한편 동연개혁검토위원회 보고서의 골자는 조직명을 핵연료사이클개발기구(약칭 '사이클기구')로 고치고 사업의 일부를 폐지한다는 것이었다. 구체적으로 보고서는 해외 우라늄 채광, 우라늄 농축 연구개발, 신형전환로 ATR 연구개발, 세 분야를 정리할 것을 권고했다. 그러나 이들 세 분야는 몬주 사고 이전부터 사업 존속의 의의를 상실하고 있던 것이어서 폐지는 당연한 조치였다. 먼저 해외 우라늄 채광에 대해서는 과거 약 30년간에 걸친 성과가 전무했다. 다음으로 우라늄 농축 연구개발에 대해서도 동연이 관여한 사업은 신소재를 사용한 원심분리기의 개발만으로 되어 있고, 그마저도 시험기의 개발 이후는 전력업계와 제조업체에 주도권을 넘기는 것으로 되어 있었다. 레이저 농축에 대해서는 전술한 바와 같이 이른 단계에서 전력업계와 제조업체가 주도권을 가져갔다. 마지막으로 신형전환로ATR 연구개발도 아오모리현 오오마에서 실험로 건설계획이 중지되게 된 이상 원형로 후겐의 운전을 계속할 의미는 없어졌다.

　동연이 추진해 온 그 이외의 사업은 모두 무탈하게 살아남게 되었다. 고속증식로FBR 개발 및 그와 관련된 핵연료사이클 기술(고속증식로용 재처리 기술을 중심으로 한다) 개발이라는 동연의 기간 사업은 그대로 새 법인의 기간 사업으로 이어지도록 권고되었다. 거기에 고준위방사성폐기물 처리 처분 기술의 개발을 더한 세 가지를 핵연료사이클개발기구의 주요 업무로 하는 것이 보고서 내에서 권고되었다.

　이상과 같은 보고서의 권고 내용은 원자력위원회에서 당시 검토 중인 사항에 대해 미리 결론을 선취했다는 점에서 현저한 월권 행위였다. 구체적으로 말하자면, 동연개혁검토위원회의 보고서가 나온 1997년 8월 단계에서는 아직 원자력위원회 고속증식로간담회의 심의가 진행되고 있었다. 그 보고서의 결론에는 기간 프로젝트 2개(고속증식로FBR, 고속증식로용 재처리)가 중지될 가능성이 있었다. 간담회에는 그렇게 주장하는 위원도 존재했다. 만약 그렇게 된다면 동연을 해산하고 새로운 법인을 설치하지 않고 고준위폐기물 처리 처분과 다른 약간의 업무를 일본원자력연구(원연)에 이관한다는 방침이 동연 문제의 합리적인 해결법이 될 터였다(원자력선개발사업단이 해산되었을 때도 그 업무를 원연이 이어받은 전례가 있다). 그러한 가능성을 처음부터 염두에 두지 않고 동연개혁검토위원회는 두 기간 프로젝트는 지속한다는 것을 자명한 전제로 하면서 작업을 진행하고 보고서를 제출한 것이다.

　그런데 동연개혁검토위원회는 핵연료 리사이클 관련 사업의 시비 여부와 바람직한 형태에 대한 심의를 전혀 실시하지 않았다. 그럼에도 불구하고 핵연료사이클 개발의 촉진을 요구하는 몇 가지 권고를 한 것이다. 예를 들어 고속증식로FBR에 관해서는 다음과 같이 권고했다. "고속증식로FBR 개발 및 그에 관련된 핵연료사이클 기술 개발은 미래에 핵연료사이클의 중핵을 이루는 연구개발이며 우리나라의 장래, 더욱이는 인류의 미래를 전망하는 글로벌한 에너지 안전보장의 확보에 투자하는 극히 공공성이 높은 연

6 사건·사고 연발과 개발 이용 정체의 시대 ─ (1) 세기말의 전환점(1995~2000)

구개발이기 때문에 새로운 법인에서는 그 연구개발을 착실히 추진해 간다(이하 생략)." 구체적인 검토 없이 이러한 급작스러운 결론이 도출되었고 이러한 인식을 바탕으로 개혁안이 만들어진 것이다.

그 후에도 고속증식로간담회의 움직임을 전혀 무시하는 듯, 동연 개혁의 구체화 작업이 진행되었다. 8월 6일에는 동연개혁검토위원회 산하에 신법인작업부회(부회장은 스즈키 아츠유키鈴木篤之 도쿄대학 명예교수)가 설치되어 구체적인 계획 수립에 착수했다. 그 멤버는 원자력 공동체의 간부로 이뤄졌다. 가토 야스하루加藤康弘(과학기술청 원자력국장), 곤도 도시유키近藤俊幸(동연 이사장), 도몬 가즈나오씨門一直(전기사업연합회 부회장), 나가이 야스오永井康男(미쓰비시중공업 부사장), 마츠우라 소지로松浦祥次郎(일본원자력연구소 부이사장), 스즈키 부회장으로 모두 여섯 명이다. 거기에는 비판론자는 물론 중립적 입장을 가진 사람이 한 명도 포함되지 않았다.

신법인작업부회의 보고서 〈신법인의 기본 구상〉은 동연개혁검토위원회의 검토를 받은 후 1997년 12월 9일, 과학기술청 장관에게 제출되었다(한편 그 직전인 1997년 12월 1일부로 고속증식로간담회의 보고서가 원자력위원회에 제출되었다). 이를 받아 1998년 2월 10일, 이른바 동연개혁법안(원자력기본법 및 동력로·핵연료개발사업단법의 일부를 개정하는 법률안)이 국회에 제출되어 5월 13일에 가결 성립되었다. 이 법률에 입각해 1998년 10월 1일, 핵연료사이클개발기구가 발족하게 되었다. 1967년 10월 2일에 발족한 이래 31년에 걸친 동연 활동이 막을 내린 것이다.

어찌되었든 1997년 말까지 몬주 사고를 계기로 시작된 핵연료사이클 정책의 재검토 작업은 일단락된 모양새가 되었다. 개발 노선상의 정책 전환은 미뤄진 것이다. 관계 성청이 정규 정책 결정 과정을 앞질러 가 기존 정책을 유지하는 것을 별도의 과정으로 결정해 버린, 모든 논의를 무화시키는 불도저식 수법은 원자력 정책 분야에서는 상투적인 수단이 되어 있다.

7. 고속증식로FBR 개발 정책의 사소한 궤도 수정

전술한 바와 같이 구리타 유키오 후쿠이현 지사는 제9회 원탁회의 석상에서 원자력위원회에 '고속증식로간담회'라는 것을 설치하도록 하자고 제안했다. 이에 대해 이하라 요시노리 원자력위원장 대리가 "고속증식로간담회에 대해서는 그것을 설치하는 방향으로 그 내용을 충분히 담도록 하겠다고 생각한다"고 답했다. 그것은 원자력위원장 대리의 개인적 판단에 의한 것으로 사무국에는 아닌 밤중에 홍두깨 같은 말이었지만 이미 철회는 불가능했다. 멤버 인선에 난항을 겪으며 고속증식로간담회는 1997년 2월 21일 발족에 이르렀다. 그 목적은 원자력정책원탁회의의 논의 등을 검토해 '몬주' 문제를 포함해 장래의 고속증식로FBR 개발의 바람직한 방향에 대해 폭넓은 심의를 행하고, 국민 각계각층의 의견을 정책에 적확하게 반영시킨다는 것이었으며, 심의 사항은 "'몬주' 문제를 포함한 장래의 고속증식로FBR 개발의 바람직한 '모습'"이었다.

이 간담회는 원자력위원회에 몬주 사고 이전에는 설치가 예정되어 있지 않았던 것이었다. 왜냐하면 원자력위원회는 이미 1994년 12월 15일, 핵연료사이클계획전문부회(좌장 아키야마 마모루秋山守)를 설치하고 그 심의 사항에 '고속증식로FBR에 관한 사항'을 포함하고 있었기 때문이다. 핵연료사이클계획전문부회는 기존에 존재하고 있던 전문부회 3개(고속증식로개발계획전문부회, 핵연료리사이클전문부회, 재처리추진간담회)를 일체화해 종합적으로 과제를 검토하기 위해 설치된 것이었다. 하지만 몬주 사고에 의해 이 전문부회는 유명무실한 것이 되었다. 그리고 그 공백을 메우는 형태로 고속증식로간담회가 만들어진 것이다.

고속증식로간담회의 전문위원으로 선정된 사람은 다음의 16명이다(직함은 당시의 것). 아키모토 유미秋元勇巳(미쓰비시머티리얼 사장), 우에쿠사 마스植草益(도쿄대학 교수), 우치야마 요지內山洋司(전력중앙연구소 수석연구원), 오오야 에이코大宅映子(저널리스트), 오카모토 유키오岡本行夫(외교평론가), 기무라 쇼사부로木村尚三郎(도쿄대학 명예교수), 가와노 미쓰오河野光雄(내외정보연구회 회장), 고바야시 이와오小林巖(저널리스트), 곤도 슌스케(도쿄대학 교수),

스미타 히로코住田裕子(변호사), 스미 요시히코鷲見禎彦(간사이전력 부사장), 다케우치 사와코竹內佐和子(일본장기신용은행종합연구소 주임연구원), 나카노 후지오中野不二男(논픽션 작가), 니시자와 준이치西澤潤一(도호쿠대학 전 총장), 마츠우라 소지로松浦祥次郎(일본원자력연구소 부이사장), 요시오카 히토시(필자, 규슈대학 교수).

이 멤버 구성은 매우 기울어진 것이었다. 전문위원의 약 반수는 원자력 정책 수립에 수시로 관여하면서 고속증식로FBR 개발을 포함한 원자력 개발 전반에 찬성해 온 인물들이었는데, 지금까지의 고속증식로FBR 개발 정책에 반대하는 전문위원은 고작 한 명이었다. 한편 좌장을 포함한 남은 몇 명의 위원은 지금까지 원자력 정책에 관여하지 않고 원자력 정책에 대한 각자의 전문적 입장에서 발언한 바도 거의 없는 사람들이었다. 고속증식로FBR 개발과 같이 국민 여론을 가른 화제에 대해 심의하는 데에는 원자력 정책에 관련된 깊은 전문적 견식을 가진 멤버를 갖추고 또한 추진론자·중립론자·반대론자, 삼자의 균형을 충분히 배려할 필요가 있다고 생각되지만 그러한 이상과는 전혀 딴판인 인선이었다.

고속증식로간담회는 첫 회의에서 니시자와 준이치 도호쿠대학 전 총장을 좌장으로 선출했다. 그리고 한 달에 한 번 이상의 속도로 심의를 진행했다. 그것은 초빙인이나 설명인을 세우고 질의응답과 자유토론을 하는 형식으로 진행되었다. 그런데 초빙인이나 설명인의 멤버 구성도 또한 극히 편향되어 있었다. 초빙인 중에는 고속증식로FBR 개발 중지 의견을 가진 사람은 고작 한 명(원자력자료정보실 대표 다카기 진자부로)밖에 되지 않았고 나머지는 모두 원자력 개발 관계자에 의해 채워졌다. 또한 설명인도 모두 개발 추진 입장을 가진 사람들(그 대부분은 동연 직원)로 채워졌다. 더욱이 간담회 사무국을 맡은 것은 과학기술청 원자력국 동력로개발과라는 동력로 개발을 추진하고 또한 동연을 감독하는 책임을 가진 부서였다. 즉 동력로 개발과는 고속증식로FBR 개발에 관한 중립성이라는 점에서는 아무래도 생각할 수 있는 한의 선택지 중에서 가장 부적절한 부서였다.

한편 고속증식로간담회의 보고서 취합 작업은 극히 성급하고 불투명했다. 먼저 성급했다는 점에 대해 말하자면 제7회 간담회(7월 30일)까지는 그 나름의 시간을 들여 심의가 진행되었지만, 제8회 간담회(8월 27일)에 돌연 동연을 개편해 신법인(핵연료사이클개발기구)을 조속히 발족시키기 위해서는 연내에 보고서를 준비할 필요가 있다는 데드라인을 사무국에서 제시하면서 심의는 단숨에 종반으로 치달았다. 그리고 제9회 간담회(9월 1일)에 빠르게 보고서 골자 안이 의제로 올라왔다. 간담회에서의 심의를 등산에 비유하자면 8월부터 9월까지 세 번째 회합부터 아홉 번째 회합까지 헬리콥터로 날아가는 듯한 것이 되었다. '동연은 무탈하게 살려둔다'는 방침을 가능한 조기에 확정한다는 노선을 따라 과학기술청이 전력질주하기 시작한 것이다. 이는 본래 있어야 할 절차와는 정반대였다.

　니시자와 좌장도 또한 이 조기 결론 방침을 별도의 관점에서 지원했다. 니시자와 좌장은 몬주를 이용한 연구를 빨리 재개시키고 싶다는 견해를 이 즈음부터 재차 삼차에 걸쳐 표명하게 되었다. 이러한 의견은 고속증식로FBR의 상업화 계획의 계속 여부와 몬주 재개의 여부에 대해 철저하게 논의해 국민의 의견을 충분히 반영한 후에 표명해야 할 것이었다. 그런 의미에서는 니시자와 좌장도 과학기술청과 같이 '이미 결론은 나왔다'는 자세를 선명하게 한 것이다.

　이러한 조기 결론 방침이 채택된 결과, 보고서는 사무국 주도로 취합되게 되었다. 고속증식로FBR 정책과 같은 국민 여론을 양분하는 쟁점에 관해서는 개발 추진 입장의 과학기술청에 보고서를 취합할 주도권을 부여하지 말고 간담회의 멤버 스스로가 기초 위원회 등을 만들어 그 주도권하에서 보고서 취합을 실행하는 것이 당연한 절차라고 여겨지지만 그러한 절차는 취해지지 않았다. 또한 보고서 골자 안의 설명의 시점에서는 좌장이 사무국과 상담해 원안을 만들었다는 명분을 내세웠지만, 심의의 과정에서 그것이 사무국이 작성한 안에 좌장이 가필한 것이었다는 것, 즉 주도권이 사무국에 있었다는 것이 드러났다.

　9월 19일에 나온 골자 안은 그 후 몇 번의 수정을 거쳐 보고서 안(10월 14일부)이 되었고 또한 국민 의견 반영의 절차를 거쳐 최종 보고서(12월 1일부)가 되었다. 하지만 보고서 재작성 작업의 진행 방식은 극히 억지스럽고 폐쇄적이었다. 그것은 일관되게 사무국 주도로 진행되었다. 거기서는 사무국이 문안을 만들고 거기에 각 위원이 코멘트를 보내고 이후 취사선택은 사무국이 행하는 방식으로 일이 이루어졌다. 즉 위원은 사무국에 대해 의견을 주기만 하는 손님 같은 입장에 놓였고 위원의 의견 채택 여부는 모두 사무국의 권한으로 위임되었다. 각 위원은 수정 과정에 관한 정보를 전혀 받지 못해 이를 제3자에게도 설명할 수 없었다.

국민 의견 반영 절차도 문제가 있었다. 먼저 11월 7일, 고속증식로간담회가 주최한 '보고서 안에 관한 공청회'가 도쿄에서 한 번 열렸는데, 발언자와 위원 간의 쌍방향적인 대화는 일절 이루어지지 않았다(사무국은 대화를 극도로 싫어했다. 사무국의 통제가 이루어지지 않는 곳에서 위원이 질문에 회답하지 못하고 쩔쩔매거나 보고서의 취지와는 다른 자유로운 발언을 하는 것을 우려했기 때문이다). 위원의 출석률도 전체의 3분의 1 이하인 다섯 명으로 극히 저조했고 주최자 대표인 좌장도 참가하지 않았다. 본래는 중립적인 의장단을 세워 발언자와 위원(물론 사무국의 관료의 대리는 인정되지 않는다)이 보고서 안의 타당성을 둘러싸고 수일간에 걸쳐 철저하게 논의해 나가는 회의를 개최했어야 한다고 생각한다.

또한 문서에 의한 국민 의견 모집에 대해서도 국민 의견 1063건이나 이 도착했음에도 한 건 한 건 채택 여부에 관해 개별적으로 검토를 행할 시간은 주어지지 않고 좌장이 지명한 위원 고작 네 명이 5시간 동안 회의를 통해 그 채택 여부를 모두 결정했다. 또한 그 채택 여부의 검토회에는 통산성자원에너지청과 동연의 직원이 동석해 위원이나 사무과의 대등한 입장에서 의견을 내놓았다. 거기서 동연 직원이 국민 의견 채택 여부의 수속 절차에 참가한 것은 피고가 재판관을 겸임하는 것에 상당하는 것이라고 말할 수 있다.

한편 고속증식로간담회 보고서는 위원 15명에 의한 다수 의견과 위원 한 명(요시오카)에 의한 소수 의견을 병기한다는 형태로 정리되었다. 원자력위원회의 전문부회 등의 보고서로는 전대미문의 것이었다. 다만 다수 의견과의 분량상 균형을 맞추기 위해 소수 의견의 분량은 극히 한정되었다.

보고서 내에서 제안된 새로운 고속증식로FBR 정책의 요점은 다음의 네 가지로 정리할 수 있다.

(1) 고속증식로를 장래 에너지원 선택지의 유력 후보로 설정한다.

(2) 상업화(실용화)를 목표로 하는 고속증식로의 연구개발을 지속한다.

(3) 몬주의 원형로 운전을 개시한다.

(4) 실증로 이후의 실용화 프로그램에 대해서는 구체적인 계획을 백지에서 몬주 운전 실적 등을 살펴 다시 검토한다. 실용화 목표 시기를 백지화한다.

이는 종래의 일본의 고속증식로FBR 정책의 거대한 전환을 의미한다. 먼저 첫째, 고속증식로FBR는 하나의 선택지로 격하되었다. 1994년 6월에 나온 당시 최신 〈원자력개발이용장기계획〉에서 고속증식로FBR는 '장래 원자력발전의 주류로 해 나가야 할 것'으로 상정했지만 그것과 간담회 보고서의 기술 사이의 격차는 현저하다. 두 번째로 중요한 점은 실증로 이후의 계획이 백지화되었다는 것이다. 1994년의 장기계획에서는 2030년경이라는 실용화 목표 시기가 명기되어 실용화 도상의 실증로 1호로 및 2호로 이렇게 2기를 건설하는 것이 명기되고 또한 실증로 1호로 톱 엔트리 방식 루프형을 채택해 2000년대 초반까지 착공하는 것(즉 2010년경에 완성하는 것)이 명기되어 있었지만 이들 모두 백지 철회되었다.

그러나 이러한 정책 전환이 고속증식로간담회의 이니셔티브에 의해 실현된 것이라고는 꼭 말할 수 없다. 몬주 사고가 일어나기 전에 이미 고속증식로FBR 실증로 건설계획 추진은 전력업계가 난색을 표해 어려워지고 있었고, 몬주 사고에 의해 그 어려움이 더욱 배가된 것이었다. 1997년 말의 정책 전환은 몬주 운전 재개를 인정했지만, 그 한편에서 실증로 건설계획을 실질적으로 무기 연기한다는 관계자들 사이에서의 암묵적인 합의사항을 정책으로 인정한 것이라 해석할 수 있다.

그런데 이러한 내용의 권고를 이끌어 낼 때에 고속증식로간담회 보고서가 채택된 논리적 구조는 극히 애매한 것이었다. 공공정책에 관한 보고서에는 반드시 중립적인 판단 근거가 채택되어야 한다. 이를 위해서는 복수의 선택지가 있는 종합평가 양식을 채택하는 방법이 적절하다. 그렇지 않다면 이외의 양식으로는 어떻게 해도 평가 틀이나 항목이 한쪽에 유리한 형태로 왜곡되기 쉽기 때문이다. 이 정책 판단의 양식에서는 다음과 같은 절차가 취해졌다.

(1) 유력하다고 여겨지는 모든 정책 옵션을 열거하고,
(2) 그들 간의 우열을 평가하기 위한 포괄적인 기준 체계를 제시하고,
(3) 정책 옵션 하나하나의 이점과 결점을 포괄적으로 검토해,
(4) 마지막으로 최선의 정책 옵션 실시를 권고한다.

유감스럽게도 지금까지의 일본의 원자력 정책에서 이러한 양식에 입각한 정책 결정이 이루어진 예는 없다. 어떠한 개발계획에 대해서도 개발 추진이라는 결론을 이끌어 내기에 유리한 논점을 열거하고, 그 한편에서 불리한 논점을 무시하거나 혹 그 일부에 대해 언급하는 경우에도 그것이 타개 가능하다는 희망적인 관측을 근거로 그것을 거부하고, 결론으로 개발 추진을 정당화하는 양식을 취해 왔다. 그러한 전근대적인 양식에서 탈피해 이전에 기술한 종합평가의 양식을 향후 표준적인 양식으로 가는 것이 합리적인 공공정책상의 판단을 위해 필요하다. 필자는 이를 간담회에서 매회 집요하게 주장했지만 본문의 논리 구조로는 결론적으로 채택되지 않았다.

필자가 집요하게 주장해 온 '종합평가'를 실시하라는 제안이 간담회에서 받아들여지지 않았던 것은 만약 필자의 방법을 채택한다면, 개발추진론자들은 고속증식로FBR 개발의 정당화를 위한 방법을 전면적으로 재구축하지 않으면 안 되고 또한 혹여 어떤 형태로든 재구축에 성공했다 하더라도 그 새로운 논법에서 이끌어 낸 결론이 개최 추진에 불리한 데이터가 발각되거나 기술적인 진척이 되지 않는 것 혹은 사회적인 환경 변화에 의해 쉽게 무너질 수 있는 빈약한 것이 될 것임을 우려했기 때문이라고 생각한다. 그럼에도 '민주적·이성적 대화'에서 결론은 가변적인 것이어야만 한다. 판단 과정의 각 단계에서 현실 인식이 조금이라도 바뀐다면 결론 자체도 바뀔 수 있다는 형태로 판단 과정이 조립되어야만 한다.

고속증식로간담회 보고서는 '고속증식로FBR 실용화를 목표로 하는 연구개발의 지속이 타당하다'라는 취지의 권고를 냈지만 그것은 상기한 바와 같은 종합평가의 방법에 입각한 것이 아니었다. 또한 근거로 제시된 데

이터도 단순히 목표치나 추진이라는 결론을 얻는 데 유리한 형태로 가공된 작위적인 데이터 등 신뢰성이 낮은 것 투성이었다. 그러나 그에 대해 자세히 기술할 지면은 없기 때문에 별고를 참고해 주길 바란다(吉岡斉·吉岡やよい, 〈高速増殖炉懇談会とは何であったか〉,《科学·社会·人間》, [物理学者の社会的責任サーキュラー], 제63호, 1998년 1월, pp. 6-18).

한편 고속증식로간담회의 보고서를 받은 원자력위원회는 12월 5일, "향후의 고속증식로FBR 연구개발의 바람직한 형태에 대해" 결정하고 그중에서 "간담회 보고서의 결론은 타당하다고 판단해 향후에는 동 보고서를 존중해 고속증식로FBR 개발을 추진하기로 한다"고 지적했다. 이 원자력위원회 결정에는 "보고서 중에 찬반양론의 형태로 기술된 여러 의견에 대해서도 당위원회로서는 고속증식로FBR 연구개발에 대한 귀중한 의견으로 진지하게 이를 받아들인다"고 기술되었다. 이로써 국책으로서의 몬주 운전 재개 방침이 굳어졌다. 그러나 시운전 재개까지 또한 13년을 요하게 될 것이라는 것은 관계자 누구도 예상하지 못했다.

8. JCO 우라늄가공공장 임계사고

이번 장에서는 지금까지 1990년대 중반에 발생한 원자력 사고로 1995년 고속증식로FBR 몬주 사고와 1997년 도카이 재처리공장 사고를 다뤘다. 사고들의 개요를 설명하고 그 영향에 대해서 논했다. 사고 두 건 중 고속증식로FBR 몬주 사고의 영향은 사고로 인한 물리적 피해가 경미했음에도 불구하고 그 영향이 유달리 컸다. 이 사고는 원자력 업계 전체를 크게 동요시켰다. 그에 비하면 도카이 재처리공장 사고의 영향은 상대적으로 작았지만 과학기술청 해체에 결정적이었다는 점에서 중요하다. 이에 대해서는 다음 장에 기술할 것이다. 1990년대 후반에 발생한 사고로 또 하나 잊어서는 안되는 것이 1999년 9월 30일에 이바라키현 도카이에서 일어난 JCO 우라늄가공공장 임계사고다. 이 사고는 급성 방사선 장해로 종업원 두 명이 사망한 점과 주변 주민 다수의 피난이 실시되었다는 점에서 일본의 원자력 개발 이용 사상 처음 있는 심각한 사고였다.

1999년 9월 30일 오전 10시 35분경, 이바라키현 도카이무라에 있는 주식회사 JCO 도카이사업소의 전환시험동에서 일본에서 처음으로 임계사고가 발생했다. 이날 JCO의 종업원 세 명이 고속실험로 조요에 장하할 농축도 약 18.8%의 초산우라닐 용액을 정제하는 작업에 종사하고 있었다. 그러는 사이에 정규 매뉴얼과는 다른 위험한 공정을 이용한 것이 임계사고로 이어졌다.

종업원들은 이산화우라늄 분말에서 불순물을 제거하고 순도 높은 초산우라닐 용액을 제조해 출하하기 위한 작업을 진행하고 있었다. 그 초산우라닐 용액은 핵연료사이클개발기구에서는 MOX 연료의 원료가 되는 순서가 정해져 있다. 원자로등규제법에서 허가된 정규 공정은 이산화우라늄 분말을 용해탑에 넣어 녹이고 그것을 제품 용기(4리터)에 채우는 공정이었다. 핵연료사이클개발기구의 주문은 출하할 제품 용기 모두(당시의 경우는 10개, 합계 40리터)의 농도를 균일화하라는 것이었다. 그에 대처하기 위해 JCO는 '클로즈 블렌딩'Close Blending(각 용기에서 10분의 1인 0.4리터씩 따로 취해 혼합해서 각 용기의 농도를 균일화한다)이라는 방법을 이용해야 했다.

그러나 그것은 많은 수고를 요하기 때문에 JCO는 별도의 매뉴얼을 만들어 대응하고 있었다. 그것은 양동이 형태의 스테인리스 용기(10리터)에 이산화우라늄 분말을 진한 초산에 녹여 그것을 저장탑에 네 그릇 분을 넣어 혼합 균일화한 것을 제품 용기에 채워 가는 방법이었다. 저장탑은 가늘고 긴 용기이기 때문에 임계에 대한 걱정은 없었지만 원래 그러한 이용법을 상정하지 않아 매우 사용하기 까다로운 설비였다. 그래서 작업원은 그 당시 저장탑이 아닌 땅딸막한 대용량(직경 50센티미터, 높이 70센티미터)의 침전조를 사용했다. 게다가 당시는 통상의 상업용 경수로의 네다섯 배 농도를 가진 특별한 농축우라늄을 취급했기 때문에 비교적 소량의 우라늄에서도 임계에 이를 우려가 있었다.

작업원이 양동이 일곱 그릇 분(금속 우라늄 약 17Kg에 상당)을 침전조에 넣자마자 돌연 임계가 시작됐다. 그에 의해 대량의 중성자가 방출되어 감마선이나 핵분열 생성물도 주위에 흩어져 날아갔다. 작업원 세 명 중 두 명

(오오우치 히사시大內久, 시노하라 마사토篠原理人)은 치사량의 방사선에 피폭되어 도쿄대학병원과 도쿄대학 의학연구소에서 집중 치료를 받았음에도 불구하고 그 후 사망했다. 남은 한 명(요코카와 유타카橫川豊)도 위독한 급성 방사선 장해를 일으키는 선량에 쬐였지만 회복되었다.

임계 상태는 약 20시간에 걸쳐 계속되었다. 원자력안전위원회의 조언을 받은 JCO 사원들의 결사적인 수습 작업에 의해 드디어 다음 날인 10월 1일 오전 6시를 지나 임계 상태는 종식되었다. 그사이 다량의 중성자 등이 계속 발생해 공장 안이나 주변 지역으로 날아갔다. 사고 발생으로부터 5시간 후에 드디어 현장으로부터 350미터 권역 내의 주민(약 150명)에게 피난 권고가 내려지고, 또한 같은 날 밤 10킬로미터 권역 내의 주민(약 31만 명)에 옥내 피난 권고가 내려졌다. 그러나 많은 주민이 상당한 양의 방사선에 피폭됐다. 주민의 건강 진단에 필요로 하는 비용이나 철도 운임, 사업소의 휴업, 상점의 폐점, 농수산물의 풍문 피해에 의한 유실 이익 등을 모두 보존할 피해 총액은 수백억 엔에서 수천억 엔에 달할 것으로 보인다. 그 일부가 배상의 대상이 되었다.

사고로부터 82일 후인 12월 21일 밤, JCO 종업원 오오후치 히사시(35세)가 사망했다. 오오우치는 일본의 원자력발전 사상 최초의 희생자가 되었다. 오오우치 씨에 대해서는 집중적인 실험적 치료가 실시되어 방사선에 의한 급성 장해에 관한 귀중한 실험 데이터를 얻었으나 무엇보다 환자에게는 과잉 연명 치료를 받게 해 필요 이상의 고통이 주어졌을 가능성도 있다.

사고 수습 후 정부의 대응은 신속했다. 원자력안전위원회는 우라늄가 공공장임계사고조사위원회를 설치해 고작 2개월 반(10월 8일 첫 회합, 12월 24일 보고서 제출)만에 심의를 마치고 보고서를 제출했다. 하지만 그 내용은 오로지 JCO에 책임을 전가하는 것으로, 안전규제 당국인 과학기술청에 의한 체크 기능이 전혀 작동하지 않았던 것과 관련된 책임은 간과되었다. 또한 핵연료사이클개발기구(구 동연)의 직원 두 명(아이자와 기요토相澤淸人, 가와타 도미오河田東海夫)이 사고조사위원회에 위원으로 참여한 것도 강한 비판을 받았다.

이 JCO 임계사고에 대해서는 안전심의의 대전제가 되는 정규 매뉴얼에서 대폭 일탈한 작업이 JCO에서 일상적으로 이루어졌고 이를 과학기술청이 체크할 수 없었던 것이 국민 여론의 강한 비판을 받았다. 또한 사고 후 정부의 대응이 늦은 것도 문제가 되었다. 이후 원자력 방재 체제의 정비를 위해 재해기본법의 특별법으로서 1999년 12월에 원자력재해특별조치법(원재법)이 제정되었다(그러나 2011년 후쿠시마 원전사고에는 전혀 다른 지휘 계통이 작동했다. 원재법에서 규정된 조치는 그림의 떡이나 다름없었다).

9. 상업 원자력발전 확대 속도 저하

이미 1장에서 개관한 것처럼, 1970년대 말에 영국과 미국에서 원자력발전 사업이 정체되기 시작했다. 그러한 원자력발전 사업의 정체 경향은 1980년대 말까지 전 세계로 퍼져 나갔다. 대규모 원자력발전 사업을 전개한 '원자력 입국'에 대해 보자면, 1980년대 이후는 그때까지 순조롭게 개발을 확대해 온 주요 선진국 모두 독일, 소련(현재의 러시아), 프랑스 순으로 각각 서로 다른 요인에 따라 정체 상태에 들어가게 되었다. 독일은 환경보호 여론의 고양, 소련은 체르노빌 사고와 그 후에 일어난 정치 경제적 붕괴, 프랑스는 원자력발전의 설비용량이 지나치게 커지게 된 것 등이 가장 중요한 요인이다.

그러한 서구 여러 나라의 정체를 거들떠보지도 않고 일본에서는 1980년대 이후에도 원자력발전 규모의 안정 성장이 이어졌다. 1980년대에는 새롭게 16기가 운전을 개시해 1990년대에 들어서도 1997년 말까지 15기가 운전을 개시했다. 그런데 1990년대 중반이 되어 그때까지의 일본 원자력발전의 안정 성장 노선에 돌연 적신호가 켜지기 시작했다. 발전용 원자로를 연평균 150만KW(중형 원전에서 연 2기, 대형 원전에서 1.5기 정도) 속도로 계속 증설한 노선이 드디어 재검토되게 되어 신증설 속도는 2-3년에 1기 정도로 극적으로 저하된 것이다.

그 배경에는 세 가지 사정이 있다. 첫째는 전력 수요의 정체다. 일본에서 버블경제가 붕괴하기 시작한 것은 1989년 말이며, 1991년에 들어서면 경제성장에 강한 제동이 걸린다. 그 후의 일본 경제는 언제 탈출할지 모르는 장기 정체에 빠져들었다. 경기침체는 전력 수요 확대에 제동을 걸었다. 1990년대 전반은 아직 버블 시대의 여운이 남아 있었지만, 그것도 1997년에 종언을 고하고, 그 이후는 횡보 상태에 들어가게 된 것이다.

두 번째는 세계적으로 전력 자유화가 진전된 것으로 이는 일본도 영향을 받을 가능성이 높았다. 전력 자유화의 표준형은 '송전 분리'unbundling(일본에서는 누구나 발전·송전 분리라고 부르고 있지만 송전·판매 분리라 부르는 쪽이 실태에 가깝다)이지만 만약 그것이 실시될 경우는 전기판매회사는 발전 비용(또는 도매 전력 구입 비용)에서의 자유경쟁을 강요받게 되어 상업 발전용 원자로의 새로운 증설을 억제하게 된다. 전력 자유화의 방향성과 진행 속도가 결정되지 않는 사이 쉽사리 원전의 새로운 증설을 할 수가 없는 것이다.

세 번째 사정으로 많은 논자들이 지적하는 것은 원자력발전소 신규 입지 지점의 획득이 1970년대 이후 극히 어려워져 장기적으로도 이를 타개할 방법이 보이지 않았다는 점이다. 그러나 이 문제에 대해서는 원자력발전을 확대하기 위한 대체 정책으로서 기존 시설 지점에서 증설한다는 방책도 있었기 때문에 그로 인해 원전의 새로운 증설이 저하되었다고는 생각하기 어렵다. 원전 건설계획의 지연으로 인해 어떤 지역에 전력 부족 문제가 생겼다는 이야기는 들리지 않았다. 또한 원전 건설계획의 지연으로 인해 어떤 지역사회가 화력발전소를 새로 증설하겠다고 한다는 이야기도 들리지 않았다.

어찌되었든 원자력발전소를 연평균 150만KW(연 1.5기에서 2기)의 속도로 계속 증설하던 시대는 끝이 났다. 1997년 7월에 운전을 개시한 2기(도쿄전력 가시와자키카리와 7호기, 규슈전력 겐카이玄海 4호기) 다음으로 건설된 도호쿠전력 오나가와 3호기의 운전 개시 연도는 2002년도로, 5년간의 공백이 비어 있는 것이다. 또한 다시 3년간의 공백을 두고 2005년부터 2006년에 걸쳐 주부전력 하마오카 5호기, 도호쿠전력 히가시도오리 1호기, 호쿠리쿠전력 시가 2호기 이렇게 3기가 운전을 개시했지만, 그 후에는 홋카이도전력 도마리 3호기까지 다시 4년의 공백이 생겼다는 사정이 있다.

이렇게 세계 주요 선진국보다 10년 정도 늦게 일본에서도 상업용 원자

6
사건·사고 연발과 개발 이용 정체의 시대—(1) 세기말의 전환점(1995~2000)

237

력발전 확대의 속도 저하가 현실이 되었다. 이와 관련하여 세계에서 원자력발전 규모가 정체한 원인에 대해서는 안전·환경 문제가 억제 요인이 된 것 이상으로 규제 완화·자유화의 추진을 제창하는 경제 자유주의의 영향력 확대와 그것을 배경으로 한 전력 자유화의 진전이 원자력발전에 불리한 요소가 되었다. 자유로운 전력시장에서 전력회사는 발전시설의 종류(화력, 수력, 원자력의 구별)에 상관없이 여분의 발전시설 건설을 억제하게 된다(국영이나 독점 상태하에서 전력회사는 설비를 가지고 있다). 그에 더해 원자력발전은 다음과 같은 세 가지 경제적인 약점을 안고 있었다. 그러한 약점으로 인해 전력회사는 원전의 새로운 증설을 미루지 않을 수 없었다.

첫째, 원자력발전은 화력·수력 발전에 대해 발전 과정만을 보면 라이프사이클 비용(건설에서 폐지까지의 총비용)에서 동일 또는 약간 우위에 있다는 것이 관계자의 공통 인식이다. 그러나 인프라스트럭처 비용이 높아 이를 더하면 화력·수력 발전 비용과 동등하거나 약간 열위에 놓이게 된다(大島堅一,《再生可能エネルギーの政治経済学—政策のグリーン改革》, 東洋経済新報社, 2010, 3장). 여기서 인프라스트럭처 비용은 양수발전시설의 건설·유지관리비, 장거리 송전망 건설·유지관리비, 입지대책비 등으로 구성된다. 양수발전소는 통상의 수력발전소와 달리, 수차를 역회전시켜 물을 아래의 댐에서 위의 댐으로 밀어 올리는 형태를 갖춘 수력발전시설이다. 위의 댐에 대해서는 강의 흐름과는 관계없는 장소에 만드는 것이 가능하다. 원자력발전시설은 화력발전시설과는 달리, 24시간 논스톱으로 운전하는 것이 경제적으로도 안전상으로도 좋지만 그것을 다수 건설하면 야간 전력이 남게 된다. 그것을 낭비하지 않기 위해 잉여 전력을 사용해 위쪽 댐에 물을 밀어 올려 낮에 아래 댐으로 물을 떨어뜨려 수력발전을 실시하는 것이 합리적이다. 원자력발전과 양수발전은 밀접한 불가분의 관계에 있는 것이다.

둘째, 핵연료 사업을 포함한 원자력발전시스템 전체의 최종 비용이 불확실하다. 특히 핵연료사이클의 백엔드에 대해서는 사용후핵연료의 재처리 노선을 채택하는 경우 비용 절대액과 그 불확실성의 폭이 함께 현격히 커지게 된다. 이에 대해 세계에서 몇 개의 시험적인 계산액이 발표되었는데, 재처리 노선을 취하는 경우의 원자력발전 비용이 직접 처분에 비해 10-

20% 정도는 높아진다는 평가가 많다. 더구나 재처리공장이 고장을 거듭해 순조롭게 가동되지 않을 경우, 단위 처리량당 비용은 대폭 뛰어오른다. 그러한 비용 면에서의 불확실성이 원자력발전에 항상 따라다닌다.

셋째, 원자력발전은 화력발전보다도 높은 경영 리스크를 가진다. 그것이 라이프사이클 비용에서 화력발전과 거의 같다고 하더라도 원자력발전은 초기 투자 비용이 현격히 높다. 그로 인해 투자에 알맞은 전력 판매 수입이 이뤄지지 않았던 경우 손실이 크다. 또한 발전용 원자로를 새로 증설할 계획을 만들어도 그것이 입지 지역 주민의 반대에 의해 중지되거나 수십 년 이상 지연될 가능성이 높다. 또한 원자력발전은 사건·사고·재해 등이 발발하거나 정치적·사회적 환경 변화에 대해 취약하다. 그러한 사고는 직접적으로 혹은 안전규제 강화 등의 정책 변화를 매개로 하여 전력회사에 중대한 타격을 가할 수 있다. 대형사고가 일어나는 경우 회사의 존속 자체가 어려워지게 된다. 그러한 상황이 있기 때문에 금융업자로부터 건설을 위한 융자를 얻는 것도 어렵다. 금융업자에게 원자력발전은 하이 리스크·로우 리턴의 투자 대상인 것이다.

이러한 세 가지 경제적인 약점으로 인해 모두를 자기 책임으로 처리해야 할 자유주의 경제하에서 전력회사는 원자력발전 사업을 일반적으로 기피한다고 여겨진다. 정부의 엄청난 지도·지원이 있어야 비로소 상업 원자력발전의 성장·존속이 가능하게 된다. 그런데 1990년대 이후 세계적으로 전력 자유화의 흐름이 강해지며 그것이 원자력발전의 성장·존속 조건을 위협하게 되었다. 일본도 그 예외는 아니었다. 이미 투자 자금을 회수한(회계 장부상에서 보면 감가상각을 끝낸 것에 해당) 운전 중인 원자로는 연료비가 화력발전에 비해 상대적으로 쌌기 때문에 앞에서 말한 여러 문제를 고려하더라도 전력회사에게는 매력적이었지만, 지금부터 막대한 건설비를 들여 새로 증설하는 경우 경영자에게는 모험이었다. 원자력발전의 기술적·경제적 특성은 국가나 지역이 달라도 기본적으로 변화하지 않는 것이다. 따라서 오직 일본의 원자력발전 사업만이 세계에서 순조롭게 진행된다는 것 따위는 일반적으로는 있을 수 없는 일이다. 실제로도 세기 전환기에 일본의 원자력발전 사업은 전반적으로 정체하게 되었다.

10. 지구온난화 대책으로서의 원자력발전

그런데 그러한 실제의 정체와는 달리 통산성(2001년부터 경제산업성)은 1990년대 말이 되어 원자력발전의 대폭 확대 계획을 발표해 여론을 놀라게 했다. 통산성의 힘찬 원전 확대론의 대의명분으로는 지구온난화 문제가 있다. 그에 대해서도 약간 논해 보겠다.

지구온난화 문제에 대해 세계에 경종을 울린 선도자 역할을 한 것은 미국의 과학자들이다. 그러나 1990년대부터는 유럽 여러 나라로 주도권이 옮겨 간다. 유럽 여러 나라에서는 환경에 관한 시민의식이 1980년대부터 세계를 선구하는 형태로 높아졌다. 또한 그것을 배경으로 환경 정책에서도 세계를 선도하게 되었다. 그뿐만이 아니라 온실효과가스 배출 규제에 관해 유리한 조건으로 혜택을 입었다(동구권 진영의 붕괴에 의해 에너지 효율이 대폭 개선됨에 따른 잉여분이 생겨났다). 그로 인해 유럽 여러 나라가 주도권을 가지게 된 것은 자연스러운 일이었다. 다만 미국도 클린턴 정권하에서 지구온난화 문제 완화에 전향적인 자세를 취했다. 이 문제에 관한 미국 정부의 리더는 앨 고어 부통령이었다. 그러한 서구의 이니셔티브에 의한 기후변화협약이 1992년 6월 브라질 리우데자네이루에서 열린 지구정상회담 Earth Summit(환경과 개발에 관한 국제회의)에서 채택되었다.

한편 일본은 일관되게 온실효과가스 배출 규제에 소극적 자세를 보여 왔다. 간신히 1990년 10월에 〈지구온난화방지행동계획〉이 각의 결정되었다. 이 계획에서는 2000년 이후, 국민 1인당 이산화탄소(온실효과가스 전체 중 온난화에 대한 기여도가 약 3분의 2를 점한다) 배출량을 1990년 수준으로 안정화한다는 목표를 내세웠다. 그러나 그 수단으로는 시책을 강구해야 할 항목이 나열된 것에 그쳐 구체적인 시책은 발동되지 않았다. 즉 목표와 수단 사이의 정합성은 무시되었다.

1990년대 일본에서는 1989년 12월 말에 시작된 버블 붕괴와 1991년 2월부터 시작된 경제성장 정체에도 불구하고 1997년경까지 에너지 수요가 착실하게 증가했다. 1차 에너지 국내 공급량을 보면, 1990년의 4663조Kcal가 2000년 5350조Kcal가 되었다. 이는 약 14.7%의 증가에 해당한다. 이 숫

자는 그다지 놀랄 만한 것은 아니지만 전력 수요 데이터는 눈을 휘둥그렇게 만드는 데가 있다. 일본의 발전전력량이 1990년에서 2000년까지 약 10년 사이에 8573억KW에서 1조 915억KWh로 27.3%나 증가한 것이다(日本エネルギー経済研究所計量分析ユニット 편, 《エネルギー・経済統計要覧》(2011년), 財団法人省エネルギー, pp. 36-37, 194-195.)

그중 9개 전력회사의 발전 전력량은 약 4분의 3을 점하는데, 거의 같은 신장률을 기록한 9개 전력회사만의 내역을 보면, 환경 보전의 관점에서 비판이 강한 석탄화력(373억KWh에서 982억KWh로, 163% 증가)과 원자력(1811억KWh에서 3025KWh로, 67% 증가)의 신장률이 눈부시다. 그 한편으로 화석연료 중에서 가장 좋은 환경 특성을 가진 천연가스화력의 신장률은 낮은 수준에 머물렀다(1817KWh에서 2551KWh로 40% 증가). 참고로 2000년대 추이를 보면 석탄화력이 현저히 증가한다. 리먼 쇼크 전년이었던 2007년(이것이 근대 일본의 발전 전력량의 역사적인 피크가 될 가능성이 높다)에는 석탄화력 발전량은 1535억KWh였다. 그에 비해 원자력은 2495억KWh, 천연가스화력은 2821억KWh가 되었다. 1990년부터 2007년까지의 화력발전의 신장은 4.13배에 달한다(원자력은 1.38배, 천연가스화력은 1.55배).

이렇게 일본 정부는 석탄화력발전의 고도성장을 묵인하며 원자력발전을 지구온난화 대책으로 장려한다는 뒤죽박죽의 자세를 취했다. 또한 일본 정부는 탄소세나 총량제한배출권거래제Cap and Trade 방식의 배출량거래제도 도입하지 않았고 재생 가능 에너지의 보급 촉진에도 열의가 없었다.

기후변화협약으로 이야기를 돌리면 50번째 국가가 비준하면서 서명 개시로부터 2년 후인 1994년 3월, 조약이 발효되었다. 그러나 조약의 내용은 의제 조항으로 가득한 반면 가맹국의 구체적인 의무는 일체 정해진 바가 없었다. 그로부터 이 조약에 실효력을 가지게 할 일련의 당사국총회COP, Conference of Parties가 열리게 되었다.

제1회 당사국총회COP는 베를린에서 1995년 3월부터 4월까지 개최되었고, 거기에서 베를린 위임Berlin Mandate이 채택되었다. 이를 통해 선진국들이 2000년 이후의 특정한 시간표에 따라 수치화된 배출 억제·감축 목표를 정한다는 의정서를 제3회 당사국총회COP3에서 채택한다고 결정했다. 그

마지막 날 일본 대표가 제3회 이후의 당사국회의 유치를 표명한다. 제2회 당사국총회COP2(1996년 7월, 제네바)의 장에서 다음 회차를 교토에서 개최한다는 것이 결정되었다. 그리고 1997년 12월 1일부터 11일까지 제3회 당사국총회COP3가 교토에서 개최되어 교토의정서가 채택되게 되었다.

교토의정서의 내용에 관해서는 다음 두 가지 점이 특히 중요하다.

첫째, 어찌되었든 선진국에 관한 온실효과가스 배출 감축(이산화탄소 환산 수치로 표현된다)의 수치 목표에 대해 합의를 이루었다. 즉 목표연도(제1 약속 기간으로 2010년을 중간으로 하는 2008년부터 2012년까지의 5개년을 지정)와 기준연도(1990년) 사이에 대해 선진국 전체의 감축률 5.2%, 그중 유럽 8%, 미국 7%, 일본 6%라는 목표가 정해졌다. 또한 온실효과가스로는 이산화탄소CO_2, 메탄CH_4, 아산화질소N_2O, 수소불화탄소HFC, 과불화탄소PFC, 육불화황SF_6 이렇게 6종이 지정되었다. 이 수치 목표는 구소련·동구권(공산권 붕괴 후의 경제위기에 의해 온실효과가스 배출량이 대폭 감소함)이나 EU를 중심으로 하는 서구권(석탄화력의 가스화력으로의 전환 등에 의해 배출량이 거의 제로로 성장함)에서는 달성 불가능한 수치는 아니었지만, 미국이나 일본 등 효과적인 배출 억제·감축 대책을 강구해 오지 않았던 나라들에는 상대적으로 높은 수치였다. 또한 개발도상국에 억제 의무를 부과하지는 않았다.

둘째, 교토 메커니즘(유연성 조치)이라 불리는 규칙을 도입하기로 결정했다. 이는 국제적인 배출 감축 조치를 국내적인 배출 감축 조치로 적용하여 각국의 수치 목표에 산입할 수 있다는 규칙이며 이를 최대한으로 활용한다면, 예를 들어 국내에서의 배출 감축이 충분하지 않더라도 목표를 완료하는 것이 가능하다. 이 교토 메커니즘은 다음의 세 종류가 있다. 공동 실시(선진국에서의 공동 프로젝트 실시에 의한 감축), 클린 개발 메커니즘CDM(선진국의 개발도상국에서의 감축분을 선진국이 이전·획득할 수 있도록 하는 형태), 배출량 거래(선진국 간의 감축량 매매, 일본어로는 배출권 거래라고도 불린다)다. 그러한 '빠져나갈 구멍'을 인정하는 형태가 되었기 때문에 미국이나 일본은 교토의정서에 동의한 것으로 보인다.

그런데 교토 메커니즘과 함께 '빠져나갈 구멍'으로 경계된 것은 삼림 흡수분을 배출 감축에 포함시킨다는 아이디어였다. 특히 일본 정부는 교토회의장에서 일본 국내의 삼림 전체가 2010년 시점에서 1년간 흡수한다고 예상되는 이산화탄소량(4700만 톤 남짓)이 배출량 전체의 3.7%에 상당한다고 주장하여 끝까지 삼림 흡수분을 감축량에 더해야 한다고 주장했다. 이 주장은 합리적인 근거를 가진 것은 아니다. 왜냐하면 교토의정서에는 배출량 감축률이 각국의 의무로 정해지게 되었기 때문이다. 그로 인해 삼림 흡수(고정)량 그 자체가 아닌 그 증가량만을 계산해야 한다는 것이 유일한 합리적이고 바른 결론이다. 만약 그렇다면 1990년도 배출량에서 삼림 흡수(고정)량을 뺀 수치를 분모로, 2010년도의 배출량에서 삼림 흡수(고정)량을 뺀 수치의 분자로서, 0.94(즉 6% 감축) 이하의 답이 나오는 것이 일본의 본래 의무여야 한다.

어찌되었든 교토의정서는 채택되었다. 그 후 구체적인 작업은 난항을 겪었지만 2001년 11월 모로코의 마라케시에서 개최된 제7회 당사국총회 COP7에서 상세 규칙이 마라케시 합의로 정식화되었다. 하지만 마라케시합의를 향한 심의가 계속되고 있던 2001년, 미국이 반기를 들었다. 2000년 11월에 부시가 앨 고어를 이긴 다음 해 1월 대통령에 취임했을 때, 환경보호를 추진하는 입장을 가진 사람들 중 많은 이들이 미국의 환경 정책이 대폭 후퇴할 것을 우려했는데, 예상대로 2001년 3월 29일 부시 대통령은 개발도상국이 감축 의무를 면제받는다는 점과 미국의 경제적 이익에 반한다는 점을 이유로 교토의정서를 지지하지 않는다고 표명하며 '교토의정서는 죽었다'고 선언한다.

그러나 교토의정서는 1990년 시점에서 선진국(의정서의 부속서에 정의되어 있다) 총 배출량의 55%를 점하는 선진국이 비준한 날로부터 90일 후에 발효된다고 정했다. 미국은 선진국 총 배출량의 35% 이상을 점하는 데 그치고 있기 때문에, 다른 큰 나라들이 비준한다면 조약은 발효되는 것이다. 여기에서 가장 중요한 과제가 된 것은 일본의 설득이었다. 그로 인해 대폭 양보가 이루어졌다. 삼림 흡수분에 대해서는 나라마다 상한을 정한다는 것이 결정되었는데 일본은 3.9%까지 인정된다는 전액 회답을 획득하게 되었다. 한편 수치 목표를 준수하지 못한 경우의 벌칙도 보류되었다. 일본 정부는 조약 발효를 좌우하는 캐스팅보트를 쥐면서 이 주장을 펴는 것도 성공했다.

　일본이 유일하게 성공하지 못한 것은 원자력발전소의 수출을 클린 발전 메커니즘에 산입하는 것이었다. 이것이 실현되면 100만KW 1기당 연간 70억KWh 정도(설비이용률 80%)의 크레딧이 발생한다. 이를 화력발전소에서 생산한다면, 이산화탄소 약 500만 톤분이 발생한다. 즉 10기(1천만KW)의 원전 수출에 의해 일본 전체의 약 4%에 해당하는 5천만 톤을 버는 셈이다. 그러나 그것은 결실을 보지 못하고 꿈으로 끝났다.

　2002년 6월, 일본이 교토의정서를 비준했다. 이에 따라 러시아가 서명한다면 의정서가 성립한다는 전망이 섰다. 러시아도 최종적으로 2004년 11월에 비준했다. 그 90일 후인 2005년 2월 16일, 교토의정서는 발효되었다. 그것을 받아든 일본 정부는 교토의정서 목표 달성 계획을 책정했다 (2005년 4월). 일본 정부의 온실효과가스 배출 감축 계획은 다음과 같이 진행되어 왔는데, 교토의정서 발효를 계기로 마침내 교토의정서 목표 달성 계획이라는 명칭을 붙이게 되었다.

　(1) 지구온난화방지행동계획(1990년)

　(2) 지구온난화대책추진대강(1998년)

　(3) 지구온난화대책추진대강(2002년 개정)

　(4) 교토의정서목표달성계획(2005년)

　(5) 교토의정서목표달성계획(2008년 개정)

　한편 전술한 바와 같이 일본 정부는 지구온난화 방지를 향한 효과적인 정책을 거의 강구하지 않았다. 가장 유력한 정책 수단은 경제단체연합회(2002년부터 일본경제단체연합위회)의 환경자주행동계획에 대한 행동을 맡기는 것이었다. 전기사업연합회(전사련)는 경단련의 유력 멤버인 전력업계의 얼굴 격인데, 경단련 환경자주행동계획이 시작된 1997년 이래, 전체 전력 평균의 이산화탄소 배출원 단위(사용처에서의 전력량 1단위에 대한 배출량)를 기준연도인 1990년도와 비교해 20% 정도 개선해 1KWh당 417g에서 450g 정도까지 감축하는 것을 목표로 내걸어 왔다. 그 주요한 달성 수단으로 설정한 것은 원자력발전의 대폭 확대였다. 그로 인해 전력 수요가 20년 사이에 1.5배로 증가해도 이산화탄소 배출량은 1.2배로 억제된다고 주장한 것이다. 그러나 전력업계의 배출원 단위는 2010년에 이를 때까지 전혀 개선되지 않았다. 오히려 악화되고 있다. 이는 원자력발전의 확대가 지구온난화 대책으로서 완전히 실패했다는 것을 의미한다. 그 주요한 원인은 두 가지 있다. 첫째는 석탄화력발전이 급속도로 확대된 것이며, 두 번째는 원자력발전의 종합설비이용률이 정체된 것이다. 이에 대해서는 다시 7장에서 논하기로 한다.

11. 전력 자유화론의 대두

1990년대의 원자력발전을 둘러싼 움직임으로 빠질 수 없는 것은 전력 자유화론이 대두한 것이다. '공공사업'이 빠지기 쉬운 폐해는 크게 나누어 다음의 두 종류이다. 첫째는 정부의 보호에 의해 시장 경쟁으로부터 격리되면서 일어나는 경영상의 비효율이다. 그로 인해 초래되는 여분의 비용은 최종적으로는 소비자 또는 납세자에게 전가된다. 둘째, 소수자 이권의 확보를 목적으로 공익사업의 실현에 반하는 형태로 정부의 보호나 규제가 실시되는 것이다. 그것은 전형적인 정치적·행정적인 부패의 형태를 띤다. 이 중 1980년대에 세계적으로 문제가 된 것은 전자의 폐해, 즉 경쟁 원리에서 면제되면서 생겨난 경영상의 비효율이었다. 그리고 그 해결책으로 제시된 것이 '공공사업'의 자유화·규제 완화에 의해 시장 경쟁을 도입한다는 것이었다. 기초가 된 것은 신자유주의적인 정치 경제 사상이다.

1980년대에 영미에서 유력한 정치적 조류가 된 신자유주의는 곧바로 일본을 휘감았다. 나카소네 야스히로 정권은 일본국유철도JR의 분할 민영화, 일본전신전화공사의 분할 민영화를 비롯해 자유화·규제 완화 정책을 추진했다. 일본국유철도JR 각 사에 대한 분할 민영화나 일본전신전화공사의 분할 민영화와 통신사업 자유화, 항공업계의 자유화(일본항공의 민영화를 포함한다) 등이 실시되었다. 그 흐름은 포스트 나카소네 시대에 일단락되는 듯 보였으나 버블경제 붕괴 후의 일본 경제 재건이라는 이름으로 1990년 대 부활했다. 그 주요한 전쟁터가 된 것은 우정사업의 분할 민영화와 전력 자유화였다.

전력산업은 세계적으로 보면 국내 독점 또는 지역 독점 기업체에 의해 운영되는 사례가 거의 대부분이다. 즉 국영의 자기완결형이 전기판매회사에 의해 이루어지든가 지역별 자기완결형 전기판매회사에 의해 분할되어 운영되든가 하는 형태다. 여기에서 자기완결형 전기판매회사라는 것은 발전과 송전의 물리적인 시스템을 보유하고 기본적으로 스스로 만든 전기를 자신들이 보유한 송배전선으로 소비자에게 제공하고 수익을 얻는 전기판매회사로, 수직통합형 전기판매회사라고도 말한다.

전력 자유화라는 것은 가장 광의의 의미로는 그러한 전통적인 전력회사 이외에 자기완결형이 아닌 전기판매회사(소매회사 외에 도매회사도 있을 수 있다)의 신규 참여를 인정하는 것이다. 신규 참여하는 전기판매회사와 전통적인 자기완결형 전기판매회사가 공존하면 전자가 경쟁에서 불리하게 된다. 전통적인 전기판매회사는 송전 네트워크를 장악하고 있다는 강점을 가지고 신규 참여자를 방해할 수 있기 때문이다. 그러나 전통적인 자기완결형 전기판매회사에서 송전 부문을 분리한다면 신규로 참여한 전기판매회사는 송전 면에서의 불평등을 피할 수 있어 전통적인 전기판매회사와 공평한 경쟁 조건을 획득하게 된다. 전력 자유화가 큰 효과를 발휘하려면 이 '송전 분리'가 필수적이다. 앞에서도 기술했지만 일본에서는 이를 '송발전 분리'라 부르는데 발전이 비즈니스로서 성립하지 않기 때문에 오해를 불러일으킨다. 물리적 과정과 경영상의 과정을 선별해 개념을 재구축할 필요가 있다.

일본에서 전력 자유화론이 대두한 것은 1993년이다. 그 배경에는 일본의 전기요금이 세계적으로 보아도 매우 비싸다는 것이 일본 제조업의 국제 경쟁력에 악영향을 미친다는 관계자의 공통 인식이 있었다. 그렇게 전기요금이 비싼 주요한 원인으로 많은 논자들이 지적해 온 것은 지역독점체제와 총괄원가방식으로 인해 전력회사에 비용 절감에 대한 동기부여가 작동하지 않는다는 것이다. 일본의 전력회사는 모두 막대한 차입금을 가지고

246

있는데, 경쟁 상대가 없기 때문에 아무리 비효율적인 운영을 한다 해도 도산의 위험이 없고 그뿐만 아니라 항상 일정한 보수를 보장 받아 온 것이다.

그러한 인식하에서 1990년대 들어 전력 자유화론이 대두됐다. 먼저 1993년의 호소카와 정권의 성립을 계기로 본격적인 검토가 시작됐다. 호소카와 총리의 사적 자문기관인 경제개혁연구회에서는 1993년 11월, 경제 규제의 원칙 자유, 사회 규제의 최소한화를 내건 답신을 제출해 그 안에 전기사업에 대해서도 규제 탄력화를 요구했다. 전기사업 개혁에 관한 심의가 전기사업심의회에서 시작된 것은 1994년 3월이었고 12월에는 답신이 마련되었다. 그리고 1995년 4월 14일에는 전기사업법의 일부를 개정하는 법률이 가결 성립되어 12월 1일부터 실시되었다.

그중 가장 눈에 띄는 것은 도매사업에 대한 신규 참여의 여지를 열어 놓은 것이다. 그때까지는 9개 전력과 오키나와전력 이외에는 전원개발주식회사나 일본원자력발전과 같은 극히 소수의 도매전기사업자만이 사업 허가를 받아 도매사업을 해 왔지만, 전기사업법 개정에 따라 도매 전기사업에 대한 진입이 자유화되었다. 진입 방법은 전력회사(일반전기사업자라는 법률용어로 불린다)가 사전에 도·공급에 의한 조달 계획, 대상 기간을 각각 독자적으로 설정해 제시하고 그에 관해 경쟁입찰 방식으로 수주자를 결정한다는 것이다. 이를 받아들여 소재산업의 기업을 중심으로 도매사업에 신규 참여하기 시작했다.

그러나 전력회사가 모집한 도급 조달의 총계는 1996년과 1997년, 2년간을 합계해도 고작 약 600만KW에 그쳤다. 이는 전력의 총 발전설비용량(2억KW를 넘는다)의 고작 3%에 그친다. 또한 이 방식은 전력회사가 매수 양이나 매수 가격을 자유롭게 결정할 수 있는 제도여서 9개 전력회사에 의한 지역독점제와 총괄원가방식의 근간은 조금도 흔들리지 않았다. 전력회사는 여전히 경쟁에 내몰릴 염려가 없기 때문이다. 경쟁을 해야 하는 것은 결국 입찰자들뿐이다. 확실히 1995년의 전기사업법 개정에 의해 도매입찰제도의 도입 이외에 전력회사의 경영 효율화를 촉구하는 구조가 마련되었지만 그 또한 전력회사를 직접 경쟁으로 내모는 성격은 아니었다.

이리하여 전기사업 개혁 제1탄은 극히 보수적 성격이 강한 것이 되었으나 그사이 세계의 전기사업 개혁은 급속도로 진전되었고 또한 일본 국내에서 경제구조 개혁을 요구하는 여론이 더욱 높아졌다. 그러한 상황을 받아들여 전기사업 개혁 제2탄의 검토가 1997년부터 전기사업심의회에서 개시되었다. 그 답신은 1999년 1월에 마련되었는데, 내용은 전력의 부분적인 소매 자유화를 최대 핵심으로 하는 것이 되었다. 그리고 그에 입각해 전기사업법이 1999년 5월 1일에 개정되어 2000년 3월 21일부터 실행되었다.

　　이 전력의 부분적인 소매 자유화에 대해 설명하면 그것은 영국과 같은 풀 마켓pool market(많은 전력회사에서 전력을 일괄해 묶는 시장)의 창설이지만 모든 수요자에 대해 전면 자유화(풀 마켓은 창설하지 않지만, 각 수요자가 사업자에 견적서를 내게 할 수 있도록 해 개별적으로 교섭해 최선이라 생각하는 상대와 계약을 체결하는 방식) 등과 같은 보다 근본적인 개혁을 요구하는 의견을 치우는 형태로 결정된 것으로, 특별고압수요자(전기 사용 규모가 매월 2000KW 이상으로 2만 볼트 특별 고압 계통 이상으로 전기를 받는 수요자, 즉 대형 전력 수요자)만을 자유화의 대상으로 한다는 것이었다. 그로 인해 부분 자유화라 부른다. 하지만 새로운 제도 발족 후 약 3년 후를 기점으로 부분 자유화의 실적이나 해외 자유화의 진전 상황 등을 검증해, 부분 자유화의 범위 확대, 전면 자유화, 풀 마켓 창설 여부에 대해 검토를 한다는 것이 법률에 명기되었다. 그러나 결과적으로 지금까지도 전력 자유화의 움직임은 거의 없다. 2005년에는 소매 자유화의 범위가 50KW 이상의 고압 수요가까지 인상되었지만 그뿐이었다.

7장
사건·사고 연발과 개발 이용 정체의 시대
─(2) 원자력 입국을 향한 고투(2001-2010)

1. 중앙 행정 개편과 과학기술청 해체

이번 장에서는 2000년대의 처음 10년을 중심으로 일본의 원자력 개발 이용의 전개를 검토한다. 전술한 바와 같이 필자는 1995년경부터 2010년경까지의 사이인 약 15년간에 대해서 '사건·사고 연발과 개발 이용 정체의 시대'로 크게 묶는 것이 적절하다고 생각하는데, 이 시대를 하나의 장으로 다루는 것은 너무나 방대한 페이지를 필요로 하기 때문에 2000년을 기점으로 2개 장(6장, 7장)으로 나누게 되었다.

7장에서 먼저 다룰 것은 중앙 성청 개편이다. 일본의 원자력 행정기구의 역사적 특질은 과학기술청과 통산성이 분립한 '이원체제'가 이어져 왔다는 것이다. 그에 대해서는 이 책에서 지금까지 여러 번에 걸쳐 논해 온 대로다.

일본의 원자력 행정기구가 확립된 것은 1956년이다. 이 해에 총리부에 원자력위원회와 과학기술청이 설립됐다. 원자력 정책의 결정권은 원자력위원회가 장악하게 되었다(그 후 1975년 1월에 미국의 원자력규제위원회NRC가 원자력위원회로부터 분리·독립하고, 1974년 9월 일본 국내에서의 원자력선 '무츠' 사고 등을 겪으며 1978년 10월에 원자력위원회에서 안전 행정만을 관장하는 원자력안전위원회가 분리·독립해 지금에 이르고 있다). 또한 원자력 정책의 실시에 관해서는 마찬가지로 1956년에 설치된 과학기술청이 장악해 왔다. 과학기술청은 원자력위원회의 사무국을 맡음으로써 정책 결정에서도 실질적인 주도권을 장악해 왔다. 이는 사실상 일원적인 체제였다고 할 수 있다.

그러나 원자력 연구개발 이용의 초창기부터 통산성도 전력산업을 포함한 광공업 전반을 관할해 온 관청으로 원자력발전의 산업으로서의 장래성에 강한 기대를 품고 전력산업 및 원자력산업(기구 제조업체를 중심으로 한다)과의 사이에서 밀접한 삼자 관계를 구축해 왔다. 일본원자력발전이 발족하고 영국 콜더홀개량형로GCR 도입이 결정된 1957년을 '이원체제'가 발족한 해로 보는 것이 가능하다. 또한 1960년대 중반에 들어서면 전력업계의 주도권에 의한 상업 원자력발전 사업이 세워진다. 상업 원전 사업의 확대와 함께 전력산업을 관할하는 통산성은 상업 원자력발전시스템과 관련된 정책의 결정·실시에서 점차 실권을 확대해 나갔다.

특히 중요한 것은 통산성이 원자로 설치에 관한 인허가권을 장악한 것이다. 5장에서 기술한 바와 같이 1975년 2월, 내각총리대신의 자문기구로서 원자력행정간담회(아리사와 히로미 좌장)가 설치되어 다음 해인 1976년 7월에 최종 답신이 제출되었다. 이 원자력행정간담회는 원자력선 '무츠' 사건(1974년 9월)에서 노정된 일본의 원자력 인허가 행정의 사각지대를 없애는 것을 주목적으로 설치된 것으로 원자력 행정 개혁의 골자를 마련하는 것을 임무로 했다.

그 최종 답신에는 원자력안전위원회 설치를 제언하는 것과 함께, 원자로의 안전 확보에 대한 행정관청의 책임을 명확하게 한다는 이유로 원자로의 종류에 따라 각각의 인허가권을 단일 관청(발전용 원자로에 대해서는 통산성)에 위임할 것을 제언한다. 이 원자력행정간담회의 답신은 〈원자력기본법의 일부를 개정하는 법률〉로 1978년 6월에 가결 성립되어 여기에서 통산성에 의한 인허가권의 전면 장악이 실현되었다. 이른바 과학기술청 그룹(본청과 원자력선개발사업단)의 불상사를 틈타 통산성이 해묵은 염원을 달성한 것이다.

이렇게 1980년경까지 원자력 행정 중 상업 단계의 사업에 관한 것은 통산성이, 그 이외에는 과학기술청이 각각 관할하는 '이원체제'가 마련됐다. 그것은 기본적으로는 2000년까지 이어졌다. 다만 과학기술청계 국가 프로젝트는 모두 부진을 거듭했다. 그래도 핵연료 재처리, 우라늄 농축, 고준위방사성폐기물 처분 등의 프로젝트는 상업 단계로 이행하게 되었다. 그러나 상업 단계로 이행한 것은 전력업계가 사업을 이어받은 것으로 그로 인해 통산성 산하로 옮겨 가는 것이나 다름없었다. 그렇게 과학기술청계 사업은 점차 줄어들게 되었다.

그리고 최종적으로 1995년 12월 고속증식로FBR 몬주 나트륨 누출 화재 사고나 1997년 도카이 재처리공장 화재·폭발 사고 등으로 국민의 신뢰를 잃게 된 것에 책임을 지는 형태로 과학기술청은 해체되었다. 이는 하시모토의 행정 개혁에서 1997년 12월 3일에 행정개혁회의가 마련한 행정 조직 개혁에 관한 최종 보고서—중앙 성청 등 그때까지 1부 21성에서 1부 12성청(내각부, 총무성, 법무성, 외무성, 재무성, 경제산업성, 국토교통성, 농임수산업성, 환경성, 노동복지성, 교육과학기술성, 방위청, 국가공안위원회)으로 개편할 것을 제언—에 명기됐다. 위원 중 한 명인 아리마 아키토有馬朗人(도쿄대학 명예교수·전 총장)가 과학기술 창조입국을 추진하기 위해 과학기술청을 과학기술성으로 격상시켜야 한다고 행정개혁회의에서 여러 번 주장했음에도 과학기술청 해체라는 방침이 바뀌지는 않았던 것이다. 이에 입각해 1998년 6월 중앙성청등개혁기본법이 제정되어 2001년 1월 6일부터 실행되었다.

과학기술청은 해체 후 문부성으로 흡수 병합되어 문부과학성이 되었다. 문부과학성은 연구개발 단계의 사업만을 과학기술청으로부터 인계받았는데 연구개발 단계 사업의 주요 부분은 상업 단계로 진전되었기 때문에 전체적으로는 줄어들게 되었다. 주요 사업이었던 고속증식로FBR 몬주조차도 경제산업성과 공동 관리 체제가 되었다. 또한 안전규제 사업을 포함한 공통의 사업 대부분도 경제산업성으로 이관되었다. 게다가 과학기술청은 총리부 원자력위원회 및 원자력안전위원회의 사무국을 맡아 왔지만, 그 기능도 문부과학성에 인계하지 못했다. 이 두 곳의 고위급 위원회는 내각부 직속이 되어 독립적인 사무국(다만 관계 성청에서 파견된 조직으로 구성된다)을 가지게 되었다.

그러나 그들의 권한은 약화되었다. 일찍이 원자력위원회나 원자력안전위원회의 결정에 대해서 내각총리대신이 '충분히 존중하지 않으면 안 된다'고 법률(원자력위원회 및 원자력안전위원회설치법 23조)에 명기되어 있다.

그러나 중앙 성청 개편과 함께 총리부에서 내각부로 소관이 바뀔 때 23조는 삭제되어 그 법적 권한은 약해지게 되었다. 하지만 원자력위원회는 소장 사무에 대해 필요할 때에는 내각총리대신을 통해 관계 행정기관의 장에게 권고할 권한을 가지는 등 그 법적 지위는 이전처럼 높은 상태였다.

그렇다고는 해도 두 성청의 역학관계는 크게 변화했다. 이에 따라 '이원체제'는 완전히 붕괴된 것은 아니지만 큰 구조 변화를 받았다. 과학기술청의 연이은 중대한 불상사가 경제산업성에 어부지리를 가져와 원자력 행정 전체의 실권 장악을 가능하게 한 것이다. 2001년 1월의 중앙 성청 개편에 의해 탄생한 경제산업성은 일찍이 통산산업성보다도 더욱 큰 권한을 원자력 분야에서 획득하게 되었다. 즉 종래에는 과학기술청 소관이었던 공통사업도 안전규제 행정을 비롯해 경제산업성의 소관이 된 것이다. 안전규제 행정을 실제로 담당하게 된 것은 2001년에 경제산업성에 설치된 원자력안전·보안원이다. 원자력안전·보안원은 경제산업성이 추진하는 행정과 안전규제 행정 양자를 담당하게 되었다.

종래의 '이원체제'에서는 안전규제 측면에서 견제와 균형check and balance 체제가 통상산업성과 과학기술청 사이에서 기능했다. 물론 과학기술청 내부에서는 원자력국과 원자력안전국이 동거했고, 그런 의미에서 안전규제 행정의 추진 행정으로부터의 독립성은 확보되지 않았지만, 그래도 모든 실권이 경제산업성에 모두 집중되는 2001년 이후와 비교하면 아직 견제와 균형이 기능할 여지가 있었다. 그러나 그것이 소멸하고 말았다.

더욱이 원자력안전·보안원 산하에는 원자력안전기반기구JNES가 2003년에 경제산업성 소관의 독립행정법인으로 설치되었다. 그것은 종래 3개 재단법인(원자력발전기술기구, 발전설비기술검사협회, 원자력안전기술센터)에 위탁되어 있던 업무를 일원적으로 실시하기 위해 설치된 것으로 이른바 제2원자력안전·보안원에 상당하는 기관이다. 국가예산에서 매년 200억 엔 이상의 운영비 교부금을 받고 이사 대부분이 경제산업성 출신들인 기구다.

한편 통산대신의 자문기관인 종합에너지조사회(1965년 6월 설치)는 중앙 성청 재편으로 경제산업대신의 자문기관인 종합자원에너지조사회로 확대·개편되었다. 이 기관은 이후 상업 원자력발전을 포함한 에너지 행정 전반을 관할했고 그 권한은 더욱 강화되었다. 2002년 6월에 에너지정책기본법이 제정되면서 동 조사회가 정한 에너지기본계획도 1980년대 이후의 장기에너지수급전망(석유대체에너지 공급 목표)과 함께 각의 결정되었다.

종합자원에너지조사회에는 에너지기본계획이나 장기에너지수급전망을 정하는 총론적인 부회(명칭은 일정하지 않다) 이외에 원자력발전과 관계 깊은 부회로 자원개발분과회 및 전기사업분과회가 있다. 전기사업분과회 아래에는 원자력부회도 있다. 원자력 정책에서 종합자원에너지조사회의 역할은 극히 중요하다. 그 특징은 법률의 제정·개정의 구체적 방침을 그날그날 심의해 실시한다는 점이다. 이 무대를 마련하는 이들이 경제산업성 관료들이다.

과학기술청 해체에 따라 원자력 정책에 큰 영향이 미칠 것이라 기대했던 논자들이 적지 않다. 주요한 영향으로는 다음 두 가지를 생각해 볼 수 있다. 첫 번째 영향은 핵연료사이클 사업의 구조조정이 진행되는 것이다. 지금까지는 과학기술청의 압력으로 통산성에서 전력업계에 핵연료사이클 사업의 승계를 조금씩 의뢰해 왔지만, 과학기술청이 해체되면서 그 필요성이 없어지고 전력업계가 의미 없는 사업에서 발을 빼기 쉽게 될 것이라 여겨졌다. 두 번째 영향은 원자력발전 그 자체에 대해 구조조정이 일어나리라는 예상이었다. 원자력발전은 어째든 재처리 노선을 취할 경우 경제적 합리성 측면에서 어려움이 있기 때문에 경제적 경쟁력을 중시하는 입장에서 추진되는 전력 자유화 추진 정책하에서 원자로의 새로운 증설이 불가능하게 될 것이라 여겨졌다.

하지만 뚜껑을 열고 보니 예상치 못한 결과가 나왔다. 그 배경에는 경제산업성의 외청인 자원에너지청이 전력업계를 비롯한 각종 세력의 이권을 등에 짊어진 관청이라는 사정이 있다. 확실히 과학기술청 해체와 함께 일본 원자력 정책에서 '기술 개발을 위한 기술 개발'이라는 기술 개발 본위의 사고방식은 후퇴했다. 그러나 경제산업성의 에너지 정책이 자원에너지청에 의해 실질적으로 지배되는 한, 그 이권 본위적인 체질은 변하지 않는다. 그것이 핵연료사이클 사업을 포함한 원자력발전 사업의 구조조정을 방해해 왔다.

2. 플루서멀 계획의 대폭 지연

1990년대 말부터 2000년대까지 원자력 문제에서 큰 쟁점이 된 주제로 플루서멀 계획이 있다. 이번 절에서 이에 대해 정리해 두려고 한다. 책에서 지금까지 이 계획에 대해 거의 다루지 않았기 때문에 여기서 전사前史를 간단히 기술해 둘 필요가 있겠다. 플루서멀이라는 일본식 가타카나 영어는 1960년대에 원자연료공사(1967년에 동력로·핵연료개발사업단으로 발전적 개편. 1999년에 핵연료사이클개발기구로 개편되었고 다시 2005년에 일본원자력연구소로 통합된 일본원자력연구개발기구가 되어 현재에 이른다)에서 사용되기 시작했다. 그 의미는 열중성자로Thermal Reactor에 플루토늄 연료를 이용하는 것이었다.

당시 관계자의 공통 인식으로는, 발전용 원자로 중 장래에 가장 유력한 것은 고속중성자에 의한 핵분열 연쇄 반응을 이용한 고속증식로FBR였다. 그러나 고속증식로FBR의 본격 도입 시기는 상당히 먼 일이라 예상되었다. 한편 1960년대 이후, 상업용 경수로 건설계획이 차차 발표되고 원자연료공사에 의한 도카이 재처리공장 건설계획도 추진되었다. 이 시기 당면 문제는 (핵연료 재처리의 순조로운 실시를 전제로) 플루토늄 재고 과잉 시대가 이어질 것이라는 전망이었다. 이 같은 상황에서 상업용 경수로에서 플루토늄 이용을 먼저 추진하자는 구상이 나온 것이다.

1960년대에는 경수로 이외의 로형인 열중성자로에서의 이용에 대해서는 구체적 계획이 없었기 때문에 오로지 경수로에서의 이용만을 염두에 두었다. 1970년대가 되어 신형전환로ATR(중수감속경수냉각로) 개발계획이 구체화되어 원형로 후겐이 건설되었지만 거기에서의 MOX 연료 이용은 플루서멀에서 제외되었다. 이에 따라 플루서멀이라는 행정용어는 문자 그대로의 의미와 행정용어로서의 의미에 괴리가 있다.

플루서멀 실시를 위한 준비는 1980년대 중반 시작되었다. 1970년대 후반에 교환된 영국 및 프랑스와의 재처리 위탁 계약에 입각한 해외 재처리의 진전과 롯카쇼무라 재처리공장 건설 구상의 등장(1984년)으로 드디어 상업용경수로에서 소규모의 조사 시험이 개시되었다. 비등수형경수로BWR

에 관해서는 일본원자력발전 쓰루가 1호기에 연료집합체 봉 2개를 장하한 시험이 1986년부터 1990년까지 실시되었다. 또한 가압수형경수로PWR에 관해서는 간사이전력 미하마 1호기에서 1988년부터 1991년까지 연료집합체 봉 4개의 시험이 실시되었다.

그다음 단계로 원자력위원회의 1987년 장기계획(〈87장계〉)에 제시된 것이 실용 규모 실증 시험 계획이다. 그것은 비등수형경수로BWR와 가압수형경수로PWR 각 1기에 4분의 1 노심의 MOX 연료를 장하해 운전하는 계획이었다. 그러나 그것은 곧 흐지부지되어 실용 규모 실증 시험을 급히 대규모 상업 이용으로 실시하는 계획으로 변경하게 된 것이다.

그 배경에는 냉전의 종결과 국제 핵 비확산 체제의 강화라는 흐름이 있었다. 이 국제적인 흐름 속에서 일본은 잉여 플루토늄을 보유하지 않고 플루토늄 수급 균형을 계속 확보해야 하는 국제적 책무를 짊어지게 되었다. 영국 및 프랑스와의 재처리 위탁 계약에 입각한 플루토늄 추출의 진전으로 일본의 플루토늄 재고가 꾸준히 증가하는 상황에서, 플루토늄 수급 균형을 확보하는 데 대규모 처리 계획을 수립해 즉시 실행에 옮겨야만 했다.

이 같은 새로운 상황에서 1991년 8월 원자력위원회 핵연료리사이클 전문부회가 보고서를 제출하면서 거기에 플루서멀 실시 계획을 반영했다 (1990년대 말까지 4기, 2010년경까지 12기). 이것이 숫자를 내건 최초의 계획이다. 또한 1994년 원자력장기계획(〈94장계〉)에서는 약간의 조정이 이루어져 2000년경까지 10기 정도, 2010년까지 10여 기 정도라는 숫자를 기재했다. 이렇게 일본의 원자력발전 회사가 단숨에 대규모 상업 이용 계획을 추진하게 된 것이다. 1995년 12월에 일어난 고속증식로FBR 원형로 몬주 나트륨 누출 화재 사고에 의해 지금까지의 원자력 정책을 재검토하려는 의지가 높아지며 원자력위원회에 의한 원자력정책원탁회의 개최(1996년에 11회 개최) 등의 움직임이 있었다. 그에 의해 플루서멀 계획의 구체화는 초장에 꺾이는 듯이 보였으나 6장 6절에서 기술한 것처럼 1997년 2월 통산성 주도에 의한 각의양해를 근거로 전기사업연합회(전사련)의 구체적 계획이 등장했다. 거기에는 2010년경까지 16-18기에서 실시하는 것이 목표로 되었다.

각 사의 내역은 다음과 같다.

도쿄전력: 후쿠시마 제1원전 3호기, 가시와자키카리와 3호기, 기타 1·2기, 계 3·4기.

간사이전력: 다카하마 3·4호기, 오오이 1·2기, 계 3·4기.

일본원전: 쓰루가 2호기, 도카이제2원전, 계 2기.

전원개발: 오오마, 계 1기.

상기 이외의 원자력발전 보유 회사(도쿄전력, 간사이전력 이외의 7개 전력회사)
: 각 1기.

16-18기에서 연간 소비하는 플루토늄량은 핵분열성 플루토늄(재처리
에서 추출된 플루토늄 전체의 약 7할을 점한다)이 약 5톤(롯카쇼무라 재처리공장
의 설계 능력과 동등)으로 기대되었다.

그러나 일본의 플루서멀 계획은 결국 MOX 핵연료를 원자로에 장하하
려던 참에 손이 잘리는 고통을 경험하게 되었다. 영국핵연료개발공사BNF
와 벨기에의 벨고뉴클레흐Belgonucleaire사에서 가공한 MOX 연료의 품질에
의혹의 눈이 향하게 된 것으로 인해, 계획 실시 시기를 연기할 수밖에 없게
된 것이다. 당초의 계획으로는 간사이전력 다카하마원자력발전소 4호기
와 도쿄전력 후쿠시마 제1원자력발전소 3호기에서 1999년 11월부터 2000
년까지 MOX 핵연료가 사용되기 시작할 예정이었다. 연이어 다카하마원자
력발전소 3호기와 도쿄전력 가시와자키카리와원자력발전소 3호기에서도
2000년부터 MOX 연료 사용이 예정되어 있었다.

그런데 MOX 연료 수송선이 일본에 가까워져 오던 1999년 9월 14일,
영국핵연료공사BNFL 관계자의 내부 고발에 의해 다카하마원자력발전소 3
호기용으로 제조된 MOX 연료 펠릿(직경 8.2밀리미터, 길이 11.5밀리미터의 원
통형 연료. 이것이 연료봉 속에 수백 개 들어간다)의 직경 척도 데이터가 날조된
것, 즉 연료 펠릿의 외경을 측정하는 검사에서 자동 측정기에 의한 전수 검
사에 연이어 실시되어야 할 임의 추출 검사를 하지 않고 가공의 데이터를
제출한 것이 발표되었다. 연료 펠릿의 척도가 규격과 다르면 연료봉 파손
사고를 일으킬 우려가 있다.

간사이전력과 통산성은 이것이 다카하마원자력발전소 3호기용 MOX

연료만의 문제라 말하며 4호기의 플루서멀 계획의 실시를 추진하려고 하였지만, 시간이 지나면서 문제의 심각성이 점차 명확해졌다. 10월에 일본에 도착한 4호기용 MOX 연료에도 의혹이 있었던 것이 영국의 핵시설사찰국NII, Nuclear Installations Inspectorate의 보고서에 의해 11월 8일 밝혀진 것이다. 결국 간사이전력의 플루서멀 계획 실시는 대폭 연기되는 것이 확실하게 되었다. 또한 2000년에 들어서 영국핵연료공사BNFL의 MOX 연료 가공 공정에서 금속 나사 혼입 등의 태업이 조직적으로 이루어졌다는 것이 발각되었다.

한편 벨고뉴클레흐사에서 가공된 MOX 연료를 사용하려던 도쿄전력은 영국핵연료공사BNFL의 불상사를 '강건너 불구경'처럼 보며 후쿠시마 제1원자력발전소 3호기 및 가시와자키카리와 원자력발전소 3호기에서의 MOX 연료 사용을 2000년에 개시한다는 방침을 견지해 왔지만, 품질관리가 완전히 준비되었다는 구체적인 증거를 내놓지 않아 의혹만 남기고 결국 1999년 12월부터 2000년 1월까지 계획 연기를 발표했다. 이러한 플루서멀 계획의 좌절 과정은 JCO 임계사고와 무관하지 않다. 국내 원자력사업자에 대한 신뢰 붕괴가 해외 원자력사업자에 대한 신뢰 붕괴와 동시에 일어났기 때문에 원자력사업자 전체에 대한 신뢰 붕괴를 초래한 것이다. 그 후에도 연이어 사건·사고가 일어나면서 플루서멀 계획은 대폭 지연되었다. 3대 전력회사에 대해 각각의 난항 과정을 아래 정리한다.

간사이전력: 영국핵연료공사BNFL의 데이터 위장 사건(1999년)으로 비틀거리다 재기를 기대했던 2004년에 다시 미하마 3호기 사고로 좌절했다.

도쿄전력: 영국핵연료공사BNFL 사건의 파급 효과로 초장에 사기가 꺾였다. 또한 2001년 2월, 신규 전원개발 동결 방침 발표를 계기로 후쿠시마현과의 관계가 험악해졌다. 또한 같은 해 5월 가리와무라 주민투표에 의해 니가타현에서의 실시도 어렵게 되었다. 그리고 2002년 8월에 발각된 검사·점검 부정 사건으로 후쿠시마·니가타 현과의 합의는 백지 철회되었다.

주부전력: 2002년 6월의 하마오카 2호기의 배관 수소폭발 사고와 그 후의 도카이 지진에 따른 '원전 진재'에 대한 우려의 목소리가 높아지면서 실시 계획의 발표 타이밍이 늦어졌다.

이렇게 3대 전력회사가 좌절하게 되면서 재기의 기회조차 잡지 못했다. 그리고 2004년에 등장한 것이 규슈전력 겐카이 3호기(118만KW) 및 시코쿠전력 이카타 3호기(89만KW)에서의 실시 계획이다.

이에 이어 다른 전력회사도 순차적으로 플루서멀 실시를 향한 절차(원자로 설치변경허가신청, 지역에 대한 안전협정에 입각한 사전협의 신청)를 진행하게 되었다. 그리고 2009년 11월 5일, MOX 연료를 장하한 규슈전력 겐카이원자력발전소 3호기가 가동해 12월 2일에 영업 운전에 들어갔다. 드디어 일본에서도 '플루서멀'이 개시된 것이다. 그 후 2010년 3월에 시코쿠전력 이카타 3호기, 같은 해 10월에 도쿄전력 후쿠시마 제1원전의 3호기, 2011년 1월에 간사이전력 다카하마 3호기에서 플루서멀이 개시되었다. 하지만 2011년 3월의 후쿠시마 원전사고로 인해 MOX 연료를 장하한 후쿠시마 제1원전의 3호기는 대파되었다. 플루토늄이 대량으로 대기 중으로 방출되는 것은 면했기 때문에 플루토늄 고유의 영향은 '죽음의 재' 전체의 영향 속에 묻혔다고 보이지만 그것은 행운일 뿐이다.

플루서멀 사업의 주요 목적으로 정부 및 전력회사가 들고 있는 것은 우라늄 자원의 유효한 이용이다. 사용후핵연료를 재처리하면 플루토늄과 우라늄을 추출할 수 있다. 플루토늄을 핵연료로 재이용하면 우라늄 자원이 약 10%가량 절약될 수 있다. 동시에 추출 후 회수된 우라늄도 재이용하면 또한 10% 이상 축적할 수 있어서 합계 약 20% 절약 효과를 낳는데 그것을 대규모로 실시할 계획은 없다.

그러나 우라늄 자원을 10% 정도 절약하는 데에는 플루서멀보다 더욱 간단한 방법이 있다. 우라늄 농축 시 테일tail 농도의 저감(이에 의해 핵분열성 우라늄의 회수율을 높인다)이나 재처리에서 생긴 것을 회수한 우라늄의 재이용 등이다. 회수 우라늄 이용이 거의 추진되지 않는 것은 불순물에서 나오는 방사능으로 인해 취급이 까다로워 비용이 들기 때문이다. 이보다 천연우라늄으로 우라늄 원료를 만드는 것이 훨씬 저렴하다. 그럼에도 회수 우라늄을 쓰는 이유는 플루토늄에 비하면 여전히 싸기 때문이다. 자원 절약이 목적이라면 회수 우라늄 이용에 먼저 착수해야 한다. 플루서멀은 그렇게 해도 우라늄 자원이 부족한 경우에 써야 하는 최후의 수단이다. 더욱이 현실에서는 우라늄 자원 수급상 극심한 압박이 있지 않아 플루서멀에 의존할 이유가 없다.

그 정도 자원을 절약할 수 있다는 이점 때문에 많은 난점을 받아들이는 것은 합리적이지 않다는 비판은 상식적이라고 생각된다. 플루서멀의 난점(플루토늄을 추출하기 위한 재처리 그 자체의 난점을 포함한다)으로 많은 논자들이 함께 지적하는 것은 다음의 세 가지다.

(1) 핵 확산·보안상의 난점: 플루서멀 실시의 전제로 사용후핵연료 재처리에 의한 플루토늄 추출이 필요하다. 그러나 제조·저장·수송되는 플루토늄이나 MOX 연료가 범죄나 테러리즘의 대상이 되거나 군사 전용될 위험성이 있다.

(2) 비용상의 난점: 핵연료 재처리는 극히 비용이 높고 게다가 비용 견적의 불확실성이 높다. 또한 플루토늄을 MOX 연료로 가공하는 비용도 높다. 이를 실시하는 경우 원자력발전 비용이 상승한다. 그것이 전력 소비자(수요자)의 부담을 늘린다. 즉 가압수형경수로PWR의 연료집합체 봉 1개당 가격은 우라늄 연료에서는 약 1억 엔인데 비해 MOX 연료에서는 5에서 10억 엔이 된다. 게다가 거기에는 재처리 비용은 포함되어 있지 않다.

(3) 안전·환경상의 난점: 우라늄 노심과 비교해 MOX 노심에서는 사고를 일으킬 경우의 방사선 피해가 커진다(플루토늄이나 기타 악티니드의 증가). 사용 후 MOX 연료의 처리·처분도 어렵다. 사용 후 MOX 연료는 원자력발전소 풀에 반영구적으로 저장될 가능성이 높다.

그럼에도 일본 정부는 플루서멀 실시를 서두른다. 그 목적은 핵연료 재처리에 의해 추출된 플루토늄을 소비하는 것이다. 특히 1990년대 이후로는 잉여 플루토늄을 만들지 않는다는 국제 협약하에서 일본은 플루토늄 이용 계획을 국제사회를 향해 공표하게 되어 구체적인 이용 계획 없이 재처리사업을 진행하는 것은 불가능하게 되었다. 즉 롯카쇼무라 재처리공장을 가동할 구실을 만들어 내는 것이 플루서멀의 목적인 것이다.

3. 원자로 손상 은폐 사건과 그 영향

경제산업성 원자력안전·보안원은 2002년 8월 29일, 도쿄전력이 1980년대 후반부터 1990년대 전반까지 후쿠시마현 제1원자력발전소, 후쿠시마 제2원자력발전소, 가시와자키카리와 원자력발전소, 3개 합계 17기의 상업 발전용 원자로 중 13기(중 후쿠시마현에 있는 10기는 모두)에 대해 합계 29건의 자주점검 기록 허위 기재를 행했다고 발표했다. 그 대부분은 압력용기의 내부에 있는 핵연료 집합체를 지탱하는 슈라우드shroud(노심 격벽)나 노심에 냉각수를 보내는 제트펌프 등의 중요 기구에 관한 것이었다. 여기에서 자주점검이라는 것은 안전규제 당국(경제산업성. 2000년까지는 통산성)에 의한 연 1회 정도의 정기검사와 병행하여 전력회사에 의해 이뤄지는 것이다.

같은 날 저녁, 도쿄전력의 미나미 지키사이南直哉 사장 등이 기자회견을 열고, 용의 사실을 인정하며 사죄하고 그와 함께 후쿠시마·니가타현에서 실시를 검토하고 있는 플루서멀 계획을 당면 단념한다는 의사를 밝혔다. 그리고 사건 발각으로부터 4일 후인 9월 2일, 사건의 본격적인 규명을 기다리지 않고 도쿄전력은 아라키 히로시荒木浩 회장, 미나미 지키사이 사장에 더해 사장·회장을 역임했던 히라이와 가이시平岩外四 고문 및 나스 스쓰네那須翔 고문 그리고 에노모토 도시아키榎本聰明 부사장 총 네 명의 인책 사임을 발표했다.

원자력안전·보안원은 8월 30일, 9개 전력회사를 포함한 원자력사업자 16사에 대해 과거에 같은 사례가 없었는지 여부를 총 점검하라고 지시했다. 총 점검 결과 도쿄전력, 주부전력, 도호쿠전력, 일본원자력발전, 주고쿠전력에서 같은 사례가 있었다는 것이 밝혀졌다. 얼마 되지 않아 큰 부정이 히타치제작소의 내부 문서에서 발각됐다. 도쿄전력 후쿠시마 제1원자력발전소 1호기에서 정기검사를 하는 원자로격납용기의 누전률 검사를 실시하던 중(1991년 및 1992년) 압축 공기의 격납용기 안으로의 부정한 주입이 행해졌다는 것이다. 이에 대해 원자력안전·보안원은 '원자로의 중요한 안전 기능을 가진 기구에서 행해진 이 위장 행위는 일련의 자주점검 기록 위조보다 악질'이라며 도쿄전력에 대해 11월 29일, 원자로등규제법 위반으로 1년간 운전 정지 명령을 내렸다.

　이 사건에서는 규제 당국인 원자력안전·보안원의 체질이 문제가 되었다. 도쿄전력에 자주점검을 위탁받은 제너럴일렉트릭인터내셔널GEII의 전 직원이 자주점검 기록에 허위 기재가 포함되어 있는 건에 대해 원자력안전·보안원에 내부 고발했던 것은 2000년 7월이지만, 그에 관한 원자력안전·보안원의 조사는 지연되어 발표는 2년 남짓 후로 미뤄진 것이다. 게다가 조사 과정에서 내부 고발자의 이름을 도쿄전력에 통보하는 결정적인 잘못을 저질렀다. 그에 따라 2001년 중앙 성청 개편으로 막 발족한 원자력안전·보안원의 해체론이 높아졌다. 경제산업성 내에 원자력안전·보안원과 자원에너지청이 동거 상태에 있다는 것이 안전규제 기능 장해의 구조적 요인이기 때문에 그러한 상태를 해소하고 모든 규제 기능을 내각부 원자력안전위원회(또는 각 성청의 상위에 있는 신설 기관)에 이관하는 것이 적당하다는 목소리가 높아진 것이다. 하지만 경제산업성은 이를 무시했고 내각·국회도 묵인했다.

　한편 JCO 사고 이후 원자로등규제법의 개정에 의해 종사자는 법률이나 법률에 입각한 명령 위반에 관해 행정청의 주무 대신 또는 원자력안전위원회에 대해 신고를 할 수 있게 되었다. 또한 사업자·사용자는 이 신고를 이유로 해고나 그 이외의 불이익을 주는 행위를 할 수 없도록 정하였다. 또한 2006년 4월 1일에는 원자력 분야만이 아니라 전 분야에 걸친 공익통보자보호법이 발효되었다(공포는 2004년 6월 1일).

　이 도쿄전력 등에 의한 원자로 손상 은폐 사건은 원전 입지 자치단체로부터 강한 비판을 불러일으켰다. 후쿠시마현은 이 원자로 검사 점검 부정 사건에 대해 특히 엄격한 자세를 취했다. 후쿠시마 제1원전·제2원전에서 운전 중인 원자로에 대해 정지를 요청하는 것까지는 하지 않았지만, 정기검사를 위해 순차 정지된 원자로에 대해 후쿠시마현이 독자적으로 안전이 확보되어 있는가를 판단한 후에 운전 재개 승인 여부를 결정한다는 방침이 제시되었다. 법적으로 지방자치단체에 원자력시설 운전에 관한 인허가권은 없었지만 원자로 손상 은폐 사건을 계기로 관례상의 권한을 획득한 것이다. 니가타현도 후쿠시마현과 마찬가지로 엄격한 자세를 보였다. 그로 인해 도쿄전력의 운전 중 원전은 1기씩 정기검사에 들어갈 때마다 줄어들어 2003년 4월 15일에는 드디어 모든 원자로가 정지하게 되었다.

이렇게 모든 원전이 정지된 상태에서 전력 수요 정점을 맞는 여름이 오면 도쿄전력 관내가 엄중한 전력 부족에 놓이게 될 거라는 전력 위기설이 퍼졌다. 이를 배경으로 후쿠시마현, 니가타현에 대해 원전 운전을 재개하라는 압력이 높아졌다. 히라야마 유키오平山往夫 니가타현 지사는 그것을 배려해 가시와자키카리와 발전소의 원자로 운전 재개를 용인했지만, 사토 에이사쿠佐藤栄佐久 후쿠시마현 지사는 정부에 대한 저항 자세를 계속 견지하다가, 어려움에 빠진 도쿄전력에 손을 내밀어 가쓰마타 쓰네히사勝俣恒久 사장의 요청을 받아들이고 2003년 7월 10일, 후쿠시마 제1원전 6호기의 운전 재개를 수용했다. 다만 그 이외의 원자로에 대해서는 개별적으로 운전 재개 여부를 판단해서 모든 원전이 운전을 재개하게 된 것은 2005년 6월 29일이었다.

2000년대에는 이들 원자로 손상 은폐 사건에다가 중요한 원자로 사고 은폐 사건도 일어났다. 그것은 도쿄전력·호쿠리쿠전력 원전 임계사고 은폐 사건(2007년 3월)이다. 이 사건의 발단은 하천 환경보전을 요구하는 주민단체에 의한 수력발전 댐 취수 구조물의 무허가 공사나 관측 데이터 위조를 고발하는 운동으로부터 2005년에 시작되었다. 이 운동에 압박을 받은 주고쿠전력은 2006년 10월 31일, 측량 데이터 위조가 1992년부터 1997년까지 이뤄졌다고 밝혔다. 그에 촉발된 야마구치현의 현장조사에 의해 11월 20일, 시모노세키화력발전소 1, 2호기의 바다 수온 기록 위조가 밝혀졌다. 이를 계기로 전력 각 사가 차차 과거의 데이터 위조 사실을 공표하기 시작했다.

이 중 원자력발전소에 관해서는 도쿄전력이 11월 30일, 가시와자키카리와 원자력발전소 1, 4호기에서의 온도 데이터 위조를 밝힌 것이 최초였다. 이 영향으로 원자력안전·보안원은 전력 각 사에 연도 내에 관련 사항을 검토하라고 요청했다. 그에 따라 각 사가 조사를 진행한 결과, 도쿄전력 후쿠시마 제1원전, 도호쿠전력 오나가와, 간사이전력 오오이에서 동일한 사례가 있었음이 밝혀지게 되었다.

그러나 이야기는 거기에 그치지 않았다. 2007년에 들어서며 각 사에서 조사가 진전됨에 따라 안전상의 우려로 이어지는 듯한 중대한 사례가 연이어 발각된 것이다. 이에 의해 문제의 초점은 데이터 위장에서 사고 은폐로 전환되었다. 2007년 3월 15일, 호쿠리쿠전력 시가 1호기에서 1999년 6월 1일에 임계사고가 일어났다는 것을 발표해 큰 반향을 일으켰다. 호쿠리쿠전력의 설명에 의하면 정기검사 중에 제어봉의 급속 삽입 시험을 실시하려던 때에 봉 3개에서 제어봉이 낙하하면서 일단 정지된 원자로가 부분적으로 임계 상태가 되어 출력이 상승하기 시작했다. 이에 대해 원자로 자동정지 신호가 켜졌으나 제어봉의 긴급삽입장치가 기능하지 않았다. 겨우 15분 후에 수동으로 제어봉이 삽입된 원자로는 정지했다. 임계 중의 출력은 정격출력의 1% 이하였다고 한다. 그 사이 원자로 압력용기 및 원자로 격납용기는 개방 상태에 있었다. 호쿠리쿠전력이 이를 비밀로 부친 가장 큰 이유는 시가 2호기 착공(1999년 9월 2일)에 대한 악영향을 회피하기 위한 것이었다고 여겨진다. 이 임계사고 발각이라는 충격에 쫓기듯 3월 22일, 이번에는 도쿄전력이 1978년 11월 2일에 후쿠시마 제1원전 3호기에서 일어난 임계사고에 대해 발표했다. 제어봉 5개가 떨어져 임계 상태가 7시간 반에 걸쳐 이어졌다는 것이다. 이때 압력용기는 닫혀 있었지만 격납용기는 개방 상태였다고 한다.

3월 30일, 전력 각 사가 일제히 발전소에서의 데이터 위조 사고·고장 은폐에 대한 중간보고서를 원자력안전·보안원에 제출했다. 거기에는 원전을 보유한 10개 사 중 홋카이도, 시코쿠, 규슈, 세 회사를 뺀 7개 사에서 데이터 위조나 사고·고장·사건 은폐가 이루어졌다는 것이 밝혀지게 되었다. 이에 경제산업성은 4월 20일 원자력발전 각 사에 대해 중대사고가 일어나는 경우 즉시 상부에 정보를 전달하는 체제 구축을 지시하는 보안규정 변경 명령을 내렸다. 사업자 지정 취소나 원자로 정지 처분과 같은 무거운 행정처분은 이루어지지 않았다. 이러한 경제산업성의 극히 관대한 자세는 4년 반 전인 2002년 9월 때와는 대조적이었다. 전력회사의 간부가 인책 사임하는 일도 없었다.

4. 사토 에이사쿠 후쿠시마현 지사의 반란

앞 절에서 도쿄전력 등 원자로 손상 은폐 사건에서 후쿠시마현이 엄격한 자세를 취했음을 지적했는데, 후쿠시마현은 그 이전부터 핵연료사이클을 포함한 원자력사업에 대해 비판적인 시점을 유지해 왔다. 본 절에서는 세기 전환기에 후쿠시마현의 원자력 문제에 대한 대처에 대해 정리한다. 그 리더로 활약한 이는 1988년부터 2006년까지 다섯 번에 걸쳐 18년 동안 후쿠시마현 지사를 역임한 사토 에이사쿠다. 사토는 1939년에 후쿠시마현 고리야마시에서 태어나 도쿄대학 법학부 학부생 시대에 1960년 안보투쟁에 참여했다. 1963년에 졸업해 부친이 창업한 고리야마산토스츠郡山三東ス一ツ의 경영을 돕다가 곧바로 일본청년회의소JC의 활동에 깊이 관여하게 되어, 1973년에는 JC 활동에 전념하기 위해 고리야마산토스츠의 임원직에서 사임하고 형제인 사토 유지佐藤祐二에게 양보했다. JC의 정년(40세)을 기회로 정계 진출을 목표했지만 1980년의 참의원 선거에서 낙선했다. 그러나 1983년에 자민당에서 출마한 참의원 의원이 되어 1987년에는 대장정무차관이 되었다. 또한 임기 도중인 1988년 후쿠시마현 지사 선거에 입후보해 당선되었다. '후쿠시마, 후쿠시마ふくしま、ふくしま'가 사토 지사의 정치적 슬로건이 되었다.

그러나 사토가 지사에 취임한 1988년 9월부터 얼마 되지 않은 1989년 1월 6일, 도쿄전력 후쿠시마 제1원자력발전소 3호기의 재순환 펌프 손상 사고가 발생했다. 그때 도쿄전력이나 통산성 자원에너지청이 보인 지역에 대한 배려 없는 자세에 사토는 분개했다. 또한 1993년 4월, 후쿠시마 제1원자력발전소에서의 사용후핵연료 공용 풀(핵연료 풀은 원자로마다 설치되어 있지만 사용후핵연료 반출처가 좀처럼 확보되지 않아 종래의 풀이 비좁아지면서 설치하게 된 핵연료 풀)의 설치 요청을 사토는 사전 양해했다. 그때 통산성의 담당 과장으로부터 공용 풀의 사용후핵연료는 2010년경에 조업 개시 예정인 제2재처리공장에 반출한다는 약속을 받았지만, 그것이 1년 후인 1994년 장기계획(〈94장계〉)에 의해 무효화된 것에 깊이 분개했다. 그러한 경위가 그 후의 플루서멀 계획에 대한 거부권 행사의 계기로 한 사토 지사의 반란의 복선이 되었다.

　도쿄전력은 전술한 바와 같이 플루서멀 계획을 2000년에 실시하겠다는 방침을 단념했다. 그러나 2001년에 들어 원자로 2기에서 7월경부터 플루서멀 운전을 실시할 준비에 들어갔다. 한편 2월 8일에 도쿄전력이 1990년대 중반 이후 전력 수요 정체와 전력 자유화 움직임이 높아지는 것을 배경으로 설비 투자 억제 방침을 내놓으며 구체적 조치로 발전소 건설계획을 3에서 5년 동결한다고 발표한 것에 대해 후쿠시마현의 사토 에이사쿠 지사가 2월 26일, 후쿠시마 제1원전 3호기의 플루서멀 운전 실시 동결을 표명했다. 그것은 구체적으로는 도쿄전력이 히로노広野 화력발전소 5호기 및 6호기(각각 전기출력 70만KW)의 건설 동결을 후쿠시마현과 어떠한 상의도 없이 일방적으로 결정한 것에 분노를 일으켜 보복 조치를 발동한 사건이다. 플루서멀 계획이 보복의 대상이 된 이유는 후쿠시마현이 손에 가지고 있는 가장 강력한 '인질'이 플루서멀 계획이었다는 데 있다. 정부와 도쿄전력에 대한 사토 지사의 반란은 여기에서 시작되었다.

　후쿠시마현에서 일어난 이러한 반란에 의해 가시와자키카리와 3호기를 포함한 니가타현의 동향에 원자력 관계자들이 주목하게 되었다. '제일 첫 번째로 하고 싶지는 않다'는 의사를 히라야마 유키오 니가타현 지사와 니시카와 마사즈미西川正純 가시와자키 시장이 표명한 가운데, 가시와자키카리와 3호기에 MOX 연료를 장하해 운전을 행할 것인가의 여부를 묻는 가리와무라의 주민투표가 2001년 5월 27일에 실시되었다. 유권자 수 4090명 중 88.1%에 해당하는 3605명이 투표해 그중 반대 1925명(53.40%), 찬성 1533명(42.52%), 보류 131명(3.63%), 무효 등 16명(0.44%)으로 결과가 나왔다. 반대 투표가 과반수를 점했기 때문에 가리와무라의 시나다 히로오品田宏夫 촌장은 다음 5월 28일, 히라야마 니가타현 지사 및 니시카와 가시와자키 시장과 각각 회담한 후 같은 날 저녁에 기자회견을 하고 플루서멀 운전 수용을 당장 동결하겠다고 표명했다. 이를 받아들여 도쿄전력의 미나미 지키사이 사장은 플루서멀 운전 개시를 보류한다고 발표했다.

　한편 후쿠시마현은 지사 주재의 청 내 조직 '에너지정책검토회'를 2001년 5월 21일에 설치하고, 약 1년 반 동안 전원 입지 현의 입장에서 에너지

정책 전반을 재검토해 현의 생각을 중간보고로 발표했다(2002년 9월 19일). 중간 취합 정리의 발표에 이르기까지 에너지정책검토회가 22회 열렸는데 그중 반수인 11회는 학계 인사를 초대하여 의견 교환을 나누는 모임이었다. 초대된 학계 인사는 원자력발전에 호의적인 사람과 비판적인 사람이 대략 균등하게 배치되었다.

중간보고의 내용은 후쿠시마현의 의견을 전면에 내세우는 것이 아니라 검토 과정에서 부상한 각종 의문점을 목록으로 정리해 각각에 대해 의문을 포함한 이유를 설명하는 형태가 되었다. 예를 들어 '전력 자유화가 진행되어 전력 수급 구조 등이 변화하는 가운데, 향후에도 종래와 같은 전력 소비량의 증가를 전제로 한 전력회사에 의한 새로운 전원 입지가 필요하게 될 것인가?', '고속증식로FBR의 실용화가 현실화되지 않고, 아오모리현 오오마초의 완전 MOX 원자로 건설도 지연되어 경수로 MOX 연료 장하도 구체화하지 않은 가운데 롯카쇼무라 재처리 시설이 가동한다면, 새로운 잉여 플루토늄을 생산하는 것이 아닌가?' 등의 의문이 제시되고, 그에 대한 정부의 견해와 학계 인사들(대체의 경우 비판적인 입장을 가진 사람들)의 견해가 병기되어 관련 데이터가 제시되었다. 전체적으로 '의문이 더욱 깊어진다'는 내용이 담겼다. 중간보고 말미에는 아래와 같은 제언이 제시되었다(福島県企画調整部地域づくり推進室エネルギー政策グループ、《あなたはどう考えますか? 日本のエネルギー政策 電源立地県福島からの問いかけ》, 2002).

> 원자력발전의 건전한 유지·발전을 도모하기 위해서는 금회의 문제(필자 주: 자주점검 작업 기록과 관련한 부정 문제)를 계기로 막무가내로 이미 정해진 방침을 고집하는 추진 방식을 멈추고 원점으로 돌아가서 바람직한 원자력 정책에 대해 진지하게 검토해야 할 때라고 생각한다. 그리고 1996년의 〈삼현 지사 제언〉 이후, 재차 삼차 지적해 온 것처럼 원자력발전소 입지 지역 주민의 입장을 충분히 배려하면서 철저한 정보공개, 정책 결정에 대한 국민 참여 등 정말로 새로운 체질·체제하에서 향후의 원자력 행정을 추진해 나가야 하는 것이 아닐까? 특히 핵연료사이클에 대해서는 일단 멈추고 전량 재처리와 직접 처분 등 다른 옵션과의 비교를 행하는 등 적절한 정보공개를 진행하면서 향후의 바람직한 형태를 국

민에게 물어야 하지 않을까?

이 후쿠시마현의 중간보고 직전인 2002년 8월 29일, 도쿄전력 원자로 손상 은폐 사건이 발각되었다. 그에 대해 후쿠시마현이 엄격한 자세로 임했다는 것은 이미 살펴본 대로다. 사토 지사는 그 후에도 정부의 원자력 정책에 대한 비판 활동을 계속했다. 그 답신은 2005년 10월에 〈원자력정책대강〉으로 각의 결정되었다. 사토 지사는 신계획책정회의의 위원이 되지는 않았지만 초빙인으로 원자력 정책에 비판적인 의견을 이야기했다(2004년 12월 22일). 또한 2005년 9월 4일에 국제 심포지엄 〈핵연료사이클을 생각한다〉를 도쿄 오테마치大手町에서 주최했다. 국내외 전문가 열 명이 모여 활발한 논쟁을 전개했다. 이러한 국제 심포지엄은 본래는 정부가 주최해 찬반 논의를 하는 데 애써야 할 것이었지만, 어떤 일도 하지 않는 것에 속을 태우며 사토 지사가 핵연료사이클 국제평가패널(요시오카 히로시 좌장, 이다 데츠야飯田哲也 사무국장)의 진언을 받아들여 주최한 것이었다.

그러나 정부의 원자력 정책에 대한 후쿠시마현의 반란은 도쿄검찰국 특수부에 의한 부정 사건 수사에 의해 2006년에 종식되었다. 2006년 9월 25일 동생인 사토 유지가 체포되면서, 이 사건에 대해 형으로서 책임을 지고 2일 후인 9월 27일에 사토 지사가 직에서 사직하기로 결정하고 그것이 28일에 현의회에서 승인되었다. 이렇게 5기, 18년에 걸친 사토 에이사쿠의 지사 활동은 끝났다. 그로부터 1개월도 되지 않은 10월 23일, 사토 자신도 수뢰죄 의혹으로 체포된 후 기소되었다. 그 후의 재판에 대해서는 사토 에이사쿠의 《知事抹殺—つくられた福島県汚職事件》(平凡社, 2009), 《福島原発の真実》(平凡社新書, 2011) 등을 참조할 수 있다.

5. 전력 자유화 문제와 롯카쇼무라 재처리공장

1990년대 중반경부터 전력 자유화 기운이 높아져 온 것에 대해서 앞장에서 기술했다. 그러나 이 흐름은 21세기에 들어서며 급속히 제동이 걸렸다. 미국 캘리포니아주에서 2000년 여름에 발생한 전력 위기 및 그 연쇄로 일어난 엔론사의 도산(2001년 12월) 등 미국에서 전력 자유화와 관련되어 일어난 사건을 구실 삼아 전력 자유화에 대한 신중론이 일본 국내에서 소리 높여 울리게 되어, 전력 자유화론은 후퇴하게 되었다.

전력 자유화론 봉쇄의 결정적인 근거가 된 것이 2002년에 제정·실행된 에너지정책기본법이다. 그 안에는 에너지 정책에서 고려해야 할 세 가지 기준으로 안정 공급, 환경보전, 시장원리 활용이 명기되었고, 그중 시장원리 활용은 다른 두 가지 기준을 침해하지 않는 범위에서 실시해야 하는 것으로 되었다. 한편 이 법률에는 원자력발전 추진이 한마디도 기술되어 있지 않았지만, 원자력발전이야말로 안정 공급·환경 보전의 관점에서 최선이라는 사고방식이 법률의 운용에서 취해졌다. 이 기본법에는 에너지기본계획을 적어도 3년마다 책정한다는 규정이 있다. 이 기본 계획은 각의 결정되는 것으로 되었고, 국책으로서는 법률 다음으로 최상위의 것이었다. 거기서 원자력발전 추진 방침을 집어넣는다는 것이 관계자들의 목표였다.

이러한 전력 자유화 반대론의 반격으로 2005년부터 실행된 전력 자유화 조치는 극히 한정적인 것에 그치고 말았다. 단적으로 소매 자유화의 범위가 50KW 이상의 고압 수요자까지 인하된 것뿐이었다. 전력 자유화를 둘러싼 2000년대 초반의 전기사업법 개정 논의에서 최대 쟁점이 되었던 것은 송발전 분리(보다 정확히는 송전 분리 혹은 송전·배전 분리)였다. 그러나 전력 자유화론자가 열세가 된 가운데, 2003년의 전기사업법 개정(2005년 실행)에서는 보류되었다.

그러한 전력 자유화 반대론자의 반격이 나온 하나의 중요한 동기로 롯카쇼무라 재처리공장 문제가 있다고 생각한다. 원래 전력 자유화 추진과 원자력발전 추진은 양립하기 어렵다. 원자력발전이 본질적으로 경제 합리성을 만족시키는 사업이 아니라는 것이 그 이유다. 그러나 원자력사업 중에서도 특히 핵연료사이클 사업, 그중에서도 특히 핵연료 재처리는 가장 우선한 구조조정 대상이 되어야 할 사업이다.

핵연료사이클 백엔드의 여러 사업을 정비하는 것은 어떠한 핵연료사이클 노선을 선택해도 피할 수 없는 과제이지만, 재처리 노선을 포기하면

원자력의 사회사 일본에서의 전개

전력업계는 재처리공장의 막대한 건설비·운전비를 지불하지 않고 백엔드 비용을 크게 줄일 수 있다. 또한 재처리사업의 부진에 동반되는 거액의 추가 비용 리스크를 피할 수 있다. 그러기 위해서는 핵연료 재처리를 중지하고 직접 처분을 전제로 한 핵폐기물 최종 처분에 힘을 써 진행하면 좋다. 어찌되었든 전력 자유화 추진을 방치하면 롯카쇼무라 재처리공장 계획은 중지 혹은 동결될 공산이 높다. 전력 자유화를 멈추게 하는 것이 롯카쇼무라 재처리공장 계획 존속의 필요조건이 된 것이다.

롯카쇼무라 재처리공장이 착공한 1990년대 전반에는 전력회사가 지역 독점을 보장받는 총괄원가방식에 의한 이익을 약속받았기 때문에 아직 여유가 있었지만, 일본 경제의 구조 개혁 기운이 높아짐을 배경으로 전력 자유화가 추진되기 시작한 1990년대 중반 이후에는 롯카쇼무라 재처리공장 문제는 전력업계에 중대한 관심사가 되었던 것이다. 그리고 만약 계획을 동결 혹은 중지하려면 가동 전에 결단할 필요가 있었다. 한번 가동을 하게 되면 재처리공장은 고농도의 방사능으로 오염되어 해체·철거 비용이 대폭 늘어나기 때문이다. 이것이 2000년대 초반의 상황이었다.

롯카쇼무라 재처리공장을 가동시킬 때에는 정부가 전력업계의 리스크를 떠맡아야 했다. 이를 위해서 전력업계에 구체적인 지원책을 결정해야 했다. 또한 지원책을 결정하기 위해서는 비용 견적을 행할 필요가 있었다. 이에 대해 경제산업성 종합자원에너지조사회 전기사업분과회는 비용 등 검토 소위원회(곤도 슌스케 위원장)를 설치해 2003년 10월 21일부터 2004년 1월 16일까지, 합계 9회에 걸쳐 검토를 실시했다. 그리고 최종회에서 〈백엔드 사업 전반에 걸친 비용 구조, 원자력발전 전체의 수익성 등의 분석·평가〉라는 제목의 보고서를 마련했다. 그것은 일주일 후 전기사업분과회에 보고되어 승인되었다.

원자력발전 비용에 관해서는 그 4년 전인 1999년 12월 16일, 자원에너지청이 〈원자력발전의 경제성에 대해〉라는 제목의 시산試算, 종합에너지조사회 원자력부회 자료로 공표한 것이 있다. 거기에는 원자력발전도 화력발전도 모두 똑같이 기초 자원으로 이용하는 것(설비이용율 80%)을 전제로, 일정한 조건하에서 시산할 경우 원자력발전의 발전원가는 40년간(발전

설비의 라이프사이클 전체에 상당한다) 평균치로 1KWh당 5.9엔으로 시산되어 석탄화력(6.5엔), 천연가스화력(6.4엔), 석유화력(10.2엔) 등 모든 것보다도 싸다는 결론이 제시되었다.

전기사업분과회 비용 등 검토 소위원회의 2004년 보고서에서도 이를 그대로 받아들인 숫자가 제시되었다. 할인율 3%의 경우, 전 조업 기간(40년) 동안 평균화한 원가(설비이용률은 모두 80%라고 한다)는 원자력 5.1엔, 석탄 5.7엔, 천연가스 6.2엔이 되었던 것이다. 여기에는 재처리 노선에서의 백엔드 비용(물론 추측치)도 포함되었다. 이번에는 비용의 절대치가 제시되었다는 점이 새로운 것이었다. 이에 따르면 2006년 7월(롯카쇼무라 재처리공장의 조업 개시 예정 시기)부터 2046년도 말까지 40년간의 총 사업비는 18조 900억 엔으로, 그중 재처리비는 11조 7200억 엔으로 되어 있다(재처리비에 대해서는 40년간 발생한 사용후핵연료 5만 톤 중 64%에 해당하는 32000톤만 재처리한다는 것을 전제로 해서 36%에 해당하는 18000톤과 기 발생분 1만 톤 남짓은 계산에서 제외되었다).

이렇게 착착 전력업계에 대한 지원책 만들기 준비가 진행되었다. 그러나 재처리 노선에 대해서는 많은 사람들이 반대론이나 신중론을 제창했다. 그 기본적 이유는 고속증식로FBR와 세트가 아니라면 재처리의 장점이 거의 없는데, 고속증식로FBR의 실용화 전망이 세계적으로도 과거 반세기 남짓의 연구개발에도 불구하고 제대로 서지 않았다는 것이다. 재처리된 플루토늄을 경수로에서 사용하는 것으로는 우라늄 자원을 약 10% 정도 절약하는 정도에 그쳐 거의 장점이 없다. 그러한 사업에 거액의 자금을 투입하는 것은 경제적으로 낭비이며, 그 비용은 전기요금에 전가되든가 상황에 따라서는 세금에 전가되어 국민에게 경제적 손실을 초래한다. 게다가 재처리공장이 순조롭게 가동하지 않는다면 비용은 대폭 뛰어올라 국민들이 막대한 손실을 입을 우려가 있다는 인식에서 일치했다.

재처리 노선에 대한 반대론 혹은 신중론을 제창한 사람들 중에는 다음과 같은 사람들이 있다. ① 반원전론자나 탈원전론자 ② 경영 리스크를 우려하는 전력 관계자 ③ 원자력사업 내의 불합리한 부분을 검토하고자 하는 내부자인 합리화론자 ④ 오래된 이권 구조의 해체를 부르짖는 정치가

나 관료 ⑤ 전력 자유화를 제창하는 신자유주의적인 경제학자 ⑥ 공공 사업에 의한 낭비되는 세금 지출을 비판하는 행정개혁론자. 전체적으로 보면 반대론자나 탈원전론자 이외의 사람들 중에서는 원자력발전에 대해서는 찬성 혹은 용인하는 자세를 취하는 한편 재처리 노선에는 반대 혹은 신중한 자세를 취하는 사람이 많다는 것이 특징이었다. 전력 자유화에 대해서는 2000년 6월에 전기사업법이 개정되어 전력 자유화를 기본적으로 멈추게 하는 것으로 결론이 나 있었지만, 그럼에도 재처리 노선에 대해서는 반대론이나 신중론이 없어지지 않았던 것이 이 시기의 특징이었다.

2004년 3월 17일에는 고비용의 재처리사업 중지를 요구하는 〈19조엔의 청구서〉라는 표제가 붙은, 정부 내부의 관료가 작성했다고 여겨지는 고발 문서가 관가에 돌았다. 약 19조 엔의 비용을 투입해 재처리사업을 추진해도 그에 따라 얻을 수 있는 이점이 우라늄 연료의 이용 효율을 10% 약간 넘게 높이는 것뿐임에도 불구하고, 재처리사업을 추진해도 좋은 것인지 고발 문서는 의문을 던졌다. 또한 서구에서는 경제적으로 맞지 않다고 포기하거나 재처리하지 않고 직접 처분하는 나라가 속출하고 있음에도 일본에서는 정·관·업계의 이권이나 책임 방기로 인해 사업이 중지되지 않고 최종적으로 전력요금을 상승시키는 형태로 부담이 국민에게 전가되게 된다고 고발 문서는 지적했다. 그리고 롯카쇼무라에 건설한 재처리공장의 건설비가 구상 당초보다 약 3배로 늘어난 것을 보면, 재처리공장 가동에 동반되는 19조 엔이라는 현재의 견적 비용도 약 3배로 늘어나게 되면 50조 엔을 넘어설 수도 있기에 한번 멈춰 서서 국민적인 논의가 필요하다고 주장했다.

이러한 상황에서 내각부 원자력위원회는 2004년 6월 신계획책정회의를 설치하고 장기계획 개정 작업에 착수했다. 여기에서 최대의 쟁점은 물론 재처리 노선의 지속인가 그렇지 않으면 동결 혹은 중지인가 하는 것이었다. 위원은 모두 32명으로 곤도 슌스케 원자력위원회 위원장이 의장을 맡았다.

핵연료사이클에 대해서는 재처리와 직접 처분 노선 중에서 어떤 노선을 선택할지가 주요한 쟁점이 되었다. 평가 기준으로 경제성, 안전성, 핵 비확산, 환경, 입지 등 10개 항목이 내세워졌다. 또한 시나리오로는 ① 전량 재처리 ② 부분 재처리 ③ 전량 직접 처분 ④ 당장 저장 이렇게 네 가지가 준비되었다. 각 시나리오에 대해 10개 항목의 기준으로 비추어 종합평가를 실시하는 방법론이 채택되었다(하지만 이 방법론은 본질적으로 무의미했다. 국민이 선택할 수 있는 것은 정책 조치다. 네 가지 시나리오 모두 예정대로 진행된다는 것을 전제로 한 상상의 구축물이기 때문에 선택의 대상이 될 수 없다).

가장 주목되는 점은 비용 평가였다. 신계획책정회의에서는 기술검토소위원회를 설치해 재처리 노선과 직접 처분 노선의 비용 비교 작업을 추진했다. 그 결과 사용후핵연료를 전량 재처리한 경우, 핵연료사이클 비용은 1KWh당 1.6엔으로 직접 처분의 0.9-1.1엔의 약 1.5-1.8배가 되었다. 또한 부분적으로 재처리한 경우의 비용은 1.4-1.5엔, 당장 저장하는 경우는 1.1-1.2엔이 되었다. 이렇게 재처리보다도 직접 처분 쪽이 우위인 결과가 된 것이다.

다만 책정 회의는 별도의 시나리오도 동시에 준비했다. 재처리사업을 멈추면 사용후핵연료의 최종 처분지가 없기 때문에 각지의 원전에 설치된 사용후핵연료 저장 풀이 넘치게 되어 원자력발전 사업 그 자체가 멈추게 될 우려가 있다. 그런 경우 화력발전으로의 대체 비용이나 재처리공장의 폐기 처분 경비도 산입하면 정책 변경 비용이 0.9-1.5엔 들어 그것을 가산하면 직접 처분의 경비는 재처리를 상회한다고 했다. 또한 원자력위원회는 재처리공장의 가동을 단념하고 롯카쇼무라가 사용후연료의 반입을 거부하는 경우, 2010년까지 전국의 원전 52기 중 30기가 운전 정지로 내몰릴 우려가 있다고 시산했다. 2015년까지 대책을 강구하지 않으면 1기를 빼고 모든 원자로가 정지할 우려도 있다고 했다. 즉 '사이클을 도중에 멈추어 버리면 사용후연료가 갈 곳은 없어져 원전이 멈춘다'는 우려를 강조했다.

2004년 11월 12일(제12회 회의), 〈핵연료사이클 정책에 대한 중간보고 (안)〉이 곤도 위원장으로부터 제안되었다. 그 내용은 경제성 이외의 모든 항목에서 시나리오 ①의 전량 재처리 노선이 우수하다는 것이었다. 앞서 기술한 정책 전환 비용을 산입하면 경제성에서도 전량 재처리가 최고 좋다고 되어 있었다. 그것이 대다수 위원의 찬성으로 채택되었다. 이에 대한 반대자는 겨우 두 명(반 히데유키伴英幸 위원 및 요시오카 히토시 위원)에 그쳤다.

이를 기다렸다는 듯이 롯카쇼무라 재처리공장에서는 2004년 12월에 '우라늄 시험'에 발을 내디뎠다. 이 중간보고 채택은 롯카쇼무라 재처리공장의 우라늄 시험 개시의 신호탄이 되었을 뿐 아니라, 백엔드 적립금 도입을 향한 법안을 제출하라는 시작 신호이기도 했다. 경제산업성은 2005년 2월 18일, 재처리등적립금법(원자력발전의 사용후연료의 재처리 등을 위한 적립금의 적립 및 관리에 관한 법률)을 국회에 제출했다. 그것은 5월 20일에 가결 성립되었다. 2005년 10월에 각의 결정된 〈원자력정책대강〉에서는 "안전성, 핵 비확산성, 환경 적합성을 확보하는 것과 함께 경제성에서도 유의한 사용후연료를 재처리해 회수된 플루토늄, 우라늄 등을 유효 이용한다는 것을 기본 방침으로 한다"고 명기되었다.

한편 중간보고에 대한 비판론으로 2005년 3월에 조직된 국제적인 조사 연구 그룹인 핵연료사이클 국제평가패널(요시오카 히토시 좌장)의 활동을 들고 싶다. 그것은 〈핵연료사이클 국제평가패널 보고서〉라는 표제로 2005년 9월에 완성되어 신계획책정회의 장에서 각 위원에게 배부되었다. 그 내용의 골자는 아래와 같다.

중간보고는 사용후핵연료의 처리 방법으로 재처리가 직접 처분에 비해 전반적으로 우수하다는 것은 논증하는 데 실패했다. 냉정히 평가한다면 재처리 방식은 경제성, 핵 비확산성, 안전·환경상의 특성, 세 부분에서 직접처분 방식과 비교해 열위이며 자원상의 특성도 우수하다고는 할 수 없다. 또한 '중간보고'는 현재의 정책 옵션으로 롯카쇼무라 재처리공장의 착실한 건설·운전을 추진하는 것이 옳다고 하는 것에 대한 타당성 논증에도 실패했다. 특히 40톤을 넘어서는 플루토늄 재고의 소비에 대한 전망이 서지 않았음에도 또한 플루토늄을 추출하는 것은 도리에 맞지 않다. 그러한 연유로 원자력위원회는 이 '중간보고'를 기각하고, 롯카쇼무라 재처리공장 시험의 무기한 동결을 전기사업자들에게 요청하고 다시 개선 정책 옵션을 검토해야 할 것이다.

6. 원자력 체제의 재구축

세기 전환기의 원자력 정책에서는 전력 자유화가 진전되며 '국책 민영'의 오래된 질서가 흔들렸다. 그러나 2005년까지 이 질서는 간신히 유지되었다. 그것이 정책 문서에서 표현상으로 변화를 나타내게 된 것은 내각부 원자력위원회의 새로운 〈원자력정책대강〉(2005년 10월) 및 경제산업성 종합자원에너지조사회 전기사업분과회 원자력부회의 〈원자력입국계획〉(2006년 8월)을 통해서이다.

내각부 원자력위원회가 2005년 10월에 마련한 〈원자력정책대강〉은 즉시 각의 결정되었다. 이 새로운 〈원자력정책대강〉의 특징에 대해서는 그 양식과 내용을 과거의 〈원자력장기계획〉과 비교하면 일목요연해진다. 1994년 장기계획(〈94장계〉)에 이르기까지 〈원자력장기계획〉은 다음의 세 가지 특징을 띠는 것이었다. 첫 번째 특징은 정부 사업은 물론 민간 사업까지도 포괄적으로 국가계획의 대상으로 편입해 왔다는 것이다. 두 번째 특징은 그 국가계획이 극히 상세하고 구체적인 것이었다는 점이다. 즉 모든 주요 사업에 대해 민간 사업을 포함해 그 장래의 사업 규모에 관한 수치 목표나 주요 장치의 완성 목표 연도 등이 제시되어 왔다. 세 번째 특징은 거의 모든 주요 사업의 진전을 이룬다는 방침이 제시되어 왔다는 것이다. 특히 상업 원자력발전 사업, 사용후핵연료처리 사업, 고속증식로FBR 사이클 기술 개발까지 이 세 가지는 원자력 정책의 '세 가지 주요 사업'으로 불릴 수 있을 정도로 정부 문서에서도 취급이 큰 것이었지만, 그것들은 결코 동결·축소·정리 등의 대상이 되지 않았다.

그러나 2000년 장기계획은 종래의 장기계획과는 확연히 달랐다. 첫째, 민간 사업에 대해서는 정부의 생각을 제시한 후에 민간에 그 실시를 '기대'한다고 설정하게 되었다. 둘째, 정부 사업과 민간 사업을 불문하고 수치 목표나 목표 연도를 거의 기재하지 않게 되었다. 셋째, 모든 주요 사업의 진전을 꾀한다는 방침도 유연화했다. 예를 들어 원자력발전의 장래 규모에 대해서는 '적절한 수준에서 유지할 필요가 있다'고 기술되는 것에 그쳤다. 또한 고속증식로FBR 사이클 기술 개발에 대해서는 원형로 몬주의 운전 개시를 권고하면서도 실증로 이후의 계획은 백지가 되었다.

그런데 2005년 〈정책대강〉을 보면 1994년까지의 옛 장기계획의 양식으로 되돌아갔다는 것을 알 수 있다. 첫째로 '기대'라는 표현이 없어지고 국가계획의 대상에 다시 민간 사업이 편입되었다. 둘째, 수치 목표나 목표 연도에 대한 기재가 주요 사업에서 부활했다. 셋째, 원자력발전 점유율 수치목표가 명기되고 고속증식로FBR 사이클 기술 개발에 관해서도 실용화까지의 타임테이블이 부활했다. 이 〈원자력정책대강〉이 제시한 '세 가지 주요사업'에 관한 기본 방침은 다음과 같다.

(1) 원자력발전이 2030년 이후에도 총 발전전력량의 30-40% 이상의 공급 비율을 점하도록 한다.
(2) 사용후핵연료의 처리 방법은 재처리를 기본으로 한다.
(3) 고속증식로를 2050년경부터 상업 기준으로 도입하는 것을 목표로 한다.

이를 받아들여 경제산업성도 움직이기 시작했다. 그리고 2006년 8월 8일, 〈원자력입국계획〉이라는 제목의 종합자원에너지조사회 전기사업분과회 원자력부회(다나카 사토루田中知 부회장) 보고서가 마련되었다. 심의 종료 직전이 되어 사무국이 제안해 온 '원자력입국계획'이라는 타이틀이 원자력부회의 위원들에 의해 승인되었다. 이 〈원자력입국계획〉의 모든 기술은 현재 전기사업의 틀이 향후 수십 년에 걸쳐 기본적으로 변화하지 않는다는 것을 대전제로 한다. 다른 말로 하자면 금후 수십 년은 전기사업의 근간을 흔들 만한 큰 전력 자유화 조치는 도입하지 않고, '국책 민영' 체제를 견지하는 것이 대전제가 되었다.

이 〈원자력입국계획〉에는 그 상위에 있는 〈원자력정책대강〉의 기술을 뛰어넘는 중요한 점이 세 가지 있다. 첫째는 고속증식로FBR 실증로 건설을 2025년경까지 실현한다고 쓴 것이다. 둘째는 현재의 경수로를 대체하기 위해서 '일본형 차세대 경수로 개발'을, 정부·전기사업자·제조업체가 일체가 되어 국가 프로젝트로 추진한다는 것이다. 셋째는 민간 제2재처리공장 건설을 이미 추정한 것으로 간주되는 것이다. 〈원자력정책대강〉에는 롯카쇼무라 재처리공장의 능력 범위 내에서 재처리를 추진한다는 방침이 세워졌지만, 그에 이어 민간 제2재처리공장에 대해서는 건설의 가부에 대한 방침은 제시되어 있지 않았다. 그러한 연유로 전량 재처리라는 방침도 제시되지 않았다. 그런데 〈원자력입국계획〉은 이 부분에서 중대한 일탈을 범하며 2045년 건설 예정의 제2재처리공장을 위한 대손충당금 도입을 권고했다. 한편 제2재처리공장에 대해서는 고속증식로FBR에서 사용후핵연료 재처리 실시를 대의명분으로 하여 상당 정도 정부가 부담해야 한다는 점을 시사했다는 점에서 주목할 가치가 있다.

한편 〈원자력입국계획〉의 서두에는 '다섯 가지 기본 방침'이 제시되어 있다. 그 첫 번째가 "'중장기적으로 흔들리지 않는' 확고한 국가 전력과 정책적 틀을 확립"한다는 것이다. '중장기적'이라는 것은 〈원자력입국계획〉의 구체적 내용으로 미루어 짐작해 수십 년, 즉 다음 세대부터 4세대 이후까지의 시간 간격을 나타낸다고 생각된다. '국책 민영'의 오래된 질서가 확립되고 지금까지 적어도 반세기 이상이 경과한 것을 고려하면, 이 질서를 적어도 1세기 이상에 걸쳐 견지하고 싶다는 강한 바람이 거기에 표현된 것이라 볼 수 있다. 이 〈원자력입국계획〉은 그 자체로 각의 결정의 대상은 아니었지만 그 골자를 이루는 〈에너지기본계획〉이 2007년 3월 9일에 각의 결정되어 최상위급 국책이 되었다.

이렇게 세기 전환기에는 일본의 원자력 체제를 뒤흔든 일들이 수습되어 구체제가 부활한 것처럼 보였다. 전력 자유화에 대해서는 '송발전 분리'를 실시하지 않는 것을 대전제로 가정 부분에 대한 자유화 범위의 확대에 대해 전기사업분과회에서 검토되었지만, 현시점에서의 자유화 범위를 더 확대하는 것은 장점이 없다며 2007년 4월에 완전히 종료시켰다. 그에 따라 전력회사가 원자력사업에 동반되는 경영 리스크에 대해 우려할 필요가 없어지고 정부는 이전과 같이 '국책 민영' 방식으로 전력회사에서 원자력사업을 추진하도록 할 수 있게 되었다.

그러나 이를 통해 일본의 원자력 개발 이용이 활기를 띠게 된 것은 아니다. 2000년대의 일본 원자력발전의 정체는 설비이용률 추이를 보면 명확해진다. 그것은 2001년도(80.5%), 2002년도(73.4%), 2003년도(59.7%),

2004년도(68.9%), 2005년도(71.9%), 2006년도(69.8%), 2007년도(60.7%), 2008년도(60.0%), 2009년도(65.7%)의 추이를 보이고 있다. 즉 70%대에 달하는 것은 좀처럼 드물고 전체적으로 50-60%대 추이를 보인다. 서구 여러 나라에서 설비이용률 80% 이상이 당연하다는 것을 생각해 보면, 일본의 극단적인 부진이 눈에 띄는 결과다. 이와 관련하여 보다 장기적인 범위를 보면 일본의 원자력발전 설비이용률은 1970년대부터 1980년대 초반까지는 약 40-60%대에 머물렀다. 1983년에 13년 만에 70%대로 올라갔다. 1995년에 드디어 80%대로 올라왔고 2001년 80.5%까지 올라갔지만, 2002년도부터는 장기 정체 상태에 들어간 것이다.

그 주요 원인은 사건·사고·화재 연발이다. 그때마다 다수의 원자로가 운전 정지에 들어가 운전 재개까지의 허들도 결코 낮지 않았던 것이다. 도쿄전력 가시와자키카리와원전은 2007년 니카타현 주에쓰오키 지진에 의한 지진동이 매우 컸기 때문에 안전 확인에 장기간을 요했다. 주부전력 하마오카 1, 2호기는 도카이 지진에 대비한 내진 보강 공사를 장기간에 걸쳐 추진해 오면서 정지 기간이 늘어나 설비이용률을 떨어뜨렸다(결국은 폐로되었다). 그 이외의 원자로에 대해서는 운전 개시를 막을 기술적 장애는 크지 않았기 때문에 규제 당국이 운전 정지 명령을 발하는 경우는 드물었지만, 운전 재개에는 지방자치단체 수장의 동의를 얻는다는 관계상의 필요가 있었다. 거기에 드는 시간이 길어지면서 설비이용률을 떨어뜨렸다.

2003년도의 극단적인 부진은 원자로 손상 은폐 사건에 의한 것이 크다. 2007년도 이후의 출구 없는 부진이 지속된 것은 도쿄전력 가시와자키카리와 원자력발전소의 원자로 7기(총 설비용량 821.2만KW) 모두가 니카타현 주에쓰오키 지진으로 7월 이후 장기 정지를 하지 않을 수 없었던 것이 최대의 요인이다. 도쿄전력은 2010년까지 비교적 피해가 적었던 1, 5, 6, 7호기의 운전 재개를 달성했지만 남은 3기는 운전 재개가 실현되지 않았다.

이러한 설비이용률의 극단적인 정체가 다음에 기술할 1990년대 후반 이후의 신증설 속도 저하나 폐로 시대의 시작(1998년의 일본원자력발전 도카이 원전, 2003년의 신형전환로ATR 후겐, 2008년 주부전력 하마오카 1, 2호기로 이어졌다)과 함께 일본의 전력 공급에서 원자력발전의 점유율을 낮추었다(30%보다 떨어졌다). 이렇게 일본의 원자력발전은 세기 전환기에 설비 용량도 설비이용률도 정체 상태를 맞고 있었다. 일본의 원자력발전 정점 은 1998년도의 3106억KWh이다. 2천억KW대를 넘어선 것은 1997년부터 2001년도까지다. 이 1990년대 중반부터 2000년대 초반까지의 시기에 한 해서는 핵연료사이클 사업에서 사건·사고가 속출했지만 상업 원자력발전 사업은 순조롭게 진행되었다. 그에 비해 2000년대에 들어서면서부터 사 건·사고·재해의 대부분은 경수로 발전 시스템에 관련된 것이었다.

그렇다고는 해도 21세기에 들어 소위 원자력 르네상스론이 전 세계적 으로 부상했다. 2001년 등장한 미국의 부시 주니어 정권이 원자력발전에 대한 적극적인 정부 지원 정책을 발표한 것을 계기로 원자력 르네상스론이 미국의 원자력 관계자들에 의해 제창되게 되어 세계의 원자력 관계자들도 그에 호응했다. 그것이 언론 논조에도 적잖은 영향을 미치게 되었다. 원자 력 르네상스론은 학설이 아니라 정치적 슬로건이었기 때문에 논자들마다 말하는 것이 같지는 않다. 그러나 최소 다음과 같은 세 가지 공통 요소를 포 함하고 있다.

(1) 원자력발전 확대에 유리한 조건이 생겨나고 있다. 그것은 두 가지 요인에 의한 다. 첫째는 세계적인 에너지 수요 증대를 배경으로 한 만성적인 수급 핍박 아래 화 석에너지 가격이 급등하고 있다. 화석에너지의 생산량 확대가 어렵기 때문에 장래 에는 충분한 공급량을 확보할 수 없을 거라는 우려도 있다. 둘째, 지구온난화 방지 체제를 추진하려는 국제사회의 추세 속에서 원자력발전 확대를 위한 이니셔티브 가 강해지고 있다.

(2) 그러한 조건하에서 세계 각지에서 원자력발전을 새롭게 증설하려는 기운이 높 아지고 있다. 특히 미국, 중국, 인도에서 대폭 확대가 전망된다. 러시아, 한국, 일본 등도 확대 기조에 있다. 유럽에서도 부활 조짐이 나오고 있다. 중동, 미국, 동남아 시아의 여러 개발도상국들도 새로운 원자력발전소를 보유하려고 하고 있다(베트 남이나 아랍에미리트 등).

(3) 원자력발전은 21세기 전반에 확대되고 더욱이 1차 에너지 공급 전체에서 점하 는 점유율도 높아질 것이다.

이러한 원자력 르네상스론이 등장하고 나서도 이미 10년 가까이 경과했다. 하지만 이 즈음 세계의 원자력산업이 강력한 부활을 이루었는가라고 하면 그건 아니다. 그럼에도 중국과 인도에서는 향후 발전용 원자로의 신증설 속도가 증대할 가능성이 높다고 관계자들은 생각하고 있다. 또한 중동, 아프리카, 동남아시아의 여러 개발도상국들도 원자력발전 도입을 향한 검토를 개시한 것에 관계자들은 용기를 내고 있다. 원자력 르네상스는 여러 선진국에서는 불발로 그칠 가능성이 높지만 신흥국이나 발전도상국에서는 나름대로 진전될 가능성이 있다고 보인다.

만약 그렇다면 일본의 원자력 제조업체에게도 비즈니스 기회가 확대된다. 그러한 생각을 배경으로 세계의 원자력 제조업계의 재편성과 그에 따른 국내 3사(도시바, 히타치, 미쓰비시중공업)의 국제 제휴관계의 변화가 2006년에 일어났다. 먼저 움직인 것은 도시바로 영국핵연료공사 BNFL(1999년에 11억 달러로 취득)로부터 WH를 54억 달러(당시의 환율로 약 6210억 엔)에 매수했다. 지금까지 도시바는 비등수형경수로BWR 제조업체인 GE와 제휴해 왔지만, 그 라이벌인 WH를 산하로 들이면서 가압수형경수로PWR를 주력으로 하는 제조업체로 탈피를 도모하게 되었다. 그로 인해 타격을 받은 것이 미쓰비시중공업으로 WH와의 제휴관계를 해체하고, 유럽의 가압수형경수로PWR 제조업체 아레바AREVA사와 제휴관계를 맺었다. 히타치는 이전과 같이 GE와의 제휴관계를 이어가게 되었다. 세계의 발전용 원자로 신증설 러시가 도래하면, 이 세 그룹(도시바·WH, 아레바·미쓰비시중공업, GE·히타치)이 격렬한 국제 원자로 시장에서 전쟁을 전개하게 될 것이다.

7. 가시와자키카리와 원전의 지진 재해

원자력 재해 리스크와 관련해 일본에서는 1990년대 이후, 2-3년마다 큰 사건·사고가 일어나 그때마다 국민의 우려가 높아졌다. 1995년의 고속증식로FBR 몬주 나트륨 누출 화재 사고, 1997년의 동연 도카이 재처리공장 화재·폭발 사고, 1999년 도카이무라 JCO 우라늄가공공장 임계사고, 2002년의 도쿄전력 등 원자로 손상 은폐 사건, 2004년의 간사이전력 미하마 3호기 배관 파열 사고, 2007년의 호쿠리쿠전력·도쿄전력 임계사고 은폐 사건 등의 사례가 주목을 모은 것은 기억에 새롭다. 21세기에 들어서며 '원전 재해'의 위험성을 적지 않은 논자들이 경고했고, 이는 국민에게도 침투하기 시작했다. 그것이 현실로 일어날 수 있다는 것을 많은 국민에게 실감하게 된 것이 니가타현 주에쓰오키 지진과 그에 따른 도쿄전력 가시와자키카리와 원자력발전소의 피해였다.

니가타현 주에쓰오키 지진은 2007년 7월 16일 오전 10시 13분경 발생했다. 진앙지(지하의 진원의 바로 중심에 있는 지점)는 가시와자키카리와 원전에서 약 16킬로미터로 기상청 규모는 6.8, 가시와자키시·가리와무라에서 진도 6강을 기록했다. 진원(지진이 시작된 지점)의 깊이는 약 17킬로미터, 진원과 원전 사이의 거리는 23킬로미터로 추정되었다.

주에쓰오키 지진 발생 당시, 가시와자키카리와 원전은 3기(3, 4, 7호기)가 운전 중, 1기(2호기)가 기동 중, 3기(1, 5, 6호기)가 검사로 인해 정지 중이었다. 다행히도 운전 중 혹은 기동 중인 4기는 자동 정지되었다. 그중 운전 중인 3기에 대해서는 지진에 동반되는 정전이나 기기·배관의 파괴에 의한 냉각계의 기능 정지는 일어나지 않았고, 비상용 디젤발전기가 나갈 일은 없었다. 또한 비상용노심냉각계ECCS가 움직인 것도 아니다. 이렇게 가시와자키카리와 원전은 위기 일발의 상태에 놓인 것은 아니었다. '멈춘다, 식힌다, 밀폐시킨다'는 기본적 기능이 유지되었던 것이다.

하지만 6호기의 사용후핵연료 풀의 물(미량 방사능을 포함한다)이 바다로 방출되고, 7호기의 주 배기통에서는 요오드 등의 방사능이 방출되었다. 또한 3호기의 터빈 건실에 인접한 발전소 내 변압기(3호기에서 발전된 전력의 일부를 소 내로 보내기 위한 변압기)가 화재를 일으켜 검은 연기가 2시간 동안 피어올랐다. 이것은 가시와자키카리와 원전이 입은 가장 큰 피해는 아니었지만 시각적으로 호소하는 효과가 컸다. 특히 사고 후 수 시간 동안 도쿄전력에서 정보가 거의 들어오지 않았던 탓인지 방송국은 이 영상만을 반복해서 흘려보냈다. 후에 원자력 관계자의 다수가 언론에서 검은 연기 영

원자력의 사회사 일본에서의 전개

280

상을 많이 사용한 것을 선정적이었다고 입을 모아 비판하게 되었지만 방송국으로서는 따로 내보낼 정보가 없었다. 그리고 정보 결핍을 부른 것은 도쿄전력이었다.

이 지진에 대해 도쿄전력이 지진 직후에 공표한 원자로 건실 최하층(기층 매트상)의 최대가속도는 1호기에서 남북 방향 311갤(Gal, 가속도 단위), 동북 방향 680갤, 상하 방향 408갤이었다. 다른 6기도 그에 필적하는 최대 가속도를 기록했다. 이러한 수치는 내진성을 평가하기 위해 설계 시 상정한 가속도(이를 설계 시의 가속도 응답치라고 한다)를 대폭 상회하는 것이었다. 즉 내진성 평가에서 전력회사가 지진동을 현저히 과소평가하고 규제 당국도 그것을 인정했다는 것이 입증되었다. 그 후 7월 30일이 되어 도쿄전력은 지반에 접하는 원자로 건실 최하층 이외의 데이터도 발표했다. 그 최대치는 3호기 터빈 건실 1층에서 기록된 남북 방향 1350갤, 동북 방향 2058갤이었다. 모두 중력가속도를 넘는다. 다만 상하 방향에서 중력가속도를 넘는 데이터는 기록되지 않았다. 즉 기기·시설 등이 바닥에서 뛰어오르는 데까지는 이르지 않았다고 여겨진다.

이 사고로 원자로 시스템이 심각한 손상을 입어 운전 재개까지는 오랜 시간이 걸렸다. 운전을 재개하려면 원자로 시스템이 입은 손상에 관한 조사·평가와 더불어 지진·지반에 관한 조사·평가를 실시할 필요가 있어 난항을 겪었기 때문이다. 지진 재해를 입고 만 4년이 경과한 2011년 7월 현재에도 운전 재개에 이른 것은 7기 중 4기에 그치고 있다.

8. 핵연료사이클 개발의 난항

2000년대에 상업 원자력발전이 부진을 계속한 것에 대해서는 이미 기술했지만, 이 시대에는 핵연료사이클 개발도 난항을 겪었다. 대표적인 프로젝트의 난항 상황은 다음과 같다.

먼저 일본원연 롯카쇼무라 재처리공장부터 기술하면 2005년 10월의 재처리 노선 추진을 담은 새로운 〈원자력정책대강〉의 각의 결정에 따라 롯카쇼무라 재처리공장에서는 플루토늄을 이용한 '액티브 시험'이 2006년 3월 31일에 시작되었다. 그것은 다섯 단계로 나뉘어져 있다. 제1단계에서는 연소도가 낮고 냉각 기간이 긴 사용후핵연료를 취급하고, 서서히 연소도가 높고 냉각 기간이 짧은 사용후핵연료를 취급하는 것으로 나아가, 마지막 제5단계까지 430톤을 재처리할 예정이 짜여졌다. 액티브 시험 개시 시점에서는 조업 개시는 2007년 8월로 전망되었다. 그러나 시험 중에 내진 설계 오류가 발각되는 등 작업은 지연됐다. 그리고 2007년 11월에 시작된 유리고화체 제조 시험에서 다음과 같은 심각한 문제가 발생했다.

고준위폐액 유리고화설비의 심장부에 있는 유리용융로(고준위폐액에 유리 비즈를 섞어 가열해 액상으로 만들어 유리고화체 용기에 낙하시키는 시설)의 하부 노즐이 막히는 문제가 발생해 2011년 여름까지도 해결될 전망이 서지 않은 상황이 되었다. 사업주체인 일본원연은 시운전 완료 시기를 2년 늦춘 2012년 10월로 한다고 발표했지만 그것이 완료된다는 보장은 없다. 롯카쇼무라 재처리공장은 2000년까지 기본적으로 완성되어 2001년 4월 시험이 개시되었다. 그로부터 10년이 경과했는데도 시험이 종료하리라는 전망은 서지 않고 있다.

롯카쇼무라 재처리공장은 기본적으로 프랑스의 라아그 재처리공장 UP-3과 콤비지만, 고준위 유리고화설비의 심장부에 있는 유리용융로만은 구 동력로·핵연료개발사업단(동연)의 국산 기술(마이크로파가 아닌 전기에 의한 도체열로 폐액을 녹인다)에 기초해 있다. 동연이 도카이 재처리공장에서의 실적을 모두 부정하고 싶어 하지 않았기 때문에 이 공정만이라도 국산기술 채택을 강하게 밀어붙였다고 전해진다. 그러나 국산 기술이 실패를 불러오는 돌부리가 되었다. 도체 가열에 의해서는 고준위폐액을 균등하게 가열하는 것이 가능하지 않았기 때문에, 백금속이 불용해 잔재로 남아 하부 노즐에 막히는 현상이 일어나 해결될 기미가 없었다.

2011년 3월 11일 일어난 동일본대진재로 롯카쇼무라 재처리공장으로 가는 외부 전원이 끊겨 비상용 디젤발전기가 가동했다. 4월 7일의 여진 시에도 같은 일이 일어났다. 다행히도 모두 다 전원 상실이라는 사태는 피했다. 그러나 후쿠시마 원전사고에 의해 일본원연의 최대 주주인 도쿄전력은 경영 위기에 빠졌고, 다른 전력회사도 후쿠시마 원전사고의 영향으로 큰 경제적 부담을 강요받고 있었다. 그러한 상황에서 전력업계가 향후에도 재처리사업을 지속하는 것은 극히 어려워질 것이다.

다음으로 고속증식로FBR 몬주에 대해 기술한다. 몬주 재개까지의 과정은 길다. 1997년 12월의 원자력위원회 고속증식로간담회 보고, 2000년 11월 새로운 〈원자력장기계획〉의 책정 등 정책 면에서는 몬주를 재개하겠다는 방침이 반복해서 나타났음에도 불구하고 몬주 개조 공사의 개시는 늦어졌다. 결국 21세기에 들어서 운전 재개를 향한 활동이 본격화되었다. 이 시점에서 몬주의 안전규제를 담당하는 조직은 과학기술청 원자력안전국에서 경제산업성 원자력안전·보안원으로 이관되었다. 그리고 원자력안전·보안원의 지도하에 운전 재개를 향한 움직임이 시작되었다.

2001년 6월에는 후쿠이현과 쓰루가시의 양해를 얻어 핵연료사이클개발기구(사이클기구)는 원자로 설비 변경(안전성을 높이기 위한 개조 공사 실시) 허가 신청을 경제산업성에 제출했다. 그리고 2002년 12월, 기다리던 허가가 내려졌다. 사이클기구의 예정으로는 후쿠이현 지사와 쓰루가시 시장의 동의를 얻어 2003년 개조 공사를 시작하고 또한 현 지사와 시장의 동의를 얻어 2005년 봄, '성능 시험'(운전)을 재개하는 스케줄을 세웠다. 한편 설치변경허가신청서, 개조 공사 착수, 운전 재개의 모든 단계에서 현 지사의 사전 승낙이 필요하다는 것이 몬주 사고 이후 원자력 관계자들 간에 합의되었다. 이 즈음에는 지방자치단체의 실질적인 거부권이 관례로 확립되었다.

그런데 2003년 1월 27일, 몬주에 대한 행정소송의 공소 심판 판결이 나고야고등재판소 가나자와지부에서 선고되어 원자로 설치허가 처분 무효 판결이 내려졌다. 원고 측 관계자나 언론 관계자들 사이에서는 위법 판결이 나올 것이라는 점은 예상되었지만 무효 판결은 많은 관계자들의 예상을 넘는 것이었다. 이에 의해 몬주 운전 재개에 노란불이 들어왔지만 핵연료사이클개발기구는 거기에 기죽지 않고 개조 공사 준비와 지방자치단체 설득 작업을 진행했다. 2005년 5월 30일에 최고재판소는 고등법원의 설치허가 무효 판결을 파기하고 돌려보냈다. 이에 핵연료사이클개발기구는 2005년 9월 몬주 개조 공사의 본체 공사를 개시한다. 본체 공사는 순조롭게 진행되어 2007년 5월에 종료되었다.

몬주 개조 공사가 시작된 2005년까지는 정부의 원자력 정책도 복고풍의 것으로 변화해 갔다. 2005년 〈원자력정책대강〉은 옛 장기계획의 양식으로 되돌아갔다. 고속증식로FBR 사이클 기술 개발에 관해서도 실용화 목표 시기가 부활한 것과 함께 실증로 건설계획의 재구축 방침이 결정되었다. 단적으로 '고속증식로FBR 사이클의 적절한 실용화와 2050년경부터의 상업용의 도입에 이를 때까지의 단계적인 연구개발계획에 대해서 2015년경부터 국가가 검토를 실시한다'는 방침이 제시되었다.

고속증식로FBR의 도입 시기에 대해서는 경수로의 수명을 60년으로 하고 기존의 원자로가 새로운 원자로로 대체된다고 가정하고, 이후의 대체 집중기(2030년부터 2050년대 중반)의 후반기에 간신히 맞출 수 있는 시기로 '2050년경부터 상업용으로 도입하는 것을 목표로 한다'고 설정했다. 그러나 그 기술적·경제적 실현 가능성은 논의조차 되지 않았다. 도입되는 경우의 최선의 타이밍만이 고려된 목표 시기 설정이었다.

더욱이 2006년의 경제산업성 종합자원에너지조사회의 〈원자력입국계획〉에서는 계획이 전도되어 고속증식로FBR 실증로 건설을 2025년경까지 실현한다고 쓰여 있다. 원자력위원회도 2006년 12월 26일, 〈원자력입국계획〉에 통째로 준거한 〈고속증식로 사이클 기술의 향후 10년 정도 사이의 연구개발에 관한 기본 방침〉을 결정했다. 거기에는 "2050년경부터 상업용으로 이 기술을 도입하는 것을 목표"로 한다는 방침이 재확인되어, 2008년도에 몬주 운전을 재개하고 2015년에 '고속증식로 사이클 실용 시설 및 그 실증 시설의 개념 설계 등 실용화에 이르기까지의 연구개발계획'을 제시한다는 것이 명기되었다(2005년 〈정책대강〉에서는 2015년경부터 검토 개시라고 되어 있다). "그 후 10년 정도에 실증 시설을 실현한다"는 기술도 있다.

몬주 개조 공사는 2007년 5월에 종료했다. 그 후 기구의 고장·문제, MOX 연료의 열화(핵분열성 플루토늄241은 14년의 반감기 후 아메리슘241로 붕괴하고 그에 의해 핵연료 중의 핵분열 물질이 서서히 감소해 간다) 등에 의해 운전 재개는 4회나 연기되었다. 그러나 결국 몬주는 2010년 5월 6일 정지된 후로 14년 만에 운전을 재개해 5월 8일에 임계에 도달했다. 하지만 운전 중

각종 문제가 속출했다.

결국 8월 26일, 핵연료 교환 시 사용하는 무게 3.3톤의 원자로 내 중계장치를 크레인으로 들어올릴 때 사고가 일어났다. 원자로 내 중계장치가 원자로 용기의 바닥을 향해 낙하한 것이다. 일본원자력연구개발기구(원자력기구)가 나트륨 속에 담겨 있던 원자로 내 중계장치를 회수하려 했지만 실패의 연속으로 좌절했다. 원자로 내 중계장치는 원자로 용기 바닥 부분과 충돌한 영향으로 변형되어 회수 작업은 난항을 겪었다. 거기에 2011년 3월 11일의 후쿠시마 원전사고가 발생해 몬주에 대한 비난은 강해졌다. 원자로 내 중계장치는 2011년 6월 24일에 무사히 회수되었지만 회수 후에도 원자로 용기 바닥 부분의 손상에 대한 검사가 필요하다.

그보다 더 큰 영향을 미친 것은 후쿠시마 원전사고다. 그 영향은 여러 가지로 나뉜다. 몬주에 대해서도 현격히 엄격해진 새로운 안전기준하에서 안전성의 발본적인 재평가가 이루어지게 될 가능성이 있다. 시험 재개의 전망은 2010년 여름 시점에는 아직 수립되지 않았다. 2013년 4월로 예정되어 있던 본격 운전 개시에 대해서도 마찬가지다. 또한 후쿠시마 원전사고의 수습, 오염 지역의 복구·부흥, 손해배상의 지불을 위해서는 거액의 비용이 필요하고 그것을 전력업계가 부담하지 않으면 안 된다. 경우에 따라서는 정부도 거액의 부담을 강요받을 가능성이 있다. 이러한 정부나 전력업계의 엄격한 재무 상황에서 천문학적인 비용을 요하는 고속증식로FBR 개발계획을 둘러싼 정세는 극히 엄중하다.

재처리와 고속증식로FBR라는 2대 사업 이외에도 고준위방사성폐기물 처분과 우라늄 농축의 사업 상황에 대해서 간단히 기술해 둔다. 일본에서는 고준위방사성폐기물 처분 문제를 1970년대까지 계속 미뤄 왔다. 동력로·핵연료개발사업단에 의한 연구가 본격화한 것은 1980년대에 들어서면서부터이다. 상업용 원자력발전에 따라 발생하는 고준위방사성폐기물의 처분에 대해서는 1990년대에 들어서야 본격적인 검토가 시작되었다. 그사이 고준위방사성폐기물의 양은 꾸준히 증가했다. 처분 사업 실시를 위한 법적 구조 정비가 이뤄진 것은 2000년이다. 〈특정 방사성폐기물의 최종 처분에 관한 법률〉이 2000년 5월에 가결 성립되어 그에 입각해 2000

년 10월부터 11월까지 원자력발전환경정비기구NUMO, Nuclear Waste Management Organization of Japan(처분 실시 주체) 및 원자력환경정비촉진·자금관리센터(자금 관리 주체)가 성립되었다.

최종처분시설의 입지 절차는 문헌 조사, 개요 조사, 정밀 조사, 건설까지 네 단계를 밟는다. 2003년까지 개요 조사 지점(처분 후보지)를 전국 5개소에 타진하는 것이 법률에 명기되었다. 또한 정밀 조사 지점(처분 예정지) 결정을 거쳐 2020년경까지 처분지를 정식 결정한다고 되어 있다. 그리고 2040년경까지 조업을 개시한다. 이것이 현재의 정부 및 사업자의 계획이다. 일본 원자력발전환경정비기구NUMO는 2002년부터 후보지 공모를 개시했지만 2011년 8월 시점에서 개요 조사 지구의 후보지조차 결정되지 않았다. 21세기 최초의 10년을 허비한 꼴이다.

프론트엔드의 가장 중요한 사업인 우라늄농축 사업도 난항이 계속되었다. 1992년에 조업 개시한 일본원연의 롯카쇼무라 우라늄농축공장에서는 원심분리기의 7계통(각각 150톤SWU) 모두가 2010년 12월까지 정지되었다. 이에 의해 일본의 우라늄농축 사업은 전면 중지된 상태에 놓였다. 그 원인은 일본의 우라늄농축 사업에 국제적인 경쟁력이 없었고 해외로부터 농축우라늄을 구입하는 쪽이 훨씬 낮은 비용으로 해결할 수 있기 때문이다. 제조업체에서 정부의 요청에 따라 신형 원심분리기의 개발을 추진하고 있지만 신통한 성과는 나오지 않으며, 그로 인해 전력업계의 합동 자회사인 일본원연도 도입에 촉수를 뻗지 않는 상황으로 의욕을 보이지 않고 있다. 그래도 일본원연은 새로운 원심분리기 도입 계획을 추진해 2011년과 2012년에 각각 75톤SWU 상당의 설비를 갱신하고 2개를 합해 1계통(150톤SWU)을 갖출 예정이다. 그리고 약 10년에 걸쳐 매년 1계통을 갱신해 가며 정격 능력 1500톤SWU까지 보유해 간다는 계획이다. 장기 정지된 채로 방치하게 되면 일본이 독자적으로 우라늄농축 사업을 추진한다는 기득권이 위협받기 때문에 최소한의 속도로 원심분리기를 바꾸어 사업이 끊어지지 않도록 하려는 것이 일본원연의 의도라고 여겨진다. 한편 1계통의 능력인 150톤SWU로는 경수로용 농축우라늄을 매년 30톤 정도밖에 제조할 수 없다. 그것은 대형 원전 약 1기분에 지나지 않는다.

9. 민주당 정권 시대의 원자력 정책

2009년 8월 30일 중의원 총선거가 실시되어 민주당의 압승으로 끝이 났다. 그리고 하토야마 유키오鳩山由紀夫 수상이 이끄는 3당 연립정권(민주당, 사회민주당, 국민신당)이 발족했다. 민주당의 원자력 정책에 대해서는 〈인덱스 2009〉의 '에너지' 항목을 일독하는 것이 적절하다(매니페스토의 기술은 너무 간략하다). 그것을 읽어 보면 민주당이 종래의 정부 방침보다도 한층 강하게 원자력 개발 이용을 지지한다는 자세가 선명하게 나타나고 있다는 것을 알 수 있다. 원자력 개발 이용에 비판적인 입장에서 유일하게 평가할 가치가 있는 것은 독자성이 높은 원자력규제위원회NRC의 창설뿐이다.

민주당이 자민당에 못지않은 원자력 개발 이용 추진 자세를 보여주는 배경에는 물론 전국전력관련산업노동조합총연합회(전력총련)의 존재가 있다. 전력산업 노동조합은 역사적으로는 구 민주사회당(민사당)의 유력한 표밭이 되어 왔다. 그것은 전통적으로 거의 노사 일체라 불릴 만큼 노사 협조 노선을 견지해 원자력 개발 이용에 대해서도 경영자와 같은 자세를 취해 왔다.

그러나 민주당 내에서 원자력 개발 이용을 강하게 지지하는 세력은 전체적으로 보면 다수파가 아닌 소수파에 그쳤다. 민주당 내에서의 권력 기반은 반석은 아니었다. 즉 원자력 개발 이용 추진이 반드시 민주당의 본래적인 지향이라고는 말할 수 없다. 그러한 상황에서 연립정권에 탈원전을 내건 사회민주당이 참여하면서 원자력 정책 개혁의 기회가 도래했다는 견해가 일시적으로 퍼졌다. 그리고 원자력위원회의 인사에서도 원자력 개발 이용에 대해 유연한 의견을 가진 위원을 더하는 등 변화도 보였다.

하지만 새 정권 수뇌부는 전체적으로는 원자력 정책 재검토에 소극적이었다. 그리고 정권 외부로부터 정책 개혁을 가동시키기 위한 회로 만들기도 불발에 그쳤기 때문에 정책 전환의 발판을 만들지 못했다. 그리고 2010년 5월 후쿠시마 미즈호福島瑞穂 대신이 파면되고 그에 이어진 사회민주당의 정권 이탈에 의해 정책 전환의 불씨는 꺼졌다. 정권 교체는 제도 개혁의 제3의 계기가 되지는 못했다.

그러한 상태에서 2010년 6월 18일, 에너지기본계획이 개정되었다. 거기에는 2020년까지 발전용 원자로 9기를 새롭게 증설해 2030년까지 14기(즉 추가로 5기)를 새로 증설한다는 목표가 제시되었다. 이는 현시점에서 전력업계의 계획대로이지만 2020년에 설비이용률 85%, 2030년에 설비이용률 90%라는 극히 높은 목표가 설정되었다. 핵연료 재처리·고속증식로 FBR에 대해서도 추진해야 한다는 방침이 재확인되었다.

또한 기존의 원자력 정책에는 없었던 새로운 요소로 민관 일체 올 재팬All Japan 방식에 의한 풀패키지형 원전 수출 추진 방침이 제시되었다. 이를 위해 전력회사를 중심으로 한 새로운 회사를 세운다고 했다. 이 새로운 방침은 경제산업성 산업구조심의회의 〈산업구조 비전 2010〉에도 담겨 있다. 거기에는 "신흥국 시장에서는 협정 체결을 촉진하는 한편 시스템 서비스를 일원적으로 제공할 수 있는 체제를 구축해 원자력 플랜트의 건설, 운전·관리, 연료 공급, 인재 육성, 제도 정비 등을 포함한 '시스템 수출'을 목표로 한다"는 것이 제창되어 있다. 더욱이 그것은 하토야마 정권을 승계한 민주당 간 나오토 정권의 '신성장 전략'(경제산업성 주도로 책정되었다)에도 담겨 있었다. 원자력발전은 중점 11개 분야 가운데 하나로 지정되었다.

왜 이러한 민관 일체 올 재팬 방식에 의한 풀패키지형 원전 수출이 돌연 각광을 받게 되었던 것일까? 그 배경에는 세계 경제성장의 중심이 선진국에서 여러 신흥국이나 개발도상국으로 이동한 결과, 신흥국이나 개발도상국의 거대 사업을 수주하는 것이 중요해졌다는 점이 있다. 신흥국이나 개발도상국에서 원자력발전소를 둘러싼 상황은 선진국들과는 양상이 다르다. 그러한 나라들은 발전용 원자로는 물론 전력 공급 시스템조차도 정비되지 않은 곳이 적지 않다. 그 나라들이 보기에 매력적인 점은 풀패키지형 원자력발전시스템을 통째로 무역할 수 있다는 것이다. 수입국 입장에서는 모든 종류의 원자력발전 인프라스트럭쳐와 함께 원자력 분야를 넘어 국가 건설에 필요한 다양한 설비나 서비스를 취득할 수 있다면 고마운 일인 것이다.

그러나 이들을 풀패키지로 제공할 수 있는 것은 국가밖에 없다. 국가라면 정부개발원조ODA 방식으로 다양한 설비나 서비스를 제공할 능력이 있다. 원자로 제조업체가 다양한 업종의 기업과 제휴해 비즈니스를 전개하려 해도 한계가 있다. 그리고 풀패키지형 원자력발전시스템 무역은 자연히 국가 간 거래의 양상을 띠게 된다. 복수의 국가가 수주 경쟁에 참여하게 되면 수입국은 자국에 유리한 조건을 제시할 수 있다. 만약 투매의 상황이라도 발생하면 수입국으로서는 이상적이다. 그러한 사정을 알고 있기에 일본 정부는 전술한 바와 같이 민관 일체 올 재팬 방식에 의한 풀패키지형 원전 수출 전략을 추진하게 되었다.

2010년 10월 31일, 베트남을 방문한 간 나오토 수상은 베트남의 응우엔 떤 중 베트남 수상과 회담하고 그 합의로 〈아시아에서의 평화와 번영을 위한 전략적 파트너십을 포괄적으로 추진하기 위한 일본 베트남 공동 성명〉을 발표했다. 그 안에 원자로 수출에 대한 언급이 있다. 내용은 다음과 같다.

"베트남 측은 원자력의 평화 이용 분야에서 베트남에 대한 일본의 계속적인 지원을 높이 평가한다. 베트남 측은 일본으로부터의 제안을 검토한 결과, 베트남 정부가 닌투언성의 원자력발전소 제2사이트에 2기 건설 협력 파트너로 일본을 선정했다는 것을 확인했다. 간 나오토 내각총리대신은 이러한 베트남 정부의 결정을 환영하며 이 계획의 실현가능성 조사feasibility study 실시, 동 프로젝트에 대한 저금리 대우의 차관, 높은 안전기준하에서의 최첨단 기술의 이용, 기술 이전과 인재 육성, 프로젝트 전 기간에 걸친 폐기물 처리에서의 협력 및 안정적인 연료 공급 등 베트남이 제시한 조건을 충족시키는 것을 보증한다. 양 수상은 본 프로젝트의 관련 문서에 조기 서명을 향해 양국의 관련 여러 조직이 협력해 작업을 계속하도록 지시하는 데 합의한다."

즉 일본 기업이 원자로 2기와 그 관련 서비스를 베트남 정부로부터 수주한다는 내용을 간 나오토 수상이 획득했다는 것이다. 여기서 일본 기업이라고 하는 것은 국제원자력개발주식회사라는 올 재팬 방식의 국책회사를 가리킨다. 도쿄전력의 출자 비율이 20%로 최대 주주이고 전력 9개 사를 합해서 75%의 출자로 이루어졌다. 도시바, 히타치, 미쓰비시중공업 3사가 5%씩 출자했다. 이외에 민관 출자 펀드인 산업혁신기구주식회사가 10% 출자했다. 언론에서는 대체로 이 뉴스를 좋은 화젯거리로 보도했다. 하지만 여기에는 많은 부조리가 포함되어 있다. 그 주요한 문제점은 다음과 같다.

첫째, 애초에 일본 제조업체에는 원전 수출 실력이 없다. 특히 핵연료 사이클 사업의 위탁 서비스(우라늄 농축, 재처리, 폐기물 처분)에 대해서는 거의 실적도 능력도 없다. 그로 인해 일본 제조업체는 계약을 이행할 수 없을 가능성이 높다.

둘째, 원자력발전시스템의 풀패키지형 수출이 결과적으로 경제 합리성을 만족시킬 거래가 될 수 있는가에 대해 치밀한 검토가 필요하다. 특히 원자로 기재 본체만이 아니라 관련된 다종다양한 물품이나 서비스가 부대적으로 수출되는 경우, 그 비용과 리스크를 치밀하게 분석할 필요가 있다. 그러한 부대적인 제품이나 서비스가 아주 고비용이 되거나 고위험의 것이 될 가능성이 있다. 또한 정부 간 거래에서는 원자력발전에 직접 관련되지 않는 물품이나 서비스가 부대적으로 제공되는 것도 충분히 상정된다. 경쟁상대가 있는 경우에는 투매에 가까운 판매 전략이 이뤄질 우려도 있다. 그러한 원전 수출의 경제 합리성을 종합적으로 판단하는 데에는 계약 조건에 관한 상세한 정보가 필요하지만 외교 비밀이나 기업 비밀을 이유로 숨기고 있는 것이 매우 우려스럽다.

셋째, 일본식 소비에트형 산업 통제 계획의 원자력발전 사업 구조를 그대로 국제 무대에 전개하려 한다는 것을 읽을 수 있다. 원자로 제조업체 3곳의 점유율 할당까지 결정되어 있는지도 모른다. 그러나 일본형 원자력발전 사업의 구조는 자유주의 경제의 관점에서는 시대착오적이다. 또한 그것은 국제적인 원자력산업 업계의 지형과도 차질을 빚는다. 원자력 제조업체의 큰손인 세 그룹은 모두 국제적인 (미일 간, 영불 간) 기업 연합이다. 때문에 일본 제조업체만을 떼어 내 올 재팬 연합을 조직하는 것은 비즈니스 상도에 어긋나는 것이다.

여기서는 〈원자력입국계획〉에서 제기된 일본형 차세대 경수로 개발과 완전히 동일한 사태가 발생한다. 일본형 차세대 경수로라는 것은 1970년대부터 1980년대 전반의 경수로 개량 표준화 계획의 후속 계획으로 1978년도부터 검토가 개시된 것으로, 약 20년간에 걸친 긴 휴면 기간을 거쳐 다시 글자만 바꾸어 2007년부터 국가 프로젝트로 추진되게 된 것이다. 그 목표는 '차세대'의 비등수형경수로BWR와 가압수형경수로PWR를 한 종류씩 개발하는 것이다. 하지만 최근 20년간 세계 원자력 제조업체의 국제적인 재편성이 실시되어 일본의 제조업체 3곳은 각각 서로 다른 서구계 제조업체와 동맹관계를 맺게 되었다. 도시바·WH, GE·히타치, 아레바·미쓰비시중공업 이렇게 세 그룹이다. 그러한 국제적인 기업 동맹 관계와는 다른 틀에서 경제산업성의 지도 아래 일본계 3사만으로 국가 프로젝트를 진행한다는 것은 공공연히 비즈니스상의 양다리를 걸치는 행위다.

넷째, 원자력발전의 도입·확대를 검토하고 있는 국가들 중에는 핵 확산의 관점에서 볼 때 경계를 요하는 나라들이 많다. 무심한 수출 행위가 국제 핵 비확산 체제에 악영향을 초래하는 것이 강하게 우려된다. 인도와 동일한 사태가 많은 나라에서 발생할 가능성이 있다. 인도는 핵비확산조약NPT에 40년 동안 가입하지 않고 민간 이용 시설의 군사 전용이라는 수단을 통해 핵무장에 착수하고 그 후에도 핵전력 증강에 나서 포괄적핵실험금지조약CTBT 가입을 거부해 왔기 때문에 원자력발전과 관련해서는 국제사회로부터 고립되어 왔다. 게다가 전기출력 22만KW의 국산가압중수로PHWR의 건설은 느린 속도로 이뤄져 왔다. 그럼에도 부시 정권은 장래의 시장으로서 지닌 매력에 주목해 2005년부터 미인도원자력협정체결을 향한 교섭을 개시했다. 그리고 국제 핵질서에 공공연히 반역해 온 인도에 원자력발전 지원을 실시한 것은 국제 핵질서의 붕괴를 불러온다는 국내외의 반대론을 무릅쓰고 2008년 10월 10일에 동 협정을 발효시켰다. 프랑스, 러시아 등도 즉각 미국을 따랐다. 원자력공급국그룹NSG, Nuclear Suppliers Group은 일본을 포함해 거기에 찬성했다.

다섯째, 이 프로젝트에 관해서는 국민 부담 리스크가 높다. 그것은 ① 상대국(베트남 측)의 채무 불이행 ② 일본 제조업체의 계약 불이행 ③ 공기의 대폭 지연이나 비용 증대 ④ 부대 물품이나 서비스와 관련된 정부 부담 등에서 발생한다. 국민 부담을 발생시키는 가능성이 가장 우려되는 것은 국제협력은행JBIC 등의 정부계 금융기관과 일본무역보증NEXI의 손실이다. 또한 정부 자금이 직접적으로 손실되는 경우 이외에도 간접적으로 손실되는 사례도 상정할 수 있다. 예를 들어 일본 기업이 거액의 손실을 낸 경우 그 경제나 경영 재건을 위해 거액의 정부 자금이 투입될 것이 예상된다. 민관 일체 올 재팬 방식에 의한 풀패키지형 원전 수출 전략에는 이러한 문제점들이 내포되어 있다. 국제시장 축소로 고민하는 일본의 원자로 제조업체를 지원하려고 이렇게 큰 리스크를 감수하는 것은 현명하지 않다.

8장
후쿠시마 원전사고의 충격

1. 후쿠시마 원전사고의 발생

2011년 3월 11일 14시 46분, 미야기현 오시카 반도牡鹿半島 동남동 약 130킬로미터 거리 해저 약 24킬로미터를 진원으로 규모 9.0Mw(모멘트 매그니튜드)의 거대 지진이 발생해 도호쿠 지방을 중심으로 심대한 피해를 초래했다. 이 거대 지진이 초래한 재해는 동일본대진재라 통칭되고 있다. 그 두드러진 특징은 세계 지진 사상 처음으로 '원전사고'(원전이 지진으로 손상되어 대량의 방사능이 외부로 방출되고, 그에 따라 지진과 원전사고와의 상승 효과에 의한 피해 확대가 초래된 사태)가 발생한 것이다.

2007년의 니가타현 주에쓰오키 지진에서도 도쿄전력 가시와사키카리와 원자력발전소의 원자로 7기가 모두 큰 피해를 입었지만 방사능에 의한 일반 주민의 영향은 얼마 되지 않았다. 그것이 동일본대진재와의 큰 차이다. 원전은 다른 발전소와 비교해 이질적인 파괴력을 가지고 있어 그것이 한번 터지면 다른 발전소와는 차원이 다른 재해를 일으킨다는 것이 다시금 확연해졌다.

동일본대진재에서는 후쿠시마 제1원전에서 26킬로미터 북쪽에 있는 도호쿠전력 하라초原町 화력발전소(전기출력 100만KW의 석탄화력 2기를 가지고 있다)에 지진동과 쓰나미가 덮쳐 물리적으로는 후쿠시마 제1원전을 능가하는 피해를 미쳤다. 쓰나미의 높이는 후쿠시마 제1원전의 14미터를 상회하는 18미터에 달했다고 한다. 그에 따라 의해 하라초 화력발전소는 전원이 전부 상실된 상태에 놓였지만 발전소 외부로는 거의 피해를 입히지

8
후쿠시마 원전사고의 충격

않았다. 기동용 중유탱크가 파괴되어 중유가 주변에 누출된 정도였다. 화력발전소는 대재해가 덮쳐도 발전소 외부에 피해를 입히는 일은 거의 없다. 그러나 원자력발전소는 화력발전소와는 차원이 다른 안전대책이 필요하다.

도호쿠·간토 지방 태평양 연안에는 많은 원자력발전소가 줄지어 서 있다. 가장 북쪽인 아오모리현에는 도호쿠전력 히가시도오리 1호기, 미야기현에는 도호쿠전력 오나가와 1-3호기, 후쿠시마현에는 도쿄전력 후쿠시마 제1원전의 1-6호기 및 후쿠시마 제2원전의 1-4호기, 이바라키현에는 일본원자력발전 도카이 제2원전, 합계 15기가 있다. 그 외에 건설 중인 것이 2기(전원개발 오오마, 도쿄전력 히가시도오리 1호기), 건설 준비 중인 것이 5기(도호쿠전력 히가시도오리 2호기, 도호쿠전력 나미에浪江·고다카小高, 도쿄전력 히가시도오리 2호기, 도쿄전력 후쿠시마 제1원전의 7-8호기)다. 확실히 도호쿠 지방의 태평양 연안, 그중에서도 미야기현에서 후쿠시마현에 걸친 일대는 세계제일의 '원전 긴자'다. 여기에 더해 주지하다시피 아오모리현 롯카쇼무라에 핵연료사이클과 관련한 여러 시설이 집중 입지한 지점이 있다.

이들 원전은 대진재로 지진·쓰나미의 피해를 받았다. 지진동으로 원전이나 그 관련 시설(특히 송배전 시스템)이 큰 피해를 입은 것으로 보인다. 거기에 재차 타격을 가하듯 쓰나미가 덮쳐 사태를 크게 악화시켰다. 강한 지진동을 받으면 원자로에는 자동적으로 제어봉이 삽입되어 핵분열 연쇄 반응은 정지된다. 이번에 원자로 정지는 제대로 진행됐다. 그러나 후쿠시마 제1원전에서는 (6호기의 공기냉각식 비상용 디젤발전기 1기 빼고) 모든 전력 공급이 끊어지게 되어 원자로 냉각 기능이 정지됐다. 평상시 원자로를 움직이는 전력은 원자로 스스로 생산한다. 그러나 이것이 정지된 경우에는 발전소 외부에 있는 송전선(외부 전력)에 의한 전력 공급에 의존한다. 그것도 가능하지 않은 경우는 비상용 디젤발전기를 가동시킨다(비상용내부전원). 후쿠시마 제1원전에서는 1-4호기에서 그 모든 것이 끊어졌다.

그에 따라 도쿄전력 후쿠시마 제1원전은 동시다발적인 노심용융 사고를 일으켰다. 거기에서는 운전 중이었던 1호기에서 3호기까지 원자로 3기가 모두 냉각재 상실 사고LOCA에 놓여 핵연료 멜트다운(용융 낙하)을 일으키고 또한 멜트스루(용융 관통)에 이르렀다고 추정된다. 그로 인해 압력용기·격납용기 전부가 3기에서 모두 손상됐다. 4-6호기의 노심은 비어 있었지만 4호기 건물에 설치되어 있던 사용후핵연료 풀에서 화재·폭발이 일어나 풀이 크게 파괴되었다. 다른 핵연료 풀 5개도 냉각 기능 상실로 수온이 상승해 수위가 내려갔다.

이러한 심각한 사고를 불러일으킨 방아쇠는 지진동 및 쓰나미라는 자연재해다. 사고 발생 당초는 쓰나미가 모든 것의 원인이라는 견해가 경제산업성 원자력안전·보안원이나 도쿄전력에 의해 유포되었다. 그러나 그 후 1호기에 대해 지진동으로 노심(원자로 압력용기)과 직결된 배관이 손상되어 냉각수가 누출됐을 가능성이 지적되었다. 만약 그렇다면 원자로 입지 지침을 정하는 기준 지진동과 같은 정도의 지진동으로 치명적인 파괴가 일어난 것이 된다. 즉 실질적인 안전율(유도裕度)은 1 정도라 말할 수 있게 된다. 지진동의 영향에 대해 결정적인 증거를 얻기 위해서는 배관의 파괴 상황 등을 실제로 검증해야 하지만 이를 위해서는 방사선 레벨이 충분히 떨어져야 하므로 검증 가능한 상태가 될 때까지는 적어도 수년 이상의 시간이 걸릴 것이다.

지진동에 재차 타격을 가한 듯 약 1시간 후인 15시 40분경부터 여러 차례에 걸쳐 쓰나미가 덮친 후쿠시마 제1원자력발전소는 침수됐다. 그에 따라 모든 전원이 상실되는 사고가 일어났다(살아남은 것은 6호기의 공기냉각식 비상용 디젤발전기 1기뿐이었다). 지진동과 쓰나미라는 이중 재난으로 원자로의 심장부만이 아니라 발전소에 있는 다른 많은 기기도 손상됐다. 모든 전원이 상실됨에 따라 1-3호기, 3기 모두에서 전원을 필요로 하지 않는 냉각계(1호기의 비상용 복수기, 2·3호기의 원자로 격리 시 냉각계)가 가동됐다. 그러나 그것을 움직이려면 비상용 배터리(동력용이 아닌 제어용)에 의한 조절이 필요했다. 그런데 배터리는 8시간분의 충전 용량밖에 없었다. 배터리가 소모될 때까지의 시간 동안, 유효한 냉각수 주입 대책이 취해지지 않은 채 시간이 허비되었다. 다수의 전원차가 멀리서 동원되었지만 전혀 도움이 되지 못했다(비상용 디젤발전기를 움직이려면 고압대형전원차를 여러 대 병렬로 연결할 필요가 있지만 현장에는 필요한 숫자의 고압대형전원차도 없었을 뿐더러

병렬 접속 기술도 없었던 것으로 보인다).

그리고 핵연료의 온도 상승이 계속되어 핵연료 피폭관의 재료인 지르코늄 합금(철 합금은 중성자를 여분으로 흡수하기 때문에 사용할 수 없다)이 냉각수의 산소와 결합하는 산화 반응이 진행되기 시작해 대량의 수소가스를 발생시켰다. 계속되는 온도 상승으로 피복관(융점 섭씨 1700도)이 녹아 핵연료가 노출되었다(핵연료 손상). 더욱이 핵연료도 섭씨 2800도(이산화우라늄의 융점)를 상회하는 온도가 되어 용출溶出됐다(핵연료 용융). 그리고 핵연료가 압력용기 바닥 부분에 낙하하는 멜트다운(용융 낙하)이 진행됐다. 그 후 핵연료 일부가 압력용기의 바닥을 뚫고 나가 격납용기 바닥에 떨어지는 멜트스루(용융 관통)를 일으킨 것으로 보인다. 이러한 사태의 진행과 함께 수소가스의 발생량도 증가했다. 수소가스는 다른 휘발성이 높은 방사성 가스와 함께 어떤 경로를 통해 압력용기로부터 빠져나와 바깥에 있는 격납용기를 가득 채웠다. 격납용기의 압력은 계속 높아져 그대로라면 파괴에 이를 우려가 생겨났다. 이상과 같은 사태가 3기 모두에서 일어났다고 여겨진다.

2. 후쿠시마 원전사고의 확대

정부의 원자력재해대책본부는 가스 배출vent(벤트) 작전 지시를 내렸다. 그러나 1호기의 가스 배출 개시는 3월 12일 오전, 2호기와 3호기의 벤트 개시는 13일 오전으로 늦어졌다. 그사이 1호기에서는 12일 15시 36분, 수소폭발로 보이는 폭발이 일어나 원자로 건물이 나가떨어졌다. 격납용기에 가득 차 있던 수소가스와 방사성 가스는 어떠한 경로(격납용기의 윗덮개의 틈새 등)를 통해 바깥의 건물을 채우고 거기에서 수소폭발을 일으켰다. 가스 배출을 일찍 실행했다면 수소폭발은 막을 수 있었다(격납용기에 들어 있는 가스는 배출로 인해 건물 내로 이동하는 것이 아니다. 가스는 건물을 경유하지 않고 배기탑에서 대기로 방출되도록 설계되어 있다).

정부 대책본부가 가스 배출 작전 다음으로 발동한 것은 소방펌프를 통한 해수 주입 작전이었다. 그것은 1호기에서 수소폭발이 일어난 후인 12

일 20시 20분부터 개시되었고, 이어서 3호기(13일 13시 12분), 2호기(14일 16시 34분)에서도 개시되었다. 그러나 이 두 작전으로 사고 진행을 저지할 수는 없었다. 3호기에서는 14일 11시 1분에 수소폭발로 보이는 대폭발이 일어나 건물이 떨어져 나갔다. 또한 2호기에서는 건물의 수소폭발에 의한 파괴는 일어나지 않았지만, 15일 6시 10분에 격납용기 바닥 부분의 압력제어실 Suppression Pool이 파열됐다.

또한 15일 9시 38분에 4호기 핵연료 풀에서 화재가 발생했다(이 폭발 자체는 3호기에서 누출된 수소에 의한 것으로 보인다). 그에 따라 핵연료 1331개를 수납한 4호기 풀이 대파되었다. 그뿐만 아니라 모든 핵연료 풀의 냉각 기능 부전이 확실해졌다. 이에 대처하기 위해 17일에 핵연료 풀에 방수 작업이 개시되었다. 그와 병행하여 도호쿠전력의 송전선에서 발전소 내부에 고압선을 끌어들이는 작업이 같은 날 시작되어 3월 21일에 5·6호기를 시작으로 각 호기에서 복구 작업이 이뤄졌다. 이렇게 해서 노심으로 해수 주입의 능률을 상향시키는 것이 가능해졌다.

이들 작전이 일정한 효과를 낳았는지 원자로 시설에서 나오던 연기는 3월 22일경 잦아들었다. 또한 노심에 대한 해수 주입은 3월 25일 오후부터 순차적으로 담수 주입으로 전환되었다. 하지만 원자로 시설이 진정되기 시작한 때를 전후한 3월 21일에는 냉각용 해수의 방출구 부근에서 방사능이 검출되었다. 그에 이어 27일까지 고농도의 방사능 오염수가 1, 2, 3호기의 터빈 건물 아랫부분에 대량으로 저장되어 있음이 판명됐다. 그리고 28일에는 터빈 건물 바깥의 트렌치(파인 홈)에도 대량으로 저장되어 있음이 확인됐다. 그 총량은 수만 톤으로 추정되었다. 그러한 대량의 방사능 오염수는 당연히 노심의 냉각수가 압력용기의 파손 부분을 경유해 격납용기의 파손 부분으로부터 유출되어 노심에 물 주입을 계속하는 한 늘어날 것이라고 추정되었다. 즉 1-3호기 모두 압력용기·격납용기에서 동시 손상이 일어나고 있을 가능성이 농후하다는 점이 3월 말경 확실시되었다.

도쿄전력은 4월 17일, 사고 수습에 이르는 로드맵(공정표라고도 통칭된다)을 발표했다. 거기에는 발표 시점부터 6-9개월(2011년 10월부터 2012년 1월) 이내에 모든 원자로의 격납용기를 침수시켜, 냉온정지를 실현한다는 목표가 담겨 있었다. 이를 통해 사고 수습을 달성하는 것이다. 격납용기는 파괴되지 않았다는 것이 이 계획의 대전제였다. 하지만 곧바로 1호기의 격납용기 아랫부분의 손상이 밝혀지게 되면서 격납용기에 물을 주입하는 단순한 '수관水棺(물에 가득 채워 버리는 것)' 작전을 실시하기가 어려워졌다. 2호기도 같은 상태라고 여겨졌기 때문에 '수관'은 중지되었다. 격납용기·압력용기 모두 3기 전체가 파손되었을 것이라는 점이 3월 중에 이미 전문가들 사이에서의 공통 인식이었음에도 불구하고 왜 도쿄전력이 4월 중반을 지나서도 격납용기가 건재하다고 생각하고 있었는가는 의문이다.

방사능 오염수 문제는 그 후에도 계속되었다. 도쿄전력은 4월 4일부터 급증하는 오염수 처리를 위해 저준위 오염수 1만 1500톤을 사전 통지 없이 바다에 방출해 국제적 비난을 받았다. 건물 바닥 부분에 저장되어 있던 오염수를 흡착 물질을 넣은 탱크를 통과시켜 정화하고, 다시 노심에 주입할 오염수 순환 시스템을 구축하는 작업이 4월부터 시작되어 6월부터 가동을 개시했다. 그러나 그것은 방사능 오염수의 증가를 억제하고 방사선 레벨을 낮추기 위한 응급 조치에 지나지 않는다.

압력용기·격납용기 양자가 1-3호기에서 파손된 이상 그들 바닥 부분에 담겨 있다고 여겨지는 핵연료의 잔해를 끊임없이 냉각하는 작업이 필요하고 파손된 곳들을 모두 막지 않으면 오염수의 유출은 막을 수 없다. 압력용기·격납용기의 파손된 부분을 모두 막고 핵연료 잔해를 제거해야 비로소 사고를 완전 수습할 수 있지만, 이는 사고 발생으로부터 수년 이상이 걸릴 것으로 보인다. 따라서 오염수 순환 시스템을 계속 작동시킨다는 응급조치도 수년 이상에 걸친 것이 된다.

이상이 후쿠시마 제1원전사고의 경과다. 다른 원전도 위기일발이었다. 일본원자력발전 도카이 제2원전은 외부 전원이 지진동으로 손상되어 끊겼다. 디젤발전기가 가동해 사고 없이 지나갈 수 있었지만, 그 디젤발전기의 냉각펌프를 지키는 철근콘크리트 벽의 높이가 2010년에 약 5미터에서 약 6미터까지 높아지지 않았다면, 높이 5.4미터의 쓰나미에 잠겨 전부 전원 상실에 떨어질 수 있었을 것이다. 도쿄전력 후쿠시마 제2원전에서는 외부 전원 한 곳이라도 살아남은 것이 다행이었다. 고장 난 펌프를 급히 교환해 살아남았던 외부 전원과 케이블로 연결하는 작업이 난항을 겪었지만, 3월 14일 오후에 '냉온정지'(핵연료 전체가 냉각수에 침수되어 그 수온이 섭씨 100도 이하가 되는 것)가 달성되어 어쨌든 사고 없이 무사히 지나갔다. 도호쿠전력 오나가와발전소는 원자로 건물이 고지대에 있었기 때문에 쓰나미의 피해를 면했다. 지진동으로 전원의 많은 부분이 손상됐지만 전원 상실은 피했다. 그러나 4월 11일의 여진에서도 같은 사태가 반복되었다. 이렇게 후쿠시마 제1원전 이외의 원전도 나란히 위기 상황에 놓이게 된 것이다.

3. 후쿠시마 원전사고에 의한 방사능 방출

이 사고에서는 동시다발적인 원자로 파괴에 의해 대량의 방사능이 환경에 방출되었다. 그 총량은 대기와 오염수의 형태로 각각 수십만 테라 베크렐 이상, 양자를 합쳐서 100만 테라 베크렐 수준에 도달했다고 보여진다(테라는 1조). 이는 국제원자력기구IAEA와 경제협력개발기구OECD, 원자력기구NEA, Nuclear Energy Agency가 공동으로 정한 국제원자력사고등급INES, International Nuclear Event Scale의 7등급에 상당한다.

국제원자력사고등급INES 기준에서는 수만 테라 베크렐이 넘는 대기 중으로의 방출이 있으면 7등급이 되는데 이 기준을 가볍게 넘긴 것이다. 이와 관련하여 소련(현재의 벨라루스)의 체르노빌 4호기 사고(1986년)에서는 후술할 바와 같이 세 종류의 핵종만으로 540만 테라 베크렐이 방출되었기 때문에 방사능의 방출량이 한 자릿수 올라갈 때마다 등급을 한 단계씩 올리는 방식(INES 방식)을 외삽하면 9등급이 된다. 이 방식을 이용하면 후쿠시마 사고는 8등급이 된다.

후쿠시마 원전사고가 INES 기준 7등급이라고 정부가 인정한 것은 사고 1개월 후인 4월 12일이었다. 그때까지 원자력안전·보안원은 극단적으로 낮은 숫자를 발표해 왔다. 실제로 3월 12일에 4등급에 상당한다고 발표하고 3월 18일에는 5등급에 상당한다고 수정했는데, 그 후 1개월 가까이 그것을 재검토하지 않았다(3월 12일에 1호기의 수소폭발이 있었다는 점에서, 6등급

이상은 명확했다).

사고가 진행됨에 따라 정부는 주변 주민에게 피난 등의 지시를 내렸다. 먼저 사고 발생 당일 3월 11일 21시 23분에 후쿠시마 제1원전 반경 3킬로미터 권역 내의 주민에게 피난을 지시, 10킬로미터 권역 내의 주민에게 옥내 대피 지시를 내렸다. 12일 아침 5시 44분에는 10킬로미터 권역 내의 주민에게 피난 지시를 내렸다. 1호기 건물 폭발 사고가 일어난 같은 날 저녁 18시 25분에는 피난 지시 대상을 반경 20킬로미터 권역 내로 확대했다(왜 수소폭발로부터 4시간 가까이 늦어진 것인지는 분명하지 않다). 또한 15일 11시에는 반경 20-30킬로미터 권역 내의 주민에게 옥내 대피 지시를 내렸다. 이 구역의 주민에 대해서는 25일 11시 46분에 자주 피난 요청(자발적 피난 요청)이 추가로 더해졌다. 원자력 사고가 일어난 경우 주변 주민의 안전대책으로 여겨 왔던 것은 세계적으로 보아도 피난 지시와 옥내 대피 지시 두 가지밖에 없었기에 자주 피난 요청이라는 것은 전대미문의 것이었다.

이들 지시·요청에 대해서 특기할 만한 것은 정부가 어떤 근거도 명확히 하지 않았다는 것이다. 지시·요청을 내리는 데는 현실적으로 일어날 수 있는 최악의 사고 시나리오를 설정하고 그것이 현실화된 경우의 방사능 확산을 추정해 예상되는 피폭선량을 계산하여 주민의 예상 피폭선량이 용인될 수 없는 수준에 달하는 지역에 대해 피난 등을 권고한다는 방법론을 적용할 필요가 있지만, 시나리오가 공표되지 않았을 뿐만 아니라 그것이 작성된 흔적도 없다(시나리오가 발표되지 않은 상황에서 주변 주민이 자주 피난의 가부를 이성적으로 결정할 수 있을 리 없다. 자주 피난은 무리한 난제였다).

4월에 들어서도 정부 대책본부의 움직임은 더뎠다. 반경 20킬로미터 권역 내를 경계구역으로 지정하는 정식 결정이 내려진 것은 사고로부터 한 달을 훌쩍 넘긴 4월 21일이었다. 다음 22일에는 연간적산선량積算線量 20밀리시버트를 넘어서는 지역을 정부는 계획적피난구역으로 지정했다. 거기에는 후쿠시마현 이이타테무라飯館村 등 반경 10킬로미터 권역 외의 '핫스팟'도 포함되어 있었다. 동시에 반경 20-30킬로미터 권역의 대부분에 대해서는 옥내 피난 지시를 해제하고 긴급시피난준비구역으로 바꾸었다.

한편 4월 19일에 문부과학성은 후쿠시마현 내 유치원·보육원과 초중

등학교의 공중 방사선량의 상한을 1시간당 3.8마이크로시버트로 정하고 그것을 넘는 경우는 야외 활동을 1시간 정도로 제한한다고 통지했다. 이 기준은 연간 20밀리시버트를 피폭선량 상한으로 한다는 사고방식에 기초해 정해진 것이었지만 기준 자체가 너무 관대할 뿐만 아니라 내부피폭을 고려하지 않았고, 더욱이 방사선에 민감한 아이들에게도 어른들에게도 동일한 기준을 적용한 것이었기 때문에 엄중한 사회적 비판을 불러일으키게 되었다. 후쿠시마 원전사고에서는 작업원의 방사선 방호와 피폭 관리도 부실했다. 정부는 3월 15일, 긴급 시 피폭 기준을 연 100밀리시버트에서 연 250밀리시버트로 상향하기로 결정했다. 그러나 그런 완화 기준을 훨씬 넘어서는 피폭을 입은 작업원이 속출한 것이다.

4. 후쿠시마 원전사고가 국민 생활에 끼친 영향

후쿠시마 원전사고가 국민 생활에 끼친 영향은 매우 컸다. 먼저 주변 지역 주민에 끼친 영향에 대해 주요한 점을 다섯 가지로 정리해 본다.

첫째, 주민 사이에서 급성 방사선 장해 증상이 확인되는 이는 2011년 7월말 현재까지 아직 나오지 않았고 물론 사망자도 확인되지 않았다. 하지만 지진·쓰나미로 부상을 입거나 기와에 매몰된 피해자 중 신속히 현지에서 구조 활동이 진행되었다면 살아났을지도 모를 사람들이 희생되었다. 후쿠시마 제1원전에서 20킬로미터 권역 내에서는 방사능 오염으로 인해 구조 활동이 거의 이루어지지 않아 원전사고로 인해 생명을 잃은 주민이 적지 않을 것으로 보인다.

둘째, 후쿠시마 원전사고는 십 수만 명이 넘는 주민에게 피난 행동·피난 생활을 하게 만들었다(반경 20킬로미터 권역 내의 시정촌에서만 7만 8천 명이 거주하고 있었다). 그러한 주민 중에서 피난 행동·피난 생활에 의해 생명을 잃는 사람들도 적지 않았던 것으로 보인다. 특히 노인이나 환자에게는 힘들었을 것이다. 무사했던 사람들도 예외없이 가족·주거·토지·직장·학교 등의 생활기반을 완전히 잃거나 혹은 크게 손해를 입었다. 거기에 더해 먼

곳으로 피난한 사람들을 제외하고도 점점 많은 피난 주민이 사고 확대 리스크에 계속 직면했다. 냉각수 주입에 따라 원자로 3기가 3월 하순 이후 소강상태를 유지했다고는 해도 거대 여진 등 어떤 기회로든 사고가 재연될 가능성이 남아 있었기 때문이다. 만약 사고가 이 이상 확대되지 않는다 해도 방사능 오염으로 인해 체르노빌 사고 때와 같이, 피난 주민 다수가 수년에서 수십 년에 걸쳐 고향으로 돌아오지 못할 가능성이 높다.

셋째, 경계구역(후쿠시마 제1원전에서 반경 20킬로미터 권역 내)이나 계획적피난구역(연간 20밀리시버트 이상의 피폭이 예상되는 구역) 등 정부가 지정한 지역의 범위 바깥에 거주하는 사람들 중에서도 스스로 피난한 사람들이 많았다. 그러한 사람들은 높은 방사능 레벨, 사고 확대의 위험, 아이들의 건강에 대한 우려 등의 사정을 종합적으로 고려한 후, 각자 판단을 내린 것으로 보이는데, 이들은 도쿄전력이나 정부로부터 어떠한 보호·보상·지원도 얻을 수 없었다.

넷째, 후쿠시마의 상당 지역이 원전사고에 의해 고농도로 오염되었다. 방사선관리구역(연간 5밀리시버트 상당)에 필적하는 피폭선량 지역이 후쿠시마시·고리야마시를 포함해서 광범위하게 퍼져 있고, 피폭에 의한 건강 리스크나 그것을 최소화하기 위한 대책으로 생활상의 부자유가 생겨났다. 또한 그러한 후쿠시마 제1원전 근방에 거주하는 사람들에게도 사고 확대 리스크가 오염 지역 주민과 비슷하게 지워져 왔다는 것은 부정할 수 없다.

다섯째, 후쿠시마현과 그 주변 지역의 농축산업자나 수산업자들은 농지나 가축을 잃거나 혹은 농수산물을 출하할 수 없어 커다란 피해를 입었다. 거기에는 이른바 풍문에 의한 피해도 포함된다. 물론 농축산물이나 수산물만이 아니라 주변 지역의 상공업에 대한 타격도 크다.

다음으로 수도권 주민을 포함한 광범위한 지역의 사람들(이하, 수도권 주민 등이라 약칭한다)에 끼친 영향을 다섯 가지로 나누어 정리한다.

첫째, 수도권 주민 등은 사고 확대 리스크에 직면했다. 만약 격납용기에서 폭발적 파괴 등이 일어났다면 바람 방향에 따라서는 수도권 일대가 고농도 오염 지역이 되어 방사선 방호를 해야 할 뿐만 아니라 그럴 경우 피

원자력의 사회사 일본에서의 전개

난 가능성 또한 검토해야 했기 때문이다. 특히 어린이가 있는 가족에게 이 것은 진지하게 고려해야 할 문제였다. 먼 곳에 가족이나 친척 등의 집으로 피난 갈 곳이 있는 경우라면 피난은 극히 현실적인 선택지였다. 왜냐하면 수도권은 3월에 방사능 문제만이 아니라 계획 정전 문제나 물자 부족 문제 등도 겹쳐 있었고, 또한 학교 수업이 이뤄지지 않는 기간도 있었기 때문에 피난은 극히 자연스러운 선택지였다. 결과적으로 수도권에 그다지 고농도 의 방사능이 내려오지 않았다는 것이 피난이 필요하지 않다는 근거가 되지 는 않는다. '예방 원칙'이 방재의 기본이다.

둘째, 수도권 주민의 식생활에도 큰 영향이 미쳤다. 3월에는 음용수 섭 취가 일부에서 제한되었다. 또한 후쿠시마현을 중심으로 한 도호쿠·간토 지방에서는 어느 정도 농축산물이나 해산물이 방사능으로 오염되어 그 안 전성에 대한 걱정이 커져 갔고 좀처럼 해소되지 않았다.

셋째, 수도권 주민을 포함한 간토 지방 전역의 주민은 도쿄전력의 '계 획 정전'(순환 정전)에 의해 큰 피해를 입었다. 교통기관도 몇 개월에 걸쳐 감편을 할 수밖에 없었다. 철도역에 설치된 에스컬레이터 대부분이 정지되 어 심장이나 다리, 허리가 약하거나 혹은 아픈 승객들은 필자를 포함해 어 려움을 겪었다. 도쿄전력은 3월 14일부터 관내를 5개 지역 그룹으로 나누 어 지역 그룹마다 실시 시간을 설정해 1일 3시간에서 3시간 반 정도 강제 정 전을 실시했다(그것이 1일 2회로 늘어나는 경우도 많았다). 생명선 시설이라 불 리는, 정전에 의한 사회적 영향이 큰 시설(병원 등)도 예외는 아니었다. 다만 도쿄 23구 내에는 북부의 일부 지역을 빼고 대상 외로 되었다. 이에 의해 도쿄전력이 어떤 고객을 중시했는가가 자연스럽게 명확해졌다. 즉 거액의 수요자에게 과도한 부담을 지우지 않고 도쿄에 본사를 둔 대기업을 대우한 다는 자세다. 계획 정전은 주말을 제외하고 3월 28일까지 2주간에 걸쳐 거 의 매일 실시되었다. 그 후에는 가끔 실시되는 정도가 되었다. 도쿄전력은 4월 8일이 되어 그 이후로는 원칙적으로 실시하지 않는다고 발표했지만, 3 주 이상에 걸쳐 국민 생활에 미친 영향은 심대했다. 한편 도호쿠전력은 계 획 정전을 실시하지 않았다.

넷째, 도쿄전력·도호쿠전력 관내는 물론 일본 전국의 기업이나 주민

303

이 2011년 여름에 전력 부족 문제에 직면하게 되었다. 도쿄전력·도호쿠전력에 대해서는 정부의 전력사용제한령(거액 수요자에게 15% 삭감을 의무화한 것)이 7월 1일부터 37년 만에 발동되었다. 석유 위기가 한창이던 1974년 이후 처음 있는 일이었다. 동일본 태평양 연안의 모든 원전의 운전이 정지되고 화력발전소도 대부분이 지진·쓰나미의 피해를 입었기 때문에 이 두 조치로 전력 수요가 피크를 맞이한 여름에 전력 부족을 피할 수 없었다. 하지만 그 이외의 전력회사도 큰 영향을 입었다. 도도부현 지사는 운전 중인 원전에 대해서 정지를 명할 권한을 가지고 있지는 않았지만 정기점검 등으로 정지하고 있는 원전의 운전 개시에 관해서는 관례상의 거부권을 가진다(다만 법적 근거는 없다). 지방자치단체가 운전 개시에 대한 합의를 하지 않는다면 전국의 원전은 정기검사 때 무기한 정지 상태에 놓여 오히려 모든 원전이 정지하게 된다. 그러한 상황하에서 원전 의존도가 높은 전력회사는 전력 수요 핍박 문제에 직면할 가능성이 있는 것이다. 예를 들어 전력 부족에 놓이지 않는다 하더라도 전력회사에는 화력발전소의 연료 연소 증가의 부담이 가중된다(화력발전소나 원자력발전소의 라이프 사이클 비용은 비슷한 정도이지만, 원전은 건설비와 해체 및 처리비가 높고 연료비가 싸기 때문에 그것을 정지하고 화력발전소를 여분으로 가동하는 경우는 연소 증가 비용이 발생한다). 그것도 맞지 않으면 양수발전소의 풀 가동(야간에 화력발전소에서 발전하기 때문에 매우 비용이 비싸진다), 자가발전시설에서의 잉여 전력의 고가 구매 등의 조치가 필요할 수도 있어 그 경우에는 더욱 큰 추가 비용이 발생한다. 때문에 전국의 전력회사는 2011년 봄부터 여름에 걸쳐 원전 재가동 캠페인을 전개했지만 성과는 적었다. 그뿐만 아니라 경제산업성, 원자력안전·보안원, 규슈전력 등 원자력 관계자의 여론 유도 실태가 차차 명확해져 국민·주민의 원자력발전에 대한 신뢰가 이 캠페인으로 더욱 크게 손상되는 결과를 낳았다. 결국 2011년 여름의 전력 부족 문제는 전력회사의 추가 비용 부담을 보상하는 것으로, 도쿄전력·도호쿠전력 관내를 빼고 피하게 되었다.

다섯째, 후쿠시마 원전사고의 수습·복구와 손해배상에 따른 비용은 수십조 엔에 달할 것으로 보이고 복구까지 필요한 세월로는 수십 년이 전망된다. 예를 들어 30년간 50조 엔이라는 것이 현실적인 견적이다. 도쿄전력을 사회 청산하고 자산을 매각해도 10조 엔 정도밖에 회수할 수 없다. 주식, 사채, 융자에 대해서는 금융업자들에게 채권을 포기하도록 하는 것은 당연하지만 중요 자산을 모두 일반 공개 입찰해 매각해도 손해배상 및 사고 처리·복구를 위한 비용의 극히 일부밖에 변제할 수밖에 없다. 남은 대부분은 정부가 수십 년에 걸쳐 변제해 갈 수밖에 없기 때문에 거액의 국민 부담이 발생하는 것을 피할 수 없다. 단순히 원자로 시설의 해체·철거를 행하는 것만이 아니라 주변 지역의 오염된 표토를 회수·처분하는 작업까지 철저하게 행하려면 수백조 엔을 필요로 할지도 모른다. 그 무거운 부담이 일본의 재정 파탄을 초래할 우려도 있다. 그것을 피한다 하더라도 대폭 증세에 의한 국민 부담 증가와 그에 따른 경기 침체의 가중은 피하기 어렵다.

이상 후쿠시마 원전사고가 국민 생활에 끼친 대한 영향에 대해 대략 적어 보았다.

5. 세계 어디서나 일어날 수 있는 체르노빌급 사고

후쿠시마 원전사고는 INES 기준으로 체르노빌 사고와 동급인 7등급 사고이고 더욱이 세계 최대급 사고가 되었다. 과거의 원자로 사고로는 1957년의 영국 윈드스케일 사고(발전설비를 갖지 않은 군용 플루토늄 생산로의 사고) 및 1979년의 미국 스리마일섬 2호기 사고가 5등급이었는데 방사능 방출량에서 이들을 훨씬 능가한 것이다. 관련하여 그때까지 일본에서 최고 등급 사고는 1999년 JCO 우라늄가공공장 임계사고로 4등급이었다. 도카이 재처리공장 아스팔트고화처리시설ASP 화재·폭발 사고(1997년)가 3등급으로 이를 뒤따른다. 그것들과는 차원이 다른 중대 사고가 일어난 것이다.

뒤돌아보면 1986년 4월 26일 체르노빌 원자력발전소 4호기에서 일어난 핵 폭주 사고가 사상 최악의 원전사고였다. 체르노빌 원자력발전소는 우크라이나공화국(발트 3국이나 벨라루스와 함께 구소련의 서쪽 끝에 위치한다) 서부에 있는 수도 키이우(키예프)에서 110킬로미터 북방, 벨라루스공화국과의 국경에서 16킬로미터 거리에 위치하고 있다. 당시 흑연감속경수냉각비등수형로RBMK 1000형(흑연 블록으로 구성된 거대한 구조물 속에 연료봉 각 18개를 모은 압력관 1661개를 넣어 밀폐한 로형으로 전기출력 100만KW) 4기를 만들고, 같은 형태의 5·6호기도 건설 중이었다.

체르노빌 4호기는 저출력에서 시험 중 핵 폭주를 일으키고, 더욱이 수초 후에 두 번째의 대폭발을 일으켰다. 그로 인해 노심의 방사능 수십 퍼센트가 건물을 부수고 뚫고 나가 폭발적으로 외부로 방출되었다. 그 후 10일간에 걸쳐 건물 내에서 화재가 계속되어 남아 있던 대량의 방사능이 흑연과 함께 흩날려 올라갔다. 대기로의 방사능 방출량은 요오드131, 세슘137, 스트론튬90의 세 가지 핵종에서만, 요오드131 등의 양으로 540만 테라 베크렐(5.4엑사 베크렐. 테라는 1조, 엑사는 100경)이라 평가되었다. 사고에서 방출된 방사능은 유럽의 모든 땅을 덮어 현지인들의 식생활을 비롯한 생활 전반에 큰 타격을 가했다. 더욱이 식품의 방사능 오염에 따라 일본인을 포함한 전 세계인의 불안이 높아졌다. 1베크렐은 1초당 1회의 방사성 붕괴를 일으키는 방사능량을 가리킨다. 또한 요오드131 등의 양이라는 것은 방사성 핵종의 '독성'이 같은 1베크렐에서도 서로 다른 것을 고려한 양이다. 예를 들어 세슘137의 1베크렐은 요오드131의 40베크렐에 상당한다. 플루토늄239의 1베크렐은 요오드131의 1만 베크렐에 상당한다.

체르노빌 사고의의 특징(C)은 다음 네 가지로 정리된다.

(C1) 많은 급성 방사선 장해 환자가 생겨났다. 사고 현장과 모스크바 제6병원에만 환자가 31명 사망했다. 만발성 악성종양에 의한 사망도 포함해 사고의 사망자는 수만 명 이상에 달한 것으로 보인다.

(C2) 광대한 지역의 대기·물·토양을 방사능으로 오염시키고, 반경 30킬로미터 이내와 먼 곳의 '핫스팟'이라 불리는 고농도 오염 지역은 사람이 살지 않는 지역이 되었다. 그와 함께 퇴거자 약 40만 명이 나왔다.

(C3) 사고 확대 방지와 수습을 위해 약 60-80만 명의 리크비다토르(러시아어로 청산인을 뜻하며, 체르노빌 사고 후 사고 수습에 나선 청부 사고 처리 작업자를 가리키는 말로, 당시 약 60-80만 명이 동원됐고 그중 20만 명이 큰 피폭을 입었다고 보

고되고 있다)라 불리는 피폭 요원이 동원되었다.

(C4) 사고로부터의 복구는 오염 지역에서는 이뤄지지 않았다. 원자로는 철근콘크리트제 석관에 넣어둔 채로 해체·철거의 전망은 없다. 또한 광대한 토지의 제염도 손대지 않았다.

서구나 일본의 원자력 관계자들은 입을 모아 체르노빌 사고는 소련제 결함 원자로와 소련의 원자력 안전문화 결여가 초래한 것으로 자국에서는 거의 일어나기 어려운 것이라 역설했다. 그러나 현실에서 역사상 체르노빌 사고 다음으로 거대한 사고가 일본의 후쿠시마에서 일어나고 말았다. 전술한 체르노빌 사고의 네 가지 특징 중 첫 번째를 빼고 세 가지는 후쿠시마 원전사고(F)와 공통적인 것이다. 구체적으로 기술하면 다음과 같다.

(F1) 급성 방사선 장해에 의한 사망자는 나오지 않았지만 피재자 다수를 구조하지 못했을 가능성이 있다.

(F2) 광대한 지역의 대기·물·토양을 방사능으로 오염시켜 주민 수십만 명이 피난 생활이나 부자유한 생활을 강요받게 되었다.

(F3) 사고 확대 방지와 사고 수습을 위해 장기에 걸쳐 수백 명 규모의 피폭 요원을 소 내 직원으로 동원해, 가혹한 피폭 노동을 강요하게 되었다.

(F4) 사고에서 복구까지 십수 년의 세월을 요할 것으로 보인다. 완전한 복구는 쉽지 않을 가능성이 높다. 해체·철거가 이뤄지지 않고 원자로가 석관 내에 방치될 가능성도 높다. 또한 후쿠시마 원전사고는 몇 가지 점에서는 체르노빌을 능가하고 있다.

(F5) 동시다발적 노심용융 사고가 일어났다. 거기에 비해 체르노빌에서는 1기만 파괴되는 데 그쳤다.

(F6) 장기에 걸친 사고 수습(냉온정지)의 전망이 서지 않았다. 사고 수습까지 수년을 요할지도 모른다. 체르노빌 사고는 단기간에 노심의 핵연료 대부분이 날아가 흩어졌다. 그리고 약 열흘간 방사능의 대량 방출은 수습됐다.

(F7) 방사능이 대기 중으로 확산되었을 뿐만 아니라 수만 톤 이상의 방사능 오염수가 노심에서 누출되어 광범위한 해양 오염이 일어났다. 바야흐로 바다의 체르노빌 사고다.

이 후쿠시마 원전사고의 역사적 의미는 세계 표준로인 경수로에서도, 즉 세계의 어디서도 체르노빌급 사고가 일어날 수 있다는 것을 실증한 것이다. 그 의미는 극히 무거운 것이다. 세계의 원자력 관계자는 여느 때처럼 '자국에서는 일어날 리 없다'고 역설할 것이다. 그 논거로 다음의 여러 점들을 들 수 있다.

(1) 자국에서는 일본과는 달리 지진·쓰나미 피해 리스크가 작다.

(2) 후쿠시마 원전사고는 비등수형경수로BWR이며, 세계의 주류인 가압수형경수로PWR보다도 안전성이 떨어진다.

(3) 후쿠시마 제1원전 1-3호기는 35년 이상 전에 만들어진 노후화된 원전이고, Mark I으로 불리는 안전성에 약점이 있는 구식의 격납용기를 가지고 있다.

(4) 일본에서는 원자력의 추진과 규제가 경제산업성이라는 단일한 조직에 의해 행해지고 있어 안전규제기관의 독립성이 확보되지 않는다. 더욱이 행정기관과 전력업계의 관계도 '국책 민영'이라 불릴 정도로 밀접한 연대 관계이기 때문에 엄격한 안전규제는 기능하기 어렵다.

(5) 일본은 오랫동안 전쟁을 경험하지 않았기 때문에 위기 관리 체제가 약하고 정부 주도의 긴급 대응 체제를 구축하지 못했다.

이상의 다섯 가지 점만 들었지만 이 리스트는 계속 더 추가해서 쓸 수 있을 것이다. 확실히 다시금 검토해 생각해 보면 일본의 원자력발전은 각각의 안전상의 약점을 가지고 있다. 일본의 원전이 세계에서 제일 안전하다는 안전 신화는 근거가 없다는 것이 지금에서야 명확해졌고 오히려 그 반대였다는 것을 알 수 있다. 그러나 장기간의 전원 상실이 생겼다는 것, 압력용기·격납용기 쌍방의 동시 파괴가 생겨나는 것, 더욱이 복수의 원자로를 갖춘 원자력발전소에서 동시다발적 사고가 생겨날 수 있다는 것은 보편적인 교훈으로 삼아야 한다. 지금부터는 체르노빌급 사고는 세계 어디에서나 일어날 수 있다는 인식을 가지고 원자력발전의 바람직한 형태에 대해 생각해 보아야 한다.

6. 위기 발생 예방 대책의 미비

후쿠시마 원전사고에 대해서는 주도면밀한 위기 발생 예방책을 강구하고 있었다면 대량의 방사능을 외부로 누출하게 한 대형사고로 발전되지 않고 끝났을 가능성이 있다. 동일본 태평양 연안에는 후쿠시마 제1원전(6기) 외에도 원전이 4개소(9기) 더 있다. 그것은 도호쿠전력 히가시도오리 원전 및 오나가와 원전, 도쿄전력 후쿠시마 제2원전, 일본원자력발전 도카이 제2원전이다. 그들은 각각 지진동과 쓰나미로 인한 위기에 직면해서도 대형사고를 피할 수 있었다. 또한 후쿠시마 제1원전 5·6호기도 공기 냉각식 비상용 디젤발전기 1대가 살아남은 덕분에 위기를 피할 수 있었다.

왜 후쿠시마 제1원전 1-4호기만이 대형사고를 면하지 못한 것일까? 크게는 모든 원전이 위기에 직면했지만 후쿠시마 제1원전에는 다른 원전과 비교해 대형사고의 확률론적 리스크를 높이는 요인이 잠재되어 있었다고 보는 것이 타당할 것이다. 위기 발생 예방 대책이 충실했다면 후쿠시마 제1원전이 대형사고에 이르지 않았을 것이라고까지는 말할 수 없겠지만, 확률을 낮출 수는 있었을 것이다. 위기 발생 예방책의 미비에 대해서는 다음의 다섯 항목이 중요하다고 생각된다.

(1) 지진·쓰나미 대국에 원자력발전소를 건설한 것
원자력발전은 사고가 일어날 경우 막대한 손실을 전력회사와 주변 주민에 초래한다. 대형사고가 일어나는 경우에는 세계 최대급의 거대 전력회사일지라도 지불 불가능한 손실을 초래한다. 각종 발전 수단(석유, 석탄, 가스, 기타) 중에서 굳이 원자력발전을 선택한 것 자체가 큰 리스크 요인을 안게 된 것이다. 그러한 원자력발전소를 지진·쓰나미 대국인 일본에 건설한다는 것 자체가 위기 예방의 관점에서는 큰 문제이다. 더욱이 일본 전국에서도 지진학적으로 가장 위험한 장소에 원전이 건설된 사례(주부전력 하마오카 원자력발전소)가 있다.

(2) 한 곳에 다수의 원자로를 건설한 것
후쿠시마 원전사고에서는 후쿠시마 제1원전에 있는 6기의 원자로 중 4기가 대파됐다. 연달아 위기에 놓인 원자로가 나타나면서 대처 행동은 혼란을 겪었고 대책은 뒤로 밀렸다. 다수의 원자로를 동일한 장소에 설치하는 것이 큰 리스크 요인이 된다는 것이 후쿠시마 원전사고에 의해 명확해졌다. 1970년대 이후 신규 입지 지점의 확보가 어려워지는 가운데 기존 시설이 자리한 입지에 증설에 증설을 거듭해 온 것이 기대에 어긋난 것이다. 한편 한 장소에 다수의 원자로를 건설하는 것에 대해서는 사고나 공격에 의한 안전상의 리스크에 더해 전력 안정 공급상의 리스크도 있다.

(3) 지진동·쓰나미의 대비 기준을 엄격하게 하지 않은 것

후쿠시마 제1원전에 대해서는 쓰나미나 지진동의 대비 기준이 엄격하지 않았다. 특히 쓰나미에 대해서는 대비 기준상 최대 파고는 겨우 5.7미터였지만 실제로는 파고 14미터의 쓰나미가 엄습했다. 지진동도 대비 기준을 상회했다. 지진동과 쓰나미의 더블 펀치에 의해 원자로 시설은 심각한 피해를 입었다. 이 장소에 거대 지진과 엄청난 쓰나미가 엄습할 위험이 있다는 것은 이전부터 알려져 왔다. 다른 입지점을 고르는 것도 가능했지만 그러한 입지점에 굳이 원전을 건설했다는 것의 옳고 그름을 물어야 한다. 또한 표고 35미터의 대지를 일부러 깎아 10미터까지 표고를 낮춘 것이 현명했는가도 물어야 한다. 디젤발전기가 원자로 건물이 아니라 터빈 건물 지하에 있고 그 냉각용 해수펌프가 무방비 상태에 있었다는 것도 안전대책으로서는 문제가 있다. 한편 동일본 대지진에서 송전용 철탑을 비롯해 다수의 송전·변전 시설이 손상됐지만 그러한 시설에 관한 안전 기준에서 원전이 특별하게 다루어지지 않았다.

(4) 압력용기·격납용기 파괴를 상정한 대책의 부재

압력용기·격납용기의 파괴에 이르는 과정에 관한 시뮬레이션이 실시되지 않았고, 따라서 그것을 피할 대책이 부재했다. 원자로 등의 핵시설의 입지에 관해서는 입지 심사에 통과해야 하지만 그러기 위해서는 현실적으로 거의 일어날 리 없는 '가상 사고'를 일으킨다 해도 주변 주민이 아주 적은 방사선 피폭(2만 시버트 이하)에 그친다는 조건을 충족시켜야 한다. 그것을 만족시키도록 '가상 사고'를 느슨하게 상정하여 사고가 일어난다 해도 압력용기·격납용기의 파괴는 일

어날 리가 없다는 것이 원칙이 되어 버렸다. 물론 실제로는 무엇이 일어날지 알수 없기 때문에 전력회사는 압력용기·격납용기의 파괴 과정과 그 대상에 대해시뮬레이션을 실시해 두어야 하지만 그것을 했다는 행적은 없다. 한편 격납용기 파괴에 대해 '심층 방호' 대책이 이루어지지 않은 것은 문제라는 지적도 경청해야 한다(松野元,《原子力防災—原子力リスクすべてと正しく向き合うために》, 創英社, 2007년, p. 26).

(5) 모든 전원의 상실을 상정하지 않았던 것

원자로 시설 전체에서 장기간 모든 전원이 상실되었을 때의 대책이 고려되지 않았다. 디젤발전기의 대체 전원으로 전원차나 펌프차가 먼 곳에서 급히 반입된것은 거의 도움이 되지 않았다. 펌프차가 사용하는 담수도 충분히 준비되지 않았다. 더욱이 운전 중이었던 원자로 3기 전체에만 관심이 집중되어 핵연료 풀의상태에 대한 대비가 완전히 결여되어 있었다. 또한 애초 원자로 건물의 원자로상부에 핵연료 풀을 설치해 거기에 대량의 사용후핵연료를 저장해 두도록 한 것도 모든 전원이 상실될 우려를 고려했다면 비상식인 것이었다.

이렇게 보면 많은 약점이 후쿠시마 제1원전에 한정된 것이 아니라 일본의 많은 원전에 공통하는 것이라는 점을 알 수 있다. 그러나 후쿠시마 제1원전에 고유한 약점이 있었다는 것도 알 수 있다.

7. 위기 관리 조치의 실패

다음으로 후쿠시마 원전사고가 대형사고로 발전된 후의 위기 관리 조치의 실패에 대해서 생각해 본다. 그것이 적절히 실시되었다면 사고의 규모를 조금이라도 축소할 수 있었으리라 생각한다. 이에 대해서는 다음 다섯 가지가 중요하다.

8 후쿠시마 원전사고의 충격

(1) 정부 주도 지휘 계통의 기능 장해

긴급사태에서 정부 주도의 지휘 계통이 기능 장해를 일으켰다. 그로 인해 긴급사태 대응 대책이 효과적으로 실시되지 않았다. 1999년 9월 JCO 우라늄가공공장 임계사고를 계기로 정부는 같은 해 원자력재해특별조치법(원재법)을 제정했다. 거기에는 원자력 긴급사태 선언을 받으면 수상 관저에 설치된 원자력재해대책본부(수상을 본부장으로 한다)가 총사령부가 되어 정부기관·지방 행정기구·원자력사업자에게 지시를 내리게 된다. 또한 정부 대책본부의 위성으로 원자력재해현지대책본부가 긴급사태대응대책 거점시설(오프사이트 센터, 현지 센터) 내에 설치되어 현지의 사고 대처 작업을 지휘한다고 상정되었다. 요컨대 도쿄의 정부 대책본부를 정점으로 하는 정부 주도의 지휘 계통이 구축되고 신속한 사고 대처가 이루어진다고 상정되어 있다. 이러한 틀 속에서 정부 대책본부와 현지 대책본부 모두에 원자력안전위원회가 전문적 조언을 행하게 된다. 그렇지만 실제의 지휘계통은 전혀 달랐다. 현지 대책본부는 기능하지 않았고 도쿄에서 거의 모든 의사결정이 이루어졌다. 더욱이 도쿄에서는 수상관저, 경제산업성 원자력안전·보안원, 도쿄전력, 삼자가 협의하고 합의한 것에 입각해 도쿄전력의 주도하에 도쿄전력 현지 본부를 전선 사령부로 하고 사고 대처 작업이 진행되었다. 정부는 큰 틀의 요청을 도쿄전력에 하는 것 이상의 권한은 없었고 실질적인 힘도 없었다.

(2) 도쿄전력의 실질적 권한 범위 내에서의 사고 대응

정부 주도의 지휘계통은 정부의 실질적인 권한 부족으로 인해 기능하지 않았고 도쿄전력 주도의 사고 대응이 이루어지게 되었다. 이것이 원자력 재해가 아니라 일반 재해였다면 정부 주도의 대응도 가능했겠지만 이 경우는 달랐다. 도쿄전력이 거대 기업이라고는 해도, 그 동원 능력은 한정되어 있다. 일본의 원자력 전문가를 모조리 동원할 수 있는 체제도 없다. 도쿄전력 및 밀접한 관련을 가진 기업군이 모두 수습 업무를 실질적으로 담당하게 된 것이다. 그로 인해 수습 활동이 매우 느려지게 되었다. 도쿄전력에 실질적 권한이 부여되어 있었기 때문에 원자로 노심에 대

한 해수 주입이 미뤄졌다는 지적도 있다.

(3) 압력용기·격납용기 파괴 후의 대책을 생각하지 않았던 점

만약 압력용기가 파괴되었다면, 격납용기로부터의 가스 배출과 냉각수 방류 이외에 유효한 대책이 없다는 것은 명확하다. 가스 배출에 대해서는 필터가 부착된 벤트 장치 시설이 대책으로 고려됐어야 할 것이다. 또한 방류에 대해서는 바다로의 방사능 오염수의 유출이나 의도적인 방출을 피하기 위한 사전 대책이 가능했을 것이다. 더욱이 압력용기·격납용기가 동시에 파괴되는 경우 원자로를 어떻게든 냉온정지시킬 것인가에 대해 배려하는 것이 가능했을 것이다. 그러나 이 모두가 일절 이뤄지지 않았다. 그로 인해 후쿠시마 원전사고에서는 1, 2, 3호기 모두에서 파손된 곳들을 수리해 냉온정지가 실현될 때까지는 반영구적인 시간이 걸릴 가능성이 있다.

(4) 주민 피폭 대책의 기능 미비

주민의 피난·옥내 퇴거·퇴거 등에 관한 관저의 지시가 늦어졌을 뿐만 아니라 그 지시 내용이 두 번 세 번 바뀌고 게다가 지시의 근거가 전혀 나와 있지 않았다는 점이 주변 주민이나 수도권을 포함한 인근 지역 주민을 곤혹스럽게 했다. 반경 20킬로미터 권역 내에 대해서는 지진 후 27시간 만에 피난 지시가 내려진 이후, 지시의 변경은 없었지만 그 근거를 내놓지 않았다. 사고의 진행 과정에 대해 구체적인 시나리오를 그리지 않았다면 이러한 피난 반경을 산출하는 것은 불가능할 일이지만 시나리오는 지금까지도 비밀에 부쳐진 채 그대로이다. 또한 3월 25일에 나온 자주 피난 요청이라는 것은 세계 원자력 재해 대책에서도 전례가 없는 방식이다. 더욱이 주민은 사고 시나리오에 대해 전혀 정보를 받지 않았기 때문에 스스로 판단을 내리는 것이 가능했을 리 없다. 한편 후쿠시마현 현청 소재지인 후쿠시마시를 포함한 다수 지역이 고농도 오염 지역이 되었지만 그곳의 방사선 방호 대책도 충분하지 않았다.

(5) 유효한 방재 계획의 부재

원자력방재계획은 도도부현마다 세워져 있는데 방재 대책을 중점적으로 실시해야 할 지역인 에너지계획구역EPZ, Energy Planning Zone의 범위가 원자로로부터 8-10킬로미터로 정해져 있다. 이는 원자력안전위원회의 방재 지침 내에서 정해져 있는데 그것은 여유 있게 설정해야 하며 에너지계획구역을 더 확대한다 해도 그에 따라 얻어지는 효과는 매우 적다'고 쓰여 있다. 이 극단적으로 좁은 에너지계획구역은 입지 심사에 사용될 '가상 사고', 스리마일 사고(1979년), JCO 우라늄가공공장 사고(1999년)를 검토해 결정된 것으로 체르노빌 사고를 고려하지는 않았다. 여기에는 체르노빌급 사고는 일본에서는 일어날 리 없다는 생각이 전제되어 있다. 긴급 시 계획구역인 에너지계획구역은 반경 50킬로미터로 설정하는 것이 타당했다. 한편 광역 단위의 주민 피난 등의 사태도 상정하고 난민 수송·수용 체제도 포함해 광역 단위(예를 들어 간토 지구, 간사이 지구, 규슈 지구 등 블록 별) 피난 계획을 설정해 주민에게 알릴 필요가 있다. 물론 피난민의 광역 이동이나 광역 단위 지원 체제 구축 등을 고려하면 전국 단위 원자력방재계획을 설정할 필요가 있다.

이상과 같이 후쿠시마 원전사고가 대형사고로 발전한 후에도 위기관리 조치에 많은 문제가 있었다.

지금까지 위기 발생 예방 대책 및 위기 관리 조치에서 나타난 여러 기능 미비에 대해 개관했는데, 그 배경에 있는 것이 바로 '원자력 안전 신화'다. 이 신화는 원래 입지 지역 주민의 동의를 얻는 것과 동시에 정부에 의한 입지 심사를 통과하기 위해 만들어 낸 방편에 지나지 않았다. 그러나 한번 입지 심사를 통과하면 전력회사는 그 이상의 안전대책을 여분의 비용을 써 강구할 필요는 없다. 이렇게 '원자력 안전 신화'가 제도적으로 원자력 안전대책 상한을 정하는 것으로 기능하게 되었다. 이른바 전력회사가 자승자박 상태에 떨어진 것이다. 만약 입지 심사를 통과한 원자로 시설에 대해 추가 안전대책을 실시했거나 그 필요성을 역설한다면, 그 원자로 시설의 안전성이 미비하다는 메시지를 사회에 발신하는 것이나 다름없기 때문에 이는 금기가 되었다. 후쿠시마 제1원전에서는 부정적인 이미지 형성을 피한다는 본말전도의 이유로 안전대책 강화가 간과되었을 가능성이 있다.

물론 전력회사만이 아니라 모든 원자력 관계자들에게 '원자력 안전 신화'를 부정하는 듯한 가정을 공표하는 것은 금기다. 이렇게 모든 원자력 관계자가 '원자력 안전 신화'에 의한 자승자박 상태에 놓인 것이다. 그것이 이번의 후쿠시마 원전사고에 의해 노정되었다고 생각된다. 그리고 그것이 원자력 재해 시 지휘 계통의 기능 장해와 더불어 후쿠시마 원전사고를 이렇게까지 심각하게 만들어 버렸다고 생각한다.

8. 도쿄전력 후쿠시마 원자력발전소 사고조사·검증위원회

민주당 간 나오토 내각은 2011년 5월 24일, '도쿄전력 후쿠시마 원자력발전소 사고조사·검증위원회'(후쿠시마원전사고조사회) 설치를 각의 결정했다. 본래는 법률로 설치해야 하지만 여소야대 국회에서 자민당을 비롯한 야당의 동의를 얻지 못한다고 판단해 각의 결정으로 설치하게 된 것이다. 위원회의 목적은 "도쿄전력주식회사 후쿠시마 제1원자력발전소 및 후쿠시마 제2원자력발전소의 사고 원인 및 해당 사고에 의한 피해 원인을 구명하기 위한 조사·검증을 국민의 눈높이에서 개방적이고 중립적인 입장에서 다각적으로 행하여, 해당 사건으로 의한 피해의 확대 방지 및 동종 사고의 재발 방지 등에 관한 정책 제언을 행하는 것"이다. 각의 결정에는 '관계 대신 등의 책무'에 관한 규정이 있다. 거기에는 다음 두 가지 점이 기술되어 있다.

(1) 관계 대신 및 관계 행정기관의 직원은 검증위원회의 운영에 최대한 협력해야 하며, 정당한 이유가 없는 한 검증위원회로부터의 자료 제출 및 설명 청취 등의 요청을 거부할 수 없다.
(2) 관계 대신은 검증위원회로부터 관련 사업자를 대상으로 하는 실시 조사를 받아들여, 자료 제출 및 설명 청취 등의 요청이 있는 경우에는 법령에 정한 권한에 기초해 여기에 응하도록 사업자에게 지시해야 한다.

각의 결정은 법률과는 달리 정부 이외의 기관에는 의무를 부과할 수 없다. 따라서 전력회사(도쿄전력 등)나 제조업체(GE, 도시바, 히타치)는 검증위원회의 요청을 거부할 수 있다. 법률로 설치하는 것이 바람직한 이유다. 이것이 검증위원회의 약점이다. 또한 말할 필요도 없이 후쿠시마 원전사고는 원자로 설치허가를 얻은 원전이 동시다발적으로 멜트다운을 일으킨 중대 사고이고, 원자로 설치허가를 부여한 안전규제 행정 당국(내각부 원자력안전위원회, 및 경제산업성 원자력안전·보안원)이 신뢰를 잃었다. 따라서 원자력안전위원회가 사고조사위원회를 설치하는 모양새를 취하는 것이 불가능했다. 안전규제 행정 당국의 상위에 있는 조직, 즉 수상 관저 혹은 국회에 설치하는 것 이외에 방법은 없었다.

미국의 카터 대통령은 스리마일섬 원전사고 직후인 1979년 4월 11일, '금후 어떠한 원자력 사고도 막을 수 있도록 하는 권고를 작성'하도록 하기 위해 존 케메니John Kemeny를 위원장으로 하는 대통령위원회를 설치했다. 케메니위원회는 12회의 공청회와 위원회 스텝들에 의한 150회 이상의 증인 심문을 행하여 10월 30일에 보고서를 제출했다. 그 심의의 초점은 발전의 인허가 모라토리움(면허정지) 선언 여부였는데, 표결 결과 면허정지라는 결론은 나오지 않았다. 그러나 원자력규제위원회NRC의 근본적 개편 등 많은 권고를 행하였다. 그 골자가 카터 대통령의 정책에 반영되었다. 후쿠시마원전사고조사회는 일본판 케메니위원회에 상당한다. 그것이 모두 원자력발전소에 해당할 수 있는 보편적인 안전상의 약점과 일본 고유의 안전상의 약점, 도쿄전력 고유의 안전상의 약점, 후쿠시마 제1원자력발전소 고유의 안전상의 약점을 모두 고려해 넣은 우수한 보고서를 작성해 거기에 담은 권고를 총리대신이 존중해 실행에 옮길 필요가 있다.

간 나오토 수상은 5월 24일, 위원장으로 '실패학'의 제창자로서 알려진 하타무라 요타로畑村洋太郎(도쿄대학 명예교수, 공학원대학 교수)를 임명하고 그의 의견도 들어 관저에서 위원 인선을 진행했다. 그리고 27일에 하타무라 위원장을 포함해 합계 검증위원회 멤버 10인을 발표했다. 하타무라 외의 9인은 다음과 같다. 야나기다 구니오柳田邦男(작가, 과학평론가), 오이케 가즈오尾池和夫(국제고등연구소 소장, 지진학자, 전 교토대학 총장), 가키누마 시즈코柿沼

志津子(방사선의학종합연구소 팀장), 다카스 유키오高須幸雄(전 UN 일본 정부 대표부 특명전권대사), 다카노 도시오高野利雄(변호사, 전 나고야고등검찰청 검사장), 다나카 야스로田中康郎(메이지대학 교수, 전 삿포로고등재판소 장관), 하야시 요코林陽子(변호사), 후루카와 미치오古川道郎(후쿠시마현 가와마타 촌장), 요시오카 히토시(규슈대학 부학장). 한편 사무국장은 고가와 신지小川新二 내각심의관(검찰청 출신)이 담당했다.

　　위원 중에서 원자력 연구개발 이용과 직접 이해관계를 가진 이는 포함되지 않았다. 가키누마 위원이 소속된 방사선의학종합연구소(방의연)는 넓은 의미에서는 원자력 관계 연구소지만 원자력발전과의 직접 관련된 기관은 아니다. 한편 필자는 13년에 걸쳐 내각부 원자력위원회의 전문위원을 맡아 왔지만 2009년에 임무를 마치고 2010년 말에 시작된 〈원자력정책대강〉 개정 작업에도 관여하지 않았다. 사무국 멤버에 대해서도 원칙적으로 경제산업성의 원자력에 관계된 부서에서는 선임하지 않았다. 또한 도쿄전력 등 원자력 업계에서 나온 국가 공무원도 선임되지 않았다(다수의 업계 관계자가 국가 공무원에 임용되어 업계 관련 업무를 행하고 있다는 것 자체가 이상異常 상태라는 것은 확실하지만 그것은 또한 별도의 논점이다).

　　이 후쿠시마원전사고조사회는 사무국이 실무를 담당하는 청문회Hearing·자료 수집을 기반으로 위원회에서 토의를 거듭하여 보고서를 작성하는 절차로 진행된다. 또한 그러한 작업과 병행하여 위원회로 시찰 활동도 진행한다(2011년 9월 현재). 청문회·자료 수집은 3개 팀(사회 시스템 등 검증팀, 사고 원인 등 조사팀, 피해 확대 방지 대책 등 검증팀)으로 나누어 진행된다. 그 실무는 주로 사무국이 맡았지만 위원은 청문회에 자유롭게 동석하고 또한 자료 수집에 관한 지시를 내리는 것이 가능하다. 그렇게 모은 자료와 증언을 기반으로 전체 회의에서 보고·제언을 정리한다. 2011년 내에 중간보고를 준비하고, 2013년 여름경까지 최종 보고를 마련할 예정이다. 다만 그때까지 사고 수습은 불가능하다고 여겨지기 때문에 원자로 손상 부분의 조사 등 원인 규명의 핵심에 대한 조사가 가능할 때까지는 다시금 상당한 시간을 필요로 할 것이다. 따라서 사고 처리의 단계마다 반복해서 위원회를 개최해 조사·검증을 행할 필요가 있다.

9. 역사적 분수령이 된 후쿠시마 원전사고

2011년 3월 11일에 발생한 도쿄전력 후쿠시마 제1원자력발전소의 동시다발적 원자로 사고는 일본 원자력발전의 역사에서도 큰 분수령이 되는 사건이 될 것이다. 등산에 비유한다면 지금까지 고개를 목표로 올라간 등산객이 고개를 넘어 내리막으로 들어선 것이다.

일본에서 원자력발전이 시작된 것은 원자력 예산이 성립한 1954년 4월이다. 원자력발전이 시작된 것은 그로부터 9년이 지난 1963년 10월 26일이고, 일본원자력연구소의 동력시험로JPDR(전기출력 1만 2500KW)가 발전을 개시했다. 그 3년 후인 1966년 9월 1일에는 일본원자력발전소 도카이발전소가 영업 운전을 개시했다(전기 개시는 1965년 11월 1일). 그로부터 2011년까지의 45년간은 원자력발전 확대의 시대였다. 그 기초·설비용량은 1990년대 중반까지 직선적으로 증가를 계속하고 그 이후에도 완만히 증가해 2010년 말에는 일본 전국에서 50기, 총 설비용량 4884만 7000KW의 상업 발전용 원자로가 세워진 것이다(《原子力ポケットブック》, 社団法人日本電気協会新聞部, pp. 110-111).

자세히 말하자면 일본의 원자력발전 설비용량의 정점은 2006년(4958만KW)이고, 전국에서 55기의 원전이 존재했다. 2009년 1월에 주부전력 하마오카 1, 2호기가 폐로되어 일본의 원자력발전 설비용량은 약간 감소했지만, 2009년 12월에 홋카이도전력 도마리 3호기가 운전을 개시했다. 그리고 2011년 12월에 예정대로 주고쿠전력 시마네 3호기가 운전을 개시한다면 새로운 정점이 출현할 것이었다. 그러나 2011년 3월 11일을 경계로 상황은 크게 변화했다. 도쿄전력 후쿠시마 제1원자력발전소의 1-4호기는 폐로가 확실하다. 5, 6호기는 원자로 시설 자체는 파괴되지 않았지만 고농도의 방사능으로 오염된 입지 조건으로 보면 역시 폐로가 확실하다. 도쿄전력 후쿠시마 제2원자력발전소의 4기도 운전 개시는 어렵다고 본다. 기타 주부전력 하마오카 원자력발전소의 3기(3, 4, 5호기)도 폐쇄될 가능성이 높다.

이렇게 적어도 원전 13기가 폐로된다. 그 외의 원전도 이 후쿠시마 원전사고를 계기로 폐로될 가능성이 있다. 그렇게 되면 원전 수는 40기로크게 떨어지게 된다. 한편 원전의 새로운 증설은 향후 절대 이루어지지 않을 것이다. 그 사이에 기존 노후 원전의 폐로가 서서히 진행되면서 원전의 기수·설비용량은 점차 정부의 정책 전환의 여하와 상관없이 감소 경향을 밟을 것이다.

후기

　이 책은 일본의 원자력(핵에너지) 개발 이용의 역사를 초창기부터 최근까지 커버하는 조감적인 통사로 쓴 책이다.

　필자는 1970년대 중반에 과학기술에 대해 비판적인 시점에 선 과학기술사 연구자를 목표로 하기로 결의했다. 당시는 베트남 전쟁에서의 과학기술의 오용·남용이나 공해·환경 문제와 과학기술과의 밀접한 관계 등 과학기술의 발전에 따른 부정적인 측면에 스포트라이트가 켜진 시대였다. 그리고 과학기술에 관련된 사회적인 여러 문제의 구조적 요인을 해명하기 위해서는 과학기술사적 접근이 유용하다는 사고방식이 적지 않은 젊은이들의 마음에 와닿은 시대이기도 하다. 필자도 그러한 사고방식에 공명하며 과학기술 비판의 입장에서 현대 과학기술사에 매진하자고 결의했다. 그러한 기본적인 입장은 그때부터 30년 남짓에 걸쳐 기본적으로 변하지 않았다. 과학기술의 어떤 부분에 대해서도 거의 본능적으로 비판적 분석을 가하려는 습성을 필자는 다행인지 불행인지 몸에 익혔다. 원자력에만 특별히 비판적인 이유는 결코 없다.

　그렇다고는 해도 당초 원자력을 주요한 연구 분야로 하려고 생각하지는 않았다. 원자력(핵에너지)에 관한 비판적 연구는 당시 이미 다수의 연구자나 실무자들에 의해 이뤄지고 있었고, 그러한 세계에 현대사 연구자의 입장에서 참여한다 해도 어느 정도 독자성·탁월성을 발휘할 수 있을지 자신이 없었기 때문이다. 때문에 개별 분야에 집착하지 않는 거시적인 관점에서 현대사 연구나 약간은 기초과학에 가까운 물리학 계열의 분야(핵융합, 고에너지물리학, 우주과학 등 빅 사이언스로 총칭되는 분야)에 관한 현대사 연구에 역점을 두어 왔다. 물리학 계열의 분야에 관심이 향했던 것은 필자가 학사 과정에서 물리학의 사고방식을 몸에 익혔기 때문이라는 자신이 있었기 때문이다.

그러나 도요타재단의 연구기금으로 1986년도부터 정식으로 시작된 '전후 과학기술의 사회사에 관한 종합적 연구'(연구자 대표: 나카야마 시게루 中山茂)라는 프로젝트 연구에 핵심 멤버로 참여하면서부터 일본 현대사에서는 빅 사이언스보다도 원자력 쪽이 훨씬 중요하다는 것을 통감하고, 이를 궁구하지 않고서는 현대 일본 과학기술사의 전체상을 그릴 수 없다는 생각에 이르게 되었다. 그 이후 거의 4반세기에 걸쳐 원자력의 사회사를 가장 중요한 연구 테마로 여겨 왔다. 원자력에 대해 비판적 입장을 취해 왔지만 그것은 전술한 바와 같이 원자력에 대해 편견이 있었기 때문은 결코 아니다. 분야에 따라 농담濃淡의 차는 있겠지만 모든 과학기술 분야가 필자에게는 비판적 분석의 대상인 것이다.

이 프로젝트 연구의 성과는 나카야마 시게루·고토 구니오·요시오카 히토시 편저, 《통사 일본의 과학기술》(中山茂·後藤邦夫·吉岡斉, 《通史日本の科学技術》, 学陽書房, 1995, 전4권)로 간행되었는데 거기에는 필자가 집필한 원자력 개발 이용의 사회사에 관한 여러 저작이 게재되어 있다. 또한 1999년에는 나카야마 시게루·고토 구니오·요시오카 히토시 편저, 《통사 일본의 과학기술 제5권 국제기 1980-1995》(中山茂·後藤邦夫·吉岡斉, 《通史日本の科学技術》, 学陽書房, 1999)가 출판되었는데 여기에도 마찬가지로 원자력 개발 이용의 사회사에 관한 저작이 게재되어 있다. 원자력의 사회사에 관한 역사 연구는 이 《통사》 프로젝트와 함께 진행된 것이라 해도 좋을 것이다. 이 프로젝트 연구의 리더를 담당했던 나카야마 시게루 선생에게 깊이 감사드린다. 나카야마 시게루 선생은 대학원생 시절부터 필자의 실질적인 연구 지도자였다.

일본 원자력의 역사에 대해서는 많은 작품이 발표되어 왔다. 그러나 대부분은 일본 원자력 개발 이용의 전체상을 거시적 시점에서 그리려고 하는 자세를 결여한 것들이었다. 그렇더라도 예전에는 조감적인 통사라 불릴 만한 작품이 소수지만 출판되었는데 근년에는 거의 볼 수 없게 되었다. 그 마지막을 장식한 것은 일본원자력산업회의 편, 《원자력은 지금─일본의 평화 이용 30년》(日本原子力産業会議, 《原子力はいま─日本の平和利用30年》)(発売: 丸ノ内出版)

인데, 이미 4반세기 전의 골동품 같은 작품이 되었다. 하지만 그 내용은 원자력 개발 이용의 역사를 장식하는 대표적인 사건들에 대한 통속적인 기술에 그치고 있다.

물론 조감적인 통사를 의도하지 않은 저작 속에도 일독할 가치가 있는 것들 적지 않다. 적지 않은 원자력 관계자, 저널리스트, 비평가들이 회상이나 다큐멘터리를 발표했고, 그들 중에는 중요한 증언이나 계발적인 지적을 포함한 것도 많았지만 그것들은 대체로 각각의 저자가 흥미를 가진 시대나 분야를 따로따로 엮은 것이어서 포괄적인 기술을 겨냥했다고는 말하기 어렵다. 이렇게 원자력 개발 이용에 관해서는 수많은 과학기술 분야 속에서 전후 일본에서 극히 거대한 정치적·사회적 관심을 모은 것임에도 불구하고 현시점에서 추천할 만한 조감적인 통사는 전무한 상황이다.

그러한 상태를 해소하기 위해 필자가 쓴 것이 1999년 4월 25일에 아사히선서朝日選書 624번으로 출판된 《원자력의 사회사─일본에서의 전개原子力の社会史─その日本的展開》다. 이 책은 감사하게도 1999년도 에너지포럼상 우수상을 수상했다. 원자력에 대한 찬반의 입장 차이를 넘어, 큰 틀에서 찬성의 입장을 취한 여러분들이 심사위원으로 구성된 곳에서 상을 받은 것은 원자력에 큰 틀에서 반대의 입장을 취한 논의의 보편성을 인정받았다는 것을 의미하기 때문에 각별한 기쁨이었다. 그러나 이 작품의 판매는 저조해서 중쇄가 나오지 않은 채 10년 남짓이 경과했다.

그러나 2011년 3월 11일 후쿠시마 원전사고로 상황은 단숨에 달라졌다. 후쿠시마 원전사고에 대해서는 왜 그것이 소련에서 1986년에 일어났던 체르노빌 사고 다음으로 사상 최대급의 원자력 사고로 발전해 버린 것인가에 대해 근본적으로 다시 생각할 필요가 있다. 이를 위해서는 역사를 검증할 필요가 있다. 하지만 일본의 원자력 개발 이용 역사에 대해서 조감적으로 그린 통사는 존재하지 않았다. 그래서 이 책의 초판에 쓰여 있지 않았던 1999년부터 2011년까지의 10년 남짓의 원자력 개발 이용의 '현대사'에 대해 대폭 가필한 신판을 급히 출판하게 되었다. 이때 초판의 기술에 대해서도 가필 및 수정을 했다. 여기서 '현대사'라고 하는 것은 현재 진행 중인 역사를 가리킨다. 유사어로 '동시대사'라는 말이 있다. 그러나 그것은 고

령자들이 옛날에 체험한 수십 년 전의 역사를 가리키는 것이 많다. 그에 비해 '현대사'라는 것은 지금 실시간으로 진행 중인 역사를 그리는 것이나 다름없다.

앞서 《원자력의 사회사—일본에서의 전개》가 전후 일본 과학기술사 프로젝트의 부산물이라는 취지의 말을 했는데 이번 신판도 같은 성격을 가지고 있다. 본서와 거의 비슷한 시기를 전후로 요시오카 히토시 대표 편집으로 《새 통사 일본의 과학기술—세기 전환기의 사회사 1995-2011년新通史 日本の科学技術—世紀転換期の社会史》(전 4권+별책 1권, 原書房, 2011-2013)이 출판되었다. 이 연구 프로젝트는 나카야마 선생이 리더를 맡아 오셨던 프로젝트를 이은 것이다. 책에서는 '원자력·에너지'가 중요한 기둥 중 하나이다. 본서의 후쿠시마 원전사고에 대한 기술에는 《새 통사 일본의 과학기술》에 기술했던 것 중 출판사의 허락을 얻어 기초로 이용한 곳이 적지 않다는 것을 첨언해 둔다.

옮긴이의 말

이 책은 제2차 세계대전 당시 원폭 제조 시도부터 파멸적인 후쿠시마 제1원자력발전소 폭발 사고에 이르는 반세기 동안 일본의 원자력 개발 이용과 정책이 어떻게 전개되어 왔는지를 분석하고 있는 정책사이자 과학기술사 연구서다. 핵을 둘러싼 국제 정치적 흐름과 일본 내 정·관·산업계·학계·자치단체의 상호작용을 밀도 있게 파악한 초판 《원자력의 사회사—일본에서의 전개》(아사히신문출판)는 1999년 출간 당시, 고속증식로FBR 개발의 무모함 등 일본 원자력 정책의 문제점을 날카롭게 비판하면서 주목을 받았다.

서문에서 밝히고 있듯이 저자 요시오카 히토시는 일본을 포함한 세계 각국이 원자력발전 사업에서 단계적으로 철수하는 것, 즉 탈원전 이행이라는 노선을 택하는 것이 타당하다는 입장을 취하고 있다. 원자력을 개발하고 이용할 때 단점으로 지적되는, 방사성폐기물의 영구 처리가 어려운 점과 근본적으로는 석유나 천연가스에 비해 경제적 효율이 매우 떨어진다는 점이 가장 큰 근거다. 그러나 현실에서는 원자력의 이러한 단점들에도 불구하고 핵에너지의 군사적 이용 가능성에 대한 기대들, 원자력 산업과 관련된 정·관·업계의 이권과 책임 방기, 이미 현실성이 없다고 간주되어 세계 각국에서 철수한 핵융합 및 플루토늄 증식 노선을 지속적으로 추구하겠다고 하는 집착이 여전히 일본의 원자력발전 사업을 지속하는 동력으로 작동하며, 최종적으로는 전력 요금을 올리는 형태로 국민에게 부담이 전가된다.

요시오카 히토시가 전력·통산연합이라고 부르는 이 원자력 개발 이용의 중요 주체는 일본이 원자력 개발 이용을 시작한 1950년대 후반과 1960년대 초반 형성되기 시작했다. 일본 과학기술청 산하의 특수법인을 중심으로 시작된 원자력 개발 이용이 상업용 원자력발전 사업의 확립에 따라 점차 강화되면서 전력업계와 통산산업성(이후 경제산업성)의 결합 체제가 생겨났기 때문이다. 저자에 따르면 일본의 원자력 개발 이용이 본격화되기 이전 과학기술청 산하의 각 기관들은 초창기에는 전력·통산연합과 약간은 이원적인 체제로 서로의 업무 관할 영역을 인정하면서 운영되었다. 그러나 원자력의 상업적 이용이 강조되고, 시간이 지나면서 주도권은 전력·통산연합으로 넘어가기 시작한다. 여기에 1960년대에 들어서 핵물질의 민유화가 실현되면서 전력·통산연합은 핵연료 이용에 관한 자율성까지 획득한다. 그에 반해 과학기술청 산하 원자력 그룹의 업무 성과는 상업적으로 활용되기에는 부족했으며, 그에 비해 너무나 많은 세금을 쏟아붓는 형태로 운영되었다. 이와 같은 분위기 속에서 1990년대 일본에서 일어난 일련의 원자력 발전소 및 연구소들의 방사능 누출 사고와 정보 조작, 데이터 왜곡 등의 사건이 터지고, 이에 적절하게 대응하지 못한 것에 대한 책임을 지는 형태로 과학기술청이 해체되기에 이르면서 일본에서의 원자력 개발 이용은 통산·산업 연합으로 일원화된다.

한편 일본 정부는 미국의 주도로 틀 지워진 국제 핵 비확산 체제와 미국의 핵 비확산 정책에 일관되게 협조적인 자세를 표명해 왔지만, 다른 한편으로는 일본의 원자력 민간 이용의 포괄적 확대에도 힘을 써 왔다. 일본은 미국의 핵 비확산 정책과의 사이에서 외교 마찰을 일으키면서도 자국의 플루토늄 민간 이용 계획을 지속적으로 확대하고자 노력해 왔다. 이에 대해 저자는 일본 정부는 자국의 원자력 민간 이용 사업에서 미국과의 밀접한 파트너십을 구축하는 것이 유리한 경우에는 그것을 최대한 활용해 왔지만 스스로 진행하는 민간 이용 사업의 포괄적인 확대 노선에 대해서 미국에서 압력이 가해질 때에는 경이로운 인내력을 가지고 그것을 수용해 왔다고 말한다.

저자가 일본 원자력 개발 이용의 역사에 대해 비판적인 관점을 유지하고 있으며 탈원전이라는 입장을 명시적으로 내놓고 있기는 하지만, 이러한 입장이 일본 원자력사에 대한 분석의 객관성을 해치지는 않는다. 이 책은 초판 출간 당시 일본 원자력에너지포럼상 우수상을 수상했다. 원자력 에너지포럼상의 선정위원들이 대체로 원자력발전에 찬성하는 이들로 이뤄졌음에도 불구하고 이 책을 우수상으로 선정한 것은 요시오카의 주장이 논의의 보편성과 합리성을 가지고 있었음을 인정한 것이라 할 수 있다.

하지만 2000년대 원자력의 '안전신화'가 만연한 사회적 분위기 속에서 이 책의 판매 실적은 좋지 않았던 것 같다. 책의 재판을 찍지 못하고 10여 년이 경과한 것이다. 상황은 후쿠시마 원전사고가 발생하면서 급격하게 변화하였다. 책에서 이미 지적하였던 일본 원자력발전의 문제점이 그대로 드러난 후쿠시마 원전사고를 경험하게 되면서 책을 재출간해 달라는 요청이 쇄도했다. 요시오카 히토시는 이에 초판에 쓰여 있지 않았던 1999년부터 2011년까지 10년 남짓의 원자력 개발 이용의 '현대사'를 대폭 추가해 신판을 급히 준비하게 되었다. 이때 초판의 기술에 대해서도 가필·수정해 《신판 원자력의 사회사—일본에서의 전개》를 출간하였다.

총 8장으로 이루어진 이 책은 원자력에 대한 전문 지식을 갖추지 않은 독자들도 쉽게 접할 수 있도록 각주를 없애고 본문에서 어려운 용어를 쉽게 풀어서 설명하는 방식을 채택하였다. 각각의 장들에서 저자는 일본 원자력사에서 중요한 국내적 사건과 국제적 상황과 정책 결정의 맥락을 상세하게 설명하고 있다. 이러한 설명 방식으로 인해 이 책은 단지 일본의 원자력사뿐만 아니라 한국과 나아가 세계적 차원에서의 원자력사에 대한 이해를 가능하게 한다.

저자에 대해서도 간략히 소개하고자 한다. 요시오카 히토시는 1953년 도야마현 출생으로 도쿄대학 이학부 물리학과를 졸업하고, 이후 동 대학 대학원에서 과학사·과학기초론을 전공하며 무라카미 요이치로村上陽一郎, 나카야마 시게루, 히로시게 데쓰広重徹, 다케타니 미쓰오 등 진보적인 과학사·과학철학 연구자들로부터 큰 영향을 받았다. 일본의 대표적인 진보적 과학기술사 연구자인 요시오카 히토시는 나카야마 시게루와 함께 대표 편집자로 참여해 《통사 일본의 과학기술》(전 4권+별권)을 출간했다. 이 책은 일본 과학기술사 연구의 고전으로 꼽히며 두 사람 모두 일본 과학기술사 및 과학기술 정책 연구의 초석을 닦은 인물로 평가받는다.

와카야마대학 경제학부 강사·조교수, 규슈대학 교양학부 조교수 등을 거쳐 1994년부터 규슈대학 대학원 비교사회문화연구과 교수를 역임하며 비교적 아카데미 안에서의 학술 연구에 매진했던 그가 원자력 정책에서의 시민 참여와 민주주의를 강조하는 시민사회와의 접점을 넓혀 온 것은 1990년 대 이후다. 1995년 말, 일본의 고속증식로FBR인 몬주에서 나트륨 누출에 의한 화재 사고가 일어나 사회적으로 큰 파장을 일으켰다. 다음 해인 1996년, 일본 정부는 원자력정책원탁회의를 개최했는데, 이때 일본의 대표적인 반핵 활동가이자 시민과학자로 유명한 다카기 진자부로가 물리학사 및 원자력사 전공자인 요시오카 히토시를 이 원탁회의에 시민 입장을 대변하는 학자로 추천하게 된다. 이에 요시오카는 원탁회의 위원으로 참석하게 되었고, 같은 시기 다카기 진자부로가 대표로 있는 원자력자료정보실이 사무국이 되어 발족한 '몬주사고종합평가회'의 멤버로도 참여하게 되었다. 이후 요시오카 히토시는 1997년부터 내각부 원자력위원회 전문위원, 경제산업성 에너지조사회 임시위원 등 일본의 원자력·에너지 관계 정부 심의회 위원을 맡게 된다. 이 과정에서 그는 원자력 업계 관계자들이 다수를 이루는 위원회에서도 원자력 개발 이용에 비판적인 입장을 일관되게 개진했으며 원자력 정책의 민주주의적 통제와 시민 참여 방안을 제안했다. 2004년 9월부터는 민간의 탈원전 전문가 조직인 원자력시민위원회에서 단장을 맡아 활동하기도 했다.

한편 2010년 3월부터 규슈대학 부학장을 겸임하던 와중인 2011년 3월 11일, 후쿠시마 원전 폭발 사고가 발생했다. 그는 이 사고를 계기로 그해 5월부터 2012년까지 일본 정부의 도쿄전력 후쿠시마 원자력발전소 사고 조사·검증위원회의 사고조사 위원을 맡게 된다. 이를 계기로 일본 원자력 발전 및 개발 이용의 허상을 밝히고, 탈원전의 입장을 정책적으로나 학문적으로 세밀화하는 작업에 더욱 매진하였으나 2018년 1월 지병이었던 간 신경내분비종양으로 별세하였다.

요시오카 히토시 선생이 별세하셨던 시기 후쿠시마를 방문했었다. 이후에도 현지조사를 위해 두어 번 오갔는데 그 과정에서 선생의 연구서를 접하게 되었다. 원전 폭발 사고를 겪은 지역은 대체로 사고 이후가 주목받는 경우가 대부분이다. 하지만 후쿠시마 원전 폭발 사고는 도쿄전력이나 일본 정부에서 이야기하듯이 단순히 미처 예상하지 못했던 거대한 자연재해로 인한 것이 아니다. 원전 운영 과정에서 만연한 데이터 조작과 사고 은폐, 강화된 안전대책 기준의 발 빠른 대응 부족 등 사고에 이르기 전까지 수많은 잘못된 결정들이 있었다. 이와 같은 일련의 잘못된 결정의 결과로 자신들의 삶터를 잃은 이들은 여전히 고향을 잃고 떠돌아다닌다. 원자력발전의 이용 개발로 인해 얻는 혜택과 사고 영향으로 인한 희생에서 나타나는 이 엄청난 비대칭의 식민지적 구조가 언제까지 지속되어야 할까? 이것을 지속하지 않고 나아갈 수 있는 길이 있지 않을까? 비록 그것이 단기적인 결과를 가져오지 않는다 하더라도 우리는 그 방향을 조금이라도 바꾸어야 할 책임이 있다.

책을 번역하는 과정은 자신의 연구에는 굉장히 철저하면서도 독자들을 위해 쉽고 간결하게 그것을 글로 표현하려고 노력하셨던 요시오카 선생의 정밀하면서도 소박한 연구자로서의 성품을 느낄 수 있는 시간이었다. 본 역자의 역량 부족으로 그러한 선생의 뜻을 온전하게 전달하지 못한 것 같아 아쉽고 송구스러울 뿐이다. 번역과 교정의 오랜 시간 동안 기다리며 출판 작업을 해 준 두번째테제 장원 씨에게도 감사드린다.

2022년 7월 9일
오은정

찾아보기

335